EUL VERLAG

WIRTSCHAFTSINFORMATIK

Herausgegeben von Prof. Dr. Dietrich Seibt, Köln, Prof. Dr. Hans-Georg Kemper, Stuttgart, Prof. Dr. Georg Herzwurm, Stuttgart, Prof. Dr. Dirk Stelzer, Ilmenau, und Prof. Dr. Detlef Schoder, Köln

Band 58
Jörg Schellhase
Recherche wissenschaftlicher Publikationen
Lohmar – Köln 2008 • 378 S. • € 55,- (D) • ISBN 978-3-89936-691-4

Band 59
Martin Lüthi
Information System Security in Health Information Systems – Exploratory Research in US and Swiss Acute-Care Hospitals
Lohmar – Köln 2008 • 400 S. • € 56,- (D) • ISBN 978-3-89936-694-5

Band 60
Bettina Fricke
Flexible B2B-Integrationsarchitekturen – Gestaltung modularer Integrationssysteme zur Implementierung zwischenbetrieblicher Geschäftsprozesse
Lohmar – Köln 2008 • 276 S. • € 58,- (D) • ISBN 978-3-89936-734-8

Band 61
Birte Autzen
Qualität der Nutzung von Informationstechnologie in Unternehmen – Konzeptualisierung und Aufdeckung von Einflussfaktoren
Lohmar – Köln 2008 • 308 S. • € 59,- (D) • ISBN 978-3-89936-745-4

Band 62
Heiner Lasi
Aufbau eines IT-basierten Integrationskonzepts zur Unterstützung von Produktentwicklungs- und Produktionsprozessen
Lohmar – Köln 2009 • 328 S. • € 62,- (D) • ISBN 978-3-89936-766-9

Band 63
Ulrike Dowie
Testaufwandsschätzung in der Softwareentwicklung – Modell der Einflussfaktoren und Methode zur organisationsspezifischen Aufwandsschätzung
Lohmar – Köln 2009 • 320 S. • € 62,- (D) • ISBN 978-3-89936-789-8

JOSEF EUL VERLAG

Testaufwandsschätzung in der Softwareentwicklung

Modell der Einflussfaktoren und Methode zur organisationsspezifischen Aufwandsschätzung

Von der Fakultät Wirtschafts- und Sozialwissenschaften der Universität Stuttgart
zur Erlangung der Würde eines Doktors der
Wirtschafts- und Sozialwissenschaften (Dr. rer. pol.) genehmigte Abhandlung

Vorgelegt von

Ulrike Dowie

aus Karlsruhe

Hauptberichter:	Prof. Dr. Georg Herzwurm
Mitberichter:	Prof. Dr. Hans-Georg Kemper
Tag der mündlichen Prüfung:	14.01.2009

Betriebswirtschaftliches Institut der Universität Stuttgart

2008

Reihe: Wirtschaftsinformatik · Band 63

Herausgegeben von Prof. Dr. Dietrich Seibt, Köln, Prof. Dr. Hans-Georg Kemper, Stuttgart, Prof. Dr. Georg Herzwurm, Stuttgart, Prof. Dr. Dirk Stelzer, Ilmenau, und Prof. Dr. Detlef Schoder, Köln

Ulrike Dowie

Testaufwandsschätzung in der Softwareentwicklung

Modell der Einflussfaktoren und Methode zur organisationsspezifischen Aufwandsschätzung

Mit einem Geleitwort von Prof. Dr. Georg Herzwurm,
Universität Stuttgart

EUL VERLAG

Bibliographische Information der Deutschen Bibliothek

Die Deutsche Bibliothek verzeichnet diese Publikation in der Deutschen Nationalbibliothek; detaillierte bibliographische Daten sind im Internet über <http://dnb.ddb.de> abrufbar.

Dissertation, Universität Stuttgart, 2009

D 93

ISBN 978-3-89936-789-8
1. Auflage März 2009

JOSEF EUL VERLAG GmbH
Brandsberg 6
53797 Lohmar
Tel.: 0 22 05 / 90 10 6-6
Fax: 0 22 05 / 90 10 6-88
E-Mail: info@eul-verlag.de
http://www.eul-verlag.de

Bei der Herstellung unserer Bücher möchten wir die Umwelt schonen. Dieses Buch ist daher auf säurefreiem, 100% chlorfrei gebleichtem, alterungsbeständigem Papier nach DIN 6738 gedruckt.

Geleitwort

Kostendruck und Professionalisierungszwänge sind auch an den meisten IT-Abteilungen in Unternehmen nicht vorbeigegangen. Softwareentwicklungsprojekte werden nicht nur an technischer Qualität, sondern auch anhand ökonomischer Kriterien bewertet. Zuverlässige Aufwandschätzungen zählen daher in Wissenschaft und Praxis mittlerweile zu den wichtigsten Erfolgsfaktoren für Softwareentwicklungsprojekte. Tests machen hierbei je nach Kritikalität und Komplexität der betrachteten Software zwischen 20% und 50% des gesamten Entwicklungsaufwands aus. Die wissenschaftliche Durchdringung der Aufwandschätzung ist äußerst kritisch zu beurteilen: Die meisten Methoden wurden von der Praxis entwickelt und sind nur unzureichend wissenschaftlich begründet. Spezielle Verfahren zur Ermittlung des Testaufwands sind kaum in der wissenschaftlichen Literatur untersucht. Aber auch in der Praxis stellt „Budgetende“ oftmals noch das am meisten verbreitete Testendekriterium dar und für Ansätze, wie man mit vertretbarem Aufwand einigermaßen exakt vor Projektbeginn den Testaufwand abschätzen kann, besteht großer Bedarf.

Frau Dowie beantwortet in ihrer Arbeit die Frage, wie der Aufwand in Softwareentwicklungsprojekten fundiert und systematisch geschätzt werden kann. Die Handlungsempfehlungen werden dabei sauber hergeleitet sowie systematisch begründet und unterscheiden sich daher wohltuend von manchen „Kochrezepten“ zahlreicher Beratungshäuser. Es ist der Arbeit andererseits aber stets anzumerken, dass sie in einem Praxisumfeld entstanden ist und dort erprobt wurde. So bleiben alle Modelle und Konzepte nahe an der Realität.

Stuttgart, den 3.2.2009 Georg Herzwurm

Vorwort

Zum erfolgreichen Abschluss dieser Dissertation bedurfte es weit mehr als der Arbeit der Autorin. Daher möchte ich mich an dieser Stelle herzlich bedanken

- bei meinem Doktorvater Prof. Dr. Georg Herzwurm, der mir immer wieder den erkenntnistheoretischen Pfad wies und mich in dieser Arbeit stets durch freundschaftlichen und wissenschaftlichen Rat förderte und begleitete,
- bei Prof. Dr. Hans-Georg Kemper für die Übernahme des Zweitgutachtens,
- bei Hartmut Braune, Stefan Klimt, Günther Limböck, Robert Strassner, Franz Wick und vielen weiteren Mitarbeitern der beiden Organisationen, die mir die empirische Untersuchung möglich machten, für ihre Geduld, ihre Auskunftsbereitschaft und ihr Interesse an der Testaufwandsschätzung,
- bei Sixten Schockert, Andreas Helferich und den übrigen Mitarbeitern des Lehrstuhls für allg. BWL und Wirtschaftsinformatik II für die ausgezeichnete Arbeitsatmosphäre und stetige Hilfs- und Diskussionsbereitschaft,
- bei Dr. Anna Frey und Tatjana Graf für wertvolle stilistische Ratschläge,
- bei meinen Eltern Dr. Wolfgang und Sibylle Dowie für ihren unbezahlbaren Babysitter-Einsatz,
- bei meinem Mann Arne Gehler für seine Motivation und bedingungslose Unterstützung in jeder Phase der Dissertation.

München, im Januar 2009 Ulrike Dowie

Inhaltsverzeichnis

Verzeichnis der Abkürzungen

Abb.	Abbildung
CMMI	Capability Maturity Model Integration
CoCoMo	Constructive Cost Model
DIN	Deutsches Institut für Normung
EF	Einflussfaktor(en)
ERP	Enterprise Resource Planning
FP	Function Points
FPA	Function Point Analysis
IEC	International Electrotechnical Commission
IEEE	Institute of Electrical and Electronics Engineers
IFPUG	International Function Point Users Group
ISO	International Organization for Standardization
LOC	Lines of Code
MA	Mitarbeiter
MT	Manntag(e)
Org.	Organisation
PL	Projektleiter
PRICE-S	Parametric Review of Information for Costing and Evaluation - Software
QS	Qualitätssicherung
QSV	Qualitätssicherungsverantwortlicher
R	statistisches Bestimmtheitsmaß (vgl. Appendix B)
SEER-SEM	Software Evaluation and Estimation of Resources - Software Estimating Model
SLIM	Software Lifecycle Management
SLOC	Source lines of code
TA	Testaufwand
Tab.	Tabelle
TestASS	Test-Aufwands-Schätzung für Software
TP	Test Point(s)

Verzeichnis der Abbildungen

Verzeichnis der Tabellen

Zusammenfassung

Um das Risiko unrealistischer Zeitpläne und Aufwandsschätzungen in der Softwareentwicklung zu verringern und mit diesem Ziel insbesondere den Testaufwand entsprechend den tatsächlichen Erfordernissen zu planen, bedarf es einer fundierten, systematischen Vorgehensweise zur Testaufwandsschätzung. Bisherige Ansätze zur Testaufwandsschätzung werden diesen Anforderungen nicht gerecht, wie die Analyse existierender Modelle und Methoden bestätigt.

Die komplexe Sachlage erfordert zunächst, potenzielle Einflussfaktoren des Testaufwands in der Softwareentwicklung zu identifizieren. Dabei wird auf Modelle und Methoden zur Schätzung des Aufwands in Softwareentwicklungsprojekten zurückgegriffen, die sowohl wissenschaftlich intensiv behandelt als auch praktisch verbreitet sind. Darüber hinaus werden veröffentlichte Ansätze zur Testaufwandsschätzung zur Ermittlung der Einflussfaktoren des Testaufwands herangezogen.

Die identifizierten Einflussfaktoren lassen sich unterscheiden in Merkmale der softwareentwickelnden Organisation, in der Testaufwand geschätzt wird, Merkmale der Prozesse zur Softwareentwicklung in dieser Organisation, Merkmale des Softwareprodukts, das getestet wird, Merkmale des Teams, das mit der Entwicklung und dem Test des Softwareprodukts betraut ist, Merkmale der Ressourcen, die für die Entwicklung und das Testen des zu testenden Produkts zur Verfügung stehen, und Merkmale der Testorganisation, d. h. der Vorbereitung und Steuerung des Testverlaufs.

Zusammen bilden diese Einflussfaktoren das allgemeine Modell des Testaufwands auf Organisationsebene. Es wird begründet, warum nicht all diese Einflussfaktoren, sondern nur die auf Betrachtungsebene des Projekts wirkenden zur Testaufwandsschätzung berücksichtigt werden müssen. Die empirische Überprüfung anhand von Fallstudien in zwei softwareentwickelnden Organisationen bestätigt die theoretische Argumentation. Die Projektdaten zeigen auch, dass die tatsächlich auf den Testaufwand wirkenden Einflüsse zwischen Organisationen variieren.

Deshalb wird ausgehend von dem allgemeinen Modell eine Methode entwickelt, mit deren Hilfe die potenziellen Einflussfaktoren, d. h. das allgemeine Modell des

Testaufwands, auf organisationsspezifisch relevante Einflussfaktoren reduziert werden können.

Diese Ableitung eines organisationsspezifischen Modells basiert auf messtheoretischen Prinzipien zur Ermittlung quantifizierbarer Kenzahlen. Eine weitere Grundlage der Methode ist Erfahrung mit der Planung und Durchführung von Tests sowie mit der Testprozessgestaltung von Projektmitarbeitern, Projektleitern und Qualitätssicherungsexperten in der Organisation. Das dritte grundlegende Element sind statistische Methoden wie die multiple Regressionsanalyse zur Unterstützung der Auswertung und Modellierung.

Als empirische Forschungsform wird die vergleichende Fallstudie gewählt, um der Vielschichtigkeit des Kontexts des Untersuchungsgegenstands „Testaufwandsschätzung“ gerecht zu werden und über die vermuteten Zusammenhänge hinaus Einblicke in das Wirkungsgefüge des Testaufwands zu gewinnen.

Die entwickelte Methode erweist sich bei der praktischen Erprobung als anwendbar und geeignet, organisationsspezifische Einflussfaktoren des Testaufwands zu identifizieren. Damit trägt sie zur Validierung des allgemeinen Modells des Testaufwands bei, das allerdings weiterer empirischer Prüfung bedarf.

Abstract

To reduce the risk of unrealistic schedules and effort estimation in software development, and to plan particularly test efforts according to actual needs, a well-founded, systematic estimation procedure is needed. Existing approaches to test effort estimation don't meet this demand, as the analysis of models and methods to estimate test effort shows.

This thesis identifies potential influencing factors of the test effort to solve the problem. To this end, models and methods for software project effort estimation are analyzed which have been the continued object of scientific as well as practical interest. In addition, published approaches for test effort estimation are being scrutinized to determine the influencing factors of the test effort.

The identified factors can be separated into the following groups: characteristics of the software-developing organization in which test effort is being estimated, characteristics of the processes that are in place for software development and test in this organization, characteristics of the software product that is being tested, characteristics of the team that is in charge of developing and testing the software product, characteristics of the resources that are available for developing and testing this product, and characteristics of the test management, that is, careful preparation and control of the tests to be estimated.

Together, these factors constitute the general model of test effort on the organizational level. It is argued why not all of these factors, but only those effective on the project level have to be taken into account when estimating test effort. The theoretical argumentation is backed by empirical studies in two organizations that develop software. Project data also shows that the set of factors that actually determines the test effort varies between organizations.

Using the model as starting point, a method is developed to narrow the potential influencing factors in the general model down to the ones relevant in a specific organization. This method is based on principles from measurement theory so that quantifiable metrics can be defined. Another basis is experience with test planning and execution and with test process design that project managers, team members and quality experts possess. The third basic element are statistical methods such as multiple regression analysis to support analysis and model creation.

Empirical research is conducted in the form of multiple (comparative) case studies. This allows for mastering the richness of the context of the object „test effort estimation“, and provides insights, in addition to the assumed relationships, into the interactive structure of the test effort.

When applied in practice, the method proves to be applicable and appropriate to identify the influencing factors of the test effort that are relevant in one organization. Therefore, it adds to validating the general model of test effort, which requires further empirical testing.

Kapitel 1

Gegenstand und methodisches Konzept der Arbeit

Die Gründe, warum das Thema dieser Arbeit (Schätzung des Testaufwands in der Softwareentwicklung) wissenschaftlicher Untersuchung bedarf, werden in Kapitel 1.1 erläutert. Daraus leitet sich eine zentrale Forschungsfrage ab, die in Kapitel 1.2 formuliert und konkretisiert wird. Daran schließt sich die Bestimmung der zentralen Begriffe in Kapitel 1.3 an. Die Einordnung dieser Arbeit in den wissenschaftstheoretischen Kontext und die Darstellung der angewandten Forschungsmethoden erfolgen in Kapitel 1.4. Kapitel 1.5 gibt eine Übersicht über den Aufbau der Arbeit.

1.1 Problemstellung und Motivation

Unrealistische Zeitpläne und Aufwandsschätzungen sind laut Boehm nach personellen Mängeln der zweitgrößte Risikofaktor von Softwareentwicklungsprojekten.[1] Vor allem den Tests wird angelastet, die Auslieferung der zu testenden Software zu verzögern und Ursache teilweise erheblicher Budgetüberschreitungen zu sein.[2] Spillner und Linz geben als Grund der Verzögerungen beispielsweise Korrekturzyklen an, die nicht eingeplant wurden.[3] Termin- und Budgetüberschreitungen der Tests erklären sich u. a. aus der verbreiteten Praxis, die Testphase als Puffer für Verzögerungen bei der Entwicklung zu betrachten,[4] und den Testaufwand ohne Verwendung einer systematischen und methodischen Vorgehensweise sowie ohne

---

[1] Vgl. Boehm (1989), S. 117; Personelle Mängel können zu wenige Mitarbeiter oder unzureichende Ausbildung oder Verfügbarkeit der Mitarbeiter bedeuten (vgl. ebenda).

[2] Vgl. Zillich (2004)

[3] Vgl. Spillner und Linz (2004), S. 27

[4] Vgl. Frühauf u. a. (2004), S. 143; In einer groß angelegten empirischen Studie unter deutschen Softwareunternehmen gab über die Hälfte der befragten Unternehmen an, dass die Zeitplanung der Tests aufgrund von Verzögerungen aus vorgelagerten Phasen nicht eingehalten werden könne (vgl. Müller (1999), S. 162f).

definiertes Ziel zu planen.[5] Dementsprechend wird der Testaufwand, der einen erheblichen Teil des gesamten Projektaufwands ausmacht[6], regelmäßig unterschätzt.[7] Die Folgen für Projekte, die ohne realistische und genaue Schätzung wichtiger Projektkennzahlen durchgeführt werden, reichen von mangelnder Steuerbarkeit über nicht identifizierte Risiken bis zum völligen Scheitern.[8]

Trotz der weitgehend anerkannten Bedeutung des Testens[9] wird der Ressourcenbedarf dafür bei der Verteilung der begrenzten Ressourcen meist nachrangig behandelt.[10] Vor allem fehlende Planung und fehlende oder ungeeignete Schätzmethoden gelten als Ursachen von zu wenig verfügbarer Zeit[11], die sich als Zeitdruck manifestiert und als der „bedeutendste Feind des Testens"[12] bezeichnet wird.

Um schon bei der Planung der Ressourcen angemessen berücksichtigt zu werden, muss der Bedarf an Ressourcen für das Testen nachvollziehbar ermittelt und begründet werden. Auch bei der Vergabe der Testaktivitäten an Fremdfirmen ist es wichtig, den Testaufwand nachvollziehbar und mit akzeptabler Genauigkeit schätzen zu können.[13] Sowohl Firmen, die Testen als Dienstleistung anbieten, als auch softwareentwickelnde Organisationen, die diese Dienstleistungen in Anspruch nehmen, sind auf die realistische Schätzung des erforderlichen Testaufwands angewiesen, um ein Angebot für einen Auftrag erstellen bzw. verschiedene Angebote beurteilen zu können.

Die Nachvollziehbarkeit der Aufwandsschätzung hat weitere Vorteile: Je leichter die Schätzung nachvollzogen werden kann, desto eher wird die Vorgehensweise

---

[5] In knapp der Hälfte der insgesamt 58 Softwareentwicklungsprojekte, die in den Fallstudien untersucht wurden (vgl. Kapitel 7), verzögerte sich die Umsetzung der Anforderungen erheblich und reduzierte dadurch den geplanten Testzeitraum. Der Testaufwand wurde nur in einzelnen dieser Projekte systematisch geplant, und genaue Testziele wurden nur in wenigen Projekten vorgegeben.

[6] Nach Frühauf u. a. entfallen auf den Testaufwand 10-50 % des Projektaufwands (vgl. Frühauf u. a. (2002), S. 16). Nach Kit entspricht der Aufwand für Tests sogar häufig mehr als 50 % des Projektaufwands (vgl. Kit (1995), S. 7).

[7] Vgl. Frühauf u. a. (2002), S. 16

[8] Vgl. Dawson (1998), S. 641

[9] Testen wird als die in der Praxis wichtigste analytische Methode zur Sicherstellung der Qualität von Softwareprodukten bezeichnet (vgl. Mellis (2001b), S. 422).

[10] Vgl. Kit (1995), S. 11, Spillner und Linz (2004), S. 16

[11] Vgl. Pol u. a. (2002), S. 25

[12] Siehe ebenda

[13] Vgl. Sneed und Jungmayr (2006), S. 24

zur Aufwandsschätzung von den mit der Schätzung befassten Mitarbeitern akzeptiert.[14] Nachvollziehbarkeit trägt dazu bei, dass die jeweiligen Ergebnisse glaubhaft sind. Darüber hinaus erlaubt eine nachvollziehbare Schätzung bei großer Abweichung zwischen geschätztem und tatsächlich angefallenem Aufwand, nach den Ursachen für die Abweichung zu suchen und die Vorgehensweise zu verbessern.

Es gibt bereits eine Reihe von Ansätzen zur Testaufwandsschätzung, die in Kapitel 4 beschrieben und analysiert werden. Allerdings liegt entweder keine Dokumentation einer praktischen Erprobung dieser Vorschläge vor,[15] sie erweisen sich bei genauer Untersuchung als nicht ausreichend detailliert beschrieben bzw. durch (implizite) Annahmen stark eingeschränkt anwendbar,[16] oder ihnen mangelt es an der Berücksichtigung organisationsspezifischer Gegebenheiten[17].

Diese Gründe erklären, warum bis dato keine dieser Methoden zur Testaufwandsschätzung in der Praxis verbreitet ist. Eine Methode[18], mit deren Hilfe der Testaufwand systematisch und auf nachvollziehbare Weise geschätzt werden kann, könnte die bisher in der Praxis übliche Verwendung von Faustregeln oder die rein intuitive Aufwandsschätzung ersetzen. Dies kann z. B. dazu beitragen, dass Budgetverhandlungen auf eine objektive Basis gestellt werden und dass Budgetüberschreitungen des Testaufwands deutlich abnehmen.

Wie bei jeder Schätzung eines zukünftigen Ereignisses oder Werts muss bekannt sein, welche Faktoren den zukünftigen Wert in welchem Ausmaß beeinflussen. Das bedeutet, dass als Voraussetzung der Schätzung alle potenziellen Einflussfaktoren des Testaufwands identifiziert und hinsichtlich ihres tatsächlichen Einflusses im jeweiligen Projekt, für das der Testaufwand geschätzt werden soll, untersucht werden müssen. Welche Faktoren den Testaufwand beeinflussen, wurde bislang nur vereinzelt und jeweils nicht umfassend in der Literatur behandelt.[19] Auch bezüglich

---

[14] Vgl. z. B. Pol u. a. (2000), S. 29, Mair u. a. (2000), S. 25

[15] Dies gilt z. B. für das Modell von Nageswaran (vgl. Nageswaran (2001)) und die Methode Test Point Analysis (vgl. Pol u. a. (2002) und siehe E-Mail von Erik van Veenendaal, Appendix F).

[16] Z. B. das Modell von Cangussu u. a. (vgl. Cangussu u. a (2002)) und das Modell von Sneed und Jungmayr (vgl. Sneed und Jungmayr (2006), S. 32)

[17] Dies betrifft z. B. die Methode Test Point Analysis (vgl. Pol u. a. (2002), S. 157-177). Zur Bedeutung organisationsspezifischer Gegebenheiten bei der Aufwandsschätzung siehe Kapitel 3.2.1.

[18] Mit Methode wird allgemein der Weg wissenschaftlichen Vorgehens bezeichnet (vgl. Bortz und Döring (2006), S. 365). Zur weitergehenden Definition siehe Kapitel 1.3.

[19] Vgl. z. B. Spillner und Linz (2004), S. 156f, Pol u. a. (2000); Viele Autoren, die die Aufwandsschätzung von Softwareprojekten behandeln, gehen auf Messgrößen der Spezifikation, des

der Annahmen und Messgrößen, die der Testaufwandsschätzung zugrunde liegen, erscheint der Stand der Wissenschaft als diffus bzw. unzureichend.[20] Daher verspricht die Untersuchung der Testaufwandsschätzung sowohl aus praktischer als auch aus wissenschaftlicher Sicht Erkenntnisgewinn.

1.2 Ziel der Arbeit

Ausgehend von der geschilderten Problemstellung soll diese Arbeit folgende zentrale Forschungsfrage beantworten: Wie kann der Testaufwand in Softwareentwicklungsprojekten fundiert und systematisch geschätzt werden?

Dabei bedeutet fundiert, d. h. begründet[21], dass die Testaufwandsschätzung nicht intuitiv[22], sondern auf wissenschaftlich gesicherten Erkenntnissen basieren und z. B. anhand von Daten nachvollziehbar sein soll.

Eine systematische[23], d. h. einheitlich gestaltete, planmäßige und bestimmten Prinzipien folgende Testaufwandsschätzung ist personenunabhängig ausführbar und erlaubt, dass aus den bei jeder Schätzung gewonnenen Erkenntnissen abgeleitet werden kann, wie künftige Testaufwandsschätzungen verbessert werden können.

In dieser Arbeit ist daher zu erarbeiten, welche wissenschaftlichen Erkenntnisse der Testaufwandsschätzung zugrunde gelegt werden können, d. h. welchen Einflüssen der zu schätzende Testaufwand unterliegt, und welche Prinzipien zu beachten und welche Schritte auszuführen sind, um systematisch Testaufwand zu schätzen. Demnach führt die zentrale zu folgenden zwei konkreteren Forschungsfragen:

Frage 1: Was sind die Einflussfaktoren des Testaufwands in der Softwareentwicklung?

Entwurfs und der Implementierung ein, die jeweils Input zur Aufwandsschätzung liefern, behandeln den Test jedoch nicht (vgl. z. B. Litke (1996), Bundschuh und Fabry (2004)).

[20] Vgl. Farooq u. a. (2007), S. 101; Kitchenham und Noth führen dies in Bezug auf die Schätzung des Softwareprojektaufwands aus (vgl. Kitchenham (2007), S. 2-3, Noth (2001), S. 55).

[21] Vgl. Duden (2007), S. 345

[22] Intuitiv bedeutet beruhend auf unmittelbarem, nicht diskursivem (d. h. „von Begriff zu Begriff methodisch fortschreitend“ (s. Duden (2007), S. 239) und nicht auf Reflexion basierendem Erkennen und Erfassen eines komplexen Sachverhalts (vgl. ebenda, S. 475).

[23] Systematisch bedeutet ordentlich gegliedert, planmäßig und die Systematik betreffend (vgl. Duden (2007), S. 1016), wobei mit Systematik eine planmäßige Darstellung und „einheitliche Gestaltung nach bestimmten Ordnungsprinzipien“ (s. ebenda) bezeichnet wird.

Frage 2: Welche Schritte umfasst eine systematische, nachvollziehbare Vorgehensweise zur Testaufwandsschätzung?

Diese Frage lässt sich in folgende detailliertere Fragen zerlegen:

- Was sind die Voraussetzungen einer systematischen, nachvollziehbaren Vorgehensweise zur Testaufwandsschätzung?
- Welcher Input ist erforderlich? Wie kann er beschafft werden?
- Welche Prinzipien sind dabei zu beachten?
- Wie kann die Komplexität des Wirkungsgefüges des Testaufwands zweckmäßig reduziert werden?
- Wie kann diese Vorgehensweise stabil gestaltet werden, d. h. was ist zu tun, damit Änderungen im Zeitverlauf die Vorgehensweise nicht unbrauchbar machen?

Das Ziel dieser Forschungsarbeit besteht demnach aus einer theoretischen und einer praktischen, d. h. in der Praxis anwendbaren Komponente.

Im theoretischen Teil der Arbeit sollen die Einflussfaktoren des Testaufwands identifiziert und die Wirkungsbeziehungen zwischen den Faktoren und dem Testaufwand analytisch hergeleitet und in Thesen formuliert werden, deren Gesamtheit das allgemeine Modell des Testaufwands bildet.

Das Ziel des praktischen Teils der Arbeit ist die Entwicklung und Erprobung einer Methode, die beschreibt, wie ein organisationsspezifisches, anwendbares Modell zur Testaufwandsschätzung konstruiert werden kann.

Beide Komponenten zusammen, d. h. die Anwendung der Methode basierend auf dem allgemeinen Modell des Testaufwands, sollen die systematische, nachvollziehbare Schätzung des Testaufwands ermöglichen.

1.3 Begriffsbestimmung

Um aussagekräftige Ergebnisse mit praktischer Relevanz liefern zu können, muss das Forschungsobjekt abgegrenzt werden. Dazu werden in diesem Unterkapitel folgende zentrale Begriffe definiert: Softwareentwicklung, Testaufwand, Schätzung, Modell und Methode.

Bestimmung des Begriffs „Softwareentwicklung"

Mit Software werden „alle oder ein Teil der Programme, Prozeduren, Regeln sowie die zugehörige Dokumentation eines Informationsverarbeitungssystems"[24] bezeichnet. Der internationale Standard ISO/IEC 9126-1 hebt hervor, dass Software eine intellektuelle Schöpfung ist[25]. Unter einem Softwareprodukt wird „die vollständige Folge von Programmen, Prozeduren und zugehöriger Dokumentation und Daten, die zur Auslieferung an einen Anwender[26] bestimmt sind"[27], verstanden. Dem Begriff Softwareprodukt, der die Käufer- oder Auftraggebersicht (die „äußere" Sicht) widerspiegelt, steht der Begriff Softwaresystem gegenüber, der die „innere" Sicht, d. h. die Perspektive der Entwickler zugrunde legt.[28] Mit Entwicklung eines Softwaresystems oder -produkts wird der Prozess bezeichnet, der „von der Erkennung und Abgrenzung des Problems bis zur Übergabe des fertigen Systems [bzw. Produkts] an den Anwender reicht"[29].

In dieser Arbeit wird unter „Softwareentwicklung" dieser Prozess verstanden. Wenn im Folgenden zwischen Entwicklung und Testen (eines Softwareprodukts) unterschieden wird, bezeichnet Entwicklung die Gruppe von Tätigkeiten, die im Unterschied zur Tätigkeit Testen konstruktiv ist. Damit wird hier der Begriffsverwendung Balzerts gefolgt, der von den wertschöpfenden Entwicklungsaktivitäten die begleitenden Management- und Qualitätssicherungsaktivitäten[30] unterscheidet, „deren Ergebnisse [...] *nicht* Bestandteil des Endprodukts sind"[31].

---

[24] ISO/IEC (2001), S. 21; Der Standard 610.12 des IEEE nennt als weiteren Bestandteil von Software Daten, die für den Betrieb eines Computersystems erforderlich seien, vgl. IEEE (1990), S. 66.

[25] Vgl. ISO/IEC (2001), S. 21

[26] Nach Herzwurm wäre hier der Begriff Abnehmer treffender, weil damit nicht nur eine Einzelperson, sondern auch eine Organisation, und anstatt des Benutzers auch der Entscheidungsträger beim Kauf gemeint sein kann, vgl. Herzwurm (1998), S. 27.

[27] Vgl. IEEE (1990), S. 68

[28] Vgl. Balzert (2000), S. 24

[29] Wirtz (2001), S. 417

[30] Unter Qualitätssicherung wird in dieser Arbeit die Gesamtheit aller Tätigkeiten verstanden, „die zum Erreichen der angestrebten Produkt-Qualität beitragen oder beitragen sollen" (Frühauf u. a. (2002), S. 24).

[31] Balzert (2000), S. 41

Bestimmung des Begriffs „Testaufwand"

„Aufwand" wird im vorliegenden Kontext nicht im Sinne des betrieblichen Rechnungswesens verstanden, wonach er den Werteverbrauch einer Abrechnungsperiode bezeichnet, der Ausgaben verursacht.[32] Unter dem Begriff wird hier vielmehr die benötigte Arbeitszeit[33] der an einem Projekt Beteiligten für das Testen verstanden.[34] Der Arbeitsaufwand wird als zentrale Größe gewählt, weil er den größten Anteil des gesamten bei der Softwareentwicklung anfallenden Aufwands ausmacht[35] und als Basisgröße der Kostenplanung[36] von Softwareentwicklungsprojekten verwendet wird.[37]

Der Begriff „Testen" umfasst gemäß der Definition des IEEE[38] alle Aktivitäten, die der Überprüfung der erstellten Software mittels Ausführung von Code dienen. Testen wird auch als die „in der Praxis wichtigste analytische Methode [...] zur Sicherstellung der Qualität von Softwareprodukten"[39] bezeichnet. Gegenstand der

---

[32] Vgl. Egger (1993), Sp. 88; Im Sinne der Finanzbuchhaltung bezieht sich Aufwand sowohl auf Real- und Nominalgüter als auch auf Arbeits- und Dienstleistungen (vgl. ebenda). Im Unterschied zu Kosten muss Aufwand nicht dem Zweck „Erstellung der betrieblichen Leistung" dienen (z. B. als betriebs-, periodenfremder oder außerordentlicher Aufwand, vgl. Lück (1993), Sp. 103f).

[33] Argumente gegen die in der Fachliteratur teilweise verwendete Rechnerzeit (englisch „execution time" oder „CPU time") finden sich bei Dalal und McIntosh (1994), S. 318.

[34] Dieser Arbeitsaufwand, im Sinne der Finanzbuchhaltung als Zweckaufwand zu bezeichnen, dient in Software herstellenden Unternehmen der Erstellung von Betriebsleistungen und entspricht daher dem „Grundkosten" genannten Kostenanteil im Sinne der Betriebsabrechnung (vgl. Wöhe (1996), S. 982).

[35] Vgl. Leung und Fan (2002), S. 808; Balzert bezeichnet Personalkosten als Hauptanteil der Entwicklungskosten (vgl. Balzert (2000), S. 74). Als zweite, im Umfang deutlich geringere Kostenposition nennt er den Anteil der CASE-Umgebungskosten, der einem Projekt zuzurechnen ist, und „Kosten für andere Dienstleistungen, Büromaterial, Druckkosten, Dokumentation, Reisekosten usw. sind im Verhältnis zu Personalkosten bedeutungslos" (siehe ebenda).

[36] Bewertet mit den durchschnittlichen Kosten je Arbeitseinheit liefert der Aufwand die mit der menschlichen Arbeitskraft verbundenen Projektkosten.

[37] Laut Project Management Institute ist das Projektkostenmanagement, das die Ressourcenplanung, Kostenschätzung und Steuerung der Kosten zusammenfasst, hauptsächlich mit dem Personalaufwand zur Erfüllung der Projektaufgaben befasst (vgl. Project Management Institute (1996), S. 73). Auch den Begriffen „Software Cost Estimation" und „Software Effort Estimation" (deutsch: Softwarekostenschätzung bzw. -aufwandsschätzung), die häufig synonym verwendet werden, liegt keine Gesamtkostenbetrachtung zugrunde, sondern die geschätzte Arbeitszeit zur Erstellung der Software.

[38] Testen (englisch: testing) wird hier definiert als "[...] The process of operating a system or component under specified conditions, observing or recording the results, and making an evaluation of some aspect of the system or component" (IEEE (1990), S. 76).

[39] Mellis (2001b), S. 422

Überprüfung kann dabei ein Softwareprodukt als Ganzes oder abgrenzbare Teile eines Softwareprodukts sein[40].

Unter Softwarequalität sind laut ISO die Merkmale Funktionalität, Zuverlässigkeit, Benutzbarkeit, Effizienz, Wartbarkeit und Portabilität zusammengefasst, die sich jeweils weiter untergliedern lassen.[41] Die Norm ISO/IEC 9126 nennt „quality in use"-Attribute als Endergebnis verschiedener Ausprägungen interner und externer Qualitätsattribute[42] und stellt damit die Anwendersicht in den Vordergrund der Qualitätsbeurteilung.[43] Auch die Unterscheidung zwischen technischer und vom Kunden wahrgenommener Qualität hebt die Anwendersicht bei der Bewertung der Qualität hervor.[44] Qualität ist also eine vielschichtige, relativ zu bestimmende Eigenschaft von Software.

Das Ziel des Testens ist das Auffinden von Fehlern, d. h. Abweichungen zwischen tatsächlichem und erwartetem[45] Verhalten[46] des Softwareproduktes.[47] Das Auffinden von Fehlern führt dazu, dass sich mit dem Einsatz der Software verbundene Risiken reduzieren[48] und Vertrauen in die Software gewinnen lassen.[49]

---

[40] Vgl. IEEE (1990), S. 76

[41] Vgl. ISO/IEC (2001)

[42] Vgl. ebenda, S. 3

[43] Vereinfachend wird Qualität daher als „fitness for use" (vgl. Bach (1995), S. 2) des jeweiligen Produkts bezeichnet. Das Produkt muss also zur Verwendung und zur Erreichung der mit dem Einsatz verfolgten Ziele geeignet sein.

[44] Vgl. Herzwurm (1998), S. 61

[45] Dabei kann die Erwartung, d. h. das Soll-Verhalten, explizit und implizit, also nicht geäußert bzw. nicht schriftlich fixiert, angegeben sein (vgl. ISO/IEC (2001), S. 4 und Mellis (2001c), S. 471).

[46] Damit wird Fehler als dynamisches, situationsabhängiges Phänomen im Gegensatz zum statisch, situationsunabhängig manifestierten Bug aufgefasst (vgl. Grottke (2003), S. 5).

[47] Vgl. z. B. Frühauf u. a. (2004), S. 29, Kaner u. a. (1993), S. 25, Myers (1979), S. 7, Spillner und Linz (2004), S. 216; Beizer erläutert anhand der „phases in a tester's mental life", dass Testen in der letzten Phase nicht mehr als Aktivität zur Fehlersuche, sondern als mentale Disziplin zur Entwicklung risikoarmer Software ausgeübt werde (vgl. Beizer (1990), S. 4).

[48] Vgl. Ropponen und Lyytinen (2000), S. 98, Boehm (1989), S. 6

[49] Vgl. Hetzel (1988), S. 8, Sneed und Jungmayr (2006), S. 24; Pol u. a. nennen entsprechend als Ziel des Testens die „[...] Reduzierung des Maßes an Unsicherheit in Bezug auf die Qualität [...]" (Pol u. a. (2000), S. 10).

Der Begriff „Test“ ist in der Literatur sehr unterschiedlich belegt.[50] Aufgrund dieser Mehrdeutigkeit wird in dieser Arbeit auf die Tätigkeit „Testen“ nach der oben angegebenen Definition und auf Testfälle abgestellt. Ein Testfall ist die kleinste ausführbare Einheit beim Testen[51] und enthält die zur Ausführung notwendigen Bedingungen, die den Zustand des zu testenden Softwareprodukts bzw. Softwareproduktteils beschreiben, die Menge der Eingabewerte und die Menge der erwarteten Sollwerte[52].

Die einzelnen Aktivitäten des Testens werden üblicherweise zu den Phasen Vorbereitung, Ausführung und Auswertung gruppiert.[53] In einigen Arbeiten und Standards ist eine eigene Phase für die Testfallerstellung vorgesehen[54], die sonst zur Vorbereitung gerechnet wird. Während die Aktivitäten der Vorbereitung, Ausführung und Auswertung in einem Projekt mehrmals durchgeführt werden (für jeden Testfall bzw. für jede Teststufe, s. unten), findet die Testplanung als Teil der Projektplanung nur einmal im Projekt statt.[55] Als Aufgabe im Rahmen des Projektmanagements[56] ist der Aufwand hierfür vom Testaufwand zu trennen.

Bei der Testplanung wird festgelegt, in welchem Umfang das Softwareprodukt getestet werden soll[57]. Dazu müssen das Testziel bestimmt, die zu testenden Teile

---

[50] Laut Definition des IEEE bedeutet „Test“ sowohl eine Aktivität, die die Ausführung eines Softwareprodukts unter spezifizierten Bedingungen, die Beobachtung oder Aufzeichnung der Ergebnisse sowie eine Bewertung eines Aspekts des Softwareprodukts zum Inhalt hat, als auch ein oder mehrere Testfälle (vgl. IEEE (1990), S. 74). Im deutschen Sprachraum kann mit „Test“ entweder a) eine einzelne Ausführung des zu testenden Softwareprodukts oder eines Teils dieses Produkts, b) der Prozess, „ein Programm auf systematische Weise auszuführen, [...] um Fehlerwirkungen aufzudecken“ oder c) die Gesamtheit aller Aktivitäten gemeint sein, die der Überprüfung eines Softwareprodukts dient (vgl. Spillner und Linz (2004), S. 212).

[51] Vgl. Kit (1995), S. 82

[52] Vgl. Spillner und Linz (2004), S. 213, IEEE (1990), S. 74

[53] Vgl. Frühauf u. a. (2004), S. 36, Rätzmann (2002), S. 31; Schmitz u. a. nennen zusätzlich die Testplanung als Testphase (vgl. Schmitz u. a. (1982), S. 91f, zitiert nach Müller (1999), S. 166).

[54] Vgl. British Standards Institute (1998), zitiert nach Spillner und Linz (2004), S. 18, und Pol u. a. (2002), S. 37; In beiden Arbeiten wird die Phase der Testfallerstellung als „Specification“ bezeichnet. Beizer empfiehlt ebenfalls eine eigene Phase für den Entwurf der Testfälle (vgl. Beizer (1990), S. 7).

[55] Vgl. Balzert (1998), S. 548, Frühauf u. a. (2004), S. 36, Rätzmann (2002), S. 31

[56] Vgl. Project Management Institute (1996), S. 7; Die Aufgaben der Testplanung finden sich in den Prozessen scope definition, resource planning, quality planning und organizational planning wieder.

[57] Vgl. Frühauf u. a. (2004), S. 36f; Vgl. Myers (1979), S. 121f für eine Übersicht der Komponenten eines Testplans, Kaner u. a. (1993), S. 204ff für Ziele, Vorgehen und Dokumente der Test-

und Eigenschaften der Software ausgewählt bzw. mit Prioritäten versehen[58] und die Ressourcen geplant werden, die zur Erreichung des Testziels erforderlich sind[59]. Die Schulung der Tester ist ebenfalls Teil der Planungsphase[60].

Die Testvorbereitung umfasst die Überprüfung der Anforderungsdokumentation und weiterer Dokumente, die die Grundlage des Tests bilden, daraufhin, ob sie vorhanden und ausreichend detailliert sind,[61] die Bereitstellung der Testinfrastruktur, d. h. der Arbeitsplätze der Tester, der zur Testdurchführung benötigten Hardware- und Softwarekomponenten[62] sowie von Werkzeugen für den Test[63], die Erstellung von Testfällen und das Anlegen von Testdaten[64]. Auch die Auswahl von Testmethoden[65] ist Teil der Testvorbereitung.

Zur Testausführung gehören folgende Aktivitäten[66]: Eingabe von Testdaten, Aufruf der zu testenden Funktionen, Beobachtung und Dokumentation der Testergebnisse[67]. Die Dateneingabe und der Funktionsaufruf werden zunehmend automatisiert durchgeführt.[68]

---

planung. Der Standard IEEE Std. 829-1998 (vgl. IEEE (1998a)) enthält eine Referenzgliederung für die Testplanung.

[58] Die Festlegung, welche Teile des Softwareproduktes mit welcher Priorität bzw. überhaupt zu testen sind, bezeichnen Spillner und Linz als Teststrategie (vgl. Spillner und Linz (2004), S. 19).

[59] Vgl. Frühauf u. a. (2004), S. 36f und Spillner und Linz (2004), S. 19f

[60] Vgl. Spillner und Linz (2004), S. 19

[61] Vgl. Pol u. a. (2002), S. 40; Die Autoren erläutern jedoch nicht, was unter einer „ausreichenden“ Dokumentation zu verstehen ist.

[62] Dies schließt sowohl die Umgebung, in der getestet wird (z. B. das Betriebssystem und weitere Programme, die zur Ausführung und Auswertung von Testfällen nötig sind und in ihrer Gesamtheit als Testrahmen bezeichnet werden, vgl. Spillner und Linz (2004), S. 21 und 215), als auch das zu testende Softwareprodukt bzw. dessen zu testende Teile ein. Das zu testende Softwareprodukt muss bspw. in den richtigen Startzustand gebracht werden (vgl. Kaner u. a. (2002), S. 24). Pol u. a. fassen die Testinfrastruktur weiter, indem sie z. B. auch Umgebungsdaten und Verwaltungsprozesse als Bestandteile betrachten (vgl. Pol u. a. (2002), S. 76).

[63] Vgl. Spillner und Linz (2004), S. 23 und 214; Müller bezeichnet die Bereitstellung der Testinfrastruktur als technische Testvorbereitung (vgl. Müller (1999), S. 23).

[64] Müller nennt diese Aktivitäten die fachliche (im Unterschied zur technischen) Testvorbereitung (vgl. Müller (1999), S. 23).

[65] Vgl. Pol u. a. (2002), S. 40, dort „test techniques“ genannt; zu Testmethoden s. auch Kap. 5.4

[66] Kaner u. a. fassen diese Aktivitäten zusammen zu „operate“ (deutsch: bediene) und „observe“ (deutsch: beobachte, vgl. Kaner u. a. (2002), S. 24).

[67] Vgl. Frühauf u. a. (2004), S. 33

[68] Vgl. Pol u. a. (2002), S. 9

Die Testauswertung beinhaltet die Testergebnisse zu analysieren und zu beurteilen, ob Fehler vorliegen. Die Ergebnisse dieses Abgleichs werden dokumentiert und als Input zur Fehlersuche und -korrektur weitergegeben.

Gemäß dem Fortschritt der Entwicklung und dem jeweiligen Gegenstand der Überprüfung lassen sich mehrere Teststufen unterscheiden: Zuerst werden einzelne Einheiten (Module, Units oder Komponenten genannt), später das Zusammenwirken mehrerer solcher Einheiten nach deren Integration[69], und schließlich das gesamte Softwareprodukt getestet.[70] Indem auf jeder Teststufe mehrere Testfälle zusammen vorbereitet, durchgeführt und ausgewertet werden, dienen Teststufen der effizienten Gestaltung des Testens.[71]

Die folgende Abbildung 1-3-1 gibt einen Überblick über die Aktivitäten des Testens und deren Phasenzuordnung.

---

[69] Balzert spricht hierbei von integrierten Systemkomponenten (vgl. Balzert (1998), S. 505), Pol u. a. von mehreren logisch zusammenhängenden Programmen (vgl. Pol u. a. (2002), S. 17).

[70] Die Bezeichnungen der Teststufen und ihre Anzahl sind uneinheitlich (s. auch Müller (1999), S. 46, Fußnote 253): Beizer z. B. bezeichnet die Teststufen als unit test, component test, system test und system feature test (vgl. Beizer (1990), S. 12). Frühauf u. a. verwenden die Begriffe Einzeltest, Integrations- und Systemtest (vgl. Frühauf u. a. (2004), S. 77). Pol u. a. fügen diesen drei Stufen die Stufe Abnahmetest (im Original „acceptance test“) hinzu, wobei sich System- und Abnahmetest anhand der Testumgebung (laborähnlich versus dem Betrieb entsprechend), der beteiligten Personen (Vertreter des Softwareherstellers versus Kundenrepräsentanten) und der Testgrundlage (nur dokumentierte versus explizite *und* implizite Anforderungen) unterscheiden (vgl. Pol u. a. (2002), S. 17).

[71] Vgl. Pol u. a. (2002), S. 15

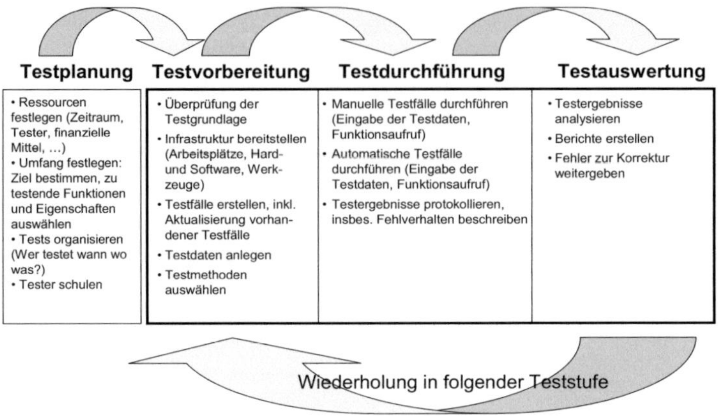

Abb. 1-3-1: Aktivitäten des Testens

Zur Aufwandsverteilung auf die Phasen geben Pol u. a. folgende Empfehlung:[72] 50% für die Vorbereitung[73], 45% für Ausführung und 5% für Auswertung. Den Ergebnissen einer empirischen Studie zufolge, die die Prüf- und Testprozesse in deutschen softwareentwickelnden Unternehmen untersuchte, entfielen knapp 50 % auf die Ausführung, dagegen nur knapp 20 % auf die Vorbereitung und ebenfalls knapp 20 % auf die Auswertung.[74] Dies gibt einen Einblick in die unterschiedliche Gewichtung in Theorie und Praxis.

Vom Testaufwand abzugrenzen sind zum einen konstruktive Qualitätssicherungsmaßnahmen, die zur präventiven Qualitätsgestaltung eingesetzt werden.[75] Sie setzen an der Prozessqualität an und tragen dadurch indirekt zur Verbesserung der

---

[72] Vgl. Pol u. a. (2002), S. 173

[73] Diese Summe setzt sich aus 40% für die Phase „Specification", d. h. im Wesentlichen die Testfallerstellung und den Aufbau der Infrastruktur, und 10% für die Phase „Preparation" zusammen, d. h. zur Überprüfung der Dokumentation, die die Grundlage des Testens bildet, für die Testmethodenauswahl und die Festlegung der Testinfrastruktur (vgl. Pol u. a. (2002), S. 40f).

[74] Vgl. Müller (1999), S. 167, wobei jedoch keine Zuordnung des Aufwands getrennt nach Prüf- und Testaktivitäten möglich ist.

[75] Vgl. Müller (1999), S.18; Frühauf u. a. nennen zusätzlich zu konstruktiven und analytischen organisatorische Maßnahmen der Qualitätssicherung, welche die Voraussetzungen für konstruktive und analytische Maßnahmen schaffen (vgl. Frühauf u. a. (2002), S. 24).

Softwareproduktqualität bei.[76] Zum anderen schließt Testen Aktivitäten der statischen analytischen Qualitätssicherung aus, mittels derer das Prüfobjekt unabhängig von seiner Umgebung analysiert wird, d. h. ohne Code auszuführen.[77]

In dieser Arbeit wird Testaufwand demnach wie folgt definiert (vgl. fett umrandete Flächen in Abbildung 1-3-1):

- die Arbeitszeit
- aller am Testen Beteiligten
- für die Vorbereitung, Ausführung und Auswertung
- aller automatisierten und manuellen Testfälle in einem Projekt
- ohne Aktivitäten der Testplanung.[78]

Bestimmung des Begriffs „Schätzung"

Nach DeMarco ist Schätzen nur für solche Probleme oder Teile von Problemen legitim, für die es keine exaktere wissenschaftliche Lösungsmöglichkeit gibt.[79] Aus Sicht der Messtheorie unterscheiden sich Bewertung (englisch: assessment) und Schätzung (englisch: prediction oder estimation) darin, wie viel über die Einflussgrößen der zu bewertenden oder zu schätzenden Merkmalsausprägung bekannt ist: Während eine Bewertung das zu messende Merkmal vollständig anhand von Einflussgrößen und einem konstanten Parameter beschreibt, gibt eine Schätzung nur einen Näherungswert für die Merkmalsausprägung an.[80]

In dieser Arbeit wird mit Schätzung die Ermittlung des Testaufwands bezeichnet, der angesichts der Ausprägungen der berücksichtigten Einflussfaktoren des Testaufwands zu erwarten ist.[81] Der Zweck dieser Schätzung ist es, die benötigten

---

[76] Vgl. Müller (1999), S. 19

[77] Ein Beispiel für statische analytische Qualitätssicherungsmaßnahmen sind Reviews, womit mehr oder weniger strukturierte Analyse- und Bewertungsprozesse bezeichnet werden, in denen eine Gruppe von Gutachtern (z. B. Projektmitarbeiter, Vorgesetzte, Anwender) Projektergebnisse wie z. B. Entwurfsdokumente beurteilt oder sie genehmigt (vgl. IEEE (1990), S. 64).

[78] Einzelne Aktivitäten der Testplanung werden als Einflussfaktoren des Testaufwands berücksichtigt (vgl. Kapitel 5.3.4).

[79] Vgl. DeMarco (1982), S. 25

[80] Vgl. Bieman u. a. (1996), S. 43

[81] Moløkken-Østvold nennt und beschreibt folgende abweichenden, jedoch häufig anzutreffenden Bedeutungen des Begriffs Aufwandsschätzung: wahrscheinlichster Aufwand, 50-50 Schätzung (d. h. Aufwandswert, der mit einer Wahrscheinlichkeit von 50 % nicht überschritten wird), budgetierter

Ressourcen für das Testen zu ermitteln[82]. Als Grundlage der Ressourcenplanung ist die Aufwandsschätzung ein Teil der Testplanung.

Bestimmung des Begriffs „Modell"

Unter Modell wird allgemein ein Abbild der Realität oder eines Realitätsausschnitts verstanden, das für einen bestimmten Anwenderkreis entwickelt wird und einem spezifischen Zweck in einem bestimmten Zeitintervall dient[83]. Neben der Zweckorientierung ist im vorliegenden Kontext das Verkürzungsmerkmal von Modellen entscheidend, demzufolge ein Modell nur solche Attribute des abgebildeten Originals enthält, die dem Ersteller oder Nutzer des Modells relevant erscheinen.[84] Diesem Informationsverlust bei der Abbildung der Realität steht als Vorteil die Reduktion der Komplexität der realen Zusammenhänge gegenüber, die die Konzentration auf die Ziele der Modellanwendung fördert.[85]

In der vorliegenden Arbeit werden mehrere Modelle der Einflussfaktoren des Testaufwands entwickelt, die sich hinsichtlich der Betrachtungsebene und des Gültigkeitsbereichs unterscheiden (vgl. Kapitel 2). Allerdings handelt es sich bei allen Modellen in dieser Arbeit um Erklärungsmodelle. Im Unterschied zu Beschreibungsmodellen streben Erklärungsmodelle keine möglichst präzise Abbildung der Realität an[86], und im Gegensatz zu Gestaltungsmodellen geben sie keine Anhaltspunkte zur Manipulation des abgebildeten Realitätsausschnitts[87].[88] Erklärungsmodelle eignen sich, das hier erarbeitete Wissen darzustellen, weil sie prinzipiell ermöglichen, zukünftige Zustände in der Realität zu prognostizieren[89].

Aufwand und Projektgebot, d. h. der Preis, zu dem ein Softwarehersteller anbietet, einen Auftrag zur Entwicklung eines Softwareprodukts auszuführen (vgl. Moløkken-Østvold (2004), S. 6).

[82] Vgl. Pol u. a. (2002), S. 41

[83] Vgl. Stachowiak (1973), S. 133

[84] Vgl. Stachowiak (1973), S. 132

[85] Vgl. Lehner (1995), S. 61

[86] Vgl. Lehner (1995), S. 64

[87] Vgl. ebenda, S. 65

[88] Vgl. Kaner und Bond (2004), S. 5; Humphrey stellt die Unvereinbarkeit allgemeingültiger Erklärung und situationsspezifischer Abbildung für standardisierte Produktivitätswerte fest (vgl. Humphrey (1990), S. 98).

[89] Vgl. ebenda

Der Zweck der Modelle in dieser Arbeit unterscheidet sich abhängig vom Gültigkeitsbereich: Während das *allgemeine* Modell der Einflussfaktoren des Testaufwands vermutete Gesetzmäßigkeiten in Bezug auf den Testaufwand darstellt (und dadurch zum Aufbau einer Theorie über das Zustandekommen des Testaufwands beitragen kann), dienen *organisationsspezifische* Modelle der Einflussfaktoren des Testaufwands zur Schätzung des Testaufwands in einer Organisation.

Bestimmung des Begriffs „Methode"

Methoden dienen wie Prinzipien, Verfahren und Werkzeuge als Hilfsmittel bei der Gestaltung von rechnergestützten betrieblichen Informationssystemen.[90] Als Tätigkeit im Rahmen der Gestaltung eines solchen Informationssystems wird auch die Aufwandsschätzung durch diese Hilfsmittel unterstützt. Unter einer Methode wird in diesem Zusammenhang die „Gesamtheit aller Vorschriften zur Bewältigung einer Klasse von Problemen"[91] verstanden. Sie ist konkreter als ein Prinzip[92], doch im Unterschied zu Verfahren und Werkzeugen nicht vollständig determiniert, sondern kann unterschiedliche Grade der Konkretisierung annehmen und erlaubt angesichts eines speziellen Problems differenzierte Lösungsweisen.

1.4 Forschungsmethodik

1.4.1 Wissenschaftstheoretische Einordnung

Diese Forschungsarbeit behandelt die Aufwandsschätzung von Softwaretests, die im Rahmen der Entwicklung von Softwareprodukten durchgeführt werden. Die Entwicklung betrieblicher Anwendungssysteme bezeichnet Kurbel als „einen zentralen Kern der Wirtschaftsinformatik".[93] Das Erkenntnisziel der Wirtschaftsinformatik als Realwissenschaft liegt in der Bildung und Verwendung von Theorien, die sich faktisch bewähren.[94] Die Erklärung beobachteter Phänomene der Realität und die Prognose sind Hauptgegenstände realwissenschaftlicher Arbeit.

---

[90] Vgl. Schmitz (1982), S. 72

[91] Vgl. ebenda, S. 73

[92] Als Prinzip wird ein allgemeingültiger Grundsatz des Denkens oder Handels bezeichnet (vgl. ebenda).

[93] Kurbel (1997), S. 4432

[94] Vgl. Gabler (1997), S. 4464

In der vorliegenden Arbeit steht das pragmatische Wissenschaftsziel im Vordergrund, demzufolge wissenschaftlich gewonnene Erkenntnisse zur Lösung praktischer Probleme nutzbar sein müssen. Damit wird in dieser Arbeit dem Verwendungszusammenhang Vorrang eingeräumt, wenngleich auch im Entdeckungs- und Begründungszusammenhang wissenschaftliche Erkenntnisse angestrebt werden.[95]

Es bedarf zunächst einer Theorie[96] bzw. eines Hypothesengerüsts, das den in Frage stehenden, beobachtbaren Ausschnitt der Realität beschreibt. Das Ziel, existierende Zusammenhänge in diesem Realitätsausschnitt zu erkennen, wird in dieser Arbeit mittels einer Explorationsstrategie verfolgt. Dazu werden aus bestehenden Forschungsergebnissen Vermutungen hinsichtlich der interessierenden Zusammenhänge in Form von Thesen[97] abgeleitet, die empirisch[98] überprüft und anhand der empirisch gewonnenen Erkenntnisse erhärtet oder verworfen werden. Beide Stufen der Exploration, sowohl die Analyse existierender Forschungsarbeiten als auch die eigene empirische Forschung, die sowohl quantitative als auch qualitative Elemente umfasst,[99] sollen zur Erklärung des Phänomens Testaufwand beitragen.

Neben der Exploration kommt in dieser Arbeit die Konstruktionsstrategie zum Tragen. Diese Forschungsstrategie der empirischen Organisationsforschung zielt grundsätzlich darauf ab, Realität zu gestalten und technologische Aussagen herzuleiten.[100] Sie wird in der vorliegenden Arbeit nicht mit dem Ziel der Gestaltung,

---

[95] Die Trennung in diese drei Bereiche (Entdeckungs-, Begründungs- und Verwendungszusammenhang) wird als Hilfskonstruktion zur Lösung des Theorie-Praxis-Problems betrachtet, das darin besteht, dass die Wissenschaftstheorie kein Vorgehen bereithält, um Theorien mit praktischen Problemen zu verknüpfen (vgl. Behrens (1993), Sp. 4769f). Die Unterscheidung zwischen Entdeckungs- und Begründungszusammenhang geht auf Reichenbach zurück (vgl. Reichenbach (1938), zitiert nach Bortz und Döring (2006), S. 353).

[96] Unter Theorie ist laut Behrens ein System wissenschaftlicher Aussagen zu verstehen (vgl. Behrens (1993), Sp. 4765). Stier erklärt den Begriff detaillierter als „[ein] System von Aussagen, die sich auf einen bestimmten Gegenstandsbereich beziehen und logisch widerspruchsfrei sind, wobei die in den Aussagen auftretenden Begriffe definiert sein müssen […]“ (Stier (1999), S. 13).

[97] Die Thesen geben jeweils eine „je… desto“-Beziehung wieder und sind demnach tendenzielle Aussagen. Wie kausale Aussagen gehören sie zu den erkennenden, d. h. dem theoretischen Wissenschaftsziel dienenden Aussagen (vgl. Müller-Böling (1992), Sp. 1492f).

[98] Empirisch bedeutet „erfahrungsgemäß; aus der Erfahrung, Beobachtung [erwachsen], dem Experiment entnommen“ (Wissenschaftlicher Rat der Dudenredaktion (2007), S. 273).

[99] Der Klassifizierung von Bortz und Döring gemäß ist die Exploration in dieser Arbeit sowohl theoriebasiert als auch empirisch-quantitativ und empirisch-qualitativ ausgerichtet (vgl. Bortz und Döring (2006), S. 358).

[100] Vgl. Müller-Böling (1992), Sp. 1494f

sondern zur Herleitung technologischer Aussagen[101] angewandt. Hierzu wird eine Methode konstruiert, um die entwickelten Thesen für die Praxis nutzbar zu machen, d. h. um sie zur Prognose (dem zweiten Gegenstand realwissenschaftlicher Forschung) des Testaufwands einsetzen zu können. Mit der Nutzbarmachung der Theorie verfolgt diese Arbeit das zentrale Interesse der Betriebswirtschaftslehre als anwendungsorientierte Wissenschaft.[102]

1.4.2 Forschungsdesign

Dem pragmatischen Wissenschaftsziel folgend ist diese Arbeit an den Bedürfnissen der Praxis ausgerichtet. Daher spiegeln auch die in der Arbeit getroffenen Annahmen praktische Gegebenheiten wider. Wenn sich die Darstellungen eines Zusammenhangs aus praktischer und theoretischer Sicht widersprechen, wird daher der Praxis höhere Relevanz gegenüber der Theorie eingeräumt.

Aufgrund ihrer großen Bedeutung für die Exploration erfolgt die empirische Forschung in dieser Arbeit in Form von Fallstudien.[103] Um die Gültigkeit der Ergebnisse auf eine möglichst breite Basis zu stellen und dadurch deren Verallgemeinerbarkeit zu erhöhen, werden 58 Fallstudien in zwei Organisationen durchgeführt. Die Fallstudien dienen zwei Zielen:

1. Die aus existierenden Forschungsergebnissen abgeleiteten Thesen ergänzen (s. Kapitel 5.3) und prüfen[104] (s. Kapitel 7.2).
2. Die Methode TestASS erproben und bewerten (s. Kapitel 8).

Für die Fallstudie als Forschungsform spricht außerdem, dass der Untersuchungsgegenstand „Testaufwand“ stets vom Kontext, d. h. von der Situation und

---

[101] Technologische Aussagen legen Ziel-Mittel-Relationen fest (vgl. Müller-Böling (1992), Sp. 1493). Ihr gestaltender Charakter (vgl. ebenda) ist in dieser Arbeit darauf reduziert, dass sie zur Ableitung organisationsspezifischer Modelle des Testaufwands dienen (vgl. Kap. 2.2 und Kap. 6).

[102] Vgl. Schanz (1993), Sp. 4525; Schanz bezeichnet die Betriebswirtschaftslehre in diesem Zusammenhang als „angewandte Verhaltens- bzw. Sozialwissenschaft“ (vgl. ebenda), was jedoch eine umstrittene Einordnung ist (vgl. Behrens (1993), Sp. 4768).

[103] Diese Bedeutung ergibt sich z. B. daraus, dass anhand einer Fallstudie bedeutsame Variablen und Zusammenhänge zwischen diesen Variablen aufgedeckt werden und Erfahrungen mit Erhebungsinstrumenten gemacht werden können (vgl. Müller-Böling (1992), Sp. 1495).

[104] Vgl. Eisenhardt (1989); Auch Lee weist darauf hin, dass Fallstudien sowohl zur Hypothesengenerierung als auch zum Test von Hypothesen geeignet sind (vgl. Lee (1989), S. 34). Allerdings haben die Fallstudien in dieser Arbeit die Exploration, nicht die Falsifikation zum Ziel.

den Merkmalen des einzelnen Projekts, geprägt ist.[105] Nach Yin manifestiert sich diese Vielschichtigkeit des Kontexts (im Original „richness of the context“) in einer großen Zahl an Einflussfaktoren, welche die Anzahl untersuchter Fälle wahrscheinlich übersteigt, und in der Notwendigkeit, verschiedene Informationsquellen zur Untersuchung heranzuziehen. Fallstudien eignen sich dazu, das Kräftespiel in einer ganz bestimmten Umgebung zu untersuchen[106] und dadurch das Verständnis zu erweitern, welche Faktoren den Untersuchungsgegenstand beeinflussen.[107]

Zur Konstruktion der Methode TestASS (Test-Aufwands-Schätzung für Software) wird die Forschungsform „Forschung durch Entwicklung“ gewählt, die sich generell durch die Abfolge „Entwicklung - Gestaltung - Forschung“ auszeichnet[108] und die bezweckt, zunächst ein funktionierendes System zu entwickeln, um ausgehend davon zu allgemeineren Aussagen zu gelangen[109].

Datenerhebung

Zur Datenerhebung werden folgende Techniken genutzt:

- Persönliche Befragung in teilstrukturierten[110] Interviews[111]

Die Interviews finden im direkten Gespräch statt, um Missverständnisse zu vermeiden, um eine ausführliche Beantwortung sicherzustellen und um Anhaltspunkte für weitere Informationsquellen (z. B. Datenbestände, Ansprechpartner) und für zusätzlich relevante Fragen zu erhalten.[112] Im Gegensatz zur schriftlichen oder telefonischen Befragung kann ein Vertrauensverhältnis geschaffen werden, dank des-

[105] Vgl. hierzu und im Folgenden Yin (2003a), S. 4

[106] Vgl. Eisenhardt (1989), S. 534

[107] Die genannten Gründe überwiegen gegenüber dem Nachteil, dass störende Einflüsse nur bedingt kontrolliert werden können und häufig mehrere Erklärungsalternativen der Analyseergebnisse zulassen (vgl. Bortz und Döring (2006), S. 57).

[108] Vgl. Müller-Böling (1992), Sp. 1497

[109] Vgl. Szyperski und Seibt (1976), zitiert nach Müller-Böling (1992), Sp. 1497

[110] Die teilstrukturierte Befragung ist anhand ihrer Flexibilität besonders dazu geeignet, Ursachen und Hintergründe zu ermitteln (vgl. Müller-Böling (1992), Sp. 1497).

[111] Kubicek bezeichnet das Interview als Königsweg in der Explorationsstrategie, die er auch Konstruktionsstrategie empirischer Forschung nennt (vgl. Kubicek (1976), S. 25 bzw. S. 13).

[112] Nach Eisenhardt können qualitative Daten, die im Interview gewonnen werden, direkt Anregungen zur Thesenbildung liefern (vgl. Eisenhardt (1989), S. 538).

sen z. B. aus Organisationssicht eventuell unerwünschte[113] Aussagen gemacht werden können. Die Nachteile direkter gegenüber schriftlicher Befragung, nämlich Interviewereffekte[114] und begrenzte Interviewanzahl aufgrund des nötigen Zeitaufwands, werden also in Kauf genommen, um organisationsspezifische und solche Informationen zu erhalten, die das Vorwissen des Forschers erweitern[115].

- Inhaltsanalyse[116]

  Die Inhaltsanalyse wird in dieser Arbeit auf sprachliches (z. B. Protokolle, persönliche Nachrichten und textliche Prozessbeschreibungen) und nicht-sprachliches (z. B. schematische Projektpläne, numerische Einträge in Datenbanken) Material angewendet. Diese Analysen ergänzen die Datensammlung in den Interviews, da sie auch zeitlich weit zurückliegende Vorgänge erforschbar machen und nichtreaktiv sind[117], d. h. der Untersuchungsgegenstand bleibt von der Erhebungsmethode bzw. durch den Forscher unbeeinflusst.

Neben der Datenerhebungstechnik ist die Auswahl der Untersuchungsobjekte maßgeblich.[118] Fallstudien, die mehrere Fälle untersuchen, folgen einer Replikationslogik.[119] Jeder einzelne Fall dient dazu, erwartungsgemäß gleiche Ergebnisse bei übereinstimmenden Merkmalsausprägungen des Untersuchungsobjekts zu zeigen, oder zu kontrastierenden Ergebnissen zu gelangen, die sich erwartungsgemäß anhand abweichender Merkmalsausprägungen erklären lassen. Ersteres wird als direkte Replikation, letzteres als theoretische Replikation bezeichnet.

Daher werden in dieser Arbeit folgende Kriterien zur Auswahl berücksichtigt:

---

[113] Aus Sicht der Organisation unerwünscht können entweder kritische oder den internen Richtlinien widersprechende Aussagen sein.

[114] Der Interviewereffekt besagt, dass Gültigkeit und Zuverlässigkeit der Antworten dem Einfluss des Interviewers unterliegen (vgl. Schnell u. a. (2005), S. 324).

[115] Vgl. Bortz und Döring (2006), S. 238f; Kubicek spricht von der „gezielte[n] Gewinnung von nicht konkret erwarteten Informationen“ und der Möglichkeit, beim Interview Eindrücke von der untersuchten Umgebung zu erlangen (vgl. Kubicek (1976), S. 25).

[116] Für eine ausführliche Aufzählung sekundärer Informationsquellen, die prinzipiell GEgenstand der Inhaltsanalyse sein können, vgl. Yin (2003b), S. 85-89.

[117] Vgl. Müller-Böling (1992), Sp. 1500

[118] Dies gilt sowohl für großzahlige Untersuchungen, dort als Stichprobe bezeichnet, als auch für Fallstudien.

[119] Vgl. hierzu und im Folgenden Yin (2003b), S. 47f und Eisenhardt (1991), S. 620

1. Repräsentativität

Die untersuchten Fälle sollen eindeutige Beispiele des betrachteten Untersuchungsgegenstands sein bzw. die Beobachtung und Prüfung der formulierten Thesen erlauben.[120] Gemäß der Eingrenzung dieser Arbeit (vgl. Kapitel 1.3) kommen als Fälle also Softwareentwicklungsprojekte infrage, in denen getestet wurde.

2. Natural controls[121] (deutsch: „natürliche Kontrollelemente“)

Um in Fallstudien zuvor formulierte Thesen zu prüfen, müssen einige Merkmale kontrolliert, d. h. ihr Einfluss temporär ausgeschaltet werden, damit die Effekte anderer Merkmale auf die Zielgröße begutachtet werden können. Dies geschieht, indem zwischen zwei zu vergleichenden Beobachtungen mehrere Merkmalsausprägungen übereinstimmen, sodass abweichende oder übereinstimmende Ergebnisse auf die Abweichung oder Übereinstimmung zwischen den Ausprägungen eines oder mehrerer anderer Merkmale zurückgeführt werden können.

In dieser Arbeit werden zur Prüfung der Thesen solche Kontrollelemente z. B. in Form des gleichen Produkts, das in zwei verschiedenen Projekten weiterentwickelt wird, oder des gleichen Projektteams eingesetzt. Wenn Projekte übereinstimmende Merkmalsausprägungen aufweisen und dadurch den Vergleich erlauben, lässt sich die Replikationslogik anwenden und das Erkenntnispotenzial multipler Fallstudien ausschöpfen.

Datenauswertung

Zur Datenauswertung werden grafische, statistische und interpretative Analysen durchgeführt (vgl. Kapitel 6.3 zur Beschreibung der Analysemethoden). Die Analysen beziehen sowohl einzelne Fälle als auch die Gesamtheit der Fälle in einer Organisation ein.

Interpretation der Ergebnisse

Die Ergebnisse der Fallstudien werden unter Rückgriff auf die Thesen (vgl. Kapitel 5) interpretiert, wobei sich teilweise mehrere alternative Erklärungen anbieten.[122] Die Einzelfallanalyseergebnisse gilt es mit dem Interviewpartner zum jewei-

---

[120] Vgl. Yin (2003a), S. 11

[121] Vgl. hierzu und im Folgenden Lee (1989), S. 39

[122] Dies liegt an der Natürlichkeit des Umfelds (vgl. Fußnote 107).

ligen Projekt zu besprechen, um Fehlinterpretationen zu vermeiden und ggf. zusätzliche Informationen zu gewinnen. Die Validierung, welche die Entwicklung eines organisationsspezifischen Modells zur Testaufwandsschätzung abschließt (vgl. Kapitel 6.3, Schritt 6), dient ebenfalls dazu, den empirisch manifestierten Einfluss der modellierten Merkmale und damit die Gültigkeit der Thesen zu überprüfen.

1.5 Aufbau der Arbeit

An die Einleitung (Kapitel 1) schließt sich die detaillierte Erläuterung des Bezugsrahmens an, der die konzeptionelle Grundlage dieser Forschungsarbeit bildet (Kapitel 2).

In Kapitel 3 werden die Anforderungen formuliert, die an die zu entwickelnde Methode zu stellen sind. Sie bilden gleichzeitig den Rahmen für die Darstellung des Stands der Forschung zur Testaufwandsschätzung in Kapitel 4.

In Kapitel 5 wird das allgemeine Modell des Testaufwands vorgestellt. Dazu werden die Thesen, welche die Wirkungsbeziehungen zwischen Produkt-, Team- und Ressourcenmerkmalen und dem Testaufwand konkretisieren, einzeln erläutert.

Kapitel 6 hat die Beschreibung der Methode TestASS zum Gegenstand, die dazu dient, das allgemeine Modell des Testaufwands zur organisationsspezifischen Testaufwandsschätzung anwendbar zu machen.

Kapitel 7 und Kapitel 8 sind den empirischen Ergebnissen gewidmet. Zunächst werden die Rahmenbedingungen der Fallstudien (Kapitel 7.1) und die Ergebnisse bezüglich der Überprüfung der Thesen (Kapitel 7.2) präsentiert. Anschließend wird gezeigt, welche Ergebnisse die Methode TestASS in den Fallstudien lieferte (Kapitel 8.1 und 8.2), und wie die Methode anhand der Erprobung bewertet wird (Kapitel 8.3).

Kapitel 9 schließt die Arbeit mit einer Bewertung der Forschungsergebnisse und einem Ausblick auf die Zukunft der Testaufwandsschätzung ab.

Kapitel 2

Bezugsrahmen zur Testaufwandsschätzung

Der hier vorgestellte Bezugsrahmen illustriert die Perspektive des Forschers[123] und dient als Grundlage der empirischen Arbeit[124], insbesondere zur Abgrenzung der Analyseeinheiten[125]. Er ermöglicht die systematische Beschreibung der relevanten Elemente des Forschungsgegenstands sowie den Transfer von Erkenntnissen aus anderen wissenschaftlichen Gebieten[126].

So bildet er das praktische Fundament dieser Forschungsarbeit, ohne bereits auf bestimmten Theorien zu basieren.[127] Dazu veranschaulicht er die Anordnung der Elemente des Forschungsgebiets, denen die Untersuchung gilt. Nicht die Beziehungen *zwischen* den Elementen sind Gegenstand der Untersuchung, sondern die vermuteten Wirkungsbeziehungen *innerhalb* der Elemente.

Die Elemente des Bezugsrahmens dieser Arbeit umfassen Modelle des Testaufwands, die sich anhand der Betrachtungsebene (Organisation oder Projekt) und des Gültigkeitsbereiches (allgemein, d. h. für alle Organisationen gültig, oder organisationsspezifisch, d. h. nicht auf andere Organisationen übertragbar) unterscheiden. In Abbildung 2-1-1 sind die Modelle in doppelt umrandeten Kästchen wiedergegeben. Diese Modelle setzen sich jeweils aus den Einflussfaktoren des Testaufwands zusammen, die auf der jeweiligen Betrachtungsebene und im jeweiligen Gültigkeitsbereich wirksam sind. Sie lassen sich jeweils in Form einer Gleichung darstellen (siehe einfach umrandete Kästchen in Abb. 2-1-1).

---

[123] Bezogen auf heuristische Bezugsrahmen wird diese Perspektive, die das Vorverständnis des Forschers wiedergibt, als theoretische Perspektive bezeichnet (vgl. Kubicek (1976), S. 17).

[124] Vgl. Kajüter (2005), S. 80

[125] Vgl. Kubicek (1976), S. 18

[126] Vgl. Stelzer (1998), S. 20, wobei der Transfer von der Aufwandsschätzung für Softwareentwicklungsprojekte zur Schätzung des Testaufwands kein anderes, sondern ein enger gefasstes Untersuchungsfeld berührt.

[127] Vgl. Braun (1993), Sp. 1224f, dort als problemorientierter Bezugsrahmen bezeichnet

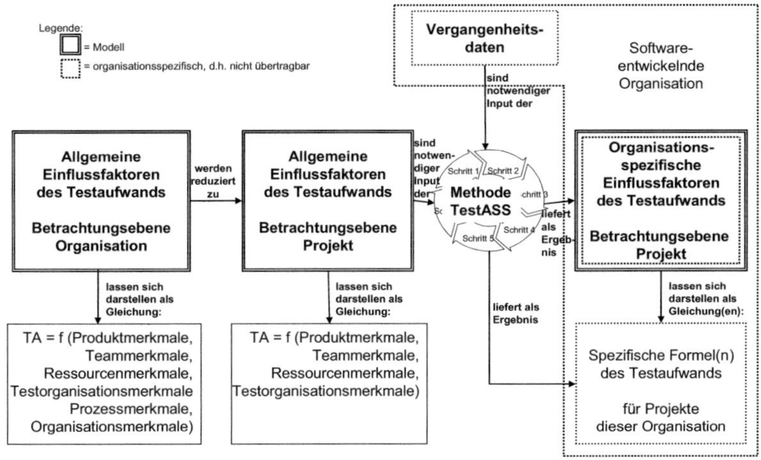

Abb. 2-1-1: Bezugsrahmen zur Testaufwandsschätzung

Neben den Modellen des Testaufwands enthält der Bezugsrahmen die Methode TestASS und als deren essenziellen Input Vergangenheitsdaten derjenigen Organisation, für die ein organisationsspezifisches Modell des Testaufwands abgeleitet wird.[128]

2.1 Das allgemeine Modell des Testaufwands

Zur Beantwortung der in Kapitel 1.2 formulierten Forschungsfrage 1 werden in dieser Arbeit die allgemeinen Einflussfaktoren des Testaufwands hergeleitet. Die Gesamtheit dieser Einflussfaktoren bildet das **allgemeine Modell des Testaufwands**. In Abhängigkeit von der Betrachtungsebene wird zwischen dem allgemeinen Modell auf Ebene der Organisation und dem allgemeinen Modell auf Ebene des Projekts unterschieden.

---

[128] Als Schätzgrundlage Daten von abgeschlossenen Projekten der Organisation, in der (Test-) Aufwand geschätzt werden soll, zu verwenden, ist ein in der Literatur anerkannter Grundsatz der Aufwandsschätzung, vgl. z. B. Bundschuh u. Fabry (2004), S. 29, Balzert (2000), S. 88 u. 92, DeMarco (1982), S. XII.

Gegenstand der Betrachtung ist die Testaufwandsschätzung in softwareentwickelnden Organisationen. Unter Organisationen werden „relativ dauerhafte soziale Gebilde, welche durch die koordinierende Tätigkeit ihrer Mitglieder begrenzte Ziele zu erreichen haben“[129], verstanden, d. h. öffentliche Einrichtungen wie Behörden, Schulen und Universitäten sowie Unternehmungen bzw. Betriebe.[130] Als softwareentwickelnd werden solche Organisationen bezeichnet, deren Sachziel die Entwicklung von Software ist.

Innerhalb softwareentwickelnder Organisationen wird Software überwiegend in Form von Projekten entwickelt.[131] Da auch die Testaufwandsschätzung eine Aufgabe im Rahmen der Projektdurchführung ist, erweist sich das Projekt als relevante Betrachtungsebene dieser Arbeit. Projekte zeichnen sich durch die Einmaligkeit der Bedingungen[132] aus, unter denen die gestellte Aufgabe gelöst wird, und weisen gemäß DIN Norm 69901[133] folgende Merkmale auf:

- definiertes Ziel
- zeitliche Befristung
- relative Neuartigkeit und Komplexität
- Risikobehaftung
- interdisziplinäre Aufgabenstellung.

Die Einflussfaktoren im **allgemeinen Modell des Testaufwands auf Organisationsebene** setzen sich aus mehreren Gruppen von Merkmalen zusammen, die einerseits die Organisation beschreiben, in der Testaufwand geschätzt werden soll, und andererseits die Projekte, die in dieser Organisation durchgeführt werden. Diese Struktur der Einflussfaktoren des Testaufwands zeigt Tabelle 2-1-1.

Merkmalsträger	**Merkmalsgruppe**	**Merkmale (Beispiel)**
Organisation	Organisationsmerkmale	Organisationskultur
Organisation	Prozessmerkmale	Verwendetes Vorgehensmodell

[129] Vgl. Presthus (1966), S. 13, zitiert nach Schanz (1992), Sp. 1460

[130] Vgl. Schanz (1992), Sp. 1460

[131] Vgl. Herzwurm (1998), S. 29; Stahlknecht und Hasenkamp (2005), S. 214

[132] Vgl. z. B. Project Management Institute (1996), S. 4f, Kieser und Kubicek (1992), S. 138f, DIN (1987), Grün (1992), Sp. 2103, dort als „Singularität“ eines Projekts bezeichnet

[133] Vgl. DIN (1987), S. 1

Merkmalsträger	Merkmalsgruppe	Merkmale (Beispiel)
Projekt	Produktmerkmale	Variabilität der Nutzung des Produkts
Projekt	Teammerkmale	Kontinuität des Teams
Projekt	Ressourcenmerkmale	Zu Projektbeginn verfügbare Zeit
Projekt	Testorganisationsmerkmale	Durchführung von Testfallreviews

Tab. 2-1-1: Struktur der Einflussfaktoren des Testaufwands

Aus messtheoretischer Sicht handelt es sich bei dem allgemeinen Modell nicht um ein Modell, das mehrere Messgrößen[134] in einer mathematischen Formel zusammenfasst, sondern um eine Darstellung aller Attribute bzw. Merkmale, die gemessen werden sollen.[135] Die folgende Gleichung gibt das allgemeine Modell des Testaufwands auf Organisationsebene wieder:[136]

TA = f (Produkt-, Team-, Ressourcen-, Testorganisations-, Prozess-, Organisationsmerkmale) = f (Merkmale der Projekte, Merkmale der Organisation)

Wenn anstelle einer Organisation als Analyseeinheit das Projekt gewählt wird, bleiben Merkmale der Organisation außer Betracht. Das **allgemeine Modell auf Projektebene** entspricht also einer Verkürzung des allgemeinen Modells auf Organisationsebene, indem es daraus nur die Merkmale der Projekte abbildet. Dieser Vereinfachung liegt die Annahme zugrunde, dass Prozess- und Organisationsmerkmale in allen Projekten einer Organisation die gleiche Ausprägung aufweisen. Diese annahmegemäß konstant ausgeprägten Prozess- und Organisationsmerkmale üben in allen Projekten den gleichen Einfluss auf den Testaufwand aus, sind also nicht ursächlich für Testaufwandsdifferenzen zwischen verschiedenen Projekten dieser Organisation und können daher zur Testaufwandsschätzung in Projekten dieser Organisation unberücksichtigt bleiben. Ein Beispiel hierfür ist das Merkmal

---

[134] Unter Messgröße ist die Zuordnung empirischer Eigenschaften zu numerischen Eigenschaften zu verstehen, die auf Homomorphismus beruht (vgl. Zuse (1998), S. 16). Eine Softwaremessgröße ist erst dann aussagekräftig, wenn sie sowohl das Verfahren zur Datensammlung und -verarbeitung als auch die Art und Weise beschreibt, wie die Daten interpretiert und genutzt werden können (vgl. ebenda, S. 18).

[135] Bieman u. a. treffen diese Unterscheidung bei der Beschreibung, wie Softwaremessgrößen validiert werden können (vgl. Bieman u. a. (1996), S. 43).

[136] Dabei bleiben Interdependenzen zwischen den einzelnen Merkmalen in dieser Arbeit außer Betracht (zur Begründung vgl. Kapitel 5.3).

„Verwendetes Vorgehensmodell“: Obwohl unterschiedlichen Vorgehensmodellen erheblicher Einfluss auf den Projektaufwand attestiert wird,[137] kann das verwendete Vorgehensmodell und dessen Wirkung auf den Testaufwand außer Betracht bleiben, wenn alle Projekte in einer Organisation unter Verwendung desselben Vorgehensmodells durchgeführt werden.[138]

Das allgemeine Modell des Testaufwands auf Projektebene wird durch folgende Gleichung abgebildet:

TA = f (Produkt-, Team-, Ressourcen-, Testorganisationsmerkmale) =
= f (Merkmale der Projekte)

Unter Berücksichtigung beider Betrachtungsebenen ist das allgemeine Modell des Testaufwands, d. h. die allgemeinen Einflussfaktoren des Testaufwands und ihre jeweilige Wirkung Gegenstand von Kapitel 5.

2.2 Die Methode TestASS

Die **Methode TestASS** ist neben dem allgemeinen Modell des Testaufwands auf Projektebene das zweite Element des Bezugsrahmens, das zur Testaufwandsschätzung für Projekte einer Organisation erforderlich ist. Sie dient dazu, aus den Einflussfaktoren des allgemeinen Modells diejenigen auszuwählen, die in einer bestimmten Organisation den größten Einfluss auf den Testaufwand ausüben und daher zur Schätzung am wichtigsten sind. Damit erlaubt sie die Ableitung eines organisationsspezifischen, d. h. in einer bestimmten Organisation gültigen Modells des Testaufwands.

Zugleich lässt sich anhand dieser Methode eine organisationsspezifische Formel zur Schätzung des Testaufwands auf Projektebene herleiten. *Mehrere* Formeln können bei ausreichender Menge an Daten zu abgeschlossenen Projekten[139] dann abgeleitet werden, wenn im Rahmen der Methode ein Projektmerkmal identifiziert

---

137 Vgl. Borchers und Moritz (2005), S. 146, und Frohnhoff u. a. (2006), S. 6

138 Die Annahme, das verwendete Vorgehensmodell sei projektunabhängig, also organisationsweit gültig, ist dadurch gerechtfertigt, dass sie der häufig anzutreffenden Praxis in softwareentwickelnden Unternehmen entspricht (vgl. auch Kapitel 7.1.3, Beschreibung der Fallstudien).

139 Die Anzahl erforderlicher Datensätze zur Herleitung *einer* Formel hängt davon ab, wie viele Einflussfaktoren in die Formel aufgenommen werden, d. h. wie viele abhängige Variablen berücksichtigt werden, und welche Irrtumswahrscheinlichkeit als akzeptabel betrachtet wird, d. h. welches Signifikanzniveau gewählt wird. Vgl. hierzu Appendix B, Stichwort „Stichprobengröße“

wird, anhand dessen die Projekte hinsichtlich des Testaufwands gruppiert werden können (vgl. Kapitel 6.3, Schritt 5, S. 134).

Des Weiteren beschreibt die Methode, wie die Vergangenheitsdaten zu erfassen und auszuwerten sind, derer es zur Ableitung eines organisationsspezifischen Modells des Testaufwands bedarf. Die Vergangenheitsdaten umfassen Daten abgeschlossener Projekte, d. h. die jeweiligen Werte der Einflussfaktoren des allgemeinen Modells sowie den jeweils angefallenen Testaufwand zu mehreren Projekten. Neben diesen Werten ergänzen qualitative Aussagen der Projektbeteiligten die projektbezogenen Vergangenheitsdaten. Darüber hinaus gehört zu den Vergangenheitsdaten Erfahrungswissen verschiedener Organisationsmitglieder, das systematisch abgefragt und ausgewertet wird. Es dient als Quelle weiterer, über die projektbezogenen Informationen hinausgehender Erkenntnisse hinsichtlich der Einflüsse des Testaufwands in dieser Organisation (vgl. Kapitel 1.4.2).

Damit stellt die Methode TestASS das Bindeglied zwischen den allgemein genannten, d. h. organisationsunabhängig gültigen Elementen und den organisationsspezifischen, nicht auf andere Organisationen übertragbaren Elementen des Bezugsrahmens dar. Ihr Ablauf wird in Kapitel 6 detailliert beschrieben.

2.3 Das organisationsspezifische Modell des Testaufwands

Die Anwendung der Methode TestASS mithilfe organisationsspezifischer Vergangenheitsdaten resultiert in einem (oder mehreren) organisationsspezifischen Modell(en) des Testaufwands und einer (oder mehrerer) organisationsspezifischer Formel(n) zur Testaufwandsschätzung für Projekte in dieser Organisation.

Das organisationsspezifische Modell stellt eine Anpassung des allgemeinen Modells des Testaufwands auf Projektebene zur Testaufwandsschätzung in einer bestimmten Organisation dar.

Fasst man die anhand der Methode TestASS ermittelten lokal wichtigsten Einflussfaktoren, also das organisationsspezifische Modell des Testaufwands, mit der organisationsspezifischen Formel zur Testaufwandsschätzung zusammen, erhält man den Konzepten objektorientierter Softwareentwicklung gemäß[140] eine Instanz des allgemeinen Modells des Testaufwands und seiner Darstellung in Gleichungs-

[140] Vgl. Balzert (2000), S. 179; Der Terminologie objektorientierter Softwareentwicklung folgend, stellt das allgemeine Modell des Testaufwands die Klasse dar, die die Struktur und das Beziehungsgeflecht aller Instanzen, d. h. organisationsspezifischen Modelle vorgibt (vgl. ebenda).

form. Beispielhaft werden in Kapitel 8.1 und 8.2 die organisationsspezifischen Modelle und dazugehörigen Formeln zur Testaufwandsschätzung präsentiert, die im Rahmen der Fallstudien hergeleitet wurden.

Kapitel 3

Anforderungen an eine Methode zur Testaufwandsschätzung

Bei der Herleitung einer Methode zur Testaufwandsschätzung muss vorab geklärt werden, welchen Anforderungen sie zu genügen hat.[141] Da sich eine vorgeschlagene Anforderungsliste objektiv nicht als vollständig nachweisen lässt,[142] wird hier stattdessen auf begründet ausgewählte Anforderungen abgestellt. Die in diesem Kapitel formulierten Anforderungen (mit A1 bis A6 bezeichnet) werden durch die Zielsetzung dieser Arbeit bestimmt. Wie die Zielsetzung besitzen auch die Anforderungen eine theoretische und eine praktische Komponente, d. h. sie setzen sich zusammen aus Anforderungen aus Sicht der Wissenschaft und Anforderungen aus Sicht der potenziellen Anwender der Methode.

Jede Anforderung wird zuerst begründet und anschließend mittels eines oder mehrerer Kriterien zur Beurteilung der Anforderungserfüllung operationalisiert.

3.1 Allgemeine Anforderungen an Methoden in der Wirtschaftsinformatik

In dieser Arbeit wird unter Methode nicht eine Operation im Sinne der Objektorientierung oder ein Programmbaustein verstanden, der in einer Methodenbank vorliegt, sondern ein Hilfsmittel zur Lösung einer Klasse von Problemen.[143]

3.1.1 Breite Einsetzbarkeit

Die wissenschaftliche Einordnung von Methoden im Kontext der Softwareentwicklung hebt ihren universellen[144] Charakter hervor[145]. Dementsprechend muss

---

[141] Dabei wird grundsätzlich vorausgesetzt, dass der Aufwand zur Anwendung einer Methode durch den Nutzen gerechtfertigt ist, den die Methode stiftet.

[142] Vgl. Frank (2000), S. 41

[143] Vgl. Kapitel 1.3, S. 14

[144] Universell bedeutet umfassend, weit gespannt (vgl. Wissenschaftlicher Rat der Dudenredaktion (2007), S. 1068).

der Einsatzbereich der gesuchten Methode umfassend sein.[146] Unter der Annahme, dass sich das Problem, den Testaufwand zu schätzen, in jeder softwareentwickelnden Organisation stellt, sind diese die potenziellen Nutzer. Die Methode stellt dann ein universelles Hilfsmittel zur Testaufwandsschätzung dar, wenn sie grundsätzlich für den gesamten Kreis potenzieller Nutzer anwendbar ist. Daher ist aus wissenschaftlicher Sicht folgende Anforderung an die gesuchte Methode zu stellen:

A1: Eine Methode zur Testaufwandsschätzung soll unabhängig von der Ausprägung der Merkmale der Organisation anwendbar sein.

Zur Erfüllung dieser Anforderung wird hier zunächst gefordert, dass die Methode unabhängig vom verwendeten Vorgehensmodell anwendbar ist. Ein Vorgehensmodell[147] bündelt „systematisch erhobene Erfahrungen aus Projekten“[148] und nimmt häufig sowohl in Organisationshandbüchern als auch in den einzelnen Projekten einer Organisation eine zentrale Stellung ein.[149] Da es also basierend auf dem Erfahrungswissen einer Organisation für die Bedürfnisse der Softwareentwicklung in dieser Organisation erstellt[150] oder angepasst[151] wird, repräsentiert ein Vorgehensmodell viele organisationsspezifisch ausgeprägte Merkmale von Organisationen.

Zur Erfüllung dieser Anforderung wird neben der Unabhängigkeit von der Ausprägung des verwendeten Vorgehensmodells verlangt, dass keine Vorgaben oder Einschränkungen hinsichtlich der Entwicklungs- und Testmethoden[152] gemacht werden. Dies liegt daran, dass es für die Aktivitäten der Softwareentwicklung sowie speziell für das Testen eine unübersichtliche Vielzahl an Methoden gibt[153], die in

---

[145] Vgl. Schmitz (1982), S. 73

[146] Dies entspricht der von Musa u. a. formulierten Forderung an Modelle zur Schätzung der Zuverlässigkeit, die Modelle müssten breit einsetzbar sein (vgl. Musa u. a. (1987), S. 19).

[147] Ein Vorgehensmodell legt als Ablaufmodell fest, wie man bei der Entwicklung eines Softwareprodukts vorgehen sollte, um es effektiv und effizient zu erstellen (vgl. Seibt (2001), S. 498).

[148] Seibt (2001), S. 498

[149] Vgl. ebenda, S. 498f

[150] Vgl. Balzert (1998), S. 98

[151] Häufig wird dazu ein Standardvorgehensmodell wie bspw. das V-Modell der Bundesbehörden verwendet (vgl. ebenda, S. 103).

[152] Zur Erläuterung des Begriffs vgl. Kapitel 5.4

[153] Vgl. Wirtz (2001), S. 418 und Pol u. a. (2002), S. 32

der Praxis ohne erkennbare allgemeine Präferenzen,[154] d. h. nach individuellen Bedürfnissen bzw. Kenntnissen der jeweiligen Organisation eingesetzt werden.

Breite Einsetzbarkeit bedeutet im Kontext der Aufwandsschätzung auch, dass zur Messung der Inputgrößen keine bestimmten Messgrößen erforderlich sind. Dies hat zwei Gründe: Zum einen haben empirische Untersuchungen gezeigt, dass Messgrößen, die in einem Softwareentwicklungsumfeld zur Schätzung geeignet sind, in einem anderen Umfeld möglicherweise nicht sinnvoll eingesetzt werden können.[155] Zum anderen erfordert die Erhebung spezifischer Messgrößen methodische Kenntnisse (z. B. zur Zählung von Function Points, zur Modellierung und Zählung von Use Cases bzw. Use Case Points), die nicht in jeder softwareentwickelnden Organisation vorliegen. Die folgende Anforderung trägt daher sowohl dem wissenschaftlichen Postulat der universellen Einsetzbarkeit als auch den in der Praxis erhobenen, unterschiedlichen Messgrößen Rechnung:

A2: Eine Methode zur Testaufwandsschätzung soll dem Anwender Spielraum bei der Messung der Merkmale lassen, die den Input der Schätzung bilden.

Diese Anforderung wird als erfüllt betrachtet, wenn die Methode keine Vorgaben bezüglich der Erhebung bestimmter Messgrößen wie beispielsweise die Zählung von Function Points enthält.

3.1.2 Akzeptanz

Für den Einsatz von Methoden in der Wirtschaftsinformatik wird verlangt, dass die mittelbar und unmittelbar vom Methodeneinsatz Betroffenen die Methode akzeptieren bzw. dass diese Akzeptanz sicherzustellen sei[156]. Unter Methodenakzeptanz wird in der Wirtschaftsinformatik die Bereitschaft verstanden, „Methoden [...] für die Anwendungsentwicklung anzunehmen sowie ihren Möglichkeiten entsprechend zu nutzen“[157]. Um mangelnder Akzeptanz entgegenzuwirken, muss den Betroffenen z. B. die Angst vor intellektueller Überforderung genommen werden.[158]

---

[154] Vgl. Wirtz (2001), S. 418

[155] Vgl. Basili und Selby (1985), S. 386, Chen u. a. (2004), S. 120; DeMarco stellt allgemein für (spezifizierte) Kostenmodelle fest, dass sie nicht von einer Umgebung in eine andere übertragbar seien (vgl. DeMarco (1982), S. 155).

[156] Vgl. Lehner (2001), S. 507

[157] Kemper (2001), S. 9

[158] Vgl. Kemper (2001), S. 10

Dazu muss die gesuchte Methode verständlich sein, d. h. dass ihre Einsatzvoraussetzungen klar und ihr Ablauf nachvollziehbar sind.

Ebenfalls die Akzeptanz betreffend lautet das Fazit vieler empirisch verankerter Arbeiten zur Aufwandsschätzung in der Softwareentwicklung, dass eine Aufwandsschätzmethode für den praktischen Einsatz benutzerfreundlich sein muss.[159] Die Norm ISO/IEC 9126-1 fasst unter Benutzerfreundlichkeit bzw. Benutzbarkeit (im Original „usability") die Merkmale Verständlichkeit („understandability"), Erlernbarkeit („learnability"), Bedienbarkeit („operability") und Attraktivität („attractiveness") zusammen.[160] Die Definition bezieht sich auf Softwareprodukte, die im Vergleich zu Methoden Hilfsmittel auf einer niedrigeren Abstraktionsebene darstellen. Da eine Methode zur Anwendung differenziert ausgestaltet werden kann[161] und sich dadurch ihre Erlernbarkeit, Bedienbarkeit und Attraktivität unterschiedlich ausprägen können, wird hier von den Merkmalen der Benutzerfreundlichkeit nur Verständlichkeit gefordert. Dazu werden die folgenden zwei Anforderungen an eine Methode zur Testaufwandsschätzung gestellt.

A3: Für den Benutzer der Methode muss ersichtlich sein, welche Voraussetzungen zur Anwendung vorliegen oder geschaffen werden müssen.

Der Benutzer der Methode muss beurteilen können, ob die Methode zur Lösung seines Problems, d. h. zur Testaufwandsschätzung in einem bestimmten Softwareentwicklungsprojekt anwendbar ist.[162] Dazu bedarf es der expliziten Darstellung der Voraussetzungen der Methode. Im Kontext der Aufwandsschätzung ist dabei insbesondere relevant, welchen Input[163] die Methode verlangt.

Gemäß dem Ziel dieser Arbeit soll die nachvollziehbare Schätzung des Testaufwands unterstützt werden.[164] Eine Schätzung ist nachvollziehbar, wenn auch für

---

[159] Vgl. Noth und Kretzschmar (1986), S. 30 und Bundschuh u. a. (1991), S. 17

[160] Vgl. ISO/IEC (2001), S. 9f

[161] Vgl. Schmitz (1982), S. 73

[162] Dies entspricht der Definition der ISO/IEC 9126-1, wonach unter „understandability" gefordert wird, der Anwender müsse beurteilen können, ob das Softwareprodukt „für bestimmte Aufgaben und unter bestimmten Anwendungsbedingungen" geeignet ist (vgl. ISO/IEC (2001), S. 9).

[163] Briand u. a. verweisen in diesem Zusammenhang sowohl auf die Quantität als auch auf die Qualität der Daten (vgl. Briand u. a. (1999), S. 4).

[164] Vgl. Kapitel 1.2

Personen, die nicht an der Schätzung mitgewirkt haben, ersichtlich ist, wie das Schätzergebnis zustande kam.[165] Demgemäß lautet die folgende Anforderung:

A4: Der Ablauf der Methode und das Ergebnis der Testaufwandsschätzung, das mithilfe der Methode erzielt wurde, sollen für Personen nachvollziehbar sein, die nicht an der Schätzung beteiligt waren.

Diese Anforderung wird als erfüllt betrachtet, wenn jeder Schritt der Schätzung detailliert beschrieben ist, und das Schätzergebnis nachvollzogen werden kann.

Die Anforderung entspricht der häufig in der Literatur zur Aufwandsschätzung gestellten Forderung nach einem objektiven[166] Vorgehen zur Schätzung.[167] Darunter wird verstanden, dass die Schätzung einem exakt festgelegten Prozess folgt.[168]

3.2 Spezielle Anforderungen an Aufwandsschätzmethoden

3.2.1 Berücksichtigung organisationsspezifischer Gegebenheiten

Erkenntnisse aus empirischer[169] und theoretischer Forschung[170] begründen die Forderung, dass zur Aufwandsschätzung organisationsspezifische Gegebenheiten berücksichtigt werden müssen[171].

---

[165] Vgl. Bundschuh und Fabry (2004), S. 56

[166] Objektiv bedeutet allgemein „sachlich, nicht von Vorurteilen und Gefühlen bestimmt; unvoreingenommen, unparteiisch“ (Wissenschaftlicher Rat der Dudenredaktion (2007), S. 716).

[167] Vgl. Noth (2001), S. 55, Veenendaal u. Dekkers (1999), S. 1, Pol u. a. (2000), S. 29; Pol u. a. verstehen unter objektivem Vorgehen, dass verschiedene Anwender zu *ähnlichen* Ergebnissen kommen (vgl. ebenda).

[168] Vgl. Lewis (2001), S. 55, Noth (2001), S. 56; Nicht gefordert wird Objektivität mit der Bedeutung „intersubjektive Identität von Urteilen“ (vgl. Kubicek (1976), S. 17).

[169] Vgl. Kok (1991), S. 167, Boehm u. a. (2000b)

[170] Vgl. Kemerer (1987), Balzert (2000), S. 87, Noth und Kretzschmar (1986), S. 3, Noth (2001), S. 55

[171] Vgl. auch die Zielsetzung dieser Arbeit (Kapitel 1.2)

A5: Eine Methode zur Testaufwandsschätzung soll organisationsspezifische Gegebenheiten berücksichtigen.

Zur Beurteilung der Erfüllung dieser Anforderung ist entscheidend, *wie* organisationsspezifische Gegebenheiten berücksichtigt werden. Die zur Aufwandsschätzung relevanten Einflussfaktoren spiegeln organisationsspezifische Zusammenhänge wider[172]. Sie können daher zwischen Organisationen differieren, d. h. die Zusammensetzung und Gewichtung der zu berücksichtigenden Einflussfaktoren können für jede Organisation anders ausgeprägt sein.[173] Die organisationsspezifischen Zusammenhänge lassen sich also nicht in einem einzelnen Faktor ausdrücken. Daher wird die Anforderung A5 dann als erfüllt betrachtet, wenn die gesuchte Methode die Auswahl und Gewichtung all der Faktoren unterstützt, die zur Testaufwandsschätzung in einer Organisation relevant sind.

3.2.2 Trennung der Schätzung nach Tätigkeiten

Zur Aufwandsschätzung wird empfohlen, den jeweiligen Bedarf für alle relevanten, insbesondere die Projektkosten wesentlich bestimmenden Ressourcen separat zu ermitteln.[174] Dazu muss der Personalbedarf häufig nach Tätigkeitsschwerpunkten untergliedert werden[175]. In jeder Schätzung sind die Faktoren zu berücksichtigen, die die zu schätzende Größe beeinflussen. Hinsichtlich des Testaufwands sind neben den Faktoren, die den Aufwand für die konstruktiven Tätigkeiten[176] determinieren, auch Faktoren zu beachten, die ausschließlich den Aufwand für das Testen bestimmen. Beispiele für die erste Gruppe sind die Dynamik[177] der Anforderungen und die Erfahrung der Entwickler mit ihren Aufgaben[178]. Beispiele für die zweite

---

[172] Vgl. hierzu z. B. Myrtveit und Stensrud (1999), S. 510, Mukhopadhyay u. a. (1992), S. 156 und Briand u. a. (1999), S. 9

[173] Nach Noth und Kretzschmar liefern Aufwandsschätzverfahren außerhalb der Umgebung, in der sie entwickelt wurden, keine nachvollziehbaren Ergebnisse (vgl. Noth und Kretzschmar (1986), S. 4).

[174] Vgl. Noth (2001), S. 55

[175] Noth nennt als Beispiele für Tätigkeitsschwerpunkte Systemanalyse und Programmierung (vgl. ebenda).

[176] Der Aufwand für die Definition, den Entwurf und die Implementierung des Softwareprodukts wird in der vorliegenden Arbeit zusammengenommen als Entwicklungsaufwand bezeichnet, vgl. Bestimmung des Begriffs „Softwareentwicklung" in Kapitel 1.3

[177] Mit Dynamik wird die zeitliche Änderungsrate bezeichnet (vgl. Bronner (1992), Sp. 1122).

[178] Vgl. Kapitel 5.3.1.3 bzw. 5.3.2.1

Gruppe, die in dieser Arbeit spezielle Einflussfaktoren des Testaufwands genannt werden, sind der Grad der Testautomatisierung und die Verfügbarkeit und Stabilität des Testsystems[179]. Abbildung 3-1-1 zeigt diese Gruppierung der Einflussfaktoren des Testaufwands.

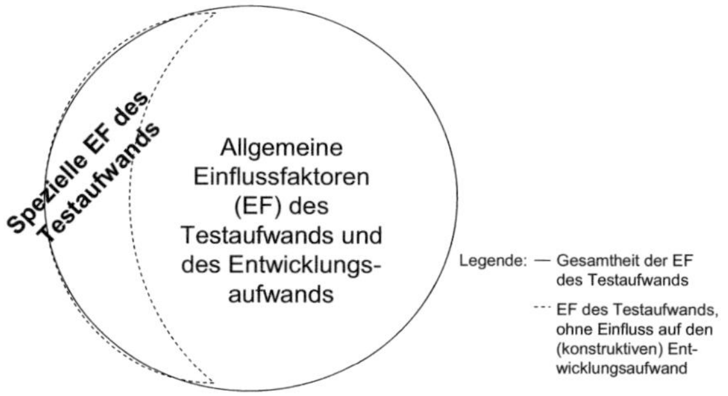

Abb. 3-1-1: Allgemeine und spezielle Einflussfaktoren des Testaufwands

Die gesuchte Methode muss demnach folgende Anforderung erfüllen:

A6: Eine Methode zur Testaufwandsschätzung muss die speziellen Einflussfaktoren des Testaufwands berücksichtigen.

Diese Anforderung wird als erfüllt betrachtet, wenn die gesuchte Methode Faktoren wie den Grad der Testautomatisierung und die Verfügbarkeit und Stabilität des Testsystems zur Schätzung berücksichtigt.

Zusammengefasst dienen die formulierten Anforderungen als Vorgabe zur Ausarbeitung einer Methode zur Testaufwandsschätzung und spezifizieren damit das in dieser Arbeit gesetzte Ziel. Tabelle 3-1-1 gibt eine Übersicht der Anforderungen sowie der jeweiligen Kriterien zur Beurteilung der Anforderungserfüllung.

[179] Vgl. Kapitel 5.3.3.4

Anforderungsgruppe	Anforderung	Messbare Kriterien der Anforderungserfüllung	Zielwert
Breite Einsetzbarkeit	Unabhängig von der Ausprägung von Merkmalen der Organisation	- Gelten Einschränkungen bzgl. folgender Organisationsmerkmale: -- verwendetes Vorgehensmodell -- verwendete Entwicklungsmethoden -- verwendete Testmethoden?	nein
Breite Einsetzbarkeit	Spielraum bei der Messung des Schätzinputs	- Wird die Erfassung bestimmter Messgrößen vorausgesetzt?	nein
Akzeptanz	Klarstellung der Voraussetzungen der Methode	- Sind die Voraussetzungen der Methode explizit angegeben?	ja
Akzeptanz	Ablauf und Ergebnis der Schätzung sind nachvollziehbar	- Ist jeder Schritt der Schätzung detailliert beschrieben und das Ergebnis für Unbeteiligte nachvollziehbar?	ja
Spezielle Anforderungen der Aufwandsschätzung	Berücksichtigung organisationsspezifischer Gegebenheiten	- Unterstützt die Methode die organisationsspezifische Auswahl und Gewichtung der Einflussfaktoren des Testaufwands?	ja
Spezielle Anforderungen der Aufwandsschätzung	Berücksichtigung spezieller EF des Testaufwands	- Werden EF des Testaufwands wie z. B. Testautomatisierung und Testinfrastruktur berücksichtigt?	ja

Tab. 3-1-1: Anforderungen an eine Methode zur Testaufwandsschätzung

Darüber hinaus bilden die Anforderungen die Grundlage zur Beurteilung existierender Ansätze zur Testaufwandsschätzung.

Kapitel 4

Kenntnisstand der Testaufwandsschätzung

In diesem Kapitel werden bestehende Methoden und Modelle für die Schätzung des Testaufwands analysiert und bewertet. Dabei ist das Ziel, objektiv und systematisch bei der Beurteilung vorzugehen.

Eine systematische Bewertung setzt Anforderungen voraus, die an die Bewertungsobjekte gestellt werden.[180] Die zu stellenden Anforderungen gelten gleichermaßen für die in dieser Arbeit herzuleitende Methode und wurden in Kapitel 3 begründet und erläutert.

Die Darstellung des Kenntnisstands ist auf Ansätze beschränkt, die veröffentlicht sind. Außerdem wurden Ansätze gewählt, die auf unterschiedlichen Theorien und Methoden basieren, um zu zeigen, wie breit gefächert theoretische und empirische Bemühungen zur Testaufwandsschätzung sind.

4.1 Ansätze zur Projektaufwandsschätzung

Betrachtet man Testen als eine (abgrenzbare) Aufgabe bei der Durchführung von Softwareentwicklungsprojekten, liegt es nahe, den Aufwand hierfür mithilfe einer Methode zur Projektaufwandsschätzung zu prognostizieren. Daher werden im Folgenden zwei häufig zitierte und in der Praxis relativ weit verbreitete[181] Ansätze zur Projektaufwandsschätzung dahingehend untersucht, ob bzw. wie gut sie die zugrunde gelegten Anforderungen an eine Testaufwandsschätzmethode erfüllen.

---

[180] Vgl. hierzu und im Folgenden Frank (2000), S. 40

[181] Die International Function Point Users Group (IFPUG), eine weltweite Vereinigung der Anwender der Function Point Analysis, hat mehr als 1200 Mitglieder in über 30 Ländern (Stand 03/2007, siehe IFPUG (2007), URL siehe Literaturverzeichnis). Die Verbreitung der Schätzmethode CoCoMo bzw. CoCoMo II lässt sich daran ablesen, dass die seit 1985 jährlich stattfindende Konferenz „Annual CoCoMo Users' Group Meeting" 2007 zum zweiundzwanzigsten Mal (als „Annual International Forum on CoCoMo and Systems/Software Cost Modelling") veranstaltet wurde (vgl. CSSE (2007), URL siehe Literaturverzeichnis).

4.1.1 Das Modell CoCoMo II

Das Constructive[182] Cost Model II, eine Weiterentwicklung des 1981 veröffentlichten Modells CoCoMo[183], besteht aus mehreren, unterschiedlich detaillierten algorithmischen Modellen, die für die Aufwandsschätzung zu unterschiedlichen Zeitpunkten im Softwarelebenszyklus entwickelt wurden.[184] Der folgenden Analyse liegt das Post Architecture Model zugrunde, das von einer bereits festgelegten Produktarchitektur ausgeht und zur Aufwandsschätzung der Entwicklung oder Wartung eines Softwareprodukts dient[185]. Die Autoren bezeichnen alle Modelle der CoCoMo-Familie als normative Modelle, d. h. das jeweilige Modell gibt vor, wie viel Aufwand bei effektiver Projektdurchführung aufgewendet werden sollte.[186]

Als Input erfordert das Post Architecture Model den Umfang des zu entwickelnden Softwareprodukts (gemessen in SLOC oder Function Points), die projektspezifische Ausprägung von fünf Skalenfaktoren und 17 Aufwandstreibern.[187] Die Ausprägung ist jeweils anhand einer sechsstufigen Skala zu bewerten, wobei jede Stufe jedes Skalenfaktors und jedes Aufwandstreibers durch Beispiele beschrieben ist.

Der geschätzte Aufwand, den das Modell (in Personenmonaten[188]) liefert, leitet sich aus Daten abgeschlossener Projekte und der für diese Projekte ermittelten Produktivität ab (ausgedrückt in Form zweier Konstanten im algorithmischen Modell). Modellanwender können entweder auf die veröffentlichten Werte der Konstanten zurückgreifen oder das Modell an die Bedingungen in ihrer Organisation anpassen, indem sie die Werte der Konstanten für abgeschlossene Projekte der eigenen Orga-

---

[182] Unter konstruktiv verstehen die Autoren, dass diese Modelle dazu beitragen, die Beschaffenheit (im Original: „the nature") des zu schätzenden Projekts besser zu verstehen (vgl. Boehm (2000b), S. 3).

[183] Vgl. Boehm (1981) und Boehm u. a. (2000b), S. 1

[184] Das Application Composition Model dient zur Aufwandsschätzung von Prototypingaufgaben, die nicht zur Produktentwicklung, sondern zur Risikoanalyse unternommen werden (vgl. Boehm u. a. (2000b), S. 10). Das Early Design-Model wird genutzt, um alternative Architekturen für das Softwareprodukt und inkrementelle Entwicklungsstrategien zu untersuchen (vgl. ebenda, S. 12).

[185] Vgl. ebenda, S. 11

[186] Vgl. Boehm u. a. (2000b), S. 3; Laut den Autoren sind Aufwandsschätzmodelle, die (wie CoCoMo II) auf Daten abgeschlossener Projekte basieren, generell gut zur Aufwandsvorgabe geeignet, weil zu erfolglosen Projekten nur sehr selten Daten erfasst würden und solche Projekte daher bei der Ermittlung der Produktivität außer Betracht blieben (vgl. ebenda).

[187] Vgl. Boehm u. a. (2000b), S. 11

[188] Siehe ebenda, S. 29

nisation ermitteln.[189] Der ermittelte Wert der zwei Konstanten gilt dann für alle Projekte der Organisation.

Die berücksichtigten Einflussfaktoren umfassen Merkmale des Produkts, der Plattform (d. h. der Hardware- und Softwareprodukte, die zusammen mit dem zu entwickelnden Softwareprodukt genutzt werden), der beteiligten Mitarbeiter und des Prozesses. Vier der Skalenfaktoren setzen sich aus jeweils mehreren Attributen zusammen, wobei der subjektiv gewichtete Durchschnittswert der Attribute die Ausprägung des jeweiligen Skalenfaktors bildet.[190]

Das Modell CoCoMo II ist in solchen Projekten zur Aufwandsschätzung anwendbar, die dem Wasserfallmodell oder dem Rational Unified Process folgen oder in denen inkrementell entwickelt wird.[191] Für Projekte basierend auf dem Wasserfallmodell wird vorausgesetzt, dass die Risiken, die mit alternativen Entwurfsentscheidungen einhergehen, genau analysiert werden, damit Änderungen der Anforderungen im Projektverlauf zu relativ wenig Überarbeitungsaufwand führen.

Einflussfaktoren des Modells, die in allen Projekten einer Organisation gleich ausgeprägt sind, können eliminiert werden, und Faktoren, die im Modell CoCoMo II nicht enthalten, jedoch in einer Organisation aufwandsrelevant sind, können ergänzt werden.[192]

Als spezieller Einflussfaktor des Testaufwands im Sinne dieser Arbeit (vgl. Anforderung A6 in Kap. 3.2.2) wird der erforderliche Umfang an Testdaten berücksichtigt (Faktor „Database Size“)[193]. Welcher Anteil des Projektaufwands unter welchen Bedingungen für die Testaktivitäten erforderlich ist, ist anhand des Modells nicht ermittelbar.[194]

---

[189] Zur Erläuterung dieser Anpassung des Modells (Kalibrieren genannt) vgl. Boehm u. a. (2000b), S. 140-191

[190] Vgl. ebenda, S. 33-36

[191] Vgl., S. XXXI; Die Autoren sprechen anstatt von inkrementell auch von spiralförmigen Entwicklungsprozessen (vgl. hierzu und im Folgenden Boehm u. a. (2000b), S. 301).

[192] Vgl. ebenda, S. 181-183

[193] Vgl. ebenda, S. 41f

[194] Ausgehend von Projektdaten, die zur Entwicklung des Vorgängermodells CoCoMo verwendet wurden, werden Referenzintervalle für den Aufwand in den Phasen „Codierung und Unit Test“ sowie „Integration und Test“ des Wasserfallmodells angegeben, jedoch Hinweise, unter welchen Bedingungen Aufwand am unteren oder oberen Rand des Intervalls anfiel (vgl. ebenda, S. 310).

Anforderung	Kriterium	Ausprägung
Unabhängig von der Ausprägung von Merkmalen der Organisation	Einschränkungen bzgl. des Vorgehensmodells	Ja: Wasserfallmodell, Rational Unified Process oder inkrementelle Entwicklung werden vorausgesetzt
	Einschränkungen bzgl. der Entwicklungs- und Testmethoden	Nein
Spielraum bei der Messung des Schätzinputs	Wird die Erfassung bestimmter Messgrößen vorausgesetzt?	Ja: Für jeden Einflussfaktor ist vorgegeben, welche Merkmalsausprägungen anhand welcher Skala zu bewerten und ggf. wie zu kombinieren sind; der Anforderungsumfang wird in Function Points oder SLOC geschätzt.
Klarstellung der Voraussetzungen der Methode	Sind Voraussetzungen explizit angegeben?	Ja: Eine Schätzung des Anforderungsumfangs des zu schätzenden Projekts[195] und Daten abgeschlossener Projekte liegen vor.
Ablauf und Ergebnis der Schätzung sind nachvollziehbar	Ist jeder Schätzungsschritt detailliert und das Ergebnis nachvollziehbar?	Ja, bedingt: Die Schritte sind detailliert und anhand von Beispielen erläutert[196], die Bewertung der Merkmalsausprägungen ist subjektiv, kann jedoch dokumentiert und damit nachvollzogen werden
Berücksichtigung organisationsspezifischer Gegebenheiten	Werden Auswahl und Gewichtung der EF unterstützt?	Ja[197]
Berücksichtigung spezieller EF des Testaufwands	Werden EF des Testaufwands wie z. B. Testautomatisierung und Testinfrastruktur berücksichtigt?	Ja (erforderlicher Umfang an Testdaten, gemessen anhand des Verhältnisses zwischen Bytes der Testdatenbasis und SLOC des Softwareprodukts)

Tab. 4-1-1: Bewertung des Constructive Cost Model II (CoCoMo II) zur Testaufwandsschätzung

[195] Vgl. ebenda, S. 326

[196] Vgl. ebenda, S. 29-56 zur Ermittlung der Faktorausprägungen, S. 68-74 zu den Modellgleichungen, S. 140-191 zur Berechnung der Modellkonstanten für die schätzende Organisation, S. 83-139 für Anwendungsbeispiele;

[197] Nicht als Auswahl bezeichnet, sondern als Möglichkeit, Faktoren aufgrund von organisationsspezifischen Gegebenheiten auszuschließen oder zu ergänzen, vgl. ebenda, S. 181-183

4.1.2 Die Methode Function Point Analysis (FPA)

Function Point Analysis (FPA), eine Variante der Function Point-Methode[198], ist ein internationaler Standard[199] zur Quantifizierung der Funktionalität eines Softwareprodukts aus Anwendersicht.[200] Ein Function Point ist die Maßeinheit des funktionalen Umfangs von Anwendungssoftware[201].[202] In Verbindung mit Erfahrungswerten aus abgeschlossenen Projekten in einer Entwicklungsumgebung[203], wie viel Aufwand je entwickeltem Function Point benötigt wurde,[204] kann aus der Anzahl Function Points eines zu erstellenden Softwareprodukts der Aufwand für die Produkterstellung geschätzt werden.[205] Analog dazu könnten Erfahrungswerte bezüglich des Testaufwands in Verbindung mit der jeweiligen Anzahl getesteter Function Points gesammelt und dazu verwendet werden, den Testaufwand eines Projekts anhand dessen Function Point-Zahl und der Erfahrungswerte zu schätzen.

Zur Zählung der Function Points werden die vom Anwender geforderten Funktionen[206] und deren jeweilige Komplexität[207], bewertet als niedrig, durchschnittlich oder hoch,[208] berücksichtigt.[209] Dies wird um den Einfluss[210] von 14 Merkmalen

---

[198] Weitere Varianten sind z. B. COSMIC Full Function Points (vgl. ISO/IEC (2003b)) und Mk II Function Points (vgl. Symons (1991)). Da sie sich für die Testaufwandsschätzung nicht prinzipiell unterscheiden (zu Differenzen vgl. z. B. COSMIC (2007a) und COSMIC (2007b), S. 7), wird zur Analyse exemplarisch die Variante FPA herangezogen (vgl. ISO/IEC (2003a)).

[199] Vgl. ISO/IEC (2003a)

[200] Vgl. IFPUG (2004a), S. 2-2; Die Variante COSMIC FFP erlaubt darüber hinaus, den funktionalen Umfang aus Sicht der Entwicklung zu messen (vgl. COSMIC (2007a)).

[201] Anwendungssoftware wird von Systemsoftware und systemnaher Software unterschieden und dient der Unterstützung konkreter betrieblicher Anwendungen (vgl. Stahlknecht (2001), S. 44).

[202] Vgl. IFPUG (2004b), S. G-4; Ursprünglich entsprach die Anzahl an Function Points eines Softwareprodukts der gewichteten Summe der Eingaben und Ausgaben (vgl. Albrecht und Gaffney (1983), S. 639), und wurde später um interne logische Dateien ergänzt (vgl. IFPUG (2004a), S. 2-7).

[203] Vgl. Noth (2001), S. 56 und Balzert (2000), S. 85

[204] Das Verhältnis der beiden Werte lässt sich als unternehmensspezifische Tabelle oder Kurve darstellen (vgl. Balzert (2000), S. 85).

[205] Vgl. IFPUG (2004a), S. 5-2

[206] Als Funktion werden dabei die Eigenschaften und Fähigkeiten (im Original: features and capabilities) der Software aus Sicht des Anwenders bezeichnet (vgl. IFPUG (2004a), S. G-4).

[207] Vgl. IFPUG (2004a), S. 6-6 bis 6-12; Die Komplexität jeder Funktion ergibt sich aus der Anzahl der enthaltenen „data element types“ (definiert als „einzigartiges, aus Anwendersicht erkennbares und nicht wiederholtes Feld“, s. ebenda, S. 6-7) und „record element types“ (d. h. „aus Anwendersicht erkennbare Untergruppe von Datenelementen in einer Funktion“, s. ebenda, S. 6-9).

[208] Vgl. ebenda, S. 6-11f

ergänzt, die das zu entwickelnde Softwareprodukt als Ganzes beschreiben. Der Input der Methode sind die dokumentierten Anforderungen an das zu erstellende Produkt, die zwischen Anwender(n) und Entwickler(n) abgestimmt wurden.[211]

Wie der Einfluss jedes der 14 Merkmale[212], die zusammen den „value adjustment factor"[213] bilden, bestimmt werden kann und wie die Methode anzuwenden ist, beschreibt das Handbuch zur Function Point-Zählung, das von der International Function Point User Group (IFPUG) herausgegeben und gepflegt wird.[214]

Die Messung des funktionalen Umfangs aus Anwendersicht als einziger Input greift für die Schätzung des Testaufwands zu kurz, wenn z. B. Projekte mit unterschiedlicher technischer Komplexität betrachtet werden[215]. Darüber hinaus werden keine speziellen Einflussfaktoren des Testaufwands berücksichtigt. Auch die Anforderung, die Schritte und das Ergebnis der Methode müssten nachvollziehbar sein, wird nicht erfüllt, da die Definition grundlegender Größen wie z. B. „function" und „elementary process" Interpretationsspielraum lässt, sodass die resultierende Schätzung in einem nicht unerheblichen Grad personenabhängig ist[216].[217]

---

[209] Vgl. ISO/IEC (2003a); Die Summe der anhand ihrer Komplexität gewichteten Function Points wird als „unadjusted function points" bezeichnet (vgl. ebenda).

[210] Der Einfluss ist jeweils anhand einer Skala zu bewerten, die von „kein Einfluss" bis „starker Einfluss" reicht und sechs Stufen umfasst (vgl. IFPUG (2004a), S. 2-9).

[211] Vgl. IFPUG (2004a), S. 3-6f

[212] Beispiele der Merkmale sind „Data communication", d. h. das Ausmaß direkter Kommunikation der Anwendungssoftware mit dem Prozessor, und „Multiple sites", d. h. in welchem Ausmaß die erstellte Software in unterschiedlichen Umgebungen einsetzbar sein soll (zur Beschreibung der Merkmale vgl. IFPUG (2004a), S. 8-5 bis 8-30).

[213] Der Einfluss dieses Anpassungsfaktors ist begrenzt, da er die gezählten Function Points um maximal 35 Prozent reduziert oder erhöht (vgl. IFPUG (2004a), S. 8-3).

[214] Zur Entwicklung der Function Point Analysis und den Releases des Handbuchs vgl. IFPUG (2004a), S. III-V; Diese Historie zeigt, dass es trotz der standardmäßigen Beschreibung der Zählregeln Interpretationsspielraum gibt, der kontinuierlich Klärungen der Regeln erfordert (vgl. ebenda).

[215] Vgl. COSMIC (2007a) und s. Kapitel 5.3.1.7 (Faktor „Komplexität des Softwareprodukts")

[216] Mit der COSMIC FFP-Variante soll dieser Spielraum durch detailliertere Definitionen und Zählregeln abgeschafft werden, was aber nicht vollkommen gelingt (vgl. COSMIC (2007a)).

[217] Die Kritik an der Function Point-Methode, nicht-funktionale Anforderungen würden nicht berücksichtigt (vgl. Balzert (2000), S. 87), trifft die FPA nicht, da der Value Adjustment Factor Merkmale wie z. B. Performance und End-User Efficiency enthält (vgl. IFPUG (2004a), S. 8-11 und 8-17).

Anforderung	Kriterium	Ausprägung
Unabhängig von der Ausprägung von Merkmalen der Organisation	Einschränkungen bzgl. des Vorgehensmodells	Keine; Allerdings wird eine gemeinsame Abstimmung der Anforderungen durch den bzw. die Anwender und die Entwickler vorausgesetzt.
	Einschränkungen bzgl. der Entwicklungs- und Testmethoden	Keine
Spielraum bei der Messung des Schätzinputs	Wird die Erfassung bestimmter Messgrößen vorausgesetzt?	Ja: gewichtete Function Points
Klarstellung der Voraussetzungen der Methode	Sind Voraussetzungen explizit angegeben?	Teilweise; Explizite Voraussetzungen: dokumentierte Anforderungen sind komplett, formal und bestätigt[218] Implizite Voraussetzungen: FP-Zähler muss Einfluss der 14 Merkmale des Softwareprodukts und Komplexität der Funktionen beurteilen können
Ablauf und Ergebnis der Schätzung sind nachvollziehbar	Ist jeder Schätzungsschritt detailliert und das Ergebnis nachvollziehbar?	Ja
Berücksichtigung organisationsspezifischer Gegebenheiten	Werden Auswahl und Gewichtung der EF unterstützt?	Auswahl nein, Gewichtung ja
Berücksichtigung spezieller EF des Testaufwands	Werden EF des Testaufwands wie z. B. Testautomatisierung und Testinfrastruktur berücksichtigt?	Nein

Tab. 4-1-2: Bewertung der Methode Function Point Analysis zur Testaufwandsschätzung

[218] Vgl. IFPUG (2004a), S. 3-7; Durch wen die dokumentierten Anforderungen bestätigt werden, ist nicht angegeben. Da das Handbuch der Anforderungsdurchsprache zwischen Anwender und Entwickler viel Bedeutung beimisst, sind vermutlich Anwender und Entwickler gemeint.

4.2 Spezifische Ansätze zur Testaufwandsschätzung

4.2.1 Die Methode Test Point Analysis (TPA)

Die Methode Test Point Analysis (TPA) dient zur Schätzung des Aufwands für High-level Tests[219], d. h. Tests eines integrierten Softwareprodukts[220]. Zusätzlich zum Aufwand für die Testvorbereitung, Testfallerstellung, Testdurchführung und den Testabschluss wird der Aufwand für die statische Prüfung festzulegender, messbarer Qualitätsmerkmale geschätzt.[221] Die Methode basiert auf der Zählung von statischen und dynamischen Test Points (TP), die wiederum auf der Anzahl der Function Points des zu testenden Softwareprodukts basieren.[222] Den geschätzten Testaufwand in Stunden liefert eine Formel, die die Anzahl TP mit zwei Produktivitätsfaktoren multipliziert.[223]

Die grundlegende Einheit, zu der dynamische TP ermittelt werden, ist die Funktion. Statische TP beziehen sich auf das ganze zu testende System.[224] Die Anzahl an dynamischen und statischen TP wird aus der Anzahl zu testender Function Points abgeleitet. Zur Ableitung werden Einflussfaktoren des Testaufwands berücksichtigt[225], die zu den Faktorengruppen Umfang, Teststrategie und Produktivität[226] zusammengefasst werden und den Testaufwand, nicht jedoch die Anzahl Function Points beeinflussen[227].

Als Input der Schätzung wird neben der Function Point-Anzahl ein funktionaler Entwurf einschließlich detaillierter Prozessbeschreibungen und eines logischen Datenmodells vorausgesetzt.[228] Die Ermittlung des organisationsspezifischen Fä-

---

[219] Vgl. Pol u. a. (2002), S. 157

[220] Vgl. Kit (1995), S. 96; Nach Pol u. a. wird in High-level Tests häufig auf Basis der funktionalen Beschreibung des Produkts getestet, doch sind zunehmend auch Kenntnisse der internen Verarbeitung und Struktur des zu testenden Produkts nötig (vgl. Pol u. a. (2002), S. 18).

[221] Vgl. ebenda, S. 168

[222] Vgl. ebenda, S. 159f

[223] Vgl. ebenda, S. 172

[224] Vgl. ebenda, S. 168

[225] In dieser Arbeit werden sie als „spezielle Einflussfaktoren des Testaufwands“ bezeichnet, vgl. Kapitel 3.2.2, Anforderung A6.

[226] Welche Faktoren in den Gruppen enthalten sind, ist in Tabelle 4-2-1 aufgeführt.

[227] Vgl. Pol u. a. (2002), S. 158

[228] Vgl. ebenda, S. 161

higkeitsfaktors erfordert außerdem Daten abgeschlossener Projekte der schätzenden Organisation, um die benötigte Anzahl Stunden je TP zu ermitteln.[229]

Die Bedeutung einer Funktion wird nicht erläutert, sondern als verwendet bei der Function Point-Zählung und daher bekannt vorausgesetzt, weshalb hier wie bei der FPA der Output der Methode (und dadurch die Testaufwandsschätzung) subjektivem Einfluss unterliegen.

Anforderung	Kriterium	Ausprägung
Unabhängig von der Ausprägung von Merkmalen der Organisation	Einschränkungen bzgl. des Vorgehensmodells	Vorausgesetzt wird, dass sequentiell in mehreren Teststufen getestet wird.[230]
	Einschränkungen bzgl. der Entwicklungs- und Testmethoden	Keine
Spielraum bei der Messung des Schätzinputs	Wird die Erfassung bestimmter Messgrößen vorausgesetzt?	Ja: Function Points (FP)
Klarstellung der Voraussetzungen	Sind Voraussetzungen explizit angegeben?	Ja: FP-Zählung, funktionaler Entwurf und detaillierte Prozessbeschreibungen des zu testenden Produkts, Zählung der Test Points und Testaufwandserhebung für abgeschlossene Projekte
Ablauf und Ergebnis der Schätzung sind nachvollziehbar	Ist jeder Schätzungsschritt detailliert beschrieben und das Ergebnis für Unbeteiligte nachvollziehbar?	Teilweise: Die Schritte der TPA sind nachvollziehbar, doch durch Interpretationsspielraum bei der Abgrenzung einer Funktion können Anwender der TPA zu abweichenden Ergebnissen gelangen.
Berücksichtigung organisationsspezifischer Gegebenheiten	Werden Auswahl und Gewichtung der EF unterstützt?	Nein

[229] Vgl. ebenda, S. 169

[230] Vgl. ebenda, S. 170, zur Darstellung der Anordnung der Stufen vgl. ebenda, S. 19

Anforderung	Kriterium	Ausprägung
Berücksichtigung spezieller EF des Testaufwands	Werden EF des Testaufwands wie z. B. Testautomatisierung und Testinfrastruktur berücksichtigt?	Ja: Faktorengruppe „Umfang“: Komplexität jeder zu testenden Funktion, Schnittstellen jeder Funktion des Softwareprodukts, strukturelle Ähnlichkeit der Funktionen; Gruppe „Teststrategie“: Bedeutung und Benutzungsintensität der Funktionen und Qualitätsmerkmale aus Anwendersicht; Gruppe „Produktivität“: organisationsspezifischer Fähigkeitsfaktor, d. h. Kenntnisse und Fähigkeiten der Mitglieder der Testteams, Umgebungsfaktor (d. h. Verfügbarkeit von Testtools, Qualität der vorangegangenen Tests und der Systemdokumentation, Programmiersprache, Bekanntheit der Testinfrastruktur in dieser Organisation, Verfügbarkeit wiederverwendbarer Testdaten und Testfälle).

Tab. 4-2-1: Bewertung der Methode Test Point Analysis (TPA)

4.2.2 Modell von Sneed und Jungmayr[231]

Nach Sneed und Jungmayr wird der Testaufwand analog zum Entwicklungsaufwand von mehreren Faktoren bestimmt[232]. Diese Faktoren sind zu einer mathematischen Formel zusammengefasst, die auf CoCoMo II basiert[233] und als algorithmisches Modell zur Aufwandsschätzung bei objektorientierter Entwicklung dient.

Notwendiger Input zur Errechnung des Faktors Testbarkeit sind die Anforderungsdokumentation (Konzept genannt[234]), die Entwurfsdokumentation und der entwickelte Sourcecode, aus denen jeweils mithilfe von Analysetools auch der Faktor „Anzahl erforderlicher Testfälle“ (zur Erreichung des gewünschten Überde-

---

231 Vgl. Sneed und Jungmayr (2006), S. 31f zur Beschreibung des Modells

232 Vgl. ebenda, S. 31

233 Vgl. ebenda, S. 32

234 Vgl. ebenda, S. 29

ckungsgrads[235]) zu ermitteln ist. Hierfür werden projektspezifische Tools benötigt.[236] Wie der Wert des Faktors Testerproduktivität, d. h. je Zeiteinheit durchgeführte Testfälle, und des Skalierungsfaktors, der die Testumgebung, Testwerkzeuge, die Zusammengehörigkeit der Testmannschaft sowie die Reife des Testprozesses repräsentiert, bestimmt werden kann, wird nicht beschrieben. Auch die Bestimmung des Wiederholungsfaktors, d. h. die Anzahl der Testwiederholungen aufgrund von gefundenen und korrigierten Fehlern, wird nur angedeutet.[237]

Die Formel gibt einen Wert für den geschätzten Testaufwand (ausgedrückt in Zeiteinheiten) aus. Folgende implizite Annahmen liegen dem Modell zugrunde:

1. Testfälle sind die erforderliche Bearbeitungszeit betreffend vergleichbar.

Die Bearbeitungszeit hängt jedoch unter anderem davon ab, ob der Testfall manuell durchgeführt wird oder automatisiert ist, von der Bedienbarkeit des Testsystems, von der Komplexität des Testfalles, von den Fähigkeiten des Testers und von den erforderlichen Testdaten. Praktische Erfahrungen zeigen, dass Testfälle in der Regel nicht vergleichbar sind und daher ihre Anzahl nicht zur Ableitung von Messgrößen geeignet ist.[238]

2. Der Wiederholungsfaktor lässt sich vor Testbeginn ermitteln.

Die von den Autoren vorgeschlagene Hochrechnung aus bisherigen Testzyklen liefert nur unter der (unwahrscheinlichen) Voraussetzung ein verlässliches Ergebnis, dass die Anzahl gefundener Fehler und resultierende Anzahl an Testwiederholungen pro Zeiteinheit während des gesamten Projekts konstant sind.

3. Die Testerproduktivität ist a priori bekannt.

Zur Ermittlung der Testerproduktivität muss unter anderem die Testsystemstabilität berücksichtigt werden, die nicht immer konstant ist[239]. Der Wert der Testerproduktivität ist daher in der Realität nicht vor Testbeginn feststellbar.

---

[235] Der Überdeckungsgrad gibt den Anteil der möglichen Testobjekte, d. h. ausführbare Anweisungen, Zweige, Bedingungen oder Pfade des entwickelten Codes, wieder, die beim Testen ausgeführt werden (vgl. Spillner und Linz (2004), S. 124, für weiterführende Erläuterungen vgl. ebenda, S. 124-138).

[236] Vgl. Sneed und Jungmayr (2006), S. 24

[237] Vgl. Sneed und Jungmayr (2006), S. 31, siehe zweite Annahme des Modells im folgenden Abschnitt

[238] Vgl. Kaner u. a. (2002), S. 235f

[239] Vgl. Kapitel 5.3.3.4, Merkmal „Verfügbarkeit und Stabilität des Testsystems“

4. Die Testbarkeit ist ein messbares Merkmal.

Die Autoren benennen Metriken zur Bestimmung der Testbarkeit, beschreiben jedoch nicht, wie sie (zur Verwendung in der Formel) gemessen werden kann.[240]

Anforderung	Kriterium	Ausprägung
Unabhängig von der Ausprägung von Merkmalen der Organisation	Einschränkungen bzgl. des Vorgehensmodells	Ja: Vorausgesetzt werden sequentielle, aufeinander aufbauende Teststufen (Modul-, Integrations-, Systemtest).
	Einschränkungen bzgl. der Entwicklungs- und Testmethoden	Ja: Objekt-orientierte Programmierung wird vorausgesetzt.
Spielraum bei der Messung des Schätzinputs	Wird die Erfassung bestimmter Messgrößen vorausgesetzt?	Ja: Anzahl Testfälle pro Testertag; Anzahl erforderlicher Testfälle zur Erreichung der angestrebten Konzept-, Entwurfs- (bzw. Architektur-) und Codeüberdeckung, Testbarkeit, Wiederholungsfaktor, Skalierungsfaktor
Klarstellung der Voraussetzungen	Sind Voraussetzungen explizit angegeben?	Teilweise; Explizite Voraussetzungen: historische Projektdaten sind vorhanden, um den Wiederholungsfaktor der Testfälle zu ermitteln; im zu schätzenden Projekt können alle modellierten Einflussfaktoren gemessen werden; Implizite Voraussetzungen: konstante Testerproduktivität, Vergleichbarkeit aller Testfälle betreffend den Durchführungsaufwand, Toolunterstützung zur Zählung und Messung der modellierten Einflussfaktoren ist vorhanden;
Ablauf und Ergebnis der Schätzung sind nachvollziehbar	Ist jeder Schätzungsschritt detailliert und das Ergebnis nachvollziehbar?	Nein: Fehlende Details: Messung des Skalierungsfaktors und Berechnung des Wiederholungsfaktors werden nicht erklärt. Ergebnis nicht nachvollziehbar: Bewertung des Skalierungsfaktors erscheint subjektiv, ist nicht beschrieben; Illustration mittels Beispiel ist wider-

240 Betreffend die Messung der Integrationstestbarkeit und Systemtestbarkeit verweisen Sneed und Jungmayr darauf, es bestehe noch Forschungsbedarf (vgl. Sneed und Jungmayr (2006), S. 26f).

Anforderung	Kriterium	Ausprägung
		sprüchlich[241].
Berücksichtigung organisationsspezifischer Gegebenheiten	Werden Auswahl und Gewichtung der EF unterstützt?	Nein
Berücksichtigung spezieller EF des Testaufwands	Werden EF des Testaufwands wie z. B. Testautomatisierung und Testinfrastruktur berücksichtigt?	Ja: Testerproduktivität (Messgröße: Anzahl Testfälle pro Testertag), Anzahl Wiederholungen der Tests; Skalierungsfaktor (repräsentiert Testumgebung, Testwerkzeuge, Zusammengehörigkeit der Tester, Reife des Testprozesses), Anzahl Testfälle (genannt Testumfang), Testbarkeit[242], Ausmaß der Testüberdeckung (genannt Qualität der Testergebnisse)

Tab. 4-2-2: Bewertung des Modells von Sneed und Jungmayr

4.2.3 Modell von Calzolari, Tonella und Antoniol[243]

Dieses Modell wurde zur Schätzung, Planung und Steuerung des Testaufwands entwickelt.[244] Es erklärt die Entwicklung des Testaufwands in Analogie zur Systemtheorie der Evolution: Fehler werden als Beute, Tester als Jäger modelliert, die die Population der Fehler reduzieren. Zwei Differentialgleichungen beschreiben die dynamische Variation der beiden Populationen.[245]

Zur Testaufwandsprognose müssen die Werte der Parameter in beiden Gleichungen anhand von Daten geschätzt werden, die die Entwicklung des Testaufwands im zu schätzenden Projekt wiedergeben. Das heißt, dass der Testaufwand anhand des Modells nicht wie in dieser Arbeit definiert[246] als Teil der Planung,

---

[241] Im Beispiel nimmt der Wert der Testbarkeit zu, die anhand eines Testbarkeitsfaktors berücksichtigt ist, wodurch gemäß der Formel der Testaufwand erhöht wird. Nach den Ausführungen der Autoren reduziert dies jedoch den Testaufwand (vgl. Sneed und Jungmayr (2006), S. 32).

[242] Zur Definition des Begriffs Testbarkeit vgl. Kapitel 5.4

[243] Vgl. Calzolari u. a. (2001)

[244] Vgl. ebenda, S. 477

[245] Die Autoren räumen ein, dass sich im Unterschied zum biologischen Modell die Beute, d. h. die Fehler nicht reproduzieren können, die Fehleranzahl aber mit jedem neuen Release erneut ansteigt (vgl. ebenda, S. 479).

[246] Vgl. Kapitel 1.3, Bestimmung des Begriffs „Schätzung“

sondern erst nach Beginn der Testaktivitäten für die verbleibenden Testaktivitäten geschätzt werden kann.

Beide Gleichungen enthalten die Parameter a, die asymptotische Fehlerkorrekturrate, und b, die Fehleranzahl, ab der die Fehlerkorrekturrate halbiert ist.[247] Um die Entwicklung des Testaufwands (also der Population der Jäger) zu berechnen, müssen darüber hinaus die Parameter e, Effizienzfaktor genannt, und m (für Mortalität), d. h. die intrinsische Abnahme des Korrekturaufwands im Zeitverlauf, ermittelt werden. Die Werte dieser vier Parameter müssen für jedes Release eines Produkts erneut geschätzt werden, um Lerneffekte der Tester zu berücksichtigen[248].

Wenn die Parameterwerte bestimmt sind, bilden die Differentialgleichungen die im betrachteten Projekt zu erwartende Entwicklung der Fehleranzahl und des Testaufwands im Zeitverlauf ab.

Die Anwendung dieses Modells zur Testaufwandsschätzung wird dadurch erschwert, dass die Parameterschätzung nicht genau beschrieben ist. Außerdem ist der Anwendungsbereich stark eingegrenzt: Es müssen bereits mehrere Releases des Produkts entwickelt worden sein, das im zu schätzenden Projekt weiterentwickelt wird, und zu diesen Releases muss detailliert erfasst worden sein, wie viele Fehler wann gefunden wurden. Diese Trendlinien, die zur Parameterschätzung benötigt werden, stellen hohe Anforderungen an die Qualität der Datenerfassung.

Anforderung	Kriterium	Ausprägung
Unabhängig von der Ausprägung von Merkmalen der Organisation	Einschränkungen bzgl. des Vorgehensmodells	Keine
	Einschränkungen bzgl. der Entwicklungs- und Testmethoden	Keine
Spielraum bei der Messung des Schätzinputs	Wird die Erfassung bestimmter Messgrößen vorausgesetzt?	Nein (Daten müssen erfasst sein, die die zeitliche Entwicklung der Fehleranzahl und des Testaufwands im zu schätzenden Projekt zeigen)
Klarstellung der	Sind Voraussetzungen explizit angege-	Teilweise: Implizite Voraussetzungen: a) Die mathematische

[247] Vgl. hierzu und im Folgenden Calzolari u. a. (2001), S. 480

[248] Vgl. ebenda

Anforderung	Kriterium	Ausprägung
Voraussetzungen	ben?	Abbildung der wechselseitig abhängigen Entwicklung einer Beute- und einer Jägerpopulation beschreibt die Entwicklung des Testaufwands über mehrere Releases eines Produkts zutreffend. b) Modellnutzer besitzen mathematische Kenntnisse, um Differentialgleichungen verstehen und lösen zu können; Explizite Voraussetzungen: a) Ressourcen für Korrekturen werden nicht vollkommen ausgeschöpft; b) CPU-Zeit (gemessen in Stunden) des Systemtests ist ein Indikator des Testaufwands;[249] c) erforderlicher Testaufwand hängt ab von der Anzahl verbleibender, zu entdeckender Fehler; d) Daten des zu schätzenden Projekts, die die Anzahl entdeckter Fehler und den Testaufwand im Zeitverlauf beschreiben, liegen vor[250]
Ablauf und Ergebnis der Schätzung sind nachvollziehbar	Ist jeder Schätzungsschritt detailliert und das Ergebnis nachvollziehbar?	Teilweise: Das Vorgehen zur Sammlung der erforderlichen Daten ist sehr knapp beschrieben. Zur Parameterschätzung mittels mathematischer Verfahren wird ein Lösungsvorschlag skizziert, jedoch nicht ausgeführt[251]. Das Ergebnis ist prinzipiell nachvollziehbar, weil das Modell nur mathematisch geschätzte Parameterwerte, keine subjektiven Einschätzungen enthält. Allerdings sind die präsentierten Ergebnisse aus zwei Fallstudien mangels detaillierter Informationen wie bspw. zu den errechneten Parameterwerten nicht nachvollziehbar.[252]
Berücksichtigung organisationsspezifischer Gegebenheiten	Werden Auswahl und Gewichtung der EF unterstützt?	Nein
Berücksichtigung	Werden EF des Test-	Ja: asymptotische, d. h. maximale, praktisch nie er-

[249] Vgl. Lyu (1996), zitiert nach Calzolari u. a. (2001), S. 478

[250] Da die Anzahl unentdeckter Fehler unbekannt ist, kann sie den geschätzten Testaufwand nicht bestimmen. Nur eine Schätzung der Fehleranzahl könnte Einfluss nehmen. Aufgrund der hohen Unsicherheit, die dieser Schätzung anhaftet, werden in dieser Arbeit stattdessen Faktoren untersucht, die die Fehleranzahl determinieren (vgl. z. B. Qualität der Spezifikation und der Entwurfsdokumentation, Kap. 5.3.1.9).

[251] Vgl. Calzolari u. a. (2001), S. 482

[252] Die Schätzergebnisse werden ohne Angabe des verwendeten Maßes genannt. Laut den Autoren waren die Prognosefehler in beiden Fallstudien sehr zufrieden stellend und es wäre schwierig, sie weiter zu reduzieren (vgl. Calzolari u. a. (2001), S. 484).

Anforderung	Kriterium	Ausprägung
spezieller EF des Testaufwands	aufwands wie z. B. Testautomatisierung und Testinfrastruktur berücksichtigt?	reichte Fehlerkorrekturrate; Fehleranzahl, bei der die Fehlerkorrekturrate halbiert ist; intrinsische, d. h. nicht beeinflussbare Verringerung des Korrekturaufwands im Zeitverlauf; Effizienz der Fehlerbeseitigung

Tab. 4-2-3: Bewertung des Modells von Calzolari, Tonella und Antoniol

4.2.4 Use Case Points - Methode von Nageswaran

Nageswarans Ansatz basiert auf der Annahme, dass sich aus der Anzahl der Use Cases mittels Zählung der Use Case Points die Anzahl erforderlicher Testfälle ableiten lässt.[253] In Verbindung mit organisationsspezifischen Erfahrungswerten hinsichtlich der erforderlichen Zeit bzw. des Aufwands zur Durchführung von Testfällen ergibt die Anzahl der Testfälle den Testaufwand.

Zur Berechnung der Anzahl zu testender Use Case Points werden die Anzahl der Anwender, die Anzahl und Komplexität der produktinternen und -externen Schnittstellen sowie die Anzahl und die Komplexität der Use Cases berücksichtigt[254]. Zur Testaufwandsschätzung wird die ermittelte Anzahl Use Case Points anhand eines technischen Komplexitätsfaktors angepasst[255]. Zuschläge für die Projektkomplexität und Koordinations- und Managementaufgaben erhöhen den Wert der angepassten Use Case Points. Zur Testaufwandsschätzung wird schließlich ein organisationsspezifischer Umwandlungsfaktor benötigt, der für bestimmte Kombinationen einer Programmiersprache mit einer Technologie den Aufwand für die Planung, Testfallerstellung und -durchführung zum Test eines Use Case Points angibt.

Weder die Faktoren, die zum technischen Komplexitätsfaktor zusammengefasst werden, noch deren Messung sind erläutert, weshalb die Bestimmung des technischen Komplexitätsfaktors nicht nachvollziehbar ist. Auch für die Zuschlagsfaktoren (Projektkomplexität, Management- und Koordinationsaufgaben) ist keine

[253] Vgl. Nageswaran (2001), S. 1

[254] Die Komplexität eines Use Cases ergibt sich aus der Anzahl der enthaltenen Transaktionen und Szenarien (vgl. Nageswaran (2001), S. 4).

[255] Der technische Komplexitätsfaktor setzt sich aus folgenden neun, nicht näher erläuterten Faktoren zusammen: Testtools, dokumentierte Eingaben, Entwicklungs-, Testumgebung, Wiederverwendung von Testfällen und -daten, Entwicklung eines verteilten Systems, Sicherheitsfunktionen, angestrebte Qualität, komplexe produktinterne Schnittstellen (vgl. ebenda, S. 4).

Messvorschrift angegeben. Dadurch, dass die grundlegenden Begriffe Transaktion und Szenario, deren Anzahl zur Gewichtung der Use Cases benötigt wird, nicht definiert sind, beeinflusst die subjektive Interpretation des Schätzenden das Ergebnis. Schließlich abstrahiert die zentrale, implizite Annahme, dass die Aktivitäten zum Testen eines Use Case Points unter Anwendung der gleichen Technologie(n) stets mit dem gleichen Testaufwand verbunden sind, von der Tatsache, dass nicht zu jedem Use Case Point gleich viele Fehler gefunden und korrigiert werden, die eine Testwiederholung und dadurch weiteren Testaufwand erforderlich machen. Diese Annahme ist also in der Realität nicht immer gegeben.

Anforderung	**Kriterium**	**Ausprägung**
Unabhängig von der Ausprägung von Merkmalen der Organisation	Einschränkungen bezüglich des Vorgehensmodells	Ja: Entwicklungsprozess folgt dem V-Modell[256]
	Einschränkungen bezüglich der Entwicklungs- und Testmethoden	Ja: Die Erstellung von Use Cases wird vorausgesetzt.
Spielraum bei der Messung des Schätzinputs	Wird die Erfassung bestimmter Messgrößen vorausgesetzt?	Ja: Use Case Points
Klarstellung der Voraussetzungen	Sind Voraussetzungen explizit angegeben?	Teilweise: Explizite Voraussetzungen: historische Projektdaten liegen vor, um den Wert des Umwandlungsfaktors[257] zu ermitteln; Implizite Voraussetzungen: Eine bestimmte Anzahl Use Case Points zu testen, erfordert in Projekten einer Organisation stets gleich viel Testaufwand.
Ablauf und Ergebnis der Schätzung	Ist jeder Schätzungsschritt detail-	Nein: Die Begriffe Transaktion und Szenario sind nicht defi-

[256] Das V-Modell ist ein Vorgehensmodell, das als Standard in Entwicklungsprojekten der Bundesverwaltung fungiert (vgl. IABG (1997a)).

[257] Dieser organisationsspezifische Faktor gibt an, wie viel Aufwand der Test eines angepassten Use Case Points in Verbindung mit einer bestimmten Programmiersprache und Technologie erfordert (vgl. ebenda, S. 4).

Anforderung	Kriterium	Ausprägung
sind nachvollziehbar	liert und das Ergebnis nachvollziehbar?	niert. Es wird nicht erläutert, wie die technischen Einflussfaktoren gemessen werden können. Das Vorgehen zur Gewichtung der Use Cases und der Einflussfaktoren und die Bestimmung der Zuschläge für Projektkomplexität und Managementaufgaben sind nicht beschrieben.
Berücksichtigung organisationsspezifischer Gegebenheiten	Werden Auswahl und Gewichtung der EF unterstützt?	Auswahl nein, Gewichtung ja
Berücksichtigung spezieller EF des Testaufwands	Werden EF des Testaufwands wie z. B. Testautomatisierung und Testinfrastruktur berücksichtigt?	Ja: z. B. Testumgebung, Wiederverwendbarkeit der Testfälle und Testdaten

Tab. 4-2-4: Bewertung der Use Case Points-Methode von Nageswaran

4.2.5 Modell von Cangussu, DeCarlo und Mathur

Basierend auf Konzepten und Techniken der Regelungstechnik modellierten Cangussu, DeCarlo und Mathur den Testprozess.[258] Mittels des Modells kann der Testaufwand geschätzt werden, der zur Fehlerverringerung und Einhaltung des vorgegebenen Auslieferungstermins erforderlich ist.

Als Eingabewerte sind die Anzahl der Tester (je Zeiteinheit) sowie die Parameter „Komplexität des zu testenden Softwareprogramms“, „Qualität des Testprozesses“, „Anzahl bei Testbeginn im Programm enthaltener Fehler“, die Konstante der Funktion „(dem Testprozess anhaftender) Widerstand gegen die Fehlerreduzierung“ und die Funktion zu bestimmen, die die Entwicklung der Fehleraufdeckungsrate im Projektverlauf beschreibt. Als Grundlage zur Parameterschätzung dienen entweder ähnliche abgeschlossene Projekte oder seit Projektbeginn gesammelte Daten des zu schätzenden Projekts.

[258] Vgl. hierzu und im Folgenden Cangussu u. a. (2002), S. 782

Als Ergebnis der Schätzung mittels des Modells erhält man entweder (wenn die Anzahl der Tester nicht änderbar ist) die Anzahl verbleibender Fehler zu einem bestimmten Zeitpunkt in der Zukunft, oder (wenn es möglich ist, die Anzahl der Tester dem ermittelten Bedarf anzupassen) den Bedarf an Testern je Zeiteinheit, d. h. den Testaufwand, dessen es zur Beseitigung eines festgelegten Anteils der bei Testbeginn vorhandenen Fehler bis zum vorgegebenen Auslieferungstermin bedarf.

Folgende Annahmen liegen diesem Modell zugrunde:

1. Teststufen finden nach Bedarf, jedoch nicht zeitlich geplant statt.

Diese Annahme ist in der Realität eher selten gegeben.

2. Die Anzahl enthaltener Fehler ist bei Testbeginn bekannt bzw. ermittelbar.

Dies ist de facto nicht möglich.

3. Die zu jedem Zeitpunkt während des Testens verbleibende Fehleranzahl ist proportional zum Testaufwand zu diesem Zeitpunkt.

Dies erscheint nicht plausibel, denn da die verleibende Fehlerzahl stets unbekannt ist[259], kann sie den Testaufwand nicht steuern. Unterstellt man die umgekehrte Einflussrichtung, würde bei zunehmendem Testaufwand auch die Fehleranzahl zunehmen, was ebenso wenig plausibel escheint.

4. Es existiert ein naturgegebener Widerstand des Testprozesses gegen die Fehlerreduzierung.

Betrachtet man es als Zweck des Testprozesses, Fehler zu reduzieren, ist diese Annahme nicht nachvollziehbar: Wirkte der Prozess dem Fehlerfinden entgegen, würde er als Konsequenz nicht eingehalten bzw. verändert.

Die Anwendung des Modells wird auch dadurch erschwert, dass nicht genau beschrieben ist, wie die Parameter des Modells (z. B. die Zusammensetzung und Messung des Einflussfaktors „Qualität des Testprozesses“) geschätzt werden können.

---

[259] Siehe hierzu Fußnote 250

Anforderung	Kriterium	Ausprägung
Unabhängig von der Ausprägung von Merkmalen der Organisation	Einschränkungen bezüglich des Vorgehensmodells	Ja: Unit- und Systemtests[260] finden statt, Codierung und Unittests sind abgeschlossen, bevor Systemtests beginnen
	Einschränkungen bezüglich der Entwicklungs- und Testmethoden	Keine
Spielraum bei der Messung des Schätzinputs	Wird dic Erfassung bestimmter Messgrößen vorausgesetzt?	Ja: Veränderungsrate der Fehlerreduktionsgeschwindigkeit
Klarstellung der Voraussetzungen	Sind Voraussetzungen explizit angegeben?	Teilweise: Implizite Voraussetzungen: Anwender verfügen über mathematische Kenntnisse, um Differentialgleichungen lösen zu können; Explizite Voraussetzungen: Historische Projektdaten sind verfügbar, um Initialwerte der Parameter zu schätzen; Test- und Korrekturphase werden nicht zeitlich geplant, sondern finden bei Bedarf statt; Es existiert ein dem Testprozess immanenter Widerstand gegen die Fehlerreduzierung; Anzahl Tester, Komplexität der Software und Anzahl verbleibender Fehler sind direkt proportional zum Testaufwand; Anzahl Fehler bei Testbeginn ist bekannt (nötig zur Beurteilung, ob der festgelegte, zu beseitigende Fehleranteil gefunden wurde)
Ablauf und Ergebnis der Schätzung sind nachvollziehbar	Ist jeder Schätzungsschritt detailliert und das Ergebnis nachvollziehbar?	Nein: Zu den Schritten „Anzahl enthaltener Fehler bei Testbeginn bestimmen“ und „Veränderungsrate der Fehlerreduktionsgeschwindigkeit ermitteln“ fehlen Erläuterungen, wie vorzugehen ist; Ergebnis nicht nachvollziehbar, weil z. B. Parameter „Widerstand gegen Fehlerreduzierung“ nicht errechenbar ist, wenn die Ausprägung der Qualität des Testprozesses unbekannt ist; Sowohl die Zusammensetzung als auch die Bewertung der Qualität des Testprozesses ist

[260] Zur Erläuterung dieser Teststufen vgl. Kapitel 1.3, Bestimmung des Begriffs „Testaufwand“

Anforderung	Kriterium	Ausprägung
		dem Anwender überlassen[261].
Berücksichtigung organisationsspezifischer Gegebenheiten	Werden Auswahl und Gewichtung der EF unterstützt?	Auswahl: in begrenztem Maß möglich, da Komponenten des Faktors „Qualität des Testprozesses" individuell bestimmt werden können; Gewichtung: nein
Berücksichtigung spezieller EF des Testaufwands	Werden EF des Testaufwands wie z. B. Testautomatisierung und Testinfrastruktur berücksichtigt?	Ja: Anzahl Tester, Aufwand des Testteams, Anteil der vorhandenen Fehler, der beseitigt werden soll, Anzahl Fehler im Programm bei Testbeginn, Qualität des Testprozesses (umfasst z. B. Erfahrung und Expertise der Mitarbeiter, Teststrategie und deren Angemessenheit, Überdeckungskriterien, Werkzeugeinsatz, Zeitdruck, angewandte Testmethoden, Organisation des Testteams und des Prozesses); Widerstand gegen die Fehlerreduzierung, der dem Testprozess naturgemäß anhaftet.

Tab. 4-2-5: Bewertung des Modells von Cangussu, DeCarlo und Mathur

Die folgende Tabelle fasst die Bewertung der untersuchten Methoden und Modelle zusammen.

Modell bzw. Methode (ggf. Autor): / **Kriterium**	**CoCoMo II**	**FPA**	**TPA**	**Sneed, Jungmayr**	**Calzolari u. a.**	**Nageswaran**	**Cangussu u. a.**
Einschränkungen bzgl. des Vorgehensmodells	Ja	Keine	Ja	Ja	Keine	Ja	Ja
Einschränkungen bzgl. der Entwicklungs- und Testmethoden	Nein	Keine	Keine	Ja	Keine	Ja	Keine

[261] Die subjektive Bestimmung dieses Parameters nennen auch Cangussu u. a. als Hindernis bei der Anwendung des Modells (vgl. Cangussu u. a. (2002), S. 795).

Modell bzw. Methode (ggf. Autor):	CoCoMo II	FPA	TPA	Sneed, Jungmayr	Calzolari u. a.	Nageswaran	Cangussu u. a.
Kriterium							
Wird die Erfassung bestimmter Messgrößen vorausgesetzt?	Ja	Ja	Ja	Ja	Nein	Ja	Ja
Sind Voraussetzungen explizit angegeben?	Ja	Teilweise	Ja	Teilweise	Teilweise	Teilweise	Teilweise
Ist jeder Schätzungsschritt detailliert und das Ergebnis nachvollziehbar?	Ja	Ja	Teilweise	Nein	Teilweise	Nein	Nein
Werden Auswahl und Gewichtung der EF unterstützt?	Ja	Nein, ja	Nein	Nein	Nein	Nein, ja	Begrenzt, nein
Werden EF des Testaufwands wie z. B. Testautomatisierung und Testinfrastruktur berücksichtigt?	Ja	Nein	Ja	Ja	Ja	Ja	Ja

Tab. 4-2-6: Überblick der bewerteten Ansätze zur Testaufwandsschätzung

Die Analysen zeigen, dass existierende Modelle und Methoden zur Testaufwandsschätzung verschiedene theoretische Grundlagen und Herangehensweisen anwenden. Allerdings hat sich bislang kein Modell bzw. keine Theorie[262] des Testaufwands etabliert und keine Methode nennenswerte Verbreitung in der Praxis gefunden. Die Testaufwandsschätzung mittels der veröffentlichten Ansätze ist nur unter teilweise erheblichen Einschränkungen des Gültigkeitsbereichs möglich. Die

[262] Eine wissenschaftliche Theorie bildet „ein erklärendes Netzwerk für die Variabilität einer abhängigen Variablen" (Bortz und Döring (2006), S. 15). Allgemein dienen Theorien als Hilfs- bzw. Sprachmittel „[...] zur Kommunikation und Verständigung über Probleme und ihre Lösungsmöglichkeiten sowie [zur] Hilfe bei der Suche nach Lösungen" (Lehner (1995), S. 58).

in dieser Arbeit zugrunde gelegten Anforderungen an eine Methode zur Testaufwandsschätzung werden von keinem der analysierten Ansätze vollständig erfüllt.

Zur Beantwortung der Forschungsfrage 2 nach einer systematischen, nachvollziehbaren Vorgehensweise zur Testaufwandsschätzung ist demnach eine Methode zu entwickeln, die die geforderten Eigenschaften aufweist (vgl. Kapitel 6). Das Fundament hierfür bildet das allgemeine Modell des Testaufwands, das die Forschungsfrage 1[263] beantwortet und Gegenstand des folgenden Kapitels ist.

[263] „Was sind die Einflussfaktoren des Testaufwands in der Softwareentwicklung?", s. Kap. 1.2

Kapitel 5

Das allgemeine Modell des Testaufwands

Zum allgemeinen Modell des Testaufwands gehören neben den Merkmalen, die zu Einflussfaktoren gruppiert werden, Ursache-Wirkungs-Ketten, die jeweils die Wirkung eines Merkmals auf den Testaufwand beschreiben. Diese Ketten werden in Form von Thesen wiedergegeben und erläutert. Ein Beispiel für eine These ist folgende Aussage: „Je mehr Erfahrung die Tester mit ihrer Aufgabe haben, desto geringer ist der Testaufwand ceteris paribus[264].“

5.1 Quellen der Merkmale, die den Testaufwand beeinflussen

Die in dieser Arbeit untersuchten Merkmale basiert auf dem Aufwandsschätzmodell CoCoMo II, das in Kapitel 4.1.1 beschrieben wurde.[265] In zahlreichen Studien wird dieses Modell vergleichend analysiert[266] oder als Grundlage zur Entwicklung von Modellvarianten[267] verwendet.[268]

Die in CoCoMo II modellierten Faktoren wurden in dieser Arbeit um Merkmale ergänzt, die sich auf den Testaufwand auswirken. Einflussfaktoren, die zwar in CoCoMo II modelliert sind, aber keinen Einfluss auf den Testaufwand ausüben, wurden nicht übernommen. Ein Beispiel für ersteres ist die Verfügbarkeit und Stabilität des Testsystems, ein Beispiel für letzteres die Speicherknappheit.[269]

---

[264] Die ceteris paribus-Klausel bedeutet bei der Analyse eines Zusammenhangs, dass angenommen wird, nur die betrachtete Variable ändere sich, während alle anderen Variablen konstant bleiben (vgl. Gabler (1997), S. 776).

[265] Siehe Boehm u. a. (2000b)

[266] Vgl. z. B. Benediktsson u. a. (2003), Srinivasan und Fisher (1995), sowie Kemerer (1987) und Noth und Kretzschmar (1986), die das Vorgängermodell CoCoMo81 untersuchten.

[267] Vgl. z. B. Hale u. a. (2000), Devnani-Chulani (1999)

[268] Auch die Datensätze, die zur Entwicklung von CoCoMo II oder dessen Vorgängermodell CoCoMo81 herangezogen wurden, werden in empirischen Arbeiten häufig eingesetzt, vgl. z. B. Menzies u. a. (2006), Samson u. a. (1997), zitiert nach Shepperd und Schofield (1997), S. 737.

[269] Im Original „main storage constraint“, s. Boehm u. a. (2000b), S. 46

Als Quellen weiterer Merkmale, die den Testaufwand beeinflussen, dienen zum einen bestehende Ansätze zur Bestimmung des Testaufwands (vgl. Kapitel 4.2), zum anderen theoretische und empirische Arbeiten zum Testen von Software, die sich z. B. mit dem Testprozess und Testmethoden beschäftigen[270].

Erkenntnisse, die im Rahmen der Fallstudien (s. Kapitel 7) gewonnen wurden, ergänzen die der Fachliteratur entnommenen Einflussfaktoren des Testaufwands. Dazu zählen Ergebnisse von Experteninterviews, die Analyse der Projektdaten und Entwicklungsrichtlinien und Erkenntnisse aus Projekten zur Prozessverbesserung in einer der Organisationen, in denen die Fallstudien durchgeführt wurden.

Die Faktoren, die den Testaufwand bestimmen, sind einerseits organisationsspezifisch und projektunabhängig (vgl. Kapitel 5.2), andererseits projektspezifisch ausgeprägt (vgl. Kapitel 5.3).

5.2 Organisationsspezifisch ausgeprägte Merkmale

5.2.1 Merkmale des Entwicklungsprozesses

Als Prozess wird in der Wirtschaftsinformatik die inhaltlich abgeschlossene, zielgerichtete, logische Abfolge der Tätigkeiten definiert, der es zur Bearbeitung eines betriebswirtschaftlich relevanten Objekts bedarf[271]. Demgemäß beschreibt der Entwicklungsprozess den Ablauf der Tätigkeiten zur Erstellung eines Softwareprodukts. Der Einfluss des Entwicklungsprozesses auf die Ergebnisse der Softwareentwicklung wird in vielen wissenschaftlichen Arbeiten untersucht[272] bzw. festgestellt[273]. Wie der Entwicklungsprozess den Testaufwand beeinflussen kann, wird beispielhaft an den Merkmalen Prozessreife und Einordnung des Testens gezeigt.

---

[270] Vgl. insbesondere Pol u. a. (2000), Beizer (1990), Borchers und Moritz (2005), Kaner u. a. (1993), Myers (1979), Lederer und Prasad (1992) und Thaller (2000)

[271] Vgl. Rosemann (2001), S. 388

[272] Vgl. z. B. Clark (1997), der auch mehrere Fallstudien zitiert (vgl. ebenda, S. 34); vgl. Côté u. a. (2006), S. 3, die ebenfalls auf weitere empirische Arbeiten verweisen;

[273] Vgl. z. B. Vertreter des TQM-Ansatzes wie Mellis u. a. (1998) und Arthur (1993), außerdem Frühauf u. a. (2004), S. 37; Zur Wirkung des Testprozesses auf den Testaufwand vgl. Spillner und Linz (2004) und Rätzmann (2002); Pol u. a. identifizieren mehrere Kernbereiche, um den Testprozess zu verbessern und Tests dadurch effektiver zu gestalten (vgl. Pol u. a. (2000)).

Prozessreife

Standards wie CMMI[274] oder der Norm SPICE (ISO/IEC 15504)[275] liegt die Auffassung zugrunde, die Reife des Entwicklungsprozesses in einer Organisation sei bestimmend für die Qualität der entwickelten Softwareprodukte dieser Organisation. Analog zu CMMI beschreibt das Test Maturity Model des Illinois Institute of Technology verschiedene Reifegrade des Testprozesses einer Organisation.[276] Mit zunehmender Reife des Testprozesses wird höhere Produktqualität erreicht.[277]

Je höher die Produktqualität dank der Reife des Entwicklungsprozesses ist, desto weniger Fehler enthält das Produkt[278]. Weniger Fehler bedeuten weniger Unterbrechungen des Testens und dadurch schnellere Testdurchführung, sowie weniger Testwiederholungen nach Korrekturen. Jede Stufe der Prozessreife, d. h. jedes Reifeniveau erfordert jedoch zusätzliche Aktivitäten (einschließlich Aktivitäten der Testplanung, -vorbereitung, -durchführung und -auswertung) gegenüber den niedrigeren Stufen, und das Erreichen eines höheren Reifeniveaus setzt die Ausführung aller Aktivitäten der niedrigeren Stufen voraus, weshalb die Prozessreife auch dadurch den Aufwand für Entwicklung und Test beeinflusst.[279]

Einordnung des Testens in den Entwicklungsprozess

Die Tätigkeiten des Testens sind in den Entwicklungsprozess eingebettet. Sie können unterschiedlich strukturiert (z. B. mehr oder weniger zerlegt, mehr oder weniger eng verzahnt mit konstruktiven Entwicklungstätigkeiten) und zeitlich angeordnet werden sowie relativ zu anderen Tätigkeiten der Softwareherstellung unterschiedlich gewichtet werden, wodurch sie unterschiedlich zum Softwareprodukt beitragen und mit unterschiedlichem Aufwand verbunden sind.

---

[274] Vgl. SEI (2002), URL siehe Literaturverzeichnis

[275] Vgl. ISO/IEC (2006)

[276] Vgl. Rätzmann (2002), S. 41

[277] Vgl. Veenendaal (2007), S. 1

[278] So wie sich die Prozessreife auf den gesamten Entwicklungsprozess bezieht, bezieht sich auch die Fehlerreduzierung auf den gesamten Projektverlauf.

[279] Entscheidend bei der Prozessreifebetrachtung ist die erwartete höhere Produktqualität, die zum Teil durch Aufwandsverlagerung in frühere Phasen, zum Teil durch veränderte Verteilung des Aufwands auf Tätigkeiten erreicht wird. Das mit höherer Prozessreife verbundene Ziel ist die Verbesserung der Produktqualität, die zusätzliche Kosten der Prozessänderung überkompensiert.

Ist der Entwicklungsprozess z. B. test-getrieben (englische Bezeichnung: test-driven development[280]), wird nur automatisiert getestet.[281] Testfälle ersetzen die Entwurfsspezifikation und teilweise die Anforderungsdokumentation.[282] Während die Testdurchführung nur Start der automatischen Testfälle bedeutet, ist die Erstellung der Testfälle essenzieller Input der Softwareerstellung[283]. Die Verteilung des Aufwands zwischen Entwicklungs- und Testtätigkeiten unterscheidet sich daher stark zwischen einem test-getriebenen und einem z. B. am V-Modell, dem Standardvorgehensmodell der Behörden der Bundesverwaltung[284] orientierten Entwicklungsprozess. Die zwischen beiden Prozessen abweichende Häufigkeit, mit der Testtätigkeiten im Entwicklungsprozess anfallen, und deren Bedeutung für die Erstellung der Software wirken sich auf den Aufwand für die Testaktivitäten aus.

Entwicklungsprozesse und damit die Ausprägung ihrer Merkmale verändern sich im Zeitverlauf, wobei dies mehr oder weniger zielgerichtet geschieht.[285] Betrachtet man den Entwicklungsprozess als Abbild der Ablauf- und Aufbauorganisation[286] in Softwareentwicklungsprojekten einer Organisation, wird klar, dass Änderungen vielfältige Konsequenzen haben (z. B. für Koordination und Machtgefüge) und die Änderung der Einstellungen und Verhaltensweisen der Betroffenen voraussetzen[287].

---

[280] Test-driven development ist nach Beck „[...] an analysis technique, a design technique, really a technique for structuring all the activities of development [...]“ (Beck (2003), S. 202).

[281] Ein Inkrement in einem test-getriebenen Entwicklungsprozess läuft gemäß folgendem Muster ab (vgl. Beck (2003), S. 1-4, und Ambler (2005), S. 36): Zuerst wird ein automatischer Testfall erstellt, bevor programmiert wird. Der Testfall wird ausgeführt. Solange der Testfall nicht fehlerfrei abläuft, wird nach Fehlern gesucht und der Testfall überarbeitet. Sind alle Fehler beseitigt, wird ein weiterer Testfall erstellt.

[282] Vgl. Ambler (2005), S. 36

[283] Vgl. Beck (2003), S. 1; In allen leichten bzw. agilen Prozessen, denen die test-getriebene Entwicklung zuzurechnen ist, wird jeder gefundene Fehler als Lücke in den Testfällen verstanden, die geschlossen werden muss, bevor der Fehler selbst behoben wird (vgl. Coldeway (2001), S. 19).

[284] Vgl. IABG (1997a), URL siehe Literaturverzeichnis

[285] Im Unterschied zu Prozessänderungen, die gezielt zur Steigerung der Produktqualität durchgeführt werden, ergibt sich dieser Wandel z. B. auch als Folge zunehmender Unterstützung betrieblicher Abläufe durch Computer und des wachsenden Anwendungspotenzials von Rechner- und Kommunikationsnetzen (vgl. Seibt (1990), S. 11).

[286] Gegenstand der Aufbauorganisation sind neben Personal-, Sachmittel- und Datenbeständen die Aufgaben und Kompetenzen in einer Organisation (vgl. Gaitanides (1992), Sp. 1). Ablauforganisation ergänzt die Aufbauorganisation als dynamische Komponente (vgl. ebenda).

[287] Vgl. Thom (1992), Sp. 1478

Daher beansprucht die nachhaltige Veränderung des Entwicklungsprozesses Zeit, d. h. sie vollzieht sich nicht kurzfristig.

Es dient also einerseits der Vereinfachung, dass die Merkmale des Entwicklungsprozesses im allgemeinen Modell des Testaufwands auf Projektebene nicht abgebildet werden, denn dadurch können die zusätzlichen indirekten Wirkungen auf den Testaufwand außer Betracht bleiben. Andererseits deckt sich die Annahme, die Merkmale des Entwicklungsprozesses seien in einer Organisation konstant, d. h. projektunabhängig ausgeprägt, zumindest in einem abgegrenzten Zeitraum mit den empirischen Befunden in dieser Arbeit (vgl. Kapitel 7.1).[288]

5.2.2 Merkmale der Organisation

Organisationsspezifische Besonderheiten[289], die bei der Softwareentwicklung eine wichtige Rolle spielen[290], können zu technischen, wirtschaftlichen, organisatorischen, sozialen und personellen Bedingungen zusammengefasst werden.[291] Ihre Relevanz für die Testaufwandsschätzung wird anhand der Merkmale Organisationskultur, Arbeitsteilung und Koordination exemplarisch erläutert.

Organisationskultur

Mit Organisationskultur werden die organisationsspezifischen Wert- und Denkmuster bezeichnet, „die das Verhalten der Mitglieder nach innen und außen [...] prägen“[292] und die Wahrnehmung und das Handeln der Organisationsmitglieder leiten[293]. Die Organisationskultur umfasst unter anderem Annahmen über die Art zwischenmenschlicher Beziehungen (z. B. Konkurrenz oder Zusammenarbeit),

---

[288] Abweichend hiervon werden Merkmale, die den Testprozess beschreiben und projektspezifisch ausgeprägt sind, als Merkmale des Projekts aufgefasst und analysiert (z. B. Verteilung des Testaufwands, siehe Kapitel 5.3.4).

[289] Organisationsspezifisch ausgeprägte Merkmale sind z. B. der Ablauf des Wertschöpfungsprozesses, die verfügbaren Mitarbeiter und der Zielmarkt der Produkte (vgl. Kajüter (2005), S. 80). Vollmann nennt die Organisationsstruktur und -kultur, das Kundenspektrum sowie den Erfahrungshintergrund in einem bestimmten Zeitraum als Beispiele, angesichts derer sich nicht nur Organisationen voneinander unterscheiden, sondern die auch innerhalb einer Organisation im Zeitablauf variieren (vgl. Vollmann (1990), S. 86).

[290] Vgl. Seibt (1990), S. 9

[291] Vgl. ebenda, S. 11

[292] Schreyögg (1992), Sp. 1525

[293] Vgl. ebenda, Sp. 1527

Standards (z. B. ungeschriebene Verhaltensrichtlinien) und Symbolsysteme (z. B. Umgangsformen), die (großteils unbewusst) von den Mitgliedern geteilt werden.[294]

Ihre Bedeutung für die Testaufwandsschätzung gründet sich darauf, dass sie die Motivation[295] und den Teamgeist der Tester sowie Effektivität und Effizienz der Projektteams wesentlich mitbestimmt.[296]

Arbeitsteilung

Arbeitsteilung gilt als ein „Grundphänomen der Organisation"[297] und bedeutet im Kern die Zuordnung von Aufgaben zu Ressourcen, d. h. Aufgabenträgern.[298] Sie ist eng verknüpft mit der Machtverteilung in einer Organisation, was in der Unterscheidung zwischen horizontaler, d. h. gleichrangiger, und vertikaler, d. h. durch Weisungsbefugnis gekennzeichneter Arbeitsteilung zum Ausdruck kommt.[299]

Auf die Testaufwandsschätzung wirkt sich Arbeitsteilung einerseits direkt aus, indem sie die Produktivität und die Entwicklung der Leistungsfähigkeit und Leistungsbereitschaft der Mitarbeiter determiniert[300].[301] Andererseits entfaltet die Arbeitsteilung indirekte Wirkungen, beispielsweise indem sie durch ausgewogene oder einseitige Belastung der Mitarbeiter und mit oder ohne die Möglichkeit zum Lernen ausgestaltet zu hoher oder niedriger Fluktuation führt. Die Fluktuation wiederum ist ein Merkmal des Teams, das Einfluss auf den Testaufwand ausübt.[302]

---

[294] Vgl. Schein (1984), zitiert nach Schreyögg (1992), Sp. 1527f

[295] Vgl. Mellis u. a. (1998), S. 49 und Kapitel 5.3.2.2, Wirkungen des Faktors „Motivation und Einstellung zu Qualität" auf den Testaufwand

[296] Dies gilt vor allem für starke Organisationskulturen (vgl. Schreyögg (1992), Sp. 1532). Stark bezieht sich hier auf die Wirkung der Organisationskultur auf das organisatorische Handeln und damit das Handeln der Organisationsmitglieder (vgl. ebenda, Sp. 1530).

[297] Reiß (1992), Sp. 168

[298] Vgl. ebenda

[299] Vgl. ebenda, Sp. 171

[300] Vgl. ebenda, Sp. 173

[301] Black geht davon aus, die Teamzusammensetzung könne den Projektfortschritt beschleunigen oder verzögern, erläutert dies jedoch nicht im Detail (vgl. Black (2002), S. 31).

[302] Vgl. Merkmal „Kontinuität des Teams" in Kapitel 5.3.2.4

Koordination

Neben der Arbeitsteilung gilt Koordination als zweites organisatorisches Mittel zur Zielerreichung in Organisationen.[303] Unter Koordination ist die „wechselseitige Abstimmung [...] von Elementen eines Systems zwecks Optimierung desselben“[304] zu verstehen, d. h. bezogen auf eine Organisation die Ausrichtung der Mitglieder auf die Organisationsziele[305].

Ähnlich wie die Formen der Koordination[306], die sich aus den Zielen der Organisation ableiten[307], sind auch die Ansätze, die der Koordination dienen, organisationsspezifisch ausgeprägt. Sie lassen sich aus der Strategie, der Struktur und der Kultur der Organisation ableiten. Grundsätzlich gilt dabei folgender Zusammenhang: Je komplexer die zu erfüllenden Aufgaben in einer Organisation, desto mehr erfolgt die erforderliche Koordination durch informale Kommunikation.[308]

Das Testen erfordert viel Abstimmung sowohl im Projektteam (z. B. wann welche Produktteile getestet werden können, welche Schwierigkeiten bei der Anforderungsumsetzung aufgetreten sind, die zusätzliche, ungeplante Testfälle erfordern, wer welche Testfälle durchführt) als auch mit dem Auftraggeber (z. B. bei Änderungen der Anforderungen). Deshalb ist für den Testaufwand entscheidend, wie viel Aufwand die organisationsspezifische Gestaltung der Koordination mit sich bringt, und wie viel Informationen dabei verloren gehen[309].[310]

---

[303] Vgl. Schanz (1992), Sp. 1461

[304] Rühli (1992), Sp. 1165

[305] Vgl. ebenda

[306] Zur Beschreibung der Formen der Koordination gibt Rühli folgende Typisierungen an: Nicht-autoritative Selbstkoordination lässt sich von autoritativer Fremdkoordination, formale von informaler und unmittelbare von mittelbarer Koordination unterscheiden (vgl. Rühli (1992), Sp. 1166f).

[307] Vgl. Rühli (1992), Sp. 1166

[308] Vgl. Schanz (1992) Sp. 1463

[309] Vgl. Myers (1976), S. 267; Nach Myers gilt: „Most software errors are due to man-to-man communication problems" (s. ebenda). Cockburn stellt hierzu fest, direkte persönliche Kommunikation sei am effektivsten, denn wenn in Videokonferenzen und mehr noch wenn per E-Mail kommuniziert werde, gingen Teile der Mitteilung verloren, die nur z. B. über sensorische Wahrnehmung empfangen werden (vgl. Cockburn (2002a), S. 94f).

[310] Neben der menschlich-sozialen Abstimmung betrifft die Koordination in einer produktiven Organisation auch die technisch-wirtschaftliche Dimension (vgl. Rühli (1992), Sp. 1166). Reiß' Beispiele koordinativer Maßnahmen (Kommunikationskanäle und Standardisierung) spiegeln diese Trennung wider (vgl. Reiß (1992), Sp. 175). Auch technisch-wirtschaftliche Koordination wirkt sich durch den damit verbundenen Aufwand und potenziellen Informationsverlust auf den Testaufwand

Diese drei erläuterten Merkmale üben bei der Betrachtung des Testaufwands in verschiedenen Organisationen bedeutsamen Einfluss auf den Testaufwand aus. Sie sind zwar organisationsspezifisch, jedoch projektunabhängig ausgeprägt, d. h. sie beeinflussen den Testaufwand in allen Projekten einer Organisation in gleicher Art, weshalb sie bei der Betrachtung des Testaufwands auf Ebene des Projekts vernachlässigt werden können (vgl. Kapitel 2.1).

5.3 Projektspezifisch ausgeprägte Merkmale

Die projektspezifisch ausgeprägten Merkmale, die den Testaufwand beeinflussen, werden in Anlehnung an Boehm u. a.[311] wie folgt gruppiert:

1. Merkmale des Produktes
2. Merkmale des Teams
3. Merkmale der Ressourcen
4. Merkmale der Testorganisation

Litke verweist zur Schätzung des Projektaufwands auf circa 100 Einflussgrößen.[312] Um zu untersuchen, wie sich die einzelnen Einflussfaktoren gegenseitig beeinflussen, müssten die wechselseitigen Beziehungen zwischen jedem Einflussfaktor und allen übrigen Faktoren analysiert werden. Als arithmetische Reihe aufgefasst, errechnet sich deren Anzahl wie folgt:

$$B_n = n/2 * (a_1+a_n),$$

wobei a_1 das Anfangsglied, a_n das Endglied und n die Anzahl der Glieder der Reihe bezeichnet.[313] Selbst wenn man für den Testaufwand nur 50 Einflussfaktoren

---

aus, z. B. bei der Verbindung der Entwicklungs- mit der Testumgebung, die für die Bereitstellung der zu testenden Softwareteile bzw. des Softwareprodukts erforderlich ist.

[311] Boehm u. a. trennen in Skalenfaktoren, die zusammen als ein Exponent berücksichtigt werden, und Aufwandsmultiplikatoren, die zu Produkt-, Mitarbeiter-, Projekt- und Plattformmerkmalen gruppiert werden (vgl. Boehm u. a. (2000b), S. 35-55). Merkmale der Ressourcen finden sich als Projektmerkmale.

[312] Vgl. Litke (1996), S. 3

[313] Vgl. Barth u. a. (1990), S. 51

annimmt, erhält man 1275 zu untersuchende Beziehungen.[314] Beim Versuch, eine derart große Anzahl an Einflussfaktoren und deren gegenseitige Beeinflussung in einem Modell abzubilden, ergeben sich laut Kok Modelle mit hoher Komplexität und geringer Stabilität.[315] Der Aufwand zur Identifikation und Untersuchung der Wechselwirkungen zwischen allen Faktoren, die den Testaufwand beeinflussen können, wird von Myers als prohibitiv hoch bezeichnet.[316]

Schwerer als der Untersuchungsumfang wiegen jedoch die Schwierigkeiten, die sich bei der Durchführung der Untersuchung stellen. Jede Wechselbeziehung müsste sich von anderen Wirkungen isoliert betrachten lassen, um ihr einen Effekt eindeutig zuordnen zu können. Dies ist in der vorliegenden Untersuchung (wie allgemein im Rahmen von Fallstudien) nicht möglich, da die Wirkungen der anderen Einflussfaktoren nicht ausgeschaltet werden können.[317] Daher kann aus der reinen Beobachtung nicht geschlossen werden, welche Synergien oder Widersprüche sich mit Bezug auf den Testaufwand zwischen jeweils zwei Einflussfaktoren ergeben.

Am gravierendsten ist jedoch, dass es bis dato keine Theorie innerhalb der Wirtschaftsinformatik gibt, die dieses komplexe Wirkungsgefüge beschreibt und erklärt. Empirische Analysen ohne jegliches theoretische Fundament können keine gehaltvollen Aussagen liefern.

Aus den genannten Gründen - Anzahl möglicher Wechselwirkungen, Unmöglichkeit der isolierten Betrachtung, fehlende theoretische Grundlagen - sind die Beziehungen zwischen den beeinflussenden Merkmalen nicht Gegenstand dieser Untersuchung. Solche Wechselwirkungen beeinträchtigen jedoch nur die Stärke der Wirkungen der einzelnen Merkmale auf den Testaufwand. Sie stellen nicht die Gültigkeit der Thesen infrage.[318]

---

[314] Die Anzahl Beziehungen B_n ergibt sich wie folgt: $B_{50} = 50/2 * (1 + 50) = 1275$

[315] Vgl. Kok (1991), S. 167

[316] Vgl. Myers (1976), S. 13

[317] Vgl. z. B. Spitta (1993), S. 21; Auch bei der Untersuchung des Einflusses der Merkmale müssen sie jeweils im Kontext aller Merkmale analysiert werden, die im jeweiligen Projekt wirken. Im Vergleich zwischen Fällen, die sich hinsichtlich einiger Faktorausprägungen gleichen oder ähnlich sind, und anhand der Einzelfallanalyse, die sich neben Datenauswertungen auch auf Interviews mit verschiedenen Ansprechpartnern stützt, sind allerdings Rückschlüsse auf die Wirkung einzelner Merkmale auf den Testaufwand möglich.

[318] Mögliche Nebeneffekte der Wechselwirkungen, die nicht den Testaufwand betreffen, gehen über die Forschungsfragen dieser Arbeit hinaus und werden daher nicht betrachtet.

Angesichts der Vielzahl und der Interdependenzen der Merkmale kann für das hier erarbeitete allgemeine Modell des Testaufwands kein Anspruch erhoben werden, das Wirkungsgefüge des Testaufwands vollständig abzubilden. Vielmehr vereinfacht es die realen Zusammenhänge mit dem Zweck, sie untersuchen und auf den Untersuchungsergebnissen aufbauend Testaufwand schätzen zu können.[319] Die Beantwortung der Forschungsfragen (vgl. Kapitel 1.2) bleibt von dieser Vereinfachung der Untersuchung und Darstellung des Wirkungsgefüges unberührt.[320]

Die folgende Tabelle zeigt neben den in Kapitel 4 untersuchten diejenigen Modelle bzw. Methoden zur Aufwandsschätzung, die veröffentlicht sind und in der Fachliteratur zitiert werden[321] und daher als Quelle möglicher Merkmale berücksichtigt wurden, die den Testaufwand beeinflussen.

Nr.	Modellbezeichnung (Jahr[322])	Literaturquelle[323]
1	Modell von Borchers und Moritz (2005)	Borchers und Moritz (2005)
2	Modell von Calzolari, Tonella und Antoniol (2001)	Calzolari, Tonella und Antoniol (2001)
3	Modell von Cangussu, DeCarlo, Mathur (2002)	Cangussu u. a. (2002)
4	Checkpoint (1997)	Jones (1997)[324]
5	CoCoMo II (2000)	Boehm u. a. (2000b)
6	DSN (1989)	Jensen (1983), Boehm (1989), S. 120
7	ESTIMACS (2000)	Rubin (1983), Boehm u. a. (2000a), S. 7-11

[319] Dieser Zweck entspricht dem Ziel, das mit der Erstellung eines Modells verfolgt wird: „ein zu unübersichtliches oder verwickeltes Geschehen verdeutlichen, vereinfachen und konkretisieren" (Stachowiak (1973), S. 139).

[320] Die reduzierte Berücksichtigung der Interdependenzen vereinfacht das Wirkungsgefüge des Testaufwands und dient damit dem Zweck „modellinhärenter Eliminierung und Abstraktion" (vgl. Rosemann (1998), S. 7, und Kapitel 1.3, Bestimmung des Begriffs „Modell").

[321] Vgl. Boehm (1989), S. 119f, Boehm u. a. (2000a), Kemerer (1987)

[322] Diese Angabe bezieht sich auf das Jahr der Veröffentlichung, die in dieser Arbeit verwendet wurde (diese und ggf. abweichend die erste Veröffentlichung gibt die nächste Spalte wieder).

[323] Die genannte Quelle entspricht der Veröffentlichung des Modells durch den bzw. die Modellentwickler. Falls diese nicht zugänglich ist, wird auf eine Quelle zurückgegriffen, in der das jeweilige Modell hinsichtlich der enthaltenen Einflussfaktoren analysiert wird (z. B. Boehm (1989)).

[324] Für eine Analyse der Einflussfaktoren des Modells vgl. Boehm u. a. (2000a), S. 4f

Nr.	Modellbezeichnung (Jahr[322])	Literaturquelle[323]
8	Function Point Analysis (2004)	Albrecht (1979), IFPUG (2004a)[325]
9	Modell von IBM (1989)	Motley und Brooks (1977); Boehm (1989), S. 120
10	ObjectMetrix (1999)	The Object Factory (1999)
11	PRICE-S (2000)	Park (1988), Boehm u. a. (2000a), S. 19
12	SEER-SEM (2000)	Galorath Inc. (2007), Boehm u. a. (2000a), S. 11-13
13	SLIM (1992)	Putnam (1978), Putnam und Myers (1992)[326]
14	Modell zur Testaufwandsschätzung von Sneed und Jungmayr (2006)	Sneed und Jungmayr (2006)
15	SOFTCOST (1989)	Tausworthe (1981), Boehm (1989), S. 120
16	Modell zur Testprozessbewertung (2000)	Pol u. a. (2000)
17	Test Point Analysis (2002)	Pol u. a. (2002), S. 157-177
18	Use Case Points zur Testaufwandsschätzung von Nageswaran (2001)	Nageswaran (2001)
19	Use Case Points zur Aufwandsschätzung von Frohnhoff, Jung, Engels (2006)	Frohnhoff u. a. (2006)

Tab. 5-2-1: Untersuchte Modelle zur Aufwandsschätzung

Die Merkmale werden zu Einflussfaktoren gruppiert. Zu jedem Merkmal ist (in Klammern) angegeben, in welchen existierenden Modellen bzw. Methoden (vgl. Tabelle 5-2-1) es berücksichtigt ist. Eine leere Klammer unter einem Merkmal bedeutet, dass das Merkmal in keinem der Aufwands- oder Testaufwandsschätzmodelle enthalten ist, die in dieser Arbeit untersucht wurden, sondern dass der Einfluss dieses Merkmals als Ergebnis der Fallstudien vermutet wird.[327] Diese Merkmale ergänzen also die bislang identifizierten Einflüsse des Testaufwands.

[325] Diese Quelle wird statt der ersten Veröffentlichung der Methode zur Analyse herangezogen, weil sie die zur Verbesserung erkannter Schwachstellen weiterentwickelte Methode beschreibt.

[326] Diese Quelle wird statt der ersten Veröffentlichung zur Analyse herangezogen, weil sie das ursprüngliche Modell weiterentwickelt und ausführlicher beschreibt.

[327] Die empirischen Ergebnisse zur Prüfung der Thesen finden sich in Kapitel 7.2.

5.3.1 Merkmale des Produkts

Die untersuchten Produktmerkmale lassen sich den Faktoren „Marktbedeutung", „Neuartigkeit", „Dynamik der Anforderungen", „Grad der Kundenindividualität", „Kundenerwartungen an das Produkt", „Umfang des Softwareprodukts", „Komplexität des Softwareprodukts", „angestrebte Qualität des Softwareprodukts" und „Dokumentation der Anforderungen und des Entwurfs" zuordnen.

5.3.1.1 Faktor „Marktbedeutung"

Der Begriff Markt bezeichnet hier das Absatzpotenzial einer Organisation für das Produkt, d. h. „alle tatsächlichen und potenziellen Abnehmer mit einem spezifischen Bedürfnis, welches die Unternehmung mit ihrem Produkt zu befriedigen versucht"[328]. Zur Abgrenzung des Absatzmarkts gehört die Identifikation der Produkte, die aus Sicht der Kunden austauschbar sind[329] (z. B. Konkurrenzprodukte, ältere Versionen des zu testenden Produkts, vom Kunden selbst erstellte Produkte).

Entscheidend bei der Bestimmung des Testaufwands sind neben dem Umsatzziel auch strategische Ziele (z. B. Diversifikation, d. h. Angebot auf einem neuen Markt), die mit dem zu testenden Produkt verfolgt werden.[330] Daher werden im Folgenden Merkmale des Produkts betrachtet, in denen sich die mit dem zu testenden Produkt verfolgten Umsatz- und strategischen Ziele ausdrücken.[331]

---

[328] Scharf u. Schubert (1994), S. 8

[329] Vgl. ebenda

[330] Vgl. Kaner u. a. (1993), S. 257f; Laut Kaner u. a. hängt der wirtschaftliche Erfolg eines Softwareprodukts wesentlich davon ab, wann es relativ zu Konkurrenzprodukten ausgeliefert wird (vgl. ebenda). Die Wirkung des festgelegten Termins auf den Testaufwand wird anhand des Merkmals „Zu Projektbeginn verfügbare Zeit" (s. Kap. 5.3.3.5) untersucht.

[331] Der im Modell CoCoMo II enthaltene Faktor „required software reliability" deckt sowohl die Marktbedeutung als auch die Kritikalität aus Kundensicht ab (vgl. Boehm u. a. (2000b), S. 41). Hier wird zwischen den Perspektiven des Softwareherstellers und Softwarekunden unterschieden, da sie unterschiedlichen Einfluss auf den Testaufwand haben (vgl. Faktor „Kundenerwartungen an das Produkt", Kapitel 5.3.1.5).

Merkmal (*)	These / Erläuterung
Strategische Bedeutung des Softwareprodukts ( )	**These T1**: Je strategisch wichtiger ein Softwareprodukt ist, desto höher ist der Testaufwand ceteris paribus[332]. **Erläuterung**: Als Strategie werden das Setzen langfristiger Ziele, die Zuteilung vorhandener Ressourcen zur Zielerreichung und die Wahl zieladäquater Maßnahmen bezeichnet.[333] Als strategisch wichtig werden Produkte demnach dann eingestuft, wenn ihre Entwicklung zur Erreichung der langfristigen Ziele der Organisation beiträgt (z. B. zum Ziel der Diversifikation, wenn das Produkt auf einem neuen Markt angeboten wird). Gemäß der Strategie werden der Zielmarkt für ein Produkt und die angestrebte Position in diesem Markt gewählt. Zielmarkt und Position sind entscheidend bei der Festlegung der Risiken und Kosten, die der Hersteller bereit ist, mit der Auslieferung eines Produkts zu tragen.[334] Der Testaufwand dient zur Reduzierung dieser Risiken (vgl. Kapitel 1.3) und beeinflusst die Kosten. Je wichtiger ein Produkt zur Erreichung langfristiger Ziele, desto weniger Risiken und desto höhere Kosten ist der Softwarehersteller bereit damit zu tragen.
Anzahl Kunden des Vorreleases (5, 7, 11, 12, 18[335])[336]	**These T2**: Je mehr Kunden bereits ein Vorrelease des entwickelten Produkts einsetzen, desto höher ist ceteris paribus der Testaufwand. **Erläuterung**: Die Kunden des Vorreleases sind potenzielle Kunden des zu testenden Produkts. Je mehr Kunden ein Vorrelease des Produkts bereits einsetzen, • desto größer ist die Variabilität der Nutzung (z. B. verschiedene Szenarien und unterschiedliche Produktkonfigurationen), die in

[332] Die ceteris paribus-Klausel, die abgesehen von der Variation des betrachteten Merkmals gleiche Bedingungen fordert, dient zur vereinfachten theoretischen Untersuchung und Darstellung der vermuteten Zusammenhänge.

[333] Vgl. Chandler (1962), zitiert nach Müller-Stewens (1992), Sp. 2346

[334] Vgl. Kaner u. a. (1993), S. 299

[335] Im Use Case Points-Modell von Nageswaran als Faktor „actors", die mit dem entwickelten System interagieren (vgl. Nageswaran (2001), S. 5). Berücksichtigt werden Anzahl und Art der actors sowie jeweils genutzte Anzahl Use Cases, die das Verhalten des Systems unter bestimmten Bedingungen beschreiben (vgl. Cockburn (1999), zitiert nach Nageswaran (2001), S. 3).

[336] In den Modellen CoCoMo II, ESTIMACS, PRICE-S und SEER-SEM: geforderte Zuverlässigkeit (der Software, im Original: required (software) reliability)

Merkmal (*)	These / Erläuterung
	Folgereleases gewährleistet sein muss, sodass mehr Nutzungsvarianten mehr oder erweiterte Testfälle und damit mehr Testaufwand erfordern; • desto intensiver wird das Produkt genutzt, weshalb desto mehr Fehler schon gefunden werden konnten; • desto umfangreicher sind Regressionstests von Funktionen, in denen bereits Fehler (gefunden und) korrigiert wurden.
Anzahl erwarteter Kunden (7, 11, 12, 18)[337]	**These T3**: Je mehr Kunden erwartet werden, desto höher ist der Testaufwand und desto mehr Fehler werden gefunden. **Erläuterung**: Je mehr Kunden für das Produkt erwartet werden, • desto mehr Fehlermeldungen fallen erwartungsgemäß pro ausgeliefertem Fehler an; • desto höher sind potenzielle Kosten von Fehlern (z. B. Bearbeitung der Kundenmeldungen, Imagekosten, Kosten der Fehlerkorrektur bei jedem betroffenen Kunden[338]), weil sie mit der Kundenanzahl zu multiplizieren sind; • desto eher lohnt sich Testaufwand, um diese Kosten bzw. die Risiken solcher Kosten zu verringern oder auszuschließen.
Geplanter Preis des Produkts ()	**These T4**: Je höher der geplante Produktpreis, desto höher ist der Testaufwand und desto mehr Fehler werden gefunden. **Erläuterung**: Um einen hohen Preis für ein Softwareprodukt zu erzielen, müssen entsprechendes Interesse und Zahlungsbereitschaft seitens der Kunden vorliegen oder geschaffen werden.[339] Treten viele oder schwerwiegende Fehler bei Kunden auf, die das Image des Produkts oder des Softwareherstellers schädigen, schlägt sich

[337] Im Modell von Nageswaran: Teil des Faktors „Anzahl interagierender Aktoren" (siehe Fußnote 335); Jones betrachtet die Anzahl Kunden, für die das Produkt entwickelt wird (als "project scope" bezeichnet), implizit als Einflussfaktor des Projektaufwands, indem er anhand dieses Merkmals den Aufwand zwischen Projekten vergleicht (vgl. Jones (1998), S. 225).

[338] Vgl. z. B. Kaner u. a. (1993), S. 264, Spillner und Linz (2004), S. 155 für eine Übersicht potenzieller Fehlerkosten nach Auslieferung des Produkts;

[339] Da der Preis bei Softwareprodukten dank der niedrigen variablen Kosten sehr flexibel ist (vgl. Kittlaus u. a. (2004), S. 77), wird zur Preisfestlegung die Preissensitivität des Marktes betrachtet, die wesentlich durch den Zusatznutzen, den das Produkt aus Kundensicht stiftet, und den Preis von Konkurrenzprodukten bestimmt wird (vgl. ebenda, S. 79).

Merkmal (*)	These / Erläuterung
	dies auf das Interesse und die Zahlungsbereitschaft der Kunden nieder. Mittels Tests kann solchen Imageschäden vorgebeugt und dadurch der geplante Preis erzielt werden.

Tab. 5-3-1: Merkmale und Wirkungen des Faktors „Marktbedeutung“

5.3.1.2 Faktor „Neuartigkeit“

Die Neuartigkeit eines Softwareprodukts wirkt sich auf das Fehlerpotenzial bei der Umsetzung aus, wie verschiedene wissenschaftliche Arbeiten belegen.[340] Möglichkeiten und Schwierigkeiten bei der technischen Realisierung sind bei neuen Produkten noch unbekannt.[341] Daher beruht die Priorisierung von Entwicklungs- und Testaktivitäten auf Annahmen.

Für den Testaufwand spielt also der Neuheitsgrad aus Herstellersicht[342] eine wesentliche Rolle. Als Indikatoren hierfür können der Projekttyp[343], die Anzahl Vorreleases[344] und die Bekanntheit der verwendeten Technologien im Unternehmen herangezogen werden.

---

[340] Meist wird höheres Fehlerpotenzial mit Neuentwicklungen verbunden (vgl. z. B. Kaner u. a. (1993), S. 356, Borchers und Moritz (2005), S. 146, Jones (1998), S. 225). Grady ist jedoch der Ansicht, reifere Softwareprodukte seien schwieriger zu warten, weil Änderungen die (technische) Komplexität erhöhten (vgl. Grady (1992), S. 17). Laut Myers sind Modifikationen fehlerträchtiger (pro Codestatement) als Neuentwicklungen (vgl. Myers (1979), S. 20).

[341] Vgl. Herzwurm (1998), S. 72f

[342] Borchers und Moritz sprechen von der Neuartigkeit der Entwicklungsaufgabe (vgl. Borchers und Moritz (2005), S. 146). Zur Unterscheidung zwischen der Hersteller- und der Kundensicht vgl. Herzwurm (1998), S. 71f;

[343] In dieser Arbeit werden die Projekttypen Neuentwicklung, Verbesserung und technisches Re-Design unterschieden. Diese Kategorien orientieren sich an der Praxis, wie sie im Rahmen der Fallstudien beobachtet wurde. Neuentwicklungen beziehen sich auf die Entwicklung neuer Komponenten, Technologien, Produkte oder neuer Funktionalitäten und entsprechen der Vorfeld- und Neuentwicklung nach der Klassifikation Schmelzers (vgl. Schmelzer (1992), S. 18f, zitiert nach Herzwurm (1998), S. 72). Verbesserungsprojekte haben zum Ziel, bestehende Produkte so weiterzuentwickeln, dass sie die bestehenden Anforderungen besser erfüllen, d. h. weder das Produkt noch die Anforderungen sind neu. Bei Re-Design-Projekten wird die bestehende Funktionalität technisch überarbeitet (z. B. um die Kompatibilität des Produkts zu neuen Technologien zu gewährleisten), ohne dass Änderungen dieser Funktionalität beabsichtigt sind. Die technischen Anforderungen sind also verändert, sodass dieser Projekttyp der Anpassungsentwicklung nach Schmelzer entspricht (vgl. ebenda).

[344] Unter Vorrelease ist eine ausgelieferte Version des gleichen Produkts zu verstehen, die vor dem betrachteten Projekt bzw. der betrachteten Produktversion erstellt wurde.

Merkmal (*)	These / Erläuterung
Projekttyp (Neuentwicklung, Verbesserung[345], technisches Re-Design) (1, 5, 8, 17)[346]	**These T5**: Bei Re-Design-Projekten fällt ceteris paribus mehr Testaufwand an als bei Verbesserungsprojekten, und bei Verbesserungsprojekten fällt ceteris paribus mehr Testaufwand an als bei Neuentwicklungsprojekten. **Erläuterung**: Regressionstests prüfen nicht die beabsichtigte Anforderungsumsetzung, sondern sollen unerwünschte Nebeneffekte der Entwicklungstätigkeiten bei der Überarbeitung und Weiterentwicklung bestehender Produkte aufdecken. Neben der Überprüfung der Anforderungsumsetzung sind sie als zweite Komponente des Testaufwands zu sehen. Bei technischen Re-Design-Projekten (ohne funktionale Erweiterung) fällt neben der Überprüfung der Umsetzung der technischen Anforderungen viel Aufwand für Regressionstests an[347], weil prinzipiell jede Funktion durch die technische Neugestaltung beeinträchtigt sein kann. Bei Verbesserungsprojekten wird nicht das ganze, sondern nur ein Teil des Softwareprodukts verändert, sodass Regressionstests in geringerem Umfang anfallen als beim Re-Design eines Produkts, und bei Neuentwicklungen gibt es per Definition keine Regressionstests.
Anzahl Vorreleases[348] (1[349], 5[350])	**These T6**: Je mehr Vorreleases zu einem Produkt existieren, desto geringer ist der Testaufwand ceteris paribus.[351]

[345] Die Verbesserung bestehender Lösungen bzw. Produkte wird auch als Weiterentwicklung bezeichnet (vgl. Herzwurm (1998), S. 21).

[346] Im Rahmen der FPA anhand des Faktors „Installation Ease“ berücksichtigt, der den Einfluss der Erfordernisse aufgrund einer veränderten Anwendungsumgebung abbildet; Im Rahmen der TPA gilt dies analog, weil die TPA das Ergebnis einer FPA als Input erfordert.

[347] Z. B. können Fehler in jeder Benutzermaske auftreten, auch wenn die Funktionalität unverändert bleibt.

[348] Auch zu einem Neuentwicklungsprojekt kann es Vorreleases des Produkts geben, wenn sich die Neuentwicklung auf zusätzliche Funktionalitäten bezieht. Daher ist die Unterscheidung zwischen den Merkmalen Projekttyp und Anzahl Vorreleases angezeigt.

[349] Im Modell von Borchers und Moritz: Faktor „Neuheit der Aufgabe“

[350] Im Modell CoCoMo II: Faktor „precedentedness“ (übersetzt: Grad der Nicht-Neuartigkeit)

[351] Grady verweist darauf, dass mit zunehmender Releasezahl die Wahrscheinlichkeit zunehme, dass das Produkt-Know-How verloren gehe (vgl. Grady (1992), S. 17). Dieser Effekt, der nur einzelne Mitarbeiter betrifft, wird anhand des Merkmals „Kontinuität des Teams“ (These T30, siehe Kapitel 5.3.2.4) untersucht.

Merkmal (*)	These / Erläuterung
	Erläuterung: In jedem Projekt, in dem ein bestehendes Produkt weiterentwickelt wird, können Fehler aus vorhergehenden Releases entdeckt und behoben werden. Solange Vorreleases des Produkts von Kunden eingesetzt werden, können die Kunden Fehler entdecken und melden, die im Rahmen der Wartung korrigiert werden können und im Folgerelease schon beseitigt sind. Dadurch sinkt mit jedem Vorrelease das Fehlerpotenzial eines zu verbessernden oder zu überarbeitenden Produkts.
Bekanntheit der eingesetzten Entwicklungstechnologie (1, 5, 18)[352]	**These T7**: Je länger die im Projekt verwendete Entwicklungstechnologie bereits verwendet wird, desto weniger Testaufwand ist ceteris paribus erforderlich. **Erläuterung**: Je länger eine Technologie bereits verfügbar ist und in der Organisation verwendet wird, desto mehr Wissen existiert dazu, wie bestimmte Probleme technisch gelöst werden können, welche Schwierigkeiten bedacht werden müssen und welche Art von Anforderungen kompliziert umzusetzen ist und daher häufig fehlerhaft umgesetzt wird (z. B. bestimmte Schnittstellen). Dank dieses Wissens, das sich mit der Dauer der Verwendung in der Organisation verbreitet, werden tendenziell weniger Fehler gemacht und evtl. mehr Fehler gefunden, weil Testern die Schwachstellen bekannt sind. Allerdings ist der Einfluss auf Entwurfs- und Entwicklungsaufwand größer als auf den Testaufwand, da dieser Zusammenhang nicht Fehler betrifft, die aus den Anforderungen bzw. der Spezifikation resultieren.

Tab. 5-3-2: Merkmale und Wirkungen des Faktors „Neuartigkeit“

5.3.1.3 Faktor „Dynamik der Anforderungen“[353]

Wenn die umzusetzenden Anforderungen genau und eindeutig formuliert sind, steigern sie die Motivation und Effektivität der Entwickler[354] und verringern den

[352] Im Modell von Borchers und Moritz: Neuheit der Aufgabe, im Modell CoCoMo II: Teil des Faktors „Komplexität des Produkts“ (im Original: product complexity), und im Modell von Nageswaran: Bestandteil des technischen Umgebungsfaktors „Entwicklungsumgebung“ (im Original: development environment)

[353] Anforderungen umfassen im vorliegenden Kontext sowohl explizit als auch implizit erwartete Funktionen und Eigenschaften (vgl. Mellis (2001a), S. 403).

Aufwand.[355] Unklare Anforderungen wirken sich im Gegensatz dazu durch höheren Aufwand und zusätzliches Fehlerpotenzial aus.[356] Dynamische, d. h. sich während des Projekts ändernde Anforderungen sind die logische Konsequenz unklarer Anforderungen.[357] Ihre verzögernde und erhöhende Wirkung auf den Projektaufwand ist empirisch vielfach bestätigt[358] und wird analog für den Testaufwand vermutet, da Anforderungen ebenso als Basis für das Testen[359] dienen.

Merkmal (*)	**These / Erläuterung**
Anzahl und Zeitpunkt der Änderungen der Anforderungen während des Projekts (5, 6, 8, 11, 19[360])	**These T8**: Je häufiger und je später sich Anforderungen ändern, desto größer ist ceteris paribus der Testaufwand. **Erläuterung**: Sich ändernde Anforderungen führen zu Diskussionen, häufiger Überarbeitung und Korrektur bereits begonnener oder schon abgeschlossener Tätigkeiten der Analyse, des Entwurfs, des Codings und des Testens.[361] Je weiter die Entwicklung schon fortgeschritten ist, desto mehr Artefakte müssen geändert werden, desto weiter reichen die Konsequenzen jeder Änderung und desto höher ist die Wahrscheinlichkeit, dass eine nötige Anpassung übersehen

[354] Vgl. z. B. Gilb (1988), S. 72, Boehm (1981), S. 20, Abdel-Hamid u. a. (1999), S. 532

[355] Vgl. Bundschuh und Fabry (2004), S. 29

[356] Vgl. Mellis u. a. (1998), S. 271, Rätzmann (2002), S. 18

[357] Vgl. Herzwurm u. a. (2000), S. 90

[358] Vgl. z. B. Kaner u. a. (1993), S. 352, Lederer und Prasad (1992), S. 55, Vollmann (1990), S. 141 und Blackburn u. a. (1996), zitiert nach Herzwurm (1998), S. 141

[359] Vgl. z. B. Thaller (2000), S. 24, Spillner und Linz (2004), S. 39; siehe auch Kapitel 5.3.1.9; Spillner und Linz gehen dabei auf Tests im allgemeinen V-Modell ein (vgl. ebenda), aber dies gilt ebenso für Tests bei Anwendung agiler Entwicklungsmethoden (vgl. Koch (2005), S. 36). Allerdings ersetzen Tests in mancher agiler Entwicklungsmethode Artefakte wie die Anforderungen (vgl. Ambler (2005), S. 36). Model-based test automation techniques, verkürzt model-based testing genannt, erfordern als Input ein Testmodell, das entweder die Spezifikation darstellt oder auf ihr aufbaut (vgl. Sinha und Smidts (2006), S. 245).

[360] Im Modell von Frohnhoff u. a.: Stabilität der Anforderungen (Faktor mit vergleichsweise hohem Gewicht)

[361] Agile Entwicklungsmethoden zielen darauf ab, den Aufwand, den dynamische Anforderungen verursachen, zu reduzieren (vgl. Cockburn (2002a)), können Korrekturaufwand aufgrund von Änderungen der Anforderungen jedoch nicht ausschließen (vgl. Coldeway (2001), S. 17).

Merkmal (*)	These / Erläuterung
	wird und zu Fehlern führt. Mehr Fehler bedeuten ceteris paribus höheren Testaufwand. Ebenfalls aufwandserhöhend wirkt sich aus, dass im Fall einer Änderung der Anforderungen Testfälle angepasst und bereits durchgeführte Testfälle wiederholt werden müssen.

Tab. 5-3-3: Merkmal und Wirkungen des Faktors „Dynamik der Anforderungen"

5.3.1.4 Faktor „Grad der Kundenindividualität"

Die Kundenindividualität des zu testenden Softwareprodukts ist durch den Grad der Standardisierung und dadurch determiniert, ob die Kunden das Produkt anpassen können oder nicht.[362] Für die Betrachtung des Testaufwands ist entscheidend, ob bzw. wie genau dem Softwarehersteller beim Test bekannt ist, wie die Software eingesetzt werden wird, d. h. zur Unterstützung welcher Prozesse und mit welchen kundenindividuellen Anpassungen. Dabei stellt Individualsoftware, die im Auftrag eines Kunden produziert und nicht angepasst wird, den Rand des Spektrums dar, an dem der Hersteller die meisten Informationen zur beabsichtigten Nutzung des Produkts hat. Standardsoftware[363], die von den Kunden individuell angepasst wird, bildet das andere Extrem des Spektrums, d. h. der Softwarehersteller weiß weder, wie das Produkt angepasst noch wie es genutzt werden wird.[364] Dazwischen liegen Standardsoftwareprodukte, die nicht kundenindividuell angepasst werden können[365], d. h. der Softwarehersteller weiß zwar nicht, wie die Kunden das Produkt einsetzen, schränkt die Bandbreite unterschiedlicher Nutzung jedoch ein, indem er die kundenindividuelle Anpassung ausschließt.

[362] Vgl. Herzwurm (1998), S. 75

[363] Als Standardsoftware werden Softwareprodukte bezeichnet, die die Anpassung an organisationsspezifische Bedürfnisse ohne Veränderung des Quellcodes erlauben (vgl. Österle (2001), S. 435). Sie werden für den anonymen Markt entwickelt, weshalb der Erstellung die erwarteten Bedürfnisse vieler Kunden zugrunde liegen (vgl. Herzwurm (1998), S. 75, Fußnote 88).

[364] Bei komplexen, individuell anzupassenden Standardsoftwareprodukten wie ERP-Software sind die Variationsmöglichkeiten der Anpassung und Nutzung unübersehbar. Beispielsweise das ERP-Softwaresystem von SAP, R/3, enthielt 1998 800 Prozessbausteine, die prinzipiell über 10.000 Kombinationen bei der Nutzung ermöglichten (vgl. Keller und Teufel (1998), S. 183).

[365] Nicht individuell anpassbare, für den anonymen Markt entwickelte Software wird als Massensoftware bezeichnet (vgl. Herzwurm (1998), S. 75 und 79).

Merkmal (*)	These / Erläuterung
Variabilität der Nutzung des Produkts (8, 17)[366]	**These T9** Je größer die Variabilität der Nutzung des Produkts, desto größer ist ceteris paribus der Testaufwand. **Erläuterung**: Wenn das Produkt individuell angepasst und zur Lösung sehr unterschiedlicher Probleme eingesetzt werden kann, müssen all diese Probleme und Anpassungsoptionen im Entwurf und bei der Umsetzung berücksichtigt werden. Mit zunehmender Variabilität steigt die Wahrscheinlichkeit, dass eine Nutzungsmöglichkeit (z. B. eine bestimmte Anpassung der Parameter) nicht oder nicht mit all ihren Konsequenzen bedacht wurde. Demnach erhöht sich das Fehlerpotenzial mit zunehmenden Nutzungsmöglichkeiten. Unter sonst gleichen Bedingungen, z. B. bei gleicher angestrebter Produktqualität ist mehr Testaufwand erforderlich, um die zusätzlich möglichen Fehler aufzudecken bzw. bei zusätzlichen Korrekturen Testfälle zu wiederholen.

Tab. 5-3-4: Merkmal und Wirkung des Faktors „Grad der Kundenindividualität"

5.3.1.5 Faktor „Kundenerwartungen an das Produkt"

Kundenerwartungen werden durch eigene Bedürfnisse, mündliche Empfehlungen, eigene Erfahrungen mit Konkurrenzprodukten oder mit älteren Releases des gleichen Produkts[367] gebildet oder durch Informationen zum Produkt geprägt, die z. B. aus Produktbroschüren, Verkaufsgesprächen und Werbung stammen.[368] Sie dienen als Referenzpunkte der Kunden zur Beurteilung der Leistung[369]. Nur wenn

[366] Im Rahmen der Methode FPA: „Multiple Sites" (d. h. Einsatz der Software im Zusammenspiel mit unterschiedlichen Hardware- und Softwareprodukten) und „Reusability" (zur Einflussbestimmung des Faktors wird betrachtet, ob und wie das Softwareprodukt für Kunden angepasst wird, vgl. IFPUG (2004a), S. 8-22). TPA setzt eine FP-Zählung voraus, weshalb auch hier das Merkmal anhand der Faktoren „Multiple Sites" und „Reusability" enthalten ist. Zudem beeinflussen gemäß TPA Bedeutung und Nutzungsintensität jeder Funktion aus Kundensicht den Testaufwand (vgl. Pol u. a. (2002), S. 158f). Wenn Bedeutung und Nutzungsintensität aus Sicht verschiedener Kunden zu berücksichtigen sind und voneinander abweichen, erhöht dies den Testaufwand.

[367] Vgl. Rätzmann (2002), S. 26

[368] Vgl. Zeithaml u. a. (2006), S. 34, wobei die Autoren die Quellen der Kundenerwartung danach unterscheiden, ob sie durch den Anbieter gesteuert werden können oder nicht.

[369] Vgl. Zeithaml u. a. (2006), S. 81; Diese Leistung kann von einem Produkt erbracht werden oder eine Dienstleistung sein.

die wahrgenommene Leistung die erwartete Leistung deckt oder übersteigt, entsteht Kundenzufriedenheit.[370]

Dass die von Kunden erwartete Produktqualität den Testaufwand beeinflusst, ist in der Literatur unstrittig[371]. Zur Schätzung des Testaufwands werden solche Produktmerkmale herangezogen, die Aufschluss über die Höhe der erwarteten Qualität geben und deren Ausprägung sowohl zum Schätzzeitpunkt ermittelbar ist als auch den Vergleich mit Produkten erlaubt, deren Entwicklung abgeschlossen ist.

Merkmal (*)	These / Erläuterung
Wichtigkeit des Produkts aus Kundensicht (Kritikalität[372]) (5, 17, 18, 19)[373]	**These T10**: Je wichtiger die Prozessunterstützung durch das Produkt aus Kundensicht eingeschätzt wird, desto höher ist der Testaufwand und desto mehr Fehler werden gefunden. **Erläuterung**: Je kritischer die Kunden die Prozessunterstützung durch das Produkt einstufen, d. h. je höher die Kosten im Fall eines Ausfalls des Softwareprodukts sind,[374] desto höher ist das Risiko für den Softwarehersteller, für Folgekosten von fehlerhaftem Verhalten der Software haftbar gemacht zu werden. Je mehr Aufwand in Tests

[370] Vgl. Herzwurm (1998), S. 165

[371] Vgl. z. B. Balzert (2000), S. 75, Rätzmann (2002), S. 26; Boehm u. a. berücksichtigen die Kundenerwartungen anhand der erwarteten Zuverlässigkeit der Software („required software reliability", vgl. Boehm u. a. (2000b), S. 41). Zuverlässigkeit lässt sich definieren als die Wahrscheinlichkeit, ein Softwareprodukt in einem bestimmten Umfeld und über einen bestimmten Zeitraum fehlerfrei zu betreiben (vgl. Grottke (2003), S. 5).

[372] Kritikalität bezeichnet die Bedeutung, die dem Fehlverhalten eines Systems beigemessen wird (vgl. IABG (1997b), S. 40). Frohnhoff u. a. beispielsweise berücksichtigen die Kritikalität in Form von Verfügbarkeits- und Sicherheitsanforderungen (vgl. Frohnhoff u. a. (2006), S. 3).

[373] Im Modell CoCoMo II: erforderliche Zuverlässigkeit, in TPA: Bedeutung aus Kundensicht (funktionsindividuell zu bestimmen), im Modell von Nageswaran: Teil des technischen Faktors „angestrebte Performance" (im Original „performance objectives"); Im Modell von Frohnhoff u. a. wird die Kritikalität des Projekts als aufwandsbeeinflussend genannt, jedoch ohne Angabe, ob die Kunden- oder die Herstellersicht reflektiert wird (vgl. Frohnhoff u. a. (2006), S. 6).

[374] Der IEEE-Standard 610.12-1990 definiert kritische Software als Software, deren Ausfall sich auf die Sicherheit auswirken könnte oder große finanzielle oder soziale Verluste verursachen könnte (vgl. IEEE (1990), S. 23). Der Ausfall kritischer Software wird als „katastrophaler Fehler" bezeichnet (im Original „catastrophic failure", s. ebenda, S. 16).

Merkmal (*)	These / Erläuterung
	investiert wird, desto weiter lässt sich das Risiko[375] derartiger Kosten vermindern.[376]
Existenz von Vergleichsprodukten aus Kundensicht (5, 7, 11, 12, 18)[377]	**These T11**: Wenn es Vergleichsprodukte aus Kundensicht gibt, ist der Testaufwand höher als wenn es keine Vergleichsprodukte gibt. **Erläuterung**: Wenn aus Sicht des Kunden vergleichbare Produkte (am Markt oder beim Kunden) existieren, kann er sich ein Bild davon machen, welche Funktionen mit welcher Ausprägung der Qualitätsmerkmale (z. B. wie zuverlässig) technisch realisierbar sind. Die Erfahrung mit Vergleichsprodukten prägt nicht nur die Kundenerwartungen, sondern generiert auch weitergehende Anforderungen an das zu testende Produkt[378]. Um ein aus Kundensicht besseres Produkt anzubieten, muss der Hersteller mittels des Testens überprüfen, ob das Qualitätsniveau, d. h. die Ausprägung der Qualitätsmerkmale des Produkts den Vergleichsprodukten überlegen ist. Gibt es aus Kundensicht keine Vergleichsprodukte, dann existiert keine solche Meßlatte, und der Testaufwand kann auf die Prüfung vom Hersteller gewählter Qualitätsmerkmale beschränkt werden.
Anzahl Beschwerden von Kunden des direkten Vorreleases (5, 6, 7, 11, 12, 15)[379]	**These T12**: Je mehr Beschwerden von Kunden zum Vorrelease des zu testenden Produkts beim Hersteller eingingen, desto höherer Testaufwand wird ceteris paribus betrieben. **Erläuterung**: Fehler, die von Kunden im Betrieb entdeckt und in Form von Beschwerden an den Softwarehersteller gemeldet werden, drücken die Unzufriedenheit der Kunden mit dem Produkt aus, d. h. die Differenz zwischen der erwarteten und der wahrgenommenen Leistung. Um das zu testende Produkt abzusetzen, müssen die Kundenerwartungen besser erfüllt werden als mit dem Vorrelease, d. h.

375 Ohne vorliegendes Risiko sind Tests laut Pol u. a. unsinnig (vgl. Pol u. a. (2000), S. 10).

376 Vgl. Kit (1995), S. 33, Spillner und Linz (2004), S. 15 und 31

377 In den Modellen CoCoMo II und ESTIMACS: geforderte Zuverlässigkeit, im Modell von Nageswaran: Faktoren „Performanceziele“ und „Sicherheitsfunktionen“ (im Original: performance objectives bzw. security features), im Modell SEER-SEM: Sicherheitsfragen (im Original: security issues)

378 Vgl. Kaner u. a. (2002), S. 155

379 Im Modell CoCoMo II, DSN von Jensen, ESTIMACS, PRICE-S, SEER-SEM und SOFTCOST: (geforderte) Zuverlässigkeit (im Original: (required) reliability)

Merkmal (*)	These / Erläuterung
	es dürfen weniger Fehler ausgeliefert werden. Um dies sicher zu stellen, muss (neben konstruktiver Qualitätssicherung) mehr Testaufwand betrieben werden. Beispielsweise können zusätzliche Regressionstests durchgeführt werden, um zu vermeiden, dass sich Fehler, die Gegenstand einer Beschwerde waren, wieder manifestieren.

Tab. 5-3-5: Merkmale und Wirkungen des Faktors „Kundenerwartungen an das Produkt“

5.3.1.6 Faktor „Umfang des Softwareprodukts“

Dass der Umfang an Funktionalität, der im Rahmen eines Projekts entwickelt und getestet werden soll, den erforderlichen Aufwand beeinflusst, ist in der Fachliteratur belegt.[380] Nach Balzert ist der Funktions- und Datenumfang eines Softwareprodukts ebenso wie die Komplexität ein Maß für die Quantität des Produkts.[381] Dieser Funktions- und Datenumfang beschreibt den Gegenstand, den es zu definieren, zu entwerfen, zu implementieren und zu testen gilt. Je größer dieser Gegenstand, d. h. der Produktumfang, desto mehr Aufwand erfordern Definition, Entwurf, Implementierung und Test dieses Gegenstands.

Merkmal (*)	These / Erläuterung
Umfang der Anforderungen (4, 5, 7, 8, 9, 10, 11, 12, 13, 14, 17)[382]	**These T13**: Je größer der Umfang der Anforderungen, die in einem Entwicklungsprojekt umzusetzen sind, desto höher ist ceteris paribus der Testaufwand.

---

[380] Vgl. z. B. Boehm u. a. (2000b), DeMarco (1982), S. 17, Balzert (2000), S. 75, Gilb (1988), S. 72, Grottke (2003), S. 132, Frohnhoff u. a. (2006), S. 2; speziell den Testaufwand betreffend vgl. Müller (1999), S. 43, Sneed und Jungmayr (2006), S. 31, Vollmann (1990), S. 91 und S. 99, Beizer (1990), S. 14; Fenton u. a. stellen sogar fest, dass Erkenntnisse über Zusammenhänge aus kleinen Entwicklungsprojekten nicht auf große Projekte übertragbar seien (vgl. Fenton u. a. (1994), S. 91).

[381] Vgl. Balzert (2000), S. 76f

[382] In den Modellen Checkpoint, CoCoMo II, von IBM, ObjectMetrix, PRICE-S, SEER-SEM und SLIM: Umfang (im Original: size), in FPA (und analog in TPA): Umfang der Anforderungen der Anwender, im Modell ESTIMACS: Umfang der fachlichen Funktionen (im Original: business function size), im Modell von Sneed und Jungmayr: Testumfang (enthält die Anzahl erforderlicher Testfälle)

Merkmal (*)	These / Erläuterung
	Erläuterung: Ein größerer Umfang der Entwicklungsaufgabe bringt höhere Komplexität mit sich, weil mehr Seiteneffekte bedacht werden müssen.[383] Bei zunehmendem Umfang nimmt daher die Anzahl an Fehlern zu, die bei der Anforderungsumsetzung gemacht werden.[384] Ein größerer Anforderungsumfang bedeutet bei gleicher Projektdauer[385] auch, dass mehr Anforderungen zeitgleich umgesetzt werden, sodass weniger Teammitglieder weniger des gesamten Produkts überblicken und Entscheidungen treffen, die Probleme bei der Lösung anderer Anforderungen mit sich bringen. Daher trägt auch der steigende Abstimmungsbedarf dazu bei, dass die Fehlermöglichkeiten zunehmen. Bei gleicher angestrebter Produktqualität ist demnach mehr Testaufwand nötig.

Tab. 5-3-6: Merkmal und Wirkungen des Faktors „Umfang des Softwareprodukts“

5.3.1.7 Faktor „Komplexität des Softwareprodukts“

Die Komplexität des Produkts wird als Einflussfaktor des Entwicklungs- und Testaufwands in vielen theoretischen und empirischen Arbeiten genannt[386] und in vielen Modellen und kommerziellen Werkzeugen zur Aufwandsschätzung verwendet.[387] Sie setzt sich aus mehreren Bestandteilen zusammen.[388] Gemäß der Perspektive lässt sie sich untergliedern in anwendungsbezogene Komplexität oder Kom-

---

[383] Vgl. Myers (1979), S. 143f

[384] Vgl. Putnam und Myers (1997), S. 22; Laut diesen Autoren ist die Anzahl der Fehler direkt proportional zum Umfang des produzierten, verwendbaren Codes (vgl. ebenda).

[385] Siehe hierzu auch die Wirkung des Merkmals „Zu Projektbeginn verfügbare Zeit“ (Kapitel 5.3.3.5) bzw. (bei nicht gleicher, sondern längerer Projektlaufzeit) des Merkmals „Kontinuität des Teams“ (Kapitel 5.3.2.4).

[386] Vgl. z. B. Boehm u. a. (2000b), Balzert (2000), S. 75, Frohnhoff u. a. (2006), S. 9, Sneed und Jungmayr (2006), S. 25, Kaner u. a. (1993), S. 356, Kit (1995), S. 155, Vollmann (1990), S. 99, Jones (1998), S. 40, Lederer und Prasad (1992), S. 55, Rubin (1983); Noth und Kretzschmar bezeichnen Komplexität gemeinsam mit der Größe des Projekts als „wichtigste Einflussfaktoren der Quantität der Aufgabenstellung“ (Noth und Kretzschmar (1986), S. 10).

[387] Z. B. ESTIMACS (vgl. Rubin (1983)), SEER-SEM (vgl. Galorath Inc. (2007), URL siehe Literaturverzeichnis), ObjectMetrix (vgl. The Object Factory (1999)) und CoCoMo II (vgl. Boehm u. a. (2000b))

[388] Bieman u. a. bezeichnen Komplexität als „ill-defined attribute“, d. h. nicht klar definiertes Merkmal. In der Software Engineering-Fachliteratur werde es als Merkmal verstanden, das selbst ein breites Spektrum anderer Merkmale wie Reliabilität, Wartbarkeit und Kosten beeinflusse (vgl. Bieman u. a. (1996), S. 50).

plexität der Aufgabe (d. h. aus Sicht des zu unterstützenden Geschäftsprozesses) und technische Komplexität oder Komplexität der Lösung (d. h. aus Sicht der Entwicklung)[389]. Komplexe Aufgaben und komplexe Lösungen sind zum einen häufige Ursachen für Fehler.[390] Zum anderen beeinflussen beide Elemente den Testaufwand, weil der Abstimmungsbedarf zur Identifikation eines Fehlers höher ist als bei einfachen Aufgaben und Lösungen, mehr Einarbeitungszeit erforderlich ist (sowohl betreffend die technische als auch die anwendungsbezogene Sicht), und durch Abhängigkeiten zwischen einzelnen Testfällen[391] Fehlerkorrekturen aus einem Testfall die Durchführung eines anderen Testfalls behindern können.

Da sich Komplexität nicht nur aus objektiven Eigenschaften, sondern auch aufgrund subjektiver Wahrnehmung ergibt[392], sind bei der Untersuchung dieses Faktors der subjektive Erfahrungshintergrund, vor dem die Einschätzung stattfindet, und weitere verzerrende Effekte zu bedenken, die für subjektive Urteile typisch sind.[393] Um zu gewährleisten, dass Projekte hinsichtlich der Komplexität des Softwareprodukts verglichen werden können, und um Thesen zu formulieren, die allgemein gültig und überprüfbar sind, muss auf objektive Eigenschaften abgestellt werden. Die Komplexität des Produkts wird daher anhand der Merkmale „Eingesetzte Entwicklungstechnologien", „Anzahl interner Schnittstellen" und „Anzahl externer Schnittstellen" operationalisiert, die sowohl das Anwendungsproblem als auch die technische Umsetzung beschreiben.[394]

---

[389] Vgl. Herzwurm (1998), S. 70; Herzwurm berücksichtigt als drittes Element die Erklärungsbedürftigkeit des Produkts, deren Einfluss auf den Testaufwand anhand des Produktmerkmals Dokumentation untersucht wird. Sneed und Jungmayr unterscheiden ähnlich in Komplexität, die der Lösung und solche, die dem Anwendungsproblem entstammt (vgl. Sneed und Jungmayr (2006), S. 25). Weitergehende Gliederungen wie bspw. bei Jones (1998), S. 40 (problem, data, code, cyclomatic, essential complexity) lassen sich in die Zweiteilung überführen; sie werden nicht gesondert erwähnt, da sie keine zusätzlichen Einflussfaktoren des Testaufwands darstellen.

[390] Vgl. z. B. Spillner und Linz (2004), S. 32; Beizer (1990), S. 240

[391] Vgl. Beizer (1990), S. 13

[392] Vgl. Bronner (1992), Sp. 1122

[393] Hierbei sind v. a. Antwortverzerrung, z. B. aufgrund von Interviewereffekten oder der Tendenz zur Zustimmung (vgl. Schnell u. a. (2005), S. 353-356), und fehlerbehaftete, z. B. unvollständige oder verzerrte Erinnerung relevant (vgl. Boehm (1981), S. 321 und Fußnote 965). Zu weiteren Gründen für verfälschende Antworten vgl. Bortz und Döring (2006), S. 232f. und 250f, zu Einschränkungen durch subjektive Bewertungsskalen vgl. Fenton u. a. (1994), S. 91

[394] Die auf Schnittstellen abzielende Messung der Komplexität kommt Bronners Vorschlag (mangels allgemeinem Konsens) einer Definition der Komplexität nahe: „Die Anzahl der Elemente und ihrer Relationen bestimmt die Komplexität eines Systems" (Bronner (1992), Sp. 1122).

Merkmal (*)	These / Erläuterung
Eingesetzte Entwicklungstechnologien (4, 5, 7, 10, 11, 12, 13, 18)[395]	**These T14**: Die im Projekt eingesetzten Entwicklungstechnologien beeinflussen den Testaufwand nicht direkt, sondern anhand ihrer Eignung für die umzusetzenden Anforderungen, ihrer allgemeinen Verbreitung und ihrer Bekanntheit in der jeweiligen Organisation. **Erläuterung**: Um den Einfluss der Technologie auf den Testaufwand zu beschreiben, ist entscheidend, wie vertraut die beteiligten Entwickler mit der Technologie sind und wie gut sie zur Umsetzung geeignet ist. Wenn die Technologie z. B. den Entwicklern noch neu oder für die Aufgabe eher ungeeignet ist, werden bei Entwurf und Implementierung mehr Fehler gemacht als bei Einsatz einer bekannteren oder besser geeigneten Technologie, was bei gleicher angestrebter Produktqualität höheren Testaufwand bedeutet. Die Ausprägung dieser zwei Merkmale einer Technologie (Bekanntheit bei den beteiligten Entwicklern, Eignung zur Umsetzung der Anforderungen im Projekt) variiert jedoch von Projekt zu Projekt. Daher kann der Entwicklungstechnologie per se kein Einfluss auf den Testaufwand zugeordnet werden. Bei strukturorientierten[396] Tests sind Testtreiber[397] erforderlich, um interne Prozeduren direkt anzustoßen, einen Parameter mit einem Wert zu versorgen oder dessen Wert zu prüfen.[398] Je nach Verbreitung der Technologie sind Testtreiber kommerziell erhältlich oder müssen individuell entwickelt werden,[399] was zusätzlichen Testaufwand bedeutet.[400] Der Entwicklungstechnologie ist demnach Ein-

[395] In den Modellen CoCoMo II, SEER-SEM und im Modell von Frohnhoff u. a.: Komplexität, in den Modellen ObjectMetrix, SLIM, Checkpoint und PRICE-S: (Programmier-)Sprache, im Modell ESTIMACS: Technologie, und im Modell von Nageswaran: Teil des Faktors „Entwicklungsumgebung“ (im Original: development environment)

[396] Zur Erläuterung und Unterscheidung von funktionsorientierten Tests s. Kapitel 5.4, S. 115

[397] Als Testtreiber werden Programme bzw. Werkzeuge bezeichnet, die zum Anstoßen eines zu testenden Softwaremoduls bzw. Testobjekts gebraucht werden (vgl. Spillner und Linz (2004), S. 216 und IEEE (1990), S. 75). Häufig versorgen sie das Testobjekt ebenfalls mit Testdaten, steuern und überwachen den Testablauf und geben ein Ergebnisprotokoll aus (vgl. IEEE (1990), S. 75).

[398] Vgl. Kit (1995), S. 114

[399] Vgl. Spillner und Linz (2004), S. 174 und 178

[400] Nach Kit ist die Eigenentwicklung im Vergleich zum Kauf oder zur Wiederverwendung (unter Berücksichtigung der erforderlichen Wartung) stets am teuersten (vgl. Kit (1995), S. 115).

[401] Die fortgesetzte Verwendung einer Technologie in einer Organisation erlaubt die Wiederverwendung der Testwerkzeuge, die gegenüber Kauf und Neuentwicklung zu bevorzugen ist (vgl. Kit (1995), S. 115).

Merkmal (*)	These / Erläuterung
	fluss auf den Testaufwand zuzuschreiben, der sich nach dem jeweils erforderlichen Aufwand zur Erstellung nötiger Testwerkzeuge richtet und anhand der Wirkung des Merkmals „Bekanntheit der verwendeten Entwicklungstechnologie“[401] untersucht wird.
Anzahl externer Schnittstellen[402] (3, 5, 7, 8, 10, 12, 14[403], 17, 18)[404]	**These T15**: Je mehr externe Schnittstellen neu entwickelt oder geändert werden, desto höher ist ceteris paribus der Testaufwand. **Erläuterung**: Jede externe Schnittstelle bringt Abstimmungsbedarf (z. B. hinsichtlich der auszutauschenden Datenformate, Datenmengen, und der Zeitpunkte) und erhöhtes Fehlerpotenzial mit sich, wenn die Schnittstellenbeschreibung z. B. nicht eingehalten wird oder lückenhaft ist. Ein höheres Fehlerpotenzial bedeutet mehr Testaufwand, wenn die Fehler gefunden werden und dadurch den Testablauf verzögern, und wenn die Fehlerkorrekturen getestet werden. Fehler in externen Schnittstellen können erst nach der Integration des Produkts entdeckt werden. Je später Fehler jedoch entdeckt werden, desto höher sind der Korrekturaufwand und die Wahrscheinlichkeit, dass dabei neue Fehler an unerwarteten Stellen entstehen,[405] die entweder wiederum den Testaufwand erhöhen oder unentdeckt bleiben, sodass bei gleichem Testaufwand mehr Fehler ausgeliefert werden (die ceteris paribus-Klausel wäre verletzt).
Anzahl interner Schnittstellen (zwischen Produktkomponenten im Projekt bzw.	**These T16:** Je mehr interne Schnittstellen neu entwickelt oder geändert werden, desto höher ist ceteris paribus der Testaufwand.

[402] Die aus Projektsicht externen Schnittstellen illustrieren den Interaktions- und Integrationsbedarf mit anderen Softwareprodukten.

[403] Sneed und Jungmayrs Modell (vgl. Sneed und Jungmayr (2006), S. 31) schließt den Testumfang ein, der anhand der Anzahl erforderlicher Testfälle gemessen wird, und die Testbarkeit. Die Testbarkeit wird durch die Anzahl der Systemschnittstellen bestimmt (s. ebenda, S. 26, zur Messung der Testbarkeit S. 25-29, und Kapitel 5.4). Ein Testfall ist nach Sneed und Jungmayr bspw. erforderlich für „jede Ausprägung jeder Systemschnittstelle“ (ebenda, S. 29).

[404] In den Modellen von Cangussu u. a., CoCoMo II, ESTIMACS, SEER-SEM und ObjectMetrix: Komplexität des Produkts, wobei in ObjectMetrix explizit Berechnungen und die Anzahl abgebildeter Beziehungen umfasst sind (im Original: „complexity, covering computations and number of relationships“) und damit sowohl externe als auch interne Schnittstellen abgedeckt werden; in FPA: Faktoren „Data Communications“, „Online Data Entry“ und „Online update“, in TPA zusätzlich: Schnittstellen der Funktionen, im Modell von Nageswaran: Faktor „Entwicklungsumgebung“

[405] Vgl. Myers (1979), S. 18

Merkmal (*)	These / Erläuterung
zwischen Subprojekten) (3, 5, 7, 8, 10, 12, 14, 17, 18[406])[407]	**Erläuterung:** Mit steigender Schnittstellenanzahl nehmen der projektinterne Abstimmungsbedarf[408] und die Variationsmöglichkeiten der Verarbeitung zu, wodurch in beiden Fällen das Fehlerpotenzial wächst. Ceteris paribus ist zum Aufdecken der Fehler bei mehr internen Schnittstellen mehr Testaufwand erforderlich.

Tab. 5-3-7: Merkmale und Wirkungen des Faktors „Komplexität des Softwareprodukts"

5.3.1.8 Faktor „Angestrebte Qualität des Softwareprodukts"[409]

Die Qualität eines zu erstellenden Softwareprodukts setzt sich aus mehreren Qualitätsmerkmalen zusammen.[410] Mittels Testen lassen sich für jedes Qualitätsmerkmal Abweichungen der vorliegenden Ausprägung von der geforderten Ausprägung des Qualitätsmerkmals feststellen,[411] weshalb jedes Qualitätsmerkmal, für das eine definierte Ausprägung vorgegeben wird, den Testaufwand beeinflussen kann. Diese mögliche Wirkung, die auch von der Bedeutung des jeweiligen Qualitätsmerkmals abhängt,[412] wird daher für die folgenden vier Qualitätsmerkmale eines Softwareprodukts nach ISO/IEC 9126 untersucht.[413]

---

[406] Im Modell von Nageswaran: komplexe Schnittstellen als Teil des technischen Komplexitätsfaktors (im Original: complex interfacing bzw. technical complexity factor), jedoch ohne weitere Angaben zu den Schnittstellen (vgl. Nageswaran (2001), S. 4)

[407] Analog zum Merkmal „Anzahl externer Schnittstellen": Komplexität des Produkts bzw. Schnittstellen der Funktionen, zusätzlich in FPA: Faktor „Distributed Data Processing", im Modell von Sneed und Jungmayr: Testumfang und Testbarkeit

[408] Vgl. Beizer (1990), S. 13

[409] Hiermit wird das seitens des Softwareherstellers festgelegte Projektziel hinsichtlich der Produktqualität bezeichnet.

[410] Vgl. Balzert (2000), S. 77, ISO/IEC (2001); siehe hierzu auch Kapitel 1.3, S. 7

[411] Vgl. Pol u. a. (2002), S. 158; vgl. auch die Definition eines Fehlers in Kapitel 1.3, S. 9

[412] Vgl. Frühauf u. a. (2002), S. 18, Pol u. a. (2002), S. 158f

[413] Diese vier Merkmale sind gemäß der ISO-Norm ursächlich für die Produktqualität aus Anwendersicht (vgl. ISO/IEC (2001), S. 16). Auch dieser Arbeit liegt die Annahme zugrunde, dass das

Merkmal (*)	These / Erläuterung
Angestrebte Funktionalität ()	**These T17**: Je wichtiger und je höher ausgeprägt die angestrebte Funktionalität, desto höher ist ceteris paribus der Testaufwand. **Erläuterung**: Laut ISO/IEC 9126 beschreibt Funktionalität, was das Softwareprodukt tut, um die gestellten Anforderungen zu erfüllen. Im Unterschied zum Umfang der Anforderungen, der die Produktquantität beschreibt (vgl. These T13), wird dabei betrachtet, wie geeignet die Funktionalität zur Unterstützung der Aufgaben und Ziele der Anwender ist, wie genau die gelieferten den vorgegebenen Ergebnissen beim Softwareeinsatz entsprechen, wie gut geschützt das Softwareprodukt gegen unberechtigte Zugriffe ist, und wie gut das Softwareprodukt Standards und gesetzliche Vorgaben hinsichtlich der Funktionalität erfüllt[414]. Wenn der Funktionalität höhere Bedeutung eingeräumt wird oder eine höhere Ausprägung der Funktionalität angestrebt wird, muss genauer geprüft werden, ob das Softwareprodukt dieses Ziel erreicht, denn die Toleranzgrenze für Abweichungen ist niedriger. Wenn z. B. das Softwareprodukt sehr hohe Zugriffssicherheit bieten soll, sind die erforderlichen Prüfungen umfangreicher, und es gibt mehr Möglichkeiten, diese Zielsetzung zu verfehlen, als wenn nur geringe Zugriffssicherheit angestrebt wird oder wenn Sicherheit weniger wichtig ist. Sowohl der Umfang der Tests als auch die zusätzlich möglichen Fehler, die nach der Korrektur zu Testwiederholungen führen, erhöhen den Testaufwand.
Angestrebte Zuverlässigkeit (3, 5[415])	**These T18**: Je wichtiger und je höher die angestrebte Zuverlässigkeit, desto höher ist ceteris paribus der Testaufwand. **Erläuterung**: Zuverlässigkeit lässt sich definieren als die Wahrscheinlichkeit, ein Softwareprodukt in einem bestimmten Umfeld und über einen bestimmten

Softwareprodukt für Kunden entwickelt wird, die es anwenden, jedoch nicht warten oder zwischen Anwendungsumgebungen portieren, weshalb Wartbarkeit und Portierbarkeit aus Kundensicht nicht relevante Qualitätsmerkmale sind (vgl. ebenda). Solange keine bestimmte Ausprägung beider Merkmale gefordert wird, sind beim Testen keine Abweichungen feststellbar, und beide sind für den Testaufwand nicht relevant.

414 Im Original „suitability", „accuracy", „security" und „functionality compliance", s. ISO/IEC (2001), S. 8; Das Submerkmal „interoperability" wird in dieser Arbeit anhand des Merkmals „Anzahl externer Schnittstellen" untersucht (vgl. Kapitel 5.3.1.7).

415 Im Modell von Cangussu u. a.: angestrebte Reduzierung der (nach dem Test) verbleibenden Fehler im Produkt; Der Faktor „required software reliability" im Modell CoCoMo II entspricht diesem Merkmal unter der Annahme, die geforderte sei auch die im Projekt angestrebte Zuverlässigkeit.

Merkmal (*)	These / Erläuterung
	Zeitraum fehlerfrei zu betreiben.[416] Testen dient dazu, diese Wahrscheinlichkeit zu bestimmen bzw. sie zu steigern, indem im Test gefundene Fehler korrigiert und beseitigt werden können. In dem Ausmaß, in dem Testen Fehler aufdeckt, erhöht es die Zuverlässigkeit. Unter sonst gleichen Bedingungen[417] führt mehr Testaufwand also zu höherer Zuverlässigkeit.
Angestrebte Benutzbarkeit (8[418])	**These T19**: Je wichtiger und je höher die angestrebte Benutzbarkeit, desto höher ist ceteris paribus der Testaufwand. **Erläuterung**: Unter Benutzbarkeit betrachtet die Norm ISO/IEC 9126, in welchem Ausmaß das Softwareprodukt unterstützt, dass Anwender beurteilen können, wie gut es für ihre Zwecke geeignet ist und wie es bedient wird, dass sie die Bedienung erlernen und es anwenden können, und dass Anwender es als vielversprechendes Hilfsmittel einschätzen. Wenn diese Unterstützung höheren Ansprüchen genügen soll, d. h. bei der Entwicklung ein höheres Ausmaß angestrebt wird, muss die Erfüllung all dieser Ansprüche getestet und im Fall einer Abweichung, d. h. eines Fehlers, durch Korrektur hergestellt und erneut getestet werden, weshalb der Testaufwand ceteris paribus höher ist[419].
Angestrebte Effizienz (8[420])	**These T20**: Je wichtiger und je höher die angestrebte Effizienz, desto höher ist ceteris paribus der Testaufwand. **Erläuterung**: Der Standard ISO/IEC 9126 fasst hierunter die Performanz, d. h. das Antwortzeitverhalten des Softwareprodukts, und dessen Ressourcenverbrauch zusammen. Wenn der Softwarehersteller konkrete Erwartungen z. B. an das Antwortzeitverhalten des Produkts erfüllen will oder muss, d. h. wenn die angestrebte Effizienz genau bestimmt ist, können beim Testen Abweichungen festgestellt werden. Das fehlerhafte Verhalten kann korrigiert und erneut getestet werden, bis das Testergebnis keine Abweichungen mehr aufdeckt. Höhere Vorgaben verringern die Bandbreite für akzeptiertes Verhalten des Softwareprodukts, d. h. in diesem Fall gilt eine Antwortzeit als fehlerhaft, die bei einer

[416] Vgl. Grottke (2003), S. 5

[417] Spillner und Linz verweisen neben dem Testaufwand auf die Testqualität, d. h. das Potenzial (der Testfälle oder einer Testmethode), Fehler zu finden (vgl. Spillner und Linz (2004), S. 180).

[418] In FPA: Faktor „End-User efficiency“

[419] Durch die ceteris paribus-Klausel bleibt die mögliche Nebenwirkung außer Betracht, dass bei höherer angestrebter Benutzbarkeit auch die tatsächliche Benutzbarkeit höher sein kann und dadurch geringerer Testaufwand anfallen kann.

[420] In FPA: Faktor „Performance“

Merkmal (*)	These / Erläuterung
	niedrigeren geforderter Performanz nicht als Fehler aufgefasst und daher nicht zu korrigieren und erneut zu testen wäre. Das bedeutet, dass mit steigender angestrebter Effizienz der Testaufwand ceteris paribus zunimmt.

Tab. 5-3-8: Merkmale und Wirkungen des Faktors „Angestrebte Qualität des Softwareprodukts"

5.3.1.9 Faktor „Dokumentation der Anforderungen und des Entwurfs"

Als Basis des Testens ist die Dokumentation der Anforderungen in Form der Spezifikation[421] entscheidend für die Testdurchführung und den dafür anfallenden Testaufwand.[422] Die Spezifikation dient als Messlatte der Tests[423] und gibt sowohl für die Entwickler[424] als auch für die Tester klare Ziele vor.[425]

Auch die Entwurfsdokumentation ist ein wichtiger Testinput,[426] insbesondere für Modul- bzw. Unittests, in denen Entwickler ihre bzw. die Arbeitsergebnisse von Kollegen vor allem aus technischer[427] Sicht testen. Aber auch Integrationstests

---

[421] Als Spezifikation werden in der Fachliteratur häufig die festgelegten und modellierten Anforderungen bezeichnet (s. Balzert (2000), S. 99). Diese Arbeit folgt diesem Verständnis. Die Spezifikation umfasst folgende Artefakte (vgl. ebenda): ein erweitertes Glossar, das Pflichtenheft, ein Produkt-Modell, einen Oberflächenprototyp und ein Benutzerhandbuch. Balzert verwendet davon abweichend den Begriff „(Produkt-) Definition" (vgl. ebenda), um mit „Spezifikation" eindeutig ein Ergebnis des Entwurfs, nämlich die Festlegung der Schnittstellen, des Funktions- und Leistungsumfangs jeder Komponente des Softwareprodukts zu bezeichnen (vgl. ebenda, S. 699).

[422] Vgl. Kit (1995), S. 33; Laut Spillner und Linz sind v.a. Aussagekraft und Aktualität der Anforderungs- und Produktdokumentation von Einfluss auf den Testaufwand (vgl. Spillner und Linz (2004), S. 156).

[423] Vgl. Thaller (2000), S. 24

[424] Vertreter des Theory Building View sind der Ansicht, der Entwickler müsse sich eine eigene Theorie des zu entwicklenden Softwareprodukts schaffen. Sie geben dieser Theorie des Entwicklers höheres Gewicht als z. B. der Spezifikation (vgl. Naur (1992), S. 41).

[425] Vgl. Gilb (1988), S. 72

[426] Vgl. Kit (1995), S. 33

[427] Das bedeutet, dass die Lauffähigkeit der Software im Gegensatz zur fachlich richtigen Funktionsweise im Vordergrund steht.

können aufwandsärmer durchgeführt werden, je ausführlicher z. B. Ablaufstrukturen und die Variablenverwendung dokumentiert sind.[428]

Merkmal (*)	These / Erläuterung
Qualität[429] der Spezifikation und der Entwurfsdokumentation (14, 17, 18)[430]	**These T21**: Je qualitativ höherwertig, d. h. je besser die Spezifikation und Entwurfsdokumentation ihren Zweck als Arbeitsgrundlage erfüllen, desto geringer ist ceteris paribus der Testaufwand. **Erläuterung**: Die Dokumentation der Anforderungen und des Entwurfs sollen als Vorgabe für die Entwicklung und den Test vollständig, widerspruchsfrei, ausreichend detailliert und eindeutig sein[431]. Je weniger Lücken die jeweilige Dokumentation enthält und je weniger Missverständnisse oder Interpretationsspielraum sie zulässt, desto weniger Fehler entstehen bei der Verwendung dieser Dokumente in der Entwicklung. Weniger Fehler führen zu geringeren Wartezeiten aufgrund von Testabbrüchen oder Korrekturen und zu weniger Aufwand für das (erneute) Testen der Korrekturen. Die detaillierte und eindeutige Dokumentation der Anforderungen und des Entwurfs reduziert zudem den Aufwand bei der Erstellung von Testfällen[432] und den Abstimmungsbedarf bei der Beurteilung der Testergebnisse, d. h. ob Fehler vorliegen oder nicht.

Tab. 5-3-9: Merkmal und Wirkungen des Faktors „Dokumentation der Anforderungen und des Entwurfs"

[428] Vgl. Spillner (1990), S. 106

[429] Unter Qualität wird hier die Tauglichkeit der Dokumente als Arbeitsgrundlage für die Entwickler und Tester verstanden. Sie umfasst die Merkmale Vollständigkeit, Widerspruchsfreiheit, Umsetzbarkeit, Detailliertheit und Eindeutigkeit (vgl. Boehm (1984), S. 76-79).

[430] Im Modell von Sneed und Jungmayr: Komponente der Testbarkeit, in TPA: Qualität der Testbasis (Teil des Umgebungsfaktors), im Modell von Nageswaran: Faktor „dokumentierter Input"

[431] Vgl. Mellis (2001a), S. 403

[432] In einem der untersuchten Unternehmen (Organisation A) wurde eine Vorlage für die Spezifikation verwendet, aus der automatisch Testfälle generiert werden konnten. Diese bedurften teilweise noch der Überarbeitung, brachten jedoch insgesamt geringeren Aufwand zur Testfallerstellung mit sich als vor Einführung dieser Vorlage angefallen war.

Zusammenfassend zeigt folgende Tabelle, welche Merkmale des Produkts vermutlich den Testaufwand bestimmen und zu welchen Einflussfaktoren sie zusammengefasst sind.

These	Merkmal des Produkts	Einflussfaktor, dem das Merkmal zugeordnet ist
T1	Strategische Bedeutung des Softwareprodukts	Marktbedeutung des Softwareprodukts
T2	Anzahl Kunden des Vorreleases	Marktbedeutung des Softwareprodukts
T3	Anzahl erwarteter Kunden	Marktbedeutung des Softwareprodukts
T4	Geplanter Produktpreis	Marktbedeutung des Softwareprodukts
T5	Projekttyp	Neuartigkeit
T6	Anzahl Vorreleases	Neuartigkeit
T7	Bekanntheit der eingesetzten Entwicklungstechnologie	Neuartigkeit
T8	Anzahl und Zeitpunkt der Anforderungsänderungen während des Projekts	Dynamik der Anforderungen
T9	Variabilität der Nutzung des Produkts	Grad der Kundenindividualität
T10	Wichtigkeit des Produkts aus Kundensicht (Kritikalität)	Kundenerwartungen an das Produkt
T11	Existenz von Vergleichsprodukten aus Kundensicht	Kundenerwartungen an das Produkt
T12	Anzahl Beschwerden von Kunden des direkten Vorreleases	Kundenerwartungen an das Produkt
T13	Umfang der Anforderungen	Umfang des Softwareprodukts
T14	Eingesetzte Entwicklungstechnologien	Komplexität des Softwareprodukts
T15	Anzahl externer Schnittstellen	Komplexität des Softwareprodukts
T16	Anzahl interner Schnittstellen	Komplexität des Softwareprodukts
T17	Angestrebte Funktionalität	Angestrebte Qualität
T18	Angestrebte Zuverlässigkeit	Angestrebte Qualität
T19	Angestrebte Benutzbarkeit	Angestrebte Qualität
T20	Angestrebte Effizienz	Angestrebte Qualität
T21	Qualität der Spezifikation und der Entwurfsdokumentation	Dokumentation der Anforderungen und des Entwurfs

Tab. 5-3-A: Übersicht der Merkmale des Produkts, die den Testaufwand beeinflussen

5.3.2 Merkmale des Teams

Die Bedeutung von Menschen als Produktionsfaktor in der Softwareentwicklung wird in vielen Arbeiten hervorgehoben.[433] Mit „Team" wird zum einen die Gruppe der Personen bezeichnet, die gemeinsam für die Erstellung eines Softwareprodukts verantwortlich ist. Zum anderen bezieht sich der Begriff auf die beteiligten Personen als einzelne Akteure.[434]

Im Folgenden werden die Faktoren „Erfahrung", „Motivation und Einstellung zu Qualität", „Teamgröße", „Zusammenarbeit", „Kommunikation" und „Rollenbesetzung" anhand ihres Einflusses auf den Testaufwand beschrieben.

5.3.2.1 Faktor „Erfahrung"

Der Einfluss der Erfahrung[435] aller Teammitglieder auf den Entwicklungs- und Testaufwand wird in vielen theoretischen und empirischen Arbeiten berücksichtigt.[436] Die weitere Spezifizierung in der wissenschaftlichen Literatur ist uneinheitlich.[437] In der vorliegenden Arbeit werden die Rollen der Beteiligten (Entwickler, Tester, Projektleiter) und das Gebiet der Erfahrung (mit dem Produkt bzw. Fachgebiet, mit der Aufgabe) untersucht, um die Einflussfaktoren des Testaufwands präziser bestimmen zu können.[438]

Merkmal (*)	**These / Erläuterung**
Erfahrung der Entwickler mit dem Fachgebiet	**These T22**: Je mehr Erfahrung mit dem Fachgebiet die beteiligten Entwickler haben, desto geringer ist ceteris paribus der Testauf-

[433] Vgl. z. B. Humphrey (1990), S. VIII, Cangussu u. a. (2002), S. 795; Dies wird insbesondere im Rahmen agiler Entwicklungsmethoden betont (vgl. z. B. Cockburn (2002a), Highsmith (2002)).

[434] Vgl. Herzwurm (1998), S. 106f, dort als „Individuen" und „Beziehungen zwischen Individuen" thematisiert

[435] Zur Unterscheidung zwischen Erfahrung und Expertise führt Gruber an, Erwerb von Fachwissen, kognitive Lernprozesse und darüber hinaus das „Machen" von Erfahrungen müssten zusammenspielen, damit Expertise resultiere (vgl. Gruber (1999), S. 24). Erfahrung ist nicht allein anhand der Dauer der Beschäftigung mit einer Domäne bestimmbar (vgl. ebenda, S. 26), sondern erfordert auch die Differenziertheit der Tätigkeit (vgl. Sonnentag (1996)).

[436] Vgl. als empirische Quellen Boehm u. a. (2000b), Borchers und Moritz (2005), German Testing Board e.V. & Swiss Testing Board (2005), URL siehe Literaturverzeichnis, S. 49 und Lederer und Prasad (1992), S. 55, als theoretische Quellen Balzert (2000), Bundschuh und Fabry (2004)

[437] Erfahrung mit Aufgabe und Anwendung, vgl. Amland (2000), S. 290; mit Aufgabe, Anwendung, Technologie, vgl. Beizer (1990), S. 15; mit Projektarbeit, vgl. Bundschuh u. a. (1991), S. 9

[438] Vgl. Forschungsfrage 1, Kapitel 1.2

Merkmal (*)	These / Erläuterung
(1, 3, 5, 7, 10, 12)[439]	wand. **Erläuterung**: Entwickler mit fachlicher Erfahrung machen bei der Interpretation ungenauer oder missverständlicher Anforderungen weniger Fehler und wissen, wo Klärungsbedarf besteht. Sie können einschätzen, welche Anforderungen komplex sind und welche impliziten Anforderungen zu berücksichtigen sind. Dieses geringere Fehlerpotenzial führt ceteris paribus zu niedrigerem Testaufwand.
Erfahrung der Entwickler mit ihren Aufgaben (1, 3, 5[440], 10, 12)	**These T23**: Je erfahrener die Entwickler mit Analyse, Entwurf und Codierung sowie mit Projektarbeit sind, desto geringer ist ceteris paribus der Testaufwand. **Erläuterung**: Dank Erfahrung mit Analyse, Entwurf und Codierung wissen die Entwickler, welche Anforderungen wie umgesetzt werden können und wo Schwierigkeiten zu erwarten sind. Sie kennen alternative Umsetzungsmöglichkeiten und können jeweils eine geeignete Alternative des Entwurfs und der Umsetzung auswählen. Erfahrung der Entwickler mit Projektarbeit führt dazu, dass sie vorbereitet sind auf Probleme und Vorteile der Arbeit im Team. Dadurch verläuft die Arbeit im Projektteam effektiver und effizienter.
Erfahrung der Tester mit dem Produkt (1, 3, 5, 10, 12, 14, 19)[441]	**These T24**: Je mehr Produkterfahrung beteiligte Tester haben, desto geringer ist ceteris paribus der Testaufwand. **Erläuterung**: Erfahrung mit dem zu testenden Produkt[442] führen

[439] In den Modellen von Borchers und Moritz und von Cangussu u. a.: Erfahrung bzw. Erfahrung und Expertise der Projektmitarbeiter, im Modell CoCoMo II: Faktor „Erfahrung mit dieser oder ähnlichen Applikationen“ (im Original: applications experience)

[440] Im Modell CoCoMo II: Faktor „Erfahrung mit der Plattform“ (im Original: platform experience)

[441] Im Modell CoCoMo II und im Modell von Cangussu u. a.: Faktor „Erfahrung (und Expertise) der Mitarbeiter” (im Original: personnel experience bzw. workforce experience and expertise), in letzterem Modell ausschließlich auf die Tester bezogen; im Modell von Sneed und Jungmayr: Komponente der Testerproduktivität; im Modell von Frohnhoff u. a.: Kenntnis der Anwendung

[442] Der Lehrplan zur Grundstufe des Certified Tester nennt vereinfachend „Kenntnisse der involvierten Personen“ als Einflussfaktor des Testaufwands (German Testing Board e.V. & Swiss Testing Board (2005), URL siehe Literaturverzeichnis, S. 49). Hier wird sowohl zwischen Entwicklern und Testern als auch zwischen der Erfahrung mit dem Produkt und Erfahrung mit den Aufgaben im Projekt unterschieden.

Merkmal (*)	These / Erläuterung
	dazu, dass für die Tester kein Einarbeitungs- und Betreuungsaufwand (d. h. testbezogener Aufwand der übrigen Teammitglieder) anfällt.[443] Die Tester können von Testbeginn an effektiv testen. Erfahrung mit dem Produkt und davon abgeleitetes Fachwissen erlauben das schnelle Erkennen von Fehlern und sind nötig zum Erkennen von Spezifikationsfehlern.
Erfahrung der Tester mit ihren Aufgaben (1, 3, 5, 10, 12, 14, 17[444])	**These T25**: Je mehr Erfahrung beteiligte Tester mit ihren Aufgaben haben, desto geringer ist ceteris paribus der Testaufwand. **Erläuterung**: Dank Erfahrung mit Testen weiß ein Tester, wie er bestimmte Fehler aufdecken kann, und wo (z. B. in Schnittstellen, bestimmten Transaktionen, Menüs, Dialogen, etc.) die Fehlersuche wahrscheinlich am ergiebigsten ist. Dadurch werden mit dem gleichen Aufwand mehr Fehler gefunden, sodass mit längerer Erfahrung der Tester ceteris paribus weniger Testaufwand erforderlich ist.

Tab. 5-3-10: Merkmale und Wirkungen des Faktors „Erfahrung"

5.3.2.2 Faktor „Motivation und Einstellung zu Qualität"

Die Motivation der Teammitglieder ist ein häufig genannter Erfolgsfaktor in der Softwareentwicklung.[445] Dass sich die Motivation der an der Softwareentwicklung Beteiligten auf die Erreichung aller vier Zieldimensionen[446] auswirken kann, belegt z. B. die Tatsache, dass sie sowohl im Vordergrund von Total Quality Management[447] als auch von agilen Prozessmodellen bzw. Entwicklungsmethoden[448] steht.

---

[443] Cangussu u. a. verweisen auf den Aufwand, der zur Ausbildung der Tester nötig ist und als Teil des Testaufwands geschätzt werden muss (vgl. Cangussu u. a. (2002), S. 783).

[444] In TPA: Fähigkeiten der Tester (im Original: „knowledge and skill of the test team")

[445] Vgl. z. B. Stelzer u. a. (1996), zitiert nach Herzwurm (1998), S. 148, Kaner u. a. (2002), S. 199

[446] Qualität, Quantität, Zeit und Kosten, vgl. z. B. Kaner u. a. (1993), S. 257 und Balzert (2000), S. 75, dort als Teufelsquadrat dargestellt und zur Gruppierung der Einflussfaktoren des Aufwands verwendet.

[447] Vgl. Mellis u. a. (1998), S. 49

[448] Nach Highsmith ist es eine der Hauptaufgaben des Projektleiters, die Teammitglieder zu motivieren (vgl. Highsmith (2002), S. 8).

Ein weiteres Merkmal, das in engem Zusammenhang mit der Motivation steht[449] und ebenfalls Einfluss auf den Testaufwand ausübt, ist die Einstellung der Beteiligten zu Qualität. Besondere Bedeutung kommt hierbei der Einstellung des Projektleiters zu Qualität[450] zu, da er maßgeblich an der Entscheidung beteiligt ist, welches Qualitätsniveau des zu entwickelnden Softwareprodukts angestrebt wird,[451] und im Projekt die Führung des Teams und damit eine Vorbildfunktion[452] innehat.[453]

Merkmal (*)	These / Erläuterung
Engagement[454] der Tester (14[455])	**These T26**: Je engagierter die Tester im Projekt mitarbeiten, desto geringer ist ceteris paribus der Testaufwand. **Erläuterung**: Engagement der Tester bedeutet, dass sie ihr Ziel, viele Fehler zu finden, ernst nehmen und konsequent verfolgen.[456] Sie bemühen sich selbstständig und rechtzeitig darum, den für ihre Aufgaben nötigen Input zu erhalten (z. B. Spezifikation und Entwurfsdokumentation, um Testfälle zu erstellen), und bedenken die Konsequenzen, die die Erfüllung ihrer Aufgaben für andere Teammitglieder und deren Aufgaben nach sich ziehen. D. h., dass sie z. B. gefundene Fehler umgehend an den verantwortlichen Entwickler weitergeben und den Projektleiter und Betroffene über zu erwartende Verzögerungen und offenbarte Risiken informieren. Engagierte

[449] Vgl. Herzwurm (1998), S. 109

[450] Vgl. Kaner u. a. (1993), S. 356 und 347

[451] Dies heben insbesondere Vertreter des Ansatzes zur Erreichung ausreichender Qualität („good enough quality“) hervor (vgl. Bach (1997), S. 97).

[452] Vgl. Myers (1976), S. 272

[453] Vgl. Beizer (1990), S. 15, zum Einfluss des Führungsverhaltens vgl. Frese (1995), S. 140; House nennt neben Rollenmodell und Verhalten weitere Maßnahmen, die die Führungsperson ergreifen kann, um sowohl Zufriedenheit als auch Leistung der Teammitglieder zu beeinflussen (vgl. House (1996), S. 331). Zur Kritik dieser Weg-Ziel-Theorie der Führung vgl. Neuberger (2002), S. 542ff

[454] Während einige Autoren von Motivation als wichtigem Einflussfaktor für gute Qualität sprechen (vgl. z. B. Mellis u. a. (1998), S. 49, Litke (1996), S. 78), wird hier das Engagement, d. h. der persönliche Einsatz (vgl. Wissenschaftlicher Rat der Dudenredaktion (2007), S. 276) untersucht. Engagement kann als Ergebnis der Motivation, d. h. der „Summe der Beweggründe, die jmds. Entscheidung, Handlung beeinflussen“ (ebenda, S. 680), interpretiert werden.

[455] Im Modell von Sneed und Jungmayr: Komponente der Testerproduktivität

[456] Kaner u. a. sprechen im Zusammenhang mit Testen von der Arbeitsmoral, die für gute Leistungen sehr wichtig sei (vgl. Kaner u. a. (2002), S. 199).

Merkmal (*)	These / Erläuterung
	Tester schaffen also die notwendigen Bedingungen, um mehr Fehler (in der gleichen Zeit) zu finden als nicht engagierte Tester, sodass ihr Engagement den Testaufwand ceteris paribus verringert.
Engagement der Entwickler (19[457])	**These T27**: Je engagierter die Entwickler im Projekt mitarbeiten, desto geringer ist ceteris paribus der Testaufwand. **Erläuterung**: Engagement bedeutet, dass sich die Entwickler selbstständig um rechtzeitigen Input für ihre Aufgaben kümmern und die Konsequenzen für andere Aufgaben bzw. Teammitglieder berücksichtigen, die die Erfüllung ihrer Aufgaben mit sich bringt. Sie geben Kollegen Ratschläge, erarbeiten gemeinsam Lösungen und erfüllen ihre Aufgabe mit Weitsicht[458], was weniger Fehler und damit ceteris paribus weniger Testaufwand zur Folge hat.
Einstellung des Projektleiters zu Qualität ()	**These T28**: Je wichtiger die Produktqualität aus Sicht des Projektleiters ist, desto höher ist der Testaufwand. **Erläuterung:** Wenn der Projektleiter sehr viel Wert auf hohe Qualität legt, wird er vergleichsweise viel Zeit und Kosten für Qualitätssicherungsmaßnahmen (neben dem Testen z. B. auch Reviews der Spezifikation und des Entwurfs, Code-Inspektionen) einplanen[459]. Er wird dafür sorgen, dass bei knapper Zeit oder knappen Mitarbeiterressourcen entweder weniger Funktionalität oder diese zu einem späteren Zeitpunkt als geplant ausgeliefert wird, aber mit ausreichender Sorgfalt entwickelt und getestet wird (Zieldimension Qualität vor Quantität bzw. Termineinhaltung[460]). Daher nimmt mit zunehmender Bedeutung der Produktqualität aus Projektleitersicht der Testaufwand zu.

Tab. 5-3-11: Merkmale und Wirkungen des Faktors „Motivation und Einstellung zu Qualität“

---

457 Im Modell von Frohnhoff u. a.: Teil des Faktors „Motivation des Teams“

458 Leistungsbereitschaft und Arbeitszufriedenheit, die sich im Engagement ausdrücken, wirken sich auf die Arbeitsergebnisse aus (vgl. Schanz (1993), Sp. 4528).

459 Vgl. Abdel-Hamid u. a. (1999), S. 543; Die Autoren bestätigen dies aufgrund von zwei Experimenten, mit denen sie untersuchten, ob bzw. wie sich unterschiedliche Ziele des Projektleiters auf die Ressourcenplanung und -zuordnung (zu verschiedenen Aufgaben) auswirken.

460 Vgl. Abdel-Hamid u. a. (1999), S. 545

5.3.2.3 Faktor „Teamgröße“

Die Größe des Projektteams, d. h. die Anzahl der Teammitglieder wirkt sich gemäß vieler empirischer und theoretischer Arbeiten auf die Produktivität[461] des Teams bzw. auf den erforderlichen Aufwand[462] zur Softwareentwicklung aus. Analog dazu wird ein Einfluss auf den Testaufwand vermutet und untersucht.

Merkmal (*)	These / Erläuterung
Anzahl Projektteam-mitarbeiter (3, 6, 9, 10, 12, 15)[463]	**These T29**: Je größer das Team, desto höher ist ceteris paribus der Testaufwand. **Erläuterung**: Bei zunehmender Teamgröße steigt der Kommunikationsaufwand und damit der Umfang potenzieller Fehler bei der Informationsweitergabe.[464] Abstimmungen sind aufwändiger und gemeinsame Termine zu finden ist schwieriger, wodurch manche Abstimmung später stattfindet als geplant. Dadurch kann es zu Verzögerungen im Projektverlauf kommen. Wenn nicht alle Betroffenen rechtzeitig über alle erforderlichen Informationen verfügen, können sich Fehler z. B. bei Schnittstellen und durch Inkompatibilität ergeben. Der Wissenstransfer ist aufwändiger und findet teilweise nicht statt bzw. erreicht nur einen Teil der Betroffenen. Die folglich größere Anzahl Fehler im Produkt erfordert ceteris paribus höheren Testaufwand.

Tab. 5-3-12: Merkmal und Wirkung des Faktors „Teamgröße“

5.3.2.4 Faktor „Zusammenarbeit“

Gute Zusammenarbeit im Team trägt dazu bei, dass alle Beteiligten über die für ihre Arbeit erforderlichen Informationen verfügen.[465] Dadurch reduziert sie Fehlerpotenzial und steigert die Effektivität des Aufwands[466] aller Teammitglieder.

---

461 Vgl. z. B. Myers (1976), S. 264, Bundschuh und Fabry (2004), S. 295ff

462 Vgl. Lederer und Prasad (1992), S. 55

463 Im Modell von Cangussu u. a.: Größe des Testteams, im Modell ObjectMetrix: Anzahl Entwickler, im Modell SEER-SEM: Teil der Merkmalsgruppe „Mitarbeiter“ (im Original: personnel)

464 Vgl. Myers (1976), S. 264

465 Vgl. zur Zusammenarbeit zwischen Tester und Entwickler Kaner u. a. (1993), S. 85 u. 191

Eine geringe Fluktuation ist gleichzeitig Voraussetzung[467] und beobachtbare Folge, d. h. ein messbares Merkmal guter Zusammenarbeit. Ihr wird nicht unerheblicher Einfluss auf den zu schätzenden Projektaufwand beigemessen.[468]

Merkmal (*)	**These / Erläuterung**
Kontinuität des Teams (5, 6, 9, 19[469])	**These T30**: In Projekten, die von einem eingespielten Team durchgeführt werden, ist der Testaufwand ceteris paribus geringer als wenn das Team vor dem Projekt noch nicht zusammengearbeitet hat. **Erläuterung**: Wenn sich die Teammitglieder (gut) kennen, wissen sie, wie sie miteinander umgehen müssen und wer wie arbeitet. Gemäß ihrer Stärken und Schwächen können Aufgaben verteilt werden. Auseinandersetzungen können reduziert und die Zusammenarbeit effektiver gestaltet werden. Relevante Informationen werden mit höherer Wahrscheinlichkeit und schneller ausgetauscht als zwischen Kollegen, die sich aufgrund von hoher Fluktuation nicht oder nicht gut kennen.
Verfolgung eines gemeinsamen Ziels (4, 5[470], 10, 11, 12)	**These T31**: Verfolgen alle Mitarbeiter primär ein gemeinsames Ziel, führt dies ceteris paribus zu geringerem Testaufwand als wenn primär individuelle Ziele verfolgt werden. **Erläuterung**: Die Verfolgung eines gemeinsamen Ziels hat zur Folge, dass die Teammitglieder sich gegenseitig helfen (z. B. können Entwickler die Tester bei der Testvorbereitung unterstützen und Missverständnisse beseitigen)[471], Schwächen der anderen Teammitglieder ausgleichen und gemeinsam Lösungen finden. Diese gegenseitige Unterstützung steigert die Effektivität des Teams und redu-

[466] Vgl. Cockburn (2002a), S. 43; Basierend auf empirischen Befunden wird Teamarbeit z. B. auch zur Aufwandsschätzung empfohlen (vgl. Borchers und Moritz (2005), S. 148).

[467] Vgl. Beizer (1990), S. 15; Weitere Voraussetzungen sind Teamgeist, d. h. positive Einstellung und Fähigkeit zur Arbeit in einer Gruppe, und Sympathie zwischen den einzelnen Teammitgliedern (vgl. Cockburn (2002a), S. 44).

[468] Auer u. a. verwenden den Begriff „team dynamics“, der gleichzeitig die Zusammenarbeit und die Kontinuität thematisiert (vgl. Auer u. a. (2006), S. 83).

[469] Im Modell von Frohnhoff u. a. wirkt sich die Tatsache, ob ein Projektteam eingespielt ist, auf die Wahl des Entwicklungsprozesses und dieser wiederum auf die Aufwandsschätzung aus (vgl. Frohnhoff u. a. (2006), S. 6).

[470] Im Modell CoCoMo II: Teamzusammenhalt (im Original: team cohesion)

[471] Vgl. Frühauf u. a. (2004), S. 31

Merkmal (*)	These / Erläuterung
	ziert den Testaufwand.

Tab. 5-3-13: Merkmale und Wirkungen des Faktors „Zusammenarbeit"

5.3.2.5 Faktor „Kommunikation"

Merkmale der Kommunikation im Team wie Grad der Formalität[472] und Häufigkeit der Kommunikation haben großen Einfluss auf den Testaufwand.[473] Die Anzahl von Missverständnissen und daraus resultierender Fehler ist abhängig davon, wie häufig, wie intensiv und wie offen[474] Teammitglieder sich über Schwierigkeiten und zu treffende Entscheidungen austauschen. Die Häufigkeit, Intensität und Offenheit[475] der Kommunikation wirken sich auch darauf aus, wie schnell Lösungen gefunden werden können, die alle Betroffenen zufrieden stellen.

In diesem Zusammenhang werden vor allem die Aufteilung des Teams auf mehrere Standorte, d. h. die räumliche Distanz zwischen den Teammitgliedern,[476] und die Anzahl verschiedener Muttersprachen[477] als Einflussfaktor des Projektaufwands genannt, weshalb ihr Einfluss auf den Testaufwand vermutet und untersucht wird.

Merkmal (*)	These / Erläuterung
Anzahl verschiedener Muttersprachen im Team ()	**These T32**: Mit der Anzahl unterschiedlicher Muttersprachen steigt ceteris paribus der Testaufwand. **Erläuterung**: Unterschiedliche Muttersprachen erhöhen die Zahl von Fehlern, die aufgrund von Missverständnissen und Unklarheiten

472 Der Grad der Formalität sollte der Aufgabe (Strukturiertheit, Regelmäßigkeit, etc.) angemessen sein (vgl. Herzwurm (1998), S. 111).

473 Cockburn nennt Kommunikation von Angesicht zu Angesicht die billigste und schnellste Art des Informationsaustauschs und gibt an, intensivere Kommunikation verringere den Bedarf an Zwischenergebnissen (vgl. Cockburn (2002b), S. 9).

474 Vgl. Beizer (1990), S. 15

475 Kaner u. a. warnen allerdings vor zu viel Offenheit, wenn persönliche Kritik enthalten ist (vgl. Kaner u. a. (1993), S. 76).

476 Vgl. z. B. Cockburn (2002b), S. 10, Boehm u. a. (2000b), Rubin (1983)

477 Vgl. Litke (1996), S. 69

Merkmal (*)	These / Erläuterung
	gemacht werden. Sie erhöhen auch den Kommunikationsaufwand, weil die Vermittlung von Gedanken und Ideen in einer fremden Sprache aufwändiger ist. Testfälle müssen übersetzt werden. Fehlermeldungen in einer anderen als der Muttersprache sind zeitaufwändiger zu erstellen und werden evtl. falsch interpretiert, sodass die Fehlersuche aufwändiger ist. Art und Weise der Zusammenarbeit sind kulturabhängig, was bei Mitarbeitern verschiedener kultureller Hintergründe die Effektivität und Effizienz der Teamarbeit einschränken kann.
Anzahl der Standorte der Projektmitarbeiter (4[478], 5, 7, 11, 12)	**These T33**: Auf je mehr Standorte Mitarbeiter in einem Projekt verteilt sind, desto höher ist ceteris paribus der Testaufwand. **Erläuterung**: Zur Informationsweitergabe, zur Klärung von Fragen, um Feedback zu Lösungsvorschlägen zu geben und Entscheidungen gemeinsam zu treffen, sind räumliche Nähe und der dadurch mögliche kurzfristige Austausch[479] zwischen den Teammitgliedern vorteilhaft. Dies betrifft sowohl den Austausch zwischen Entwicklern als auch zwischen Testern (z. B. welche Art von Fehlern wo bzw. wie entdeckt wurden) und zwischen Testern und Entwicklern (z. B. um gefundene Fehler zu melden, um Tester über Fehlerkorrekturen zu informieren, zur Klärung der Zuständigkeit). Mit zunehmender Anzahl der Standorte (und mit der Distanz zwischen den Teammitgliedern) steigt der Grad der Formalität der Abstimmung, wodurch der Kommunikationsaufwand sowohl im Projekt als Ganzes als auch in Verbindung mit dem Testen zunimmt. Dieser Effekt verstärkt sich zusätzlich bei Zeitverschiebung zwischen Standorten und reduzierten „Kommunikationsfenstern". Hinzu kommt, dass manche Fragen und Themen nicht wichtig genug für ein Telefonat, eine E-Mail oder Reise erscheinen, sodass sie nicht geklärt werden und evtl. zu Fehlern aufgrund eines Missverständnisses oder fehlender Information führen. Mehr Fehler bedingen ceteris paribus mehr Testaufwand.

Tab. 5-3-14: Merkmale und Wirkungen des Faktors „Kommunikation"

478 Im Modell ESTIMACS wie auch in den weiteren vier Modellen anhand des Faktors „multisite development" (deutsch: Entwicklung an mehreren Standorten) berücksichtigt

479 Cockburn erläutert als Vorteil, dass dadurch auch unbeabsichtigt Information weitergegeben wird, indem Gespräche mitgehört werden können (vgl. Cockburn (2002b), S. 10). Andere Autoren weisen allerdings auf die nachteiligen Effekte von Großraumbüros und fehlender Privatsphäre hin (vgl. DeMarco und Lister (1999), S. 57).

5.3.2.6 Faktor „Rollenbesetzung“

Zahlreiche Autoren weisen darauf hin, das Rollenverständnis eines Testers sei essenziell für die Erreichung des Ziels, Fehler zu finden.[480] Daher wird der Einfluss der Rollenbesetzung untersucht, die zum Gegenstand hat, welche Rolle, d. h. welche Aufgaben und Verantwortlichkeiten im Projekt diejenigen Teammitglieder innehaben, die die Testfälle erstellen und ausführen.[481]

Merkmal (*)	These / Erläuterung
Testfallerstellung und -ausführung durch Entwickler (1, 14)[482]	**These T34**: Wenn die Testfälle von Entwicklern erstellt und ausgeführt werden anstatt von Testern, ist der Testaufwand ceteris paribus höher als wenn Tester diese Aufgaben wahrnehmen. **Erläuterung**: Entwickler schreiben Testfälle mit der gleichen Perspektive auf das Produkt, mit der sie es entwickelt haben. Fehler aufgrund von missverständlich formulierten oder vagen Anforderungen können durch diese Testfälle nicht aufgedeckt werden. Die Rolle der Entwickler ist konstruktiv, und sie verfolgen andere Ziele als die Tester: Während das Ziel der Tester ist, möglichst viele Fehler zu finden, ist es das Ziel der Entwickler, die gestellte Aufgabe richtig zu lösen. Daher steht das Ziel der Entwickler im Gegensatz zum Ziel des Tests, worunter die Effektivität der Tests (und damit die Qualität des Produkts) leiden.[483] Entwickler finden viele der eigenen Fehler, erkennen jedoch beim Testen nicht als Fehler, was sie bei der Entwicklung für richtig hielten. Außerdem fällt Kritik der eigenen Arbeit oder der von Kollegen manchen schwer, was zusätzlich zu einer geringeren Anzahl gefundener Fehler und dadurch ceteris paribus zu höherem Testaufwand führt.[484]

Tab. 5-3-15: Merkmale und Wirkungen des Faktors „Rollenbesetzung“

[480] Vgl. z. B. Myers (1979), S. 12f, DeMarco (1982), S. 219, Rätzmann (2002), S. 19 und S. 21, Spillner und Linz (2004), S. 33, Litke (1996), S. 78, Frühauf u. a. (2004), S. 30

[481] Unit tests oder Modultests, die während der Entwicklung stattfinden, werden grundsätzlich von den Entwicklern selbst durchgeführt (vgl. Kaner u. a. (1993), S. 41). Die Rollenbesetzung für das Testen variiert in Integrations- oder Systemtests, weshalb sich die Untersuchung dieses Merkmals auf diese Teststufen bezieht.

[482] Im Modell von Borchers und Moritz: Teil des Faktors „Ressourcen“, im Modell von Sneed und Jungmayr: Komponente der Testerproduktivität

[483] Vgl. Frühauf u. a. (2004), S. 30 und Litke (1996), S. 78

[484] Vgl. Myers (1979), S. 18

Folgende Tabelle fasst die Merkmale des Teams zusammen, die vermutlich den Testaufwand bestimmen, und zeigt, zu welchen Einflussfaktoren sie zusammengefasst sind.

These	Merkmal des Teams	Einflussfaktor, dem das Merkmal zugeordnet ist
T22	Erfahrung der Entwickler mit dem Fachgebiet	Erfahrung
T23	Erfahrung der Entwickler mit ihren Aufgaben	Erfahrung
T24	Erfahrung der Tester mit dem Produkt	Erfahrung
T25	Erfahrung der Tester mit ihren Aufgaben	Erfahrung
T26	Engagement der Tester	Motivation und Einstellung zu Qualität
T27	Engagement der Entwickler	Motivation und Einstellung zu Qualität
T28	Einstellung des Projektleiters zu Qualität	Motivation und Einstellung zu Qualität
T29	Anzahl Projektteammitarbeiter	Teamgröße
T30	Kontinuität des Teams	Zusammenarbeit
T31	Verfolgung eines gemeinsamen Ziels	Zusammenarbeit
T32	Anzahl verschiedener Muttersprachen im Team	Kommunikation
T33	Anzahl der Standorte der Projektmitarbeiter	Kommunikation
T34	Testfallerstellung und Testdurchführung durch Entwickler	Rollenbesetzung

Tab. 5-3-B: Übersicht der Merkmale des Teams, die den Testaufwand beeinflussen

5.3.3 Merkmale der Ressourcen

Die Ressourcen[485] eines Softwareentwicklungsprojekts umfassen die Ausstattung des Projekts mit Personal (organisationsinterne und externe Projektbeteiligte umfassend), Infrastruktur, mit vorhandenen Testfällen und -daten sowie mit Zeit.[486]

---

485 Ressourcen bedeuten allgemein „natürliche Produktionsmittel für die Wirtschaft“ (Wissenschaftlicher Rat der Dudenredaktion (2007), S. 903).

486 Finanzielle Ressourcen werden nicht untersucht, da weder eine Aussage der Form „Je geringer das verfügbare Budget, desto höher der Testaufwand ceteris paribus“ noch ihr Gegenteil einen gehaltvollen Beitrag zur Testaufwandsschätzung liefert.

5.3.3.1 Faktor „Personelle Restriktionen“

Dieser Faktor ist eng verknüpft mit den Merkmalen des Teams. Im Unterschied dazu wird hier der Beitrag der Beteiligten zum Projekt, d. h. die Arbeitsleistung als Produktionsmittel, nicht Eigenschaften der Personen oder des Teams betrachtet. Die Verfügbarkeit dieses Produktionsmittels wirkt sich auf den Testaufwand aus. Merkmale dieses Faktors sind die Verfügbarkeit der Projektmitarbeiter und die Abhängigkeit des Projektergebnisses von der Arbeitsleistung von Personen, die nicht dem Projektteam angehören.

Merkmal (*)	**These / Erläuterung**
Verfügbarkeit der Teammitglieder (1, 12, 14, 19)[487]	**These T35**: Je geringer die Verfügbarkeit der Teammitglieder für die Projektarbeit ist und je mehr zeitgleiche Aufgaben sie haben, desto höher ist ceteris paribus der Testaufwand. **Erläuterung**: Wenn Teammitglieder in mehreren Projekten oder an voneinander unabhängigen Aufgaben gleichzeitig arbeiten, müssen sie häufig umdenken, d. h. sich erneut gedanklich in eine Aufgabe einarbeiten. Diese regelmäßigen Unterbrechungen wirken sich nachteilig auf die Konzentration, Arbeitseffizienz und die Qualität der Arbeitsergebnisse aus.[488] Neben der direkten Wirkung, wenn die Betroffenen Tester sind, erhöht sich der Testaufwand auch, wenn die Entwickler nur eingeschränkt für ihre Aufgaben im Projekt verfügbar sind und sie deshalb mehr Fehler machen. Wenn Aufgaben später als geplant erledigt werden, weil die Verantwortlichen mit anderen Aufgaben beschäftigt sind, und dies die Arbeitsschritte anderer Projektmitarbeiter verzögert, verlangsamt dies den Projektfortschritt.[489] Unproduktive Wartezeit der Tester erhöht ebenfalls den Testaufwand.
Abhängigkeit[490] von Zulieferungen	**These T36**: Höhere Abhängigkeit von Zulieferungen führt ceteris paribus zu höherem Testaufwand.

[487] Im Modell von Borchers und Moritz: Ressourcen, im Modell SEER-SEM: Merkmalsgruppe „Mitarbeiter“, im Modell von Sneed und Jungmayr: Komponente der Testerproduktivität

[488] Vgl. Kaner u. a. (2002), S. 17 und 193; vgl. DeMarco und Lister (1999), zitiert nach Cockburn (2002b), S. 10

[489] Vgl. Frohnhoff u. a. (2006), S. 10, Cockburn (2002b), S. 10

[490] Abhängigkeit von Zulieferungen liegt vor, wenn ohne deren Beitrag zum Projekt das Projektziel nicht erreicht werden kann.

Merkmal (*)	These / Erläuterung
(5, 12)[491]	**Erläuterung**: Wenn Zulieferungen (seien es Arbeitsleistung oder Sachgüter[492], z. B. technische Komponenten oder wiederverwendbarer Code) aus anderen Projekten oder von Unterauftragnehmern gegenüber Vereinbarungen verspätet oder verändert bereitgestellt werden, verzögert dies die (Entwicklungs- und) Testtätigkeiten oder führt dazu, dass bereits abgeschlossene Schritte überarbeitet bzw. erneut durchgeführt werden müssen.[493] Dies führt zu ungeplantem Mehraufwand. Bei der Lieferung von Softwareprodukten bzw. Produktteilen muss durch Testen überprüft werden, ob die gelieferte der erwarteten[494] Qualität entspricht. Je weniger zeitlicher Puffer oder Ausweichmöglichkeiten (auf andere Lieferanten oder eigene Erstellung, d. h. durch Projektmitarbeiter) existieren, desto höher ist die Abhängigkeit. Höhere Abhängigkeit, d. h. größerer Einfluss vereinbarter Zulieferungen auf das Projektergebnis, erfordern umfangreichere Maßnahmen, um die mit diesem Einfluss verbundenen Risiken zu verringern. Diese Maßnahmen bedeuten zusätzlichen Aufwand, z. B. in Form zusätzlicher Testfälle zur Prüfung der Zulieferungen oder Fortbildung von Projektmitarbeitern für den Fall, dass die angeforderte externe Dienstleistung nicht erbracht wird.

Tab. 5-3-16: Merkmale und Wirkungen des Faktors „Personelle Restriktionen“

---

[491] Im Modell CoCoMo II: Teil des Faktors „Produktkomplexität“, im Modell SEER-SEM: Merkmalsgruppe „Komplexität“

[492] Zur Diskussion, ob Software eine Dienstleistung oder ein Sachgut sei, siehe Herzwurm (1998), S. 28f; Hier wird im Unterschied zur Arbeitsleistung auf die Erstellungsleistung abgestellt.

[493] Vgl. Cockburn (2002b), S. 9; Durch umsichtiges Management der Abhängigkeiten können laut Cockburn parallel arbeitende Entwicklungsteams die gestellte Aufgabe zwar in kürzerer Zeit erledigen, allerdings bei höheren Personalkosten (vgl. ebenda).

[494] Die Projektmitarbeiter sind in diesem Fall Auftraggeber (der Projektexternen), und ihre Erwartungen sind nur zum Teil explizit (als Anforderungen festgehalten und vereinbart), zum Teil aber implizit und daher dem Auftragnehmer unbekannt.

5.3.3.2 Faktor „Kundenbeteiligung beim Testen“

Spillner und Linz gehen davon aus, dass enge Zusammenarbeit zwischen Entwicklungsteam, Management und den Kunden den Testaufwand reduziert.[495] Diese Zusammenarbeit äußert sich beim Testen darin, in welchem Ausmaß Kunden am Testen beteiligt sind.

Merkmal (*)	These / Erläuterung
Anzahl Kunden, die am Testen teilnehmen[496] ()	**These T37**: Je mehr Kunden am Testen teilnehmen, desto höherer Testaufwand fällt ceteris paribus an.[497] **Erläuterung**: Kunden sind nicht als Tester ausgebildet. Daher müssen sie geschult werden, um effektiv Fehler zu suchen, Testergebnisse auszuwerten und Fehlerberichte zu erstellen, und benötigen Unterstützung bei der Vorbereitung, Durchführung und Auswertung von Testfällen. Wenn dieser Aufwand bei den Testern anfällt, erhöht die Testteilnahme der Kunden ceteris paribus den Testaufwand.

Tab. 5-3-17: Merkmal und Wirkung des Faktors „Kundenbeteiligung“

5.3.3.3 Faktor „Vorhandene Testfälle und -daten“

Testfälle und Testdaten sind ein essenzieller Bestandteil der Testware[498], die als wichtiges Anlagegut bezeichnet wird.[499] Da beide mit erheblichem Aufwand erstellt und gewartet werden müssen, sind vorhandene Testfälle und -daten für diesen Teil des Testaufwands von großer Bedeutung.

---

[495] Vgl. Spillner und Linz (2004), S. 157

[496] Kundenteilnahme am Testen bedeutet hier, dass Kunden während des Projekts vor Ort des Softwareherstellers testen. Wenn die Kunden das Produkt nach Freigabe, jedoch vor dem Betrieb im eigenen Umfeld testen, hat dies keine Auswirkungen auf den Testaufwand des Softwareherstellers.

[497] Der Aufwand seitens der Kunden ist nicht Teil des betrachteten Testaufwands.

[498] Kit bezeichnet mit Testware neben Testfällen und Testdaten Dokumente, die beide begleiten (wie Testpläne und Testberichte, vgl. Kit (1995), S. 114). Spillner und Linz fügen ergänzend Werkzeuge hinzu, die während des Testprozesses benutzt bzw. erstellt werden (vgl. Spillner und Linz (2004), S. 216).

[499] Vgl. Kit (1995), S. 115

Merkmal (*)	These / Erläuterung
Qualität[500] existierender Testfälle (3, 14, 17)[501]	**These T38**: Je höher die Qualität existierender Testfälle, desto niedriger ist ceteris paribus der Testaufwand. **Erläuterung**: Hohe bzw. niedrige Qualität bedeutet hier, dass anhand der Testfälle mit gegebenem Aufwand sehr viele bzw. sehr wenige Fehler gefunden werden können.[502] Beobachtbare Eigenschaften eines Testfalls, die Aufschluss auf dessen Qualität geben, sind Umfang und Detaillierung. Umfang: Wenn mehrere Varianten bei Eingabe, Menüauswahl, Bedienung etc. im Testfall vorgegeben sind, können mehr Fehler gefunden werden. Wenn mehr als die vorgesehene Nutzung neuer oder geänderter Funktionalität getestet wird (z. B. falsche oder lückenhafte Eingaben, falsche Bedienung, bzw. weiterverarbeitende und ähnliche Funktionen), können auch Fehler gefunden werden, die sich nicht auf die getestete Funktionalität beschränken. Detaillierung: Mit dem Produkt nicht vertraute Tester können Fehler erst effektiv finden, wenn das Vorgehen beim Test genau beschrieben ist. Erfahrene Tester bedürfen keiner genauen Beschreibung des Vorgehens, sondern können ihre Methoden- und/oder Produktkenntnisse einsetzen, um anhand knapper Vorgaben ausgiebig (explorativ) zu testen. Ob eine sehr detaillierte Vorgehensbeschreibung den Testaufwand reduziert, hängt also von den jeweiligen Testern ab. Die erwarteten Ergebnisse müssen in jedem Fall genau angegeben sein, um die Beurteilung des Testergebnisses zu ermöglichen.[503] Wenn der Testfall kein erwartetes Ergebnis enthält, müssen sich Auftraggeber, Entwickler und Tester abstimmen, ob es sich um beabsichtigtes Verhalten oder einen Fehler handelt. Zumindest hinsichtlich des erwarteten Ergebnisses gilt also, dass mehr Detaillierung den Abstimmungsaufwand beim Testen reduziert.

[500] Der Definition folgend, Qualität sei „fitness for use“ (vgl. Kapitel 1.3, S. 7), beschreibt die Qualität eines Testfalls dessen Eignung, bislang unentdeckte Fehler im Produkt aufzudecken (vgl. Spillner und Linz (2004), S. 180, Myers (1979), S. 16).

[501] Im Modell von Cangussu u. a.: Testfallqualität (ohne genaue Definition), im Modell von Sneed und Jungmayr: Teil der Testerproduktivität, in TPA: vorhandene Testprodukte

[502] Ein Projektleiter in Organisation A gab als Definition der Testfallqualität an, dass anhand eines Testfalls hoher Qualität Fehler gefunden werden, die bisher (in Vorreleases) nicht gefunden wurden.

[503] Vgl. Myers (1979), S. 12

Merkmal (*)	These / Erläuterung
Wiederverwendbare Testdaten (1, 14, 17)[504]	**These T39**: Je höher der Anteil wiederverwendbarer Testdaten, desto geringer ist ceteris paribus der Testaufwand. **Erläuterung**: Insbesondere für Testfälle, die große Datenmengen als Input erfordern, sind wiederverwendbare Testdaten nützlich.[505] Aber auch, wenn der Umfang der Testdaten gering ist, bleibt den Testern dank wiederverwendbarer Testdaten mehr Zeit für andere Aufgaben (z. B. die Testfallauswahl), sodass effektiver getestet und der Testaufwand ceteris paribus reduziert wird.

Tab. 5-3-18: Merkmale und Wirkungen des Faktors „Vorhandene Testfälle und -daten"

5.3.3.4 Faktor „Testinfrastruktur"

Als Bestandteile der Testinfrastruktur, die den Testaufwand beeinflussen,[506] gelten die Testumgebung[507], bestehend aus Hardware- und Softwarekomponenten, die zur Testdurchführung nötig sind,[508] und die Nutzung von Testwerkzeugen[509].[510]

---

504 Im Modell von Borchers und Moritz: Infrastruktur, im Modell von Sneed und Jungmayr: Teil von „Testbarkeit", in TPA: vorhandene Testprodukte

505 Automatisch generierbare Testdaten wirken sich ähnlich auf den Testaufwand aus, bringen jedoch Kosten mit sich (z. B. für Lizenzierung und Konfiguration der Generatoren), die mit der Verringerung des Testaufwands zu saldieren sind, um den tatsächlichen Effekt zu bestimmen.

506 Spillner und Linz nennen als testaufwandsrelevante Merkmale unter dem Oberbegriff „Testinfrastruktur" zusätzlich „Verfügbarkeit und Bekanntheit von Testprozess, Standards und Verfahren" (vgl. Spillner und Linz (2004), S. 157), weichen damit jedoch von ihrer eigenen Definition der Testinfrastruktur ab (vgl. ebenda, S. 214 und Kap. 1.3, S. 9). Borchers und Moritz berücksichtigen bei der Aufwandsschätzung die „bereitgestellten Systemressourcen", erläutern den Begriff jedoch nicht näher (vgl. Borchers und Moritz (2005), S. 146).

507 Pol u. a. berücksichtigen zur Testaufwandsschätzung die Testumgebung (als Teil des Umgebungsfaktors), erläutern den Begriff jedoch nicht (vgl. Pol u. a. (2002), S. 159 und Kapitel 4.2.1).

508 Vgl. Spillner und Linz (2004), S. 216

509 Pol u. a. berücksichtigen die Verfügbarkeit von Werkzeugen als Einflussfaktor des Testaufwands (vgl. Pol u. a. (2002), S. 159). Angesichts vieler Unterstützungsmöglichkeiten der verschiedenen Testaktivitäten durch Werkzeuge (vgl. Spillner und Linz (2004), S. 171-178) erscheint dieses Merkmal nicht ausreichend differenziert. Daher wird hier auf den Umfang (nicht nur das Vorhandensein) der Werkzeugunterstützung bei der Testdurchführung abgestellt.

510 Die Ausstattung der Arbeitsplätze der Tester wird hier nicht betrachtet, weil sie als konstant innerhalb einer Organisation angenommen wird (vgl. Kapitel 5.2.2).

Merkmal (*)	These / Erläuterung
Verfügbarkeit und Stabilität des Testsystems (1, 14, 18)[511]	**These T40**: Je später das Testsystem bereit steht und je instabiler es während der Testdurchführung ist, desto mehr Testaufwand fällt ceteris paribus an. **Erläuterung**: Verzögerungen bei Testbeginn oder während der Testdurchführung, die sich ergeben, weil das Testsystem noch nicht verfügbar ist oder z. B. aufgrund von Systemwartungsarbeiten ausfällt, führen zu unproduktiven Wartezeiten der Tester.[512] Es fällt ungeplanter Aufwand an, ohne dass das Projekt den mit dem Testen verbundenen Zielen näher kommt. Bei durch Wartungsarbeiten veränderten Einstellungen des Testsystems oder wenn die Testfalldurchführung durch den Ausfall des Testsystems unterbrochen wurde, müssen Testfälle wiederholt werden, was ebenfalls den Testaufwand erhöht.
Grad der Testautomatisierung (1, 3, 14, 17, 18)[513]	**These T41**: Je höher der der Grad der Testautomatisierung beim Testen von Funktionen und Eigenschaften, die zur Automatisierung geeignet sind, desto geringer ist der Testaufwand ceteris paribus.[514] **Erläuterung**: Automatische Testfälle können manuelles Testen nicht komplett ersetzen, sondern ergänzen es vielmehr.[515] Wenn ein

[511] Im Modell von Borchers und Moritz: Infrastruktur, im Modell von Sneed und Jungmayr: Teil der Testerproduktivität, im Modell von Nageswaran: Faktor „Testumgebung“ (im Original: test environment); Cangussu u. a. weisen auf den Einfluss von Hard- und Softwareausfällen auf die Testeffektivität hin, modellieren diese Störungen jedoch nicht, da sie fast immer in Softwareprozessen anfielen (vgl. Cangussu u. a. (2002), S. 792).

[512] Zur indirekten Wirkung dieser Verzögerungen auf den Testaufwand anhand von Zeitdruck siehe Wirkung des Merkmals „Zu Projektbeginn verfügbare Zeit“ (Kapitel 5.3.3.5)

[513] Im Modell von Borchers und Moritz: Infrastruktur, im Modell von Cangussu u. a.: Werkzeugeinsatz, im Modell von Sneed und Jungmayr: Teil der Testerproduktivität, in TPA: Verfügbarkeit von Testwerkzeugen, im Modell von Nageswaran: Faktor „Testumgebung“

[514] Testwerkzeuge sind „kein Ersatz für Tester“ (Rätzmann (2002), S. 43). Z. B. Risikoabschätzung, Testplanung, Vorbereitung und Test der Testskripte sowie die Ergebnisinterpretation können nicht automatisiert werden (vgl. ebenda). Zur Entscheidung, welcher Anteil manuell, welcher automatisch getestet werden soll, um so effektiv wie möglich zu testen, müssen in jedem Projekt Aufwand und Nutzen der automatisierten Testdurchführung abgewogen werden.

[515] Zu einer Diskussion der Bedingungen, unter denen Testautomatisierung vorteilhaft bzw. nachteilig ist, vgl. Kaner u. a. (1993), S. 196f.

Merkmal (*)	These / Erläuterung
	Teil der Testfälle mit Hilfe von Softwaretools[516] automatisiert ist, beansprucht jeder Ablauf dieser Testfälle extrem wenig Zeit im Vergleich zu manuell durchgeführten Testfällen und verringert dadurch den Aufwand.[517] Die Automatisierung und Wartung bzw. regelmäßige Anpassung automatisierter Testfälle ist allerdings sehr aufwändig[518], sodass zwischen Kosten und Nutzen abzuwägen ist. Da sich der Aufwand zur Erstellung automatischer Tests erst nach einer bestimmten Anzahl von Testdurchläufen amortisiert,[519] sind sie für folgende Aufgaben im Rahmen des Testens geeignet: - Regressionstests (häufig genutzter und wichtiger Funktionalitäten), - Vergleich einer Funktion oder eines Szenarios zwischen zwei Releases, - aufwändige, repetitive, einfache Aufgaben (z. B. Massendateneingabe), - Massen- und Lasttests bzw. Performanztests [520] Neben der direkten Wirkung kann die Automatisierung auch zur Verbesserung der Entwurfsqualität des zu entwickelnden Softwareprodukts beitragen.[521] Weniger Fehler im Entwurf bedeuten dank geringerer Wartezeiten bei Korrekturen und weniger Testwiederholungen ceteris paribus weniger Testaufwand.

Tab. 5-3-19: Merkmale und Wirkungen des Faktors „Testinfrastruktur"

[516] Tools, zu deutsch Werkzeuge, dienen allgemein der automatisierten Unterstützung von Methoden und können dadurch die Produktivität erhöhen (vgl. Balzert (2000), S. 38).

[517] Vgl. Bundschuh und Fabry (2004), Lederer und Prasad (1992), S. 55, Sneed und Jungmayr (2006), S. 31; Spillner und Linz weisen auf die nötige Erfahrung und Know-How der Tester mit Testwerkzeugen hin (vgl. Spillner und Linz (2004), S. 157). Kaner u. a. stellen zusammenfassend fest, dass sowohl automatisierte als auch manuelle Tests erforderlich seien, um unterschiedliche Klassen von Fehlern finden zu können (vgl. Kaner u. a. (2002), S. 258).

[518] Vgl. Thaller (2000), S. 126

[519] Vgl. Spillner und Linz (2004), S. 179f

[520] Diese Testarten lassen sich rein manuell nicht durchführen (vgl. Spillner und Linz (2004), S. 180).

[521] Vgl. Cockburn (2002b), S. 11; Cockburn weist auch auf die Verbesserung der Arbeitsbedingungen für die Entwickler hin, ohne jedoch auf den Automatisierungsaufwand einzugehen (vgl. ebenda).

5.3.3.5 Faktor „Zeit für die Projektdurchführung“

Knappe bzw. verkürzte Projektdurchführungszeit schlägt sich deutlich in erhöhtem Entwicklungsaufwand nieder,[522] weshalb dieser Faktor Bestandteil vieler Aufwandsschätzmodelle ist.[523] Um die Wirkung der Ressource Zeit auf den Testaufwand zu untersuchen und ihren Einfluss bei der Testaufwandsschätzung nachvollziehbar berücksichtigen zu können, wird dieser Faktor anhand des Merkmals „Zu Projektbeginn verfügbare Zeit“ untersucht.

Merkmal (*)	These / Erläuterung
Zu Projektbeginn verfügbare Zeit (1, 3, 4, 5, 6, 7, 10, 11, 12, 13)[524]	**These T42**: Je weniger Zeit zur Erfüllung der Aufgaben im Projekt verfügbar ist, desto mehr Testaufwand muss ceteris paribus betrieben werden.[525] **Erläuterung**: Wenn weniger Zeit zur Erledigung der Aufgaben verfügbar ist, werden die Aufgaben mit geringerer Sorgfalt erfüllt. Das führt dazu, dass z. B. bei der Anforderungsanalyse, beim Entwurf und der Implementierung mehr Fehler gemacht, bzw. beim Testen Fehler übersehen werden. Weniger verfügbare Zeit zur Aufgabenerfüllung, als die Teammitglieder für erforderlich halten, empfinden sie als Zeitdruck. Dieser schlägt sich auf die Motivation, d. h. Leistungsbereitschaft nieder.[526] Bei sehr knapper verfügbarer Zeit müssen die Korrekturen entdeckter Fehler priorisiert werden. Das bedeutet, dass als relativ unwichtig eingestufte Fehler nicht korrigiert werden. Bei gleichem Testaufwand werden daher mehr Fehler ausgeliefert.

[522] Vgl. z. B. Rifkin (2000), S. 14, Borchers und Moritz (2005)

[523] In den Modellen CoCoMo II (vgl. Boehm u. a. (2000b)), SOFTCOST, DSN (vgl. Boehm (1989), S. 120), Checkpoint, SLIM, PRICE-S, ESTIMACS, SEER-SEM (vgl. Boehm u. a. (2000a), S. 19)

[524] Im Modell von Borchers und Moritz: Faktor „Ressourcen“, im Modell von Cangussu u. a.: Zeitdruck (im Original: deadline pressure), in den Modellen Checkpoint, ESTIMACS, ObjectMetrix und SEER-SEM: Restriktionen durch den Zeitplan (im Original: schedule constraints), im Modell CoCoMo II: geforderter Entwicklungszeitplan (im Original: required development schedule)

[525] Der Testaufwand ist de facto durch die verfügbare Zeit begrenzt. Die ceteris paribus-Klausel erlaubt jedoch die Wirkung des Merkmals isoliert darzustellen und dadurch das Wirkungsgefüge im Detail zu erforschen und zu veranschaulichen.

[526] Zur Wirkung der Motivation der Teammitglieder auf den Testaufwand siehe Kapitel 5.3.2.2

Tab. 5-3-20: Merkmal und Wirkung des Faktors „Zeit für die Projektdurchführung“

Zusammenfassend zeigt folgende Tabelle, welche Merkmale der Ressourcen vermutlich den Testaufwand bestimmen und zu welchen Einflussfaktoren sie zusammengefasst sind.

These	Merkmal der Ressourcen	Einflussfaktor, dem das Merkmal zugeordnet ist
T35	Verfügbarkeit der Teammitglieder	Personelle Restriktionen
T36	Abhängigkeit von Zulieferungen	Personelle Restriktionen
T37	Anzahl Kunden, die am Testen teilnehmen	Kundenbeteiligung beim Testen
T38	Qualität existierender Testfälle	Vorhandene Testfälle und -daten
T39	Wiederverwendbare Testdaten	Vorhandene Testfälle und -daten
T40	Verfügbarkeit und Stabilität des Testsystems	Testinfrastruktur
T41	Grad der Testautomatisierung	Testinfrastruktur
T42	Zu Projektbeginn verfügbare Zeit	Zeit für die Projektdurchführung

Tab. 5-3-C: Übersicht der Merkmale der Ressourcen, die den Testaufwand beeinflussen

5.3.4 Merkmale der Testorganisation

Testorganisation bedeutet im vorliegenden Kontext das Testen im gesamten Projekt „sorgfältig und systematisch vorbereiten und für einen reibungslosen, planmäßigen Ablauf sorgen“[527]. Als Ergebnis dieser Tätigkeit ist festgelegt, wer welche Testfälle wann ausführt[528]. Zwei Aufgaben der Testorganisation werden in der Fachliteratur häufig als entscheidend für die Wirksamkeit des Testens und damit die Höhe des Testaufwands (unter sonst gleichen Bedingungen) bezeichnet: die Auswahl der Testfälle[529] und die zeitliche Testaufwandsverteilung[530]. Beide werden im Folgenden betrachtet.

---

[527] Wissenschaftlicher Rat der Dudenredaktion (2007), S. 737f

[528] Vgl. Abbildung 1-3-1 „Testaktivitäten“ in Kapitel 1.3.1

[529] Nach Frühauf u. a. gehört die Auswahl und Erstellung der Testfälle zu den anspruchsvollsten und aufwändigsten Tätigkeiten beim Testen und ist entscheidend für effizientes Testen (vgl. Frühauf u. a. (2002), S. 92f). Zur Bedeutung der Testfallauswahl für effektives und effizientes Fehlerfinden vgl. auch Myers (1979), S. 16

Merkmal (*)	These / Erläuterung
Testfallauswahl ()	**These T43**: Wenn die Testfälle vor der Testdurchführung von Projektmitarbeitern mit unterschiedlichen Rollen geprüft und ausgewählt werden, reduziert dies ceteris paribus den Testaufwand gegenüber der Auswahl durch nur eine Person. **Erläuterung**: Wenn die Testfälle vor der Testdurchführung von mehreren Teammitgliedern daraufhin geprüft werden, wie geeignet sie sind, (aus Kundensicht) relevante Fehler aufzudecken, kann jedes Teammitglied (z. B. Tester, Entwickler, die für die Anforderungsanalyse, den Entwurf oder die Umsetzung verantwortlich sind) dabei angeben, welche Produktteile aus seiner Sicht Fehlerpotenzial bergen und mit welchem Testfall diese Fehler aufgedeckt werden könnten. Bei der Besprechung, welche Produktteile (intensiv) getestet werden sollen, können Missverständnisse entdeckt und geklärt werden. Eine solche gemeinsame Prüfung, z. B. in Form eines Reviews, ermöglicht es, irrelevante und redundante Testfälle als solche zu erkennen und zu eliminieren. Außerdem erlaubt sie, die ausgewählten Testfälle gemäß ihrer Wahrscheinlichkeit, Fehler zu finden, zu priorisieren. Dies reduziert den Testaufwand ceteris paribus.
Zeitliche Verteilung des Testaufwands[531] (9)[532]	**These T44**: Je mehr Testaufwand in frühen Teststufen betrieben wird (und dafür weniger in späten Teststufen), desto geringer ist ceteris paribus der gesamte Testaufwand. **Erläuterung**: Je früher ein Fehler gefunden wird, desto aufwandsärmer sind die Suche nach der Fehlerursache und die Korrektur des Fehlers, und desto höher ist die Wahrscheinlichkeit, dass kein weiterer Fehler dabei gemacht wird.[533] Die Vermeidung weiterer Fehler reduziert den Testaufwand.

Tab. 5-3-22: Merkmale und Wirkung der Testorganisation auf den Testaufwand

---

[530] Kit nennt es eines von sechs Grundprinzipien des Softwaretestens, so früh wie möglich im Entwicklungsprozess zu testen (vgl. Kit (1995), S. 4).

[531] Spillner und Linz nennen als Einflussfaktoren des Testaufwands den Umfang der Teststufen und die zeitliche Planung der Tests (vgl. Spillner und Linz (2004), S. 157).

[532] Im Modell von Cangussu u. a. wird die Teststrategie als Komponente des Faktors „Qualität des Testprozesses“ berücksichtigt, jedoch nicht erläutert, was die Autoren unter Teststrategie verstehen (vgl. Cangussu u. a. (2002), S. 790).

[533] Vgl. Kaner u. a. (1993), S. 31, Myers (1979), S. 18, Spillner (1990), S. 106, Kit (1995), S. 4

5.4 Weitere Faktoren anderer Modelle

Testbarkeit der Software

Testbarkeit, die laut Sneed bedeutenden Einfluss auf die Testkosten hat[534], ist gemäß der Norm ISO/IEC 9126 ein messbares[535] Qualitätsmerkmal von Softwareprodukten, das erst in der Wartungsphase zum Tragen kommt.[536] Viele Autoren weisen der Testbarkeit starken Einfluss auf den Testaufwand zu[537].

Die Definition des Begriffs in der Literatur ist uneinheitlich[538]. Übereinstimmung herrscht lediglich darin, dass nicht nur Code, sondern auch andere Artefakte wie der Entwurf und die Dokumentation zur Testbarkeit beitragen, und dass durch höhere Testbarkeit das Testen vereinfacht bzw. der Testaufwand reduziert wird.[539]

Rätzmann sieht Testbarkeit (nur) als Ergebnis von testorientiertem Anwendungsentwurf und vermittelt dadurch, dass nicht die Eigenschaft des Softwareprodukts, sondern die Einhaltung bestimmter Regeln und Vorgehensweisen beim Softwareentwurf zu höherer Produktqualität und reduziertem Testaufwand führen[540]. Zur Untersuchung der Einflüsse auf den Testaufwand erscheint es daher sinnvoll, den vielschichtigen und weder qualitativ noch quantitativ erfassbaren Begriff Testbarkeit nicht direkt, sondern indirekt anhand von Merkmalen der Spezi-

---

[534] Vgl. Sneed und Jungmayr (2006), S. 24; Die Autoren begründen diese Aussage mit Erfahrungen der Praxis, ohne jedoch weitere Details dazu zu nennen (vgl. ebenda).

[535] Die Norm beschreibt Testbarkeit als intern und extern, d. h. anhand statischer Messgrößen und anhand des Verhaltens des Softwareprodukts, messbare Eigenschaft (vgl. ISO/IEC (2001), S. 3).

[536] In ISO/IEC 9126-1 wird Testbarkeit als Subcharakteristik des Merkmals Wartbarkeit dargestellt und definiert als „[...] the capability of the software product to enable modified software to be validated [...]" (ISO/IEC (2001), S. 11).

[537] Vgl. Beizer (1990), S. 6, Rätzmann (2003), S. 207f

[538] Testbarkeit bedeutet nach Spillner und Linz zweierlei: 1. Mühelosigkeit und Geschwindigkeit, mit der Funktionalität und Leistungsniveau eines Systems gestestet werden können. 2. Zugänglichkeit des Systems für den Test (z. B. Offenheit der Schnittstellen, Dokumentationsqualität, Nachbildbarkeit der Produktivumgebung in der Testumgebung, vgl. Spillner und Linz (2004), S. 212). Laut Jungmayr ist Testbarkeit „[...] the degree to which a given software artifact facilitates testing in a given context [...]" (Jungmayr (2004), S. 4). Beizer stellt hauptsächlich auf den Entwurf, in zweiter Linie auf testbaren Code ab (vgl. Beizer (1990), S. 4 und 6). Nach Boehm müssen die Anforderungen testbar sein, d. h. mit vertretbarem Aufwand muss feststellbar sein, ob die entwickelte Software die spezifizierten Anforderungen erfüllt (vgl. Boehm (1984), S. 79).

[539] Diese Erkenntnis manifestiert sich z. B. darin, dass Testbarkeit der Software explizites Ziel des Test-first-Ansatzes im Rahmen des eXtreme Programming ist (vgl. z. B. Ambler (2005), S. 36).

[540] Vgl. Rätzmann (2003), S. 207f

fikation und des Entwurfs[541] zu berücksichtigen, die für den Test von Bedeutung und zumindest qualitativ bewertbar sind. In der vorliegenden Arbeit werden demnach die folgenden Merkmale im allgemeinen Modell des Testaufwands auf Projektebene berücksichtigt: Vollständigkeit, Widerspruchsfreiheit, Eindeutigkeit und Detailliertheit sowohl der Spezifikation als auch der Entwurfsdokumentation.[542]

Fähigkeiten der Entwickler

Dieser Faktor ist in mehreren Modellen zur Aufwandsschätzung für Softwareentwicklungsprojekte enthalten[543]. Auch der Testaufwand wird durch die Fähigkeiten der Entwickler beeinflusst, weil je nach Ausprägung ihrer Fähigkeiten die beteiligten Entwickler bei der Anforderungsanalyse, bei Entwurf und Codierung mehr oder weniger der möglichen Fehler erkennen bzw. vermeiden, und das entwickelte Produkt entsprechend mehr oder weniger Fehler aufweist. Je mehr Fehler enthalten und daher im Test auffindbar sind, desto länger dauert die Testdurchführung und desto mehr Testfälle müssen nach Korrekturen wiederholt werden.

Da sich die Wirkung der Fähigkeiten der Entwickler auf den Testaufwand also anhand der Arbeitsergebnisse der Entwickler entfaltet, gehen die Fähigkeiten der Entwickler indirekt über die Qualität der Spezifikation und der Entwurfsdokumentation[544] in das allgemeine Modell des Testaufwands ein. Darüber hinaus werden anhand des Faktors „Erfahrung“ diejenigen Fähigkeiten der Entwickler[545] indirekt berücksichtigt, die aufgrund der wiederholten Aufgabenerfüllung in unterschiedlichen Softwareentwicklungsprojekten entstehen bzw. sich zunehmend ausbilden.[546]

---

[541] Merkmale des Codes werden nicht modelliert, da der Code zum Zeitpunkt der Testaufwandsschätzung, d. h. bei der Ermittlung der nötigen Testressourcen (vgl. Kapitel 1.3, Bestimmung des Begriffs „Schätzung“), noch nicht vorliegt.

[542] Vgl. Faktor „Dokumentation der Anforderungen und des Entwurfs“, Kapitel 5.3.1.9

[543] Z. B. im Modell CoCoMo II („analyst capability“ und „programmer capability“), ESTIMACS, ObjectMetrix (Fähigkeitsniveau der Entwickler), PRICE-S, Checkpoint, SEER-SEM und SLIM

[544] Vgl. Faktor „Dokumentation der Anforderungen und des Entwurfs“, Kapitel 5.3.1.9

[545] Diese Fähigkeiten beinhalten sowohl fachliche als auch nicht-fachliche (z. B. soziale und kommunikative) Kompetenzen, d. h. Fähigkeiten im Umgang mit anderen Menschen.

[546] Die sich im Verlauf eines Projekts ändernde Wirkung der Fähigkeiten und der Erfahrung der Projektmitarbeiter auf den Aufwand (durch zunehmende Erfahrung und Zu- oder Abgänge zum Projektteam, vgl. Boehm u. a. (2000b), S. 47) bleibt hier außer Betracht, weil die Testaufwandsschätzung wie hier definiert (zur Ressourcenplanung, vgl. Kap. 1.3, S. 11) nur einmal erfolgt.

Testmethoden

Unter einer Testmethode ist ein „planmäßiges, auf einem Regelwerk aufbauendes Vorgehen zur Herleitung oder Auswahl von Testfällen" zu verstehen.[547] Grundsätzlich wird zwischen funktionsorientierten und strukturorientierten Vorgehensweisen unterschieden, wofür die Begriffe Black box- und White box[548]-Tests entstanden.[549] Beispiele für funktionsorientiertes Vorgehen sind die funktionale Äquivalenzklassenbildung, Grenzwertanalyse und der Zufallstest, für strukturorientiertes Vorgehen die Anweisungs-, Zweig- und Pfadüberdeckung.

Während diese Vorgehensweisen in der Literatur uneinheitlich benannt werden - Balzert bezeichnet sie als Testverfahren[550], Beizer als Testtechniken[551], Spillner und Linz gebrauchen die Begriffe Testmethode und Testverfahren ohne Unterscheidung[552] -, herrscht weitgehend Einigkeit, dass unterschiedliche Vorgehensweisen einzusetzen sind, um verschiedene Fehlerarten zu finden.[553] Aufgrund dieser mit den zu entdeckenden Fehlern variierenden Effektivität und Effizienz der Testmethoden und weil sie unterschiedlich aufwändig anzuwenden sind[554], beeinflussen die verwendeten Testmethoden den Testaufwand. Sie werden jedoch selten in Aufwandsschätzmodellen berücksichtigt.[555]

Die Ergebnisse einer empirischen Untersuchung der Prüf- und Testprozesse in deutschen Unternehmen lassen vermuten, dass häufig Methodenkenntnisse fehlen bzw. Kosten für Werkzeuge und Schulungen gescheut werden,[556] weshalb in Projekten diejenigen Testmethoden eingesetzt werden, wozu in der Organisation Methodenwissen und Werkzeugunterstützung vorliegt[557]. Unter der Annahme, dass

---

[547] Spillner und Linz (2004), S. 214

[548] In jüngeren Arbeiten auch als Glass box-testing bezeichnet, vgl. Kaner u. a. (2002), S. XXVI

[549] Vgl. Myers (1979), S. 23; Nach Kit handelt es sich bei beiden um Strategien, zu denen jeweils verschiedene technische oder analytische Methoden existieren (vgl. Kit (1995), S. 79).

[550] Vgl. Balzert (1998), S. 396ff

[551] Vgl. Beizer (1990)

[552] Vgl. Spillner und Linz (2004), S. 216

[553] Vgl. z. B. Spillner (1990), S. 32, Frühauf u. a. (2004), S. 130f, Beizer (1990), S. 11 u. 58; für Details, welche Testmethoden zum Aufdecken welcher Fehlerart geeignet sind, s. ebenda, S. 27-57;

[554] Vgl. z. B. Spillner und Linz (2004), S. 157, Gutjahr (1999), S. 661

[555] Z. B. im Modell von Cangussu u. a., vgl. Kapitel 4.2.5

[556] Vgl. Müller (1999), S. 69 und 71 (Hypothesen) bzw. S. 180f und 183f (Resultate)

[557] Vgl. hierzu Kapitel 3.1, S. 31f; Beizer empfiehlt, die Testmethoden entsprechend den Fehlern auszuwählen, die man im zu testenden Produkt erwartet (vgl. Beizer (1990), S. 58).

dieses Methodenwissen den Testern in einer Organisation regelmäßig in Schulungen oder informell vermittelt wird und dass diese Testmethoden wie Standards zur Organisationskultur gehören, werden die in Projekten einer Organisation angewendeten Testmethoden als organisationsspezifisch und projektunabhängig ausgeprägtes Merkmal betrachtet[558]. Daher ist dieser Faktor nicht im allgemeinen Modell des Testaufwands auf Projektebene enthalten.

[558] Vgl. Kapitel 5.2.2 „Merkmale der Organisation"

Kapitel 6

Ableitung organisationsspezifischer Modelle: Die Methode TestASS

Mittels der Methode TestASS kann das allgemeine Modell des Testaufwands auf Projektebene auf ein oder mehrere[559] organisationsspezifische Modelle des Testaufwands reduziert und zur Schätzung des Testaufwands eingesetzt werden.

Einige Voraussetzungen müssen erfüllt sein, damit die Methode angewendet werden kann (Kapitel 6.1). Sie umfasst folgende wesentlichen Elemente:

- die Datensammlung, die die Grundlage für die Methode bildet (Kapitel 6.2), und
- die Ermittlung der Einflussfaktoren, die bei der Aufwandsschätzung zu berücksichtigen sind (Kapitel 6.3), d. h. des organisationsspezifischen Modells.

Ein organisationsspezifisches Modell gibt die Inputvariablen für die Schätzung des Testaufwands vor. Es kann als Gleichung oder in Verbindung mit nicht-algorithmischen Schätzmethoden zur Testaufwandsschätzung verwendet werden.

Damit ein organisationsspezifisches Modell trotz Veränderungen des Entwicklungsumfelds nutzbar bleibt[560], muss es aktualisiert werden (Kapitel 6.4).

6.1 Voraussetzungen für die Anwendbarkeit

Die folgenden Voraussetzungen müssen vorliegen oder geschaffen werden, um die Methode TestASS anzuwenden.

V1: Gemeinsames Verständnis relevanter Begriffe und Größen

Die Abgrenzung eines Projekts, des Testaufwands und weiterer Termini, die bei der Schätzung eine wichtige Rolle spielen, muss zwischen allen direkt und indirekt

---

[559] Im Folgenden wird vereinfachend von *einem* organisationsspezifischen Modell gesprochen. Unter welchen Bedingungen mehrere organisationsspezifische Modelle ableitbar sind, wird in Kap. 2.2, Fußnote 139 und Kap. 6.3, Schritt 5 (S. 141) erläutert.

[560] Rosemann weist in diesem Zusammenhang darauf hin, dass bei der Modellkonstruktion darauf zu achten sei, dass die Nutzungsdauer zur Amortisation des Modellierungsaufwands ausreiche (vgl. Rosemann (1998), S. 11).

an der Schätzung Beteiligten übereinstimmen, denn andernfalls ist keine valide Datensammlung[561] oder Datenauswertung[562] gewährleistet. Direkt Beteiligte sind jene, die anhand des organisationsspezifischen Modells den Testaufwand zukünftiger Projekte schätzen. Indirekt beteiligt sind jene Personen, die Daten zu abgeschlossenen Projekten erfassen, Personen, welche die Modellierungsergebnisse anderweitig nutzen (z. B. um Prozessverbesserungspotenzial zu identifizieren), sowie diejenigen, die das Modell überarbeiten.

V2: Die abgeschlossenen, analysierten Projekte und die zu schätzenden Projekte folgen demselben Entwicklungsprozess.

Diese Voraussetzung ist dadurch begründet, dass das allgemeine Modell des Testaufwands auf Ebene des Projekts von Merkmalen des Entwicklungsprozesses abstrahiert (vgl. Kapitel 2.1 und 5.2.1).

Wenn Projekte in einer Organisation unterschiedlichen Entwicklungsprozessen folgen, beispielsweise bei Prozessvarianten für jeden Projekttyp, muss für jede Gruppe von Projekten, denen derselbe Entwicklungsprozess zugrunde liegt, ein eigenes Modell zur Testaufwandsschätzung entwickelt werden.

V3: In den abgeschlossenen Projekten, auf deren Daten das organisationsspezifische Modell des Testaufwands basiert, wurden die gleichen Testmethoden angewendet wie in den zu schätzenden Projekten.

Diese Voraussetzung folgt daraus, dass das allgemeine Modell des Testaufwands auf Projektebene die verwendeten Testmethoden nicht berücksichtigt (vgl. Kapitel 5.4).

Soll TestASS trotz unterschiedlicher Testmethoden angewendet werden, müssen die jeweils verwendeten Testmethoden erfasst, ihr Einfluss auf den Testaufwand untersucht und das organisationsspezifische Modell entsprechend ergänzt werden.

---

[561] Laut Grady sind unterschiedliche Interpretationen zentraler Begriffe eine typische Ursache unzuverlässiger Daten (vgl. Grady (1992), S. 126).

[562] Vollmann nennt einheitliche Kriterien für die Merkmalsbeurteilung als erste Voraussetzung zur Ermittlung von Kosteneinflüssen (vgl. Vollmann (1990), S. 83).

V4: Verfügbarkeit von Projektinformationen

Zu allen Einflussfaktoren des allgemeinen Modells auf Projektebene müssen die Ausprägungen mehrerer abgeschlossener Projekte ermittelbar sein. Neben Daten in Datenbanken bezieht sich diese Voraussetzung vor allem auf Projektleiter und Qualitätssicherungsverantwortliche in den zu untersuchenden Projekten, die für Interviews verfügbar sein müssen (vgl. Kapitel 6.2).

Fehlende Datenbankeinträge können ggf. durch verbale Information oder individuell abgelegte Dokumente kompensiert werden. Anstelle des Projektleiters oder des Qualitätssicherungsverantwortlichen können auch andere Projektmitarbeiter befragt werden, die während des gesamten Projekts beteiligt waren, einen Überblick über den Verlauf des Projekts und Einsicht in Projektdokumente haben. Allerdings muss im Interview geklärt werden, ob die Perspektive des Befragten mit der des Projektleiter oder Qualitätssicherungsverantwortlichen übereinstimmt, denn sonst ist bspw. die Einschätzung des Projekterfolgs[563], die wesentlich vom Interessenstandpunkt des Urteilenden abhängt[564], nicht mit der Einschätzung in anderen Projekten vergleichbar.

Im zu schätzenden Projekt müssen für die Testaufwandsschätzung die umzusetzenden Anforderungen festgelegt und dokumentiert sein.[565]

6.2 Sammlung historischer Projektdaten

In der Fachliteratur ist die Notwendigkeit einer organisationsspezifischen Datensammlung zu abgeschlossenen Projekten zur Aufwandsschätzung unstrittig.[566] Historische Projektdaten lassen Zusammenhänge zwischen Projektmerkmalen und der

---

[563] Der Projekterfolg lässt sich daran ablesen, inwieweit das Projekt mit den vorgesehenen Ressourcen zum geplanten Zeitpunkt mit der geforderten Ausprägung der funktionalen und nichtfunktionalen Qualitätsmerkmale abgeschlossen wurde (vgl. Frühauf u. a. (2002), S. 23).

[564] Vgl. Grün (1992), Sp. 2105

[565] Appendix E enthält die Voraussetzungen in Form einer Checkliste.

[566] Vgl. z. B. Balzert (2000), S. 81, dort als Kritik an der Methode parametrischer Gleichungen formuliert; DeMarco (1982), S. XII, Thaller (2000), S. 174, Kok (1991), S. 166, Grady (1992), Kadoda u. a. (2000), S. 3. Stricker verlangt (wie eine Reihe empirischer Forscher) zumindest die Kalibrierung veröffentlichter Modelle anhand organisationsspezifischer Daten (vgl. Stricker (1995), S. 281). Briand u. a. sprechen auch organisationsübergreifend gesammelten Daten Nutzen zu, setzen allerdings eine ähnliche Anwendungsdomäne und hohe Datenqualität voraus (vgl. Briand u. a. (1998), S. 10).

Anzahl im Produktivbetrieb gefundener Fehler erkennen,[567] dienen zur Evaluierung und zum Vergleich von Projekten und zur Modellierung weiterer organisationsspezifischer Zusammenhänge.[568]

Zu jedem Projekt wird ein teilstrukturiertes Interview[569] mit dem Projektmitarbeiter geführt, der für die Planung, Durchführung und Kontrolle qualitätssichernder Maßnahmen verantwortlich ist (im Folgenden als Qualitätssicherungsverantwortlicher bezeichnet)[570]. Es wird unterstellt, dass eine Person mit dieser Verantwortung die Ausprägung der meisten Merkmale beurteilen kann, die im Modell des Testaufwands auf Projektebene enthalten sind, und sowohl das Ziel als auch die Zielerreichung des Projekts hinsichtlich der Produktqualität angeben kann. Außerdem hat diese Person Einblicke, welches Gewicht dem Testen relativ zu anderen qualitätssichernden Maßnahmen und zur Qualität der Entwicklungsergebnisse im Hinblick auf die erreichte Produktqualität zukommt.

Weitere Fragen werden dem Projektleiter (z. B zur Einschätzung des Projekterfolgs), dem Projektarchitekten (z. B nach der Anzahl Schnittstellen) und einem Vertreter der Projektauftraggeber[571] (z. B zur erwarteten Kundenanzahl in einem bestimmten Zeitraum nach Auslieferung) gestellt.

Zusätzlich werden Dokumente wie Protokolle von Reviews und Planungsdokumente sowie Präsentationen zu Projektergebnissen, Testauswertungen und Datenbankabfragen zu erfassten Fehlern nach Auslieferung an Kunden zur Beurteilung der erreichten Projektziele[572] analysiert.

---

[567] Vgl. Trauboth (1996), S. 74

[568] Die systematische Sammlung von Projektdaten als Teil einer „experience base“ ist laut Basili und Rombach ein (Software) Messprinzip (vgl. Basili und Rombach (1988), S. 760).

[569] Zur Beschreibung dieser Befragungsform vgl. Stier (1999), S. 175ff, zur Begründung der Auswahl vgl. Kapitel 1.4, Abschnitt „Datenerhebung“

[570] Der Ansprechpartner sollte während der gesamten Projektlaufzeit am Projekt beteiligt gewesen sein, sodass er den Test- und Projektverlauf beurteilen kann.

[571] Als Projektauftraggeber werden hier Mitarbeiter bezeichnet, die für den Produktabsatz verantwortlich und nicht in die Projektorganisation eingebunden sind.

[572] Ziele von Softwareentwicklungsprojekten beziehen sich grundsätzlich auf die Qualität und Quantität des erstellten Produkts sowie auf die Einhaltung der geplanten Kosten und Zeit (vgl. Balzert (2000), S. 76). Da wirtschaftlichem Kalkül gemäß die Wirksamkeit des Testaufwands entscheidend ist (vgl. Frühauf u. a. (2002), S. 127), und Testen grundsätzlich mit dem Ziel Fehler aufzudecken durchgeführt wird (vgl. Kapitel 1.3), muss hier vor allem die erreichte Produktqualität betrachtet werden (s. hierzu Appendix A, Fragen 45 und 46).

Auf diese Weise wird zu jedem Projekt die Ausprägung der Merkmale erhoben, die den Testaufwand beeinflussen (vgl. Kapitel 5.3), sowie die erreichten Projektziele. Ein Muster[573] für die Interviewfragen mit jeweiligem Ansprechpartner ist in Appendix A wiedergegeben.[574]

Als Ergebnis entsteht ein Datensatz je Projekt, deren Gesamtheit für grafische, statistische und interpretative Analysen zur Ermittlung der in der betrachteten Organisation relevanten Einflussfaktoren des Testaufwands (vgl. Kapitel 6.3, Schritte 3 bis 5) herangezogen werden kann.

6.2.1 Auswahl der Projekte

Das grundlegende Prinzip der Testaufwandsschätzung mittels der Methode TestASS ist der Analogieschluss.[575] Daher kann das zu ermittelnde Schätzmodell nur für solche Projekte Schätzwerte liefern, die den analysierten Projekten ähnlich sind. Das bedeutet, dass untersuchte und zu schätzende Projekte in der Ausprägung mehrerer Merkmale (weitgehend) übereinstimmen[576] müssen.

Um dies zu erfüllen, können z. B. mehrere Projekte aus dem gleichen Produktbereich oder mehrere Releases eines Produkts ausgewählt werden. Folgende weitere Anforderungen sind bei der Auswahl zu berücksichtigen:

- Verfügbarkeit von und Zugang zu Informationen muss gegeben sein (vgl. Voraussetzung V4). Dies betrifft insbesondere Ansprechpartner mit verschiedenen Rollen im Projekt, Aufwandsdaten und Testergebnisse sowie Informationen zu Fehlern, die im Produktivbetrieb gefunden wurden.
- Die Projekte müssen erfolgreich abgeschlossen sein, d. h. die Projektziele hinsichtlich der angestrebten Produktqualität und des Produktumfangs müssen unter

[573] Da die Ableitung messbarer Kennzahlen nicht im Detail, sondern nur anhand von Prinzipien vorgegeben ist (vgl. Kap. 6.2.2), können die Fragen zur Erhebung der Merkmale von Organisation zu Organisation unterschiedlich sein.

[574] Dieser Fragebogen wurde für die Fallstudien im Rahmen dieser Arbeit benutzt. Appendix C enthält die erfassten Werte für die analysierten Projekte der Fallstudien.

[575] Dieses Prinzip erlaubt, den Testaufwand systematisch und anhand von organisationsspezifischen Daten begründet zu schätzen (vgl. das Ziel dieser Arbeit in Kapitel 1.2), wenngleich die heterogenen Durchführungsbedingungen in Softwareentwicklungsprojekten verhindern, dass sich *allgemeingültige*, d. h. organisationsunabhängige funktionale Beziehungen zwischen Einflussfaktoren und dem Testaufwand identifizieren lassen (vgl. Noth (2001) S. 55).

[576] Aufgrund von Messungenauigkeiten und der Berücksichtigung subjektiver Bewertungen kann nicht von Identität oder vollkommener Übereinstimmung gesprochen werden.

Einhaltung des Kosten- und zeitlichen Ziels erreicht worden sein. Diese Betrachtung des Projekterfolgs ist weiter gefasst als eine Erfolgsbeurteilung des Testaufwands per se. Geht man allerdings davon aus, dass der Aufwand für das Testen letztlich nur dadurch gerechtfertigt ist, dass er zur Erreichung der Projektziele beiträgt, können nur solche Projekte Vergleichswerte für die Testaufwandsschätzung liefern, die nicht nur hinsichtlich der Produktqualität, sondern auch in Anbetracht des gesamten Projektzielsystems[577] als erfolgreich beurteilt werden.

- Der Projektabschluss darf nicht zu lange zurück liegen, damit sich Befragte noch detailliert an das Projekt erinnern können.
- Anzahl an Projekten: Je mehr Projekte für die Analyse zur Verfügung stehen, desto breiter ist die Basis für Auswertungen und desto verlässlichere Aussagen können mittels Modell getroffen werden.

Zur Auswertung der Projektdaten müssen die berücksichtigten Merkmale operationalisiert, d. h. messbar gemacht werden. Erst mithilfe messbarer Kennzahlen sind Vergleiche einzelner und Analysen der Gesamtheit der Projekte möglich.

6.2.2 Ableitung messbarer Kennzahlen

Verschiedene Autoren haben auf die Schwierigkeit der Quantifizierung der Einflussfaktoren hingewiesen.[578] Einige Autoren schätzen die Quantifizierung als problematischer ein als die Auswahl der Einflussfaktoren bei der Aufwandsschätzung.[579] Die Bedeutung messbarer Kennzahlen (und vorliegender Messwerte) als Grundlage von Schätzungen wird in der Fachliteratur einmütig hervorgehoben.[580]

---

[577] Das Zielsystem einer Projektaufgabe umfasst stets das Leistungs-, das Kosten- und das Terminziel (vgl. Grün (1992), Sp. 2103).

[578] Vgl. z. B. Kok (1991), S. 166; Kok gründet seine Aussage auf praktische Erfahrungen im Rahmen eines multinationalen Forschungsprojekts. Laut Vollmann schwankt vor allem bei subjektiver Beurteilung von Merkmalsausprägungen die Bewertung nicht nur zwischen Organisationen, sondern auch innerhalb einer Organisation im Zeitverlauf (vgl. Vollmann (1990), S. 83). Daher müssten Schätzformeln mit subjektiven Faktoren empirisch angepasst und regelmäßig überarbeitet werden (vgl. ebenda). Ohsugi u. a. fanden, dass in verschiedenen Bereichen einer Organisation unterschiedliche Messgrößen erfasst werden und abweichende Datenerfassungsvorgaben gelten können (vgl. Ohsugi u. a. (2004), S. 275).

[579] Vgl. Noth und Kretzschmar (1986), S. 7, Litke (1996), S. 25

[580] Vgl. z. B. Beizer (1990), S. 213, Fenton und Melton (1996), S. 37; Melton weist darauf hin, dass die wesentliche Verständniserweiterung bei der Entwicklung einer messbaren Kennzahl eintrete, und dass das Messen per se, d. h. die Anwendung der entwickelten Messvorschrift, entgegen der

Folgende Prinzipien[581], die sich als Grundlage empirischer Arbeiten zur Softwareentwicklung bewährt haben und Prinzipien der Measurement theory (deutsche Bezeichnung: Messtheorie) folgen, kommen zur Anwendung:

Prinzip 1: Organisationsspezifische Messgrößen und Messinstrumente[582]

Als Resultat verschiedener empirischer Forschungsarbeiten werden organisationsspezifisch definierte Messgrößen empfohlen.[583] Diese Messgrößen bestimmen die Datensammlung. Vorteilhaft hieran ist, dass sich die Definitionen an herrschenden Arbeitsweisen einer Organisation orientieren können.[584]

Zusätzlich zu organisationsspezifischen Messgrößen sind auch organisationsspezifische Messinstrumente einzusetzen.

Auch Autoren theoretisch untermauerter Fachbeiträge plädieren für organisationsspezifische Messgrößen.[585] Als einen Grund führen sie die Unterschiede zwischen den verwendeten Vorgehensmodellen an.[586] Darüber hinaus erfüllen Messungen ihren Zweck[587] nur, wenn vor der Definition der Messgrößen die Frage beantwortet ist, welches Merkmal zur Beantwortung welcher Frage gemessen werden

---

häufig anzutreffenden Ansicht keinen Verständnisgewinn bringe, sondern nur eine Information über ein Objekt (vgl. Melton (1996), S. 5).

[581] Zur Erläuterung des Begriffs Prinzip vgl. Kapitel 1.3, Fußnote 92

[582] Der Begriff „Metrik" wird hier abgesehen von Zitaten vermieden, da er in der Literatur uneinheitlich belegt ist: Im Kontext der Softwaremessung kann „metric" Messinstrument (vgl. Melton (1996), S. 3), Messfunktion (vgl. IEEE (1998b), zitiert nach Kaner und Bond (2004), S. 2), oder Messgröße bedeuten (dem Begriffsverständnis der Metrologie folgend, vgl. Côté u. a. (2006), S. 4). Teilweise bezeichnet Metrik auch ein Schätzsystem (vgl. Bieman u. a. (1996), S. 45). In diesem Sinn gebraucht, beinhaltet Metrik ein mathematisches Modell sowie eine Verfahrensbeschreibung zur Schätzung (vgl. ebenda, S. 42).

[583] Vgl. Kok (1991), S. 166; Jensen empfiehlt, in einem Schätzmodell verwendete Merkmalsdefinitionen sorgfältig daraufhin zu prüfen, ob sie im Anwendungskontext gelten (vgl. Jensen (2001), S. 18). Bei unbedachter Messung der Merkmale, d. h. ohne Prüfung der unterliegenden Definitionen, und Anwendung eines Aufwandsschätzmodells, das nicht in der anwendenden Organisation entwickelt wurde, könne sich das Modell als ungültig erweisen (vgl. ebenda).

[584] Vgl. Kok (1991), S. 167

[585] Vgl. Basili und Rombach (1988), S. 760; Basili und Rombach verwenden den Begriff „metric" mit der Bedeutung „Messgröße", da sie zwischen subjektiven und objektiven Metriken und Datensammlungsmechanismen unterscheiden.

[586] Basili und Rombach bspw. leiten aus dieser Tatsache ein Messprinzip ab, gemäß dessen Metriken lokal anzupassen und zu validieren sind (vgl. Basili und Rombach (1988), S. 760).

soll.[588] Wie die Messung dann vonstatten geht, d. h. welche Messgröße erfasst und ausgewertet werden soll, wird von den Gegebenheiten einer Organisation bestimmt.

Damit abgeschlossene Projekte ausgewertet können und der Erhebungsaufwand begrenzt wird, sollten bereits in der Organisation erhobene Kennzahlen auf ihre Eignung überprüft und ggf. verwendet werden.

Prinzip 2: Eindeutige und präzise Definitionen[589] der Messgrößen

Aus Sicht von Vertretern der Messtheorie[590] wird Softwaremessung besser akzeptiert und häufiger praktisch eingesetzt, wenn die verwendeten Messgrößen validiert werden, d. h. wenn sichergestellt ist, dass die Messgrößen geeignete numerische Beschreibungen der untersuchten Merkmale sind.[591] Für diese Überprüfung muss eindeutig definiert sein, *was* gemessen werden soll, und *wie* die Messung durchzuführen ist.[592]

Definitionen sollen nicht nur unmissverständlich, sondern auch möglichst genau sein. Die Erfüllung beider Forderungen trägt dazu bei, dass Projekte anhand ihrer Merkmalsausprägungen besser vergleichbar sind und Folgerungen aufgrund der Ergebnisse mehrerer Projekte zulassen.

---

[587] Messungen dienen zur Beschreibung, Beurteilung, zum Vergleich und zur Schätzung von Softwareprodukten, -prozessen und -ressourcen (vgl. Bieman u. a. (1996), S. 42 und Basili und Selby (1985), S. 386).

[588] Vgl. hierzu und im Folgenden Kaner und Bond (2004), S. 4

[589] Putnam und Myers verlangen außerdem, dass Definitionen von Messgrößen „zählbar" seien (vgl. Putnam und Myers (1997), S. 70). Doch für nominalskalierte Merkmale wie z. B. Projekttyp und ordinalskalierte Merkmale wie z. B. Qualität der Spezifikation lassen sich keine metrischen Skalen definieren, weshalb auf die Forderung hier verzichtet wird.

[590] Vgl. Bieman u. a. (1996), S. 41

[591] Genauer formuliert, müssen die Messgrößen die Repräsentativitätsbedingung erfüllen, vgl. Bieman u. a. (1996), S. 47

[592] Bezogen auf wissenschaftliche Begriffe entspricht die Angabe, *wie* zu messen ist, einer Operationalisierung. Die ausgewählte Operationalisierung muss logisch und empirisch valide sein, d. h. der Bedeutungsumfang der Messvorschrift muss mit der Bedeutung des zu messenden Begriffs übereinstimmen (logische Validität), und mittels Messvorschrift muss tatsächlich das erfassbar sein, was der Begriff beinhaltet (empirische Validität, vgl. Stier (1999), S. 32).

Prinzip 3: Subjektive und objektive Messgrößen und Messinstrumente

Sowohl objektive als auch subjektive Messgrößen (z. B. Projektdauer bzw. Qualität der Spezifikation) müssen zum Einsatz kommen.[593] Während Basili und Rombach dies mit fehlendem Verständnis von Zusammenhängen und mangelnder Toolunterstützung begründen,[594] sind außerdem sowohl bei empirischer Forschung als auch in der Praxis Kosten und Nutzen einer Messung abzuwägen. Zusätzlicher Aufwand, um objektive Messungen durchzuführen, kann nur durch höhere Zuverlässigkeit und Genauigkeit gerechtfertigt werden. Diese Überlegenheit objektiver Messinstrumente ist aber nicht bezogen auf jedes Merkmal in jeder Organisation gegeben, wie die Fallstudien zeigten (vgl. Kapitel 8.3.2).

Subjektive Bewertung kommt vor allem bei der Operationalisierung[595] ordinaler[596] Merkmale wie z. B. der Abhängigkeit von Zulieferungen zum Tragen. Um zwischen Projekten vergleichbare Urteile zu erhalten, kann die Bewertung anhand verbal verankerter fünfstufiger Ratingskalen erfolgen[597], die als intervallskaliert angesehen werden[598].

Prinzip 4: Mehrdimensionale Messung

Die Komplexität der Merkmale eines Softwareprodukts und eines Softwareentwicklungsprozesses ist nach Basili und Rombach so hoch, dass interessierende Merkmale nur anhand jeweils mehrerer Kennzahlen beschrieben und interpretiert werden können.[599] Durch mehrdimensionale Messung eines Merkmals erhält man zudem ein vollständigeres und weniger verzerrtes Bild.[600]

---

[593] Vgl. Basili und Rombach (1988), S. 760, dort als Messprinzip M5

[594] Vgl. ebenda

[595] Unter Operationalisierung versteht man „den Prozess der Messbarmachung eines nicht direkt messbaren Phänomens" (Müller-Böling (1992), Sp. 1502).

[596] D. h. nicht-metrischer, nicht nominaler

[597] Rohrmann fand in einer empirischen Studie, dass die fünfstufige Bewertungsskala am häufigsten präferiert wird (vgl. Rohrmann (1978), zitiert nach Bortz und Döring (2006), S. 181).

[598] Zur Problematik des Messniveaus derartiger Skalen vgl. Stier (1999), S. 72ff und Bortz und Döring (2006), S. 181-183

[599] Vgl. Basili und Rombach (1988), S. 760, dort als Messprinzip M6

[600] Vgl. Kaner und Bond (2004), S. 10

Zusammenfassend wird gemäß diesen Prinzipien für jedes Merkmal mindestens eine messbare Kennzahl bestimmt. Subjektive Beurteilungen sind zugelassen, solange keine aussagekräftige, objektiv messbare Kennzahl mit vergleichbarem Aufwand erhältlich ist bzw. sind gemäß dem Prinzip mehrdimensionaler Messung um eine objektive Kennzahl zu ergänzen. Grundsätzlich werden bereits erhobene Kennzahlen bei entsprechender Eignung verwendet, wenn eindeutig definiert ist, was bzw. welches Merkmal sie messen.

6.3 Bestimmung organisationsspezifischer Einflussfaktoren des Testaufwands

Grundsätzlich umfasst die Aufwandsschätzung in der Softwareentwicklung zwei Aufgaben:[601]

1. Messen[602] des Umfangs des Schätzobjekts[603]
2. Aufwandsschätzung unter Einsatz schätzrelevanter Parameter[604]

Der Umfang des Schätzobjekts entspricht dem Umfang des zu testenden Softwareprodukts, der als Einflussfaktor[605] berücksichtigt wird[606].

Die schätzrelevanten[607] Parameter sind aus den Einflussfaktoren des Testaufwands auszuwählen.[608] Der Zweck dieser Auswahl besteht darin, dass die Reliabili-

---

601 Vgl. Bundschuh und Fabry (2004), S. 29

602 Die englische Bezeichnung dieser Umfangmessung ist „sizing". Nur wenn die Perspektive des Problems, d. h. der Anforderungen zugrunde gelegt wird, handelt es sich tatsächlich um eine Messung (z. B. Zählung der Function Points). Nimmt man die Entwicklungssicht ein, d. h. die Perspektive der Lösung, wird auch beim sizing geschätzt, da die genaue Lösung noch unbekannt ist (vgl. Kitchenham (1996), S. 184).

603 Gemeint ist mit Schätzobjekt nicht der Gegenstand der Schätzung, der Aufwand, sondern das Objekt der Tätigkeit (Entwicklung oder Testen), deren Aufwand geschätzt werden soll.

604 In statistischen Regressionsanalysen werden die schätzrelevanten Parameter als unabhängige, die zu schätzende Größe als abhängige Variable bezeichnet.

605 Vgl. Kapitel 5.3.1.6 und These T13

606 Dies gilt unabhängig von der verwendeten Maßzahl, z. B. Function Points, Lines of code, Anzahl Use Cases, etc.

607 Stier spricht im Rahmen der Regressionsanalyse von den „geeignetsten" Variablen (vgl. Stier (1999), S. 247).

608 Vgl. Noth und Kretzschmar (1986), S. 3f; Die Auswahl der zu berücksichtigenden Variablen bei multipler Regressionsanalyse ist ein häufiges Problem in der empirischen Forschung (vgl. z. B. Boyce u. a. (1974), S. 5, Briand u. a. (1993), S. 155). Unabhängig vom Grundprinzip einer Schätzmethode (z. B. Analogieschluss oder Expertenschätzung) ist eine Einschränkung auf die wichtigsten

tät der Informationsverarbeitung bei der Schätzung erhöht werden kann.[609] Das bedeutet, dass Schätzfehler durch überproportionale Berücksichtigung wenig relevanter Merkmale oder durch Ablenkung aufgrund von irrelevanten Merkmalen begrenzt werden.

Welche Einflussfaktoren am wichtigsten sind, kann von Organisation zu Organisation variieren.[610] Die Ermittlung der lokal, d. h. in einer bestimmten softwareentwickelnden Organisation wichtigsten Einflussfaktoren des Testaufwands erfolgt in Anlehnung an Devnani[611] und Kan[612] in mehreren Schritten.[613]

Auf Aktivitäten zur Datensammlung (Schritte 1 und 2) folgen verschiedene Analysen der gesammelten Daten (Schritte 3 und 4). Die Regressionsanalysen (Schritt 5) fassen einerseits die Ergebnisse der vorangegangenen Analysen zusammen, und dienen andererseits zur Herleitung des organisationsspezifischen Modells. In Schritt 6 wird das hergeleitete Modell validiert.

Schritt 1: Projektspezifische Testaufwandstreiber ermitteln

Als Teil der Datensammlung wird der Qualitätssicherungsverantwortliche nach den einflussreichsten Testaufwandstreibern (d. h. den Aufwand erhöhenden Fakto-

---

Einflussfaktoren nötig (vgl. z. B. Kadoda u. a. (2000), S. 4f, Aamodt und Plaza (1994), im Rahmen der Methode Case-based reasoning als „Feature subset selection" bezeichnet).

[609] Vgl. hierzu und im Folgenden Stewart (2001), S. 93

[610] Vgl. Briand u. a. (1998), S. 9 und Kapitel 8.1 und 8.2; Pfleeger u. a. fanden, dass Aufwandseinflussfaktoren in einer anderen Umgebung als der, in der sie ermittelt wurden, und zu einem späteren Zeitpunkt als dem Ermittlungszeitpunkt irrelevant sein können (vgl. Pfleeger u. a. (1997), S. 40).

[611] Devnani schildert ein schrittweises Vorgehen zur Entwicklung des Modells CoCoMo II und von Varianten des Modells (vgl. Devnani-Chulani (1999), S. 43): Ausgehend von Expertenschätzung, statistischen Analysen historischer Projektdaten und unter Anwendung des Bayes-Theorems wurden die zu modellierenden Faktoren ausgewählt.

[612] Kan beschreibt den Prozess zur Modellierung des Softwarezuverlässigkeitswachstums unter Verwendung existierender mathematischer Zuverlässigkeitswachstumsmodelle, die an vorliegende historische Projektdaten angepasst werden (vgl. Kan (2003), S. 220).

[613] Zur Lösung dieses Auswahlproblems wurden bspw. Optimal Subset Selection-Algorithmen (für multiple Regression) und das Optimized Set Reduction-Verfahren (OSR) entwickelt (vgl. Boyce u. a. (1974) bzw. Briand u. a. (1993), S. 156f). Nach Kadoda u. a. sind die Komplexität der Auswahl und organisationsspezifische Unterschiede hinsichtlich der relevanten Einflussgrößen Gründe, die Auswahl nicht vorzugeben, sondern dem jeweils Schätzenden zu überlassen (vgl. Kadoda u. a. (2000), S. 3).

ren) im untersuchten Projekt befragt.[614] Er kann vorgeschlagene Aufwandstreiber beurteilen[615] und weitere Aufwandstreiber nennen und bewerten.

Wird ein Aufwandstreiber im Interview als sehr einflussreich (Wert 5) beurteilt, sollte durch Nachfragen direkt geklärt werden, welche Folgen der Befragte dem Aufwandstreiber zuordnet, und ob ein anderer, nicht abgefragter Umstand ursächlich für die Merkmalsausprägung und die Wirkung auf den Testaufwand war.

Analysiert werden die Mittelwerte[616] der Antworten über alle untersuchten Projekte. Hohe, d. h. deutlich von der mittleren Ausprägung 3 abweichende Mittelwerte geben Einblick, welche Umstände in dieser Organisation typischerweise hohen Testaufwand nach sich ziehen. Das entsprechende Merkmal wird in die weiteren Analysen aufgenommen (vgl. Schritte 3, 4 und 5). Niedrige Mittelwerte zeigen an, welche Erfordernisse des Tests meist erfüllt werden.[617]

Das Ergebnis dieses Schritts sind Vermutungen über relevante Einflussfaktoren des Testaufwands in dieser Organisation.

Schritt 2: Vergleichskriterien hinsichtlich des Testaufwands identifizieren

Mitarbeiter einer Stabsabteilung zur Qualitätssicherung, die keinem Projektteam angehören, sondern deren Aufgaben z. B. sind, mehrere Projekte gleichzeitig beratend zu begleiten und den Testprozess zu gestalten bzw. aktuellen Erfordernissen anpassen, werden befragt, welche Projektmerkmale relevant seien zum Vergleich des Testaufwands zwischen Projekten.

Diese Personengruppe, nach Kubicek eine „indirekt betroffene Gruppe“[618] hinsichtlich der Testaufwandsschätzung, unterscheidet sich von den befragten Projektmitarbeitern durch ihre Funktion in der Organisation und ihren Erfahrungshin-

---

[614] Siehe den Fragebogen in Appendix A

[615] Dies geschieht anhand einer fünfstufigen Skala.

[616] Die von Fenton und Neil geäußerte Kritik (vgl. Fenton und Neil (1999), S. 681) an der Verwendung von Mittelwerten anstelle der Originaldaten trifft hier nicht zu, da zum einen keine direkten Schlüsse aus den Mittelwerten gezogen werden (sie weisen nur auf möglicherweise relevante und daher weiter zu analysierende Faktoren hin). Zum anderen werden die Originaldaten bei der fallweisen Analyse betrachtet, vgl. Schritt 4 in diesem Unterkapitel.

[617] Zu untersuchen, ob sich hier Einsparpotenziale aus Sicht der Testplanung ergeben, geht über das Ziel dieser Arbeit hinaus.

[618] Vgl. Kubicek (1976), S. 26

tergrund. Die Erfüllung ihrer Funktion erfordert, diejenigen Ausprägungen von Projektmerkmalen und Zusammenhänge zwischen verschiedenen Projektmerkmalen zu erkennen, die projektunabhängig zu hoher Produktqualität beitragen. Ihr Erfahrungshintergrund umfasst relativ viele Projekte im Vergleich zu Projektmitarbeitern, da sie Einblick in den Verlauf und die Ergebnisse verschiedener parallel ablaufender Projekte haben.

Da sowohl die Funktion als auch das Erfahrungswissen dieser Personengruppe von den Projektbeteiligten abweichen, zeichnet sie sich durch eine abweichende Perspektive aus. Daher erweitert ihre Befragung den Erkenntnisgewinn hinsichtlich des organisationsspezifischen Wirkungsgefüges des Testaufwands.[619]

Das Ergebnis in Form einer Rangliste gibt einerseits Aufschluss, welche Merkmale auf Ähnlichkeit zwischen Projekten hinweisen. Diese Merkmale eignen sich zur Gruppierung der Projekte. Andererseits repräsentieren die Antworten Vermutungen erfahrener Qualitätssicherungsmitarbeiter bezüglich der Merkmale, die die Testaufwandshöhe bestimmen, und weisen damit auf lokal relevante Einflussfaktoren des Testaufwands hin.[620]

Schritt 3: Korrelationsanalyse (grafisch und statistisch[621])

Datenpaare bestehend aus der abhängigen Variable Testaufwand (standardisiert als Anteil am Entwicklungsaufwand) und jeweils einer unabhängigen Variable werden als Streudiagramme visualisiert. Datenpunkte, die eng um eine Linie oder Kurve streuen, deuten auf Korrelation hin. Außerdem lässt sich ablesen, ob der sichtbare Zusammenhang linearer oder nicht-linearer Natur ist.

Interpolationslinien und -kurven in Verbindung mit dem Bestimmtheitsmaß R^2 geben Aufschluss darüber, wie gut die Daten die jeweils vermutete Korrelation bestätigen.[622]

---

619 Vgl. ebenda; Kubicek empfiehlt die Befragung derart indirekt betroffener Gruppen vor allem deshalb, weil sich an ihnen nicht intendierte Wirkungen planvoller Handlungen zeigen (vgl. ebenda).

620 Jørgensen und Moløkken fanden in einer empirischen Studie zu Gründen für Aufwandsschätzfehler, dass statistische Analysen und Expertenumfrageergebnisse ergänzende Informationen liefern (vgl. Jørgensen und Moløkken (2004), S. 994).

621 Obwohl keine Stichprobe im statistischen Sinn vorliegt, demgemäß die analysierten Projekte repräsentativ für die Grundgesamtheit, d. h. alle Projekte dieser Organisation, sein müssen, werden statistische Methoden angewandt, ohne jedoch deren Möglichkeiten zur Verallgemeinerung auszuschöpfen. Sie dienen vielmehr dem Aufdecken markanter Zusammenhänge, die zu validieren sind (vgl. Schritt 6).

Als statistisches Maß der Korrelation werden der Pearson-Korrelationskoeffizient[623] und Spearmans Rho[624] für die Datenpaare errechnet.[625]

Anschließend werden die grafisch und statistisch ermittelten Korrelationen interpretiert, wobei alle verfügbaren Projektinformationen herangezogen und unterschiedliche Erklärungsansätze betrachtet werden. Zur Modellierung des Testaufwands wird ein Merkmal nur vorgesehen, wenn sich die Korrelation eindeutig und nachvollziehbar erklären lässt, und die Wirkung vom Merkmal auf den Testaufwand gerichtet ist.[626]

Schritt 4: Einzelfallanalyse

Bei der Einzelfallanalyse werden Erklärungen für das jeweilige Projektergebnis hinsichtlich der Produktqualität und für die relative[627] Höhe des Testaufwands gesucht. Dazu werden die erfassten Daten und Interviewaussagen analysiert.

Da im Geltungsbereich des Modells[628] die Höhe des Testaufwands ökonomischem Kalkül entsprechen soll, ist nur solcher Testaufwand gerechtfertigt, dessen

---

[622] Das Bestimmtheitsmaß ist ein globales Gütemaß im Kontext statistischer Regressionsanalysen. Es gibt an, welcher Anteil der Varianz der abhängigen Variablen durch die unabhängige(n) Variable(n) erklärt wird (vgl. Backhaus u. a. (2006), S. 64ff). Um die zugrunde liegende Stichprobengröße zu berücksichtigen, wird das korrigierte Bestimmtheitsmaß R^2 verwendet (vgl. Backhaus u. a. (2006) S. 68). Siehe hierzu auch Appendix B.

[623] Dieses Korrelationsmaß bedingt normalverteilte, intervallskalierte Daten und misst nur den linearen, z. B. nicht den quadratischen Zusammenhang. Ob diese Voraussetzungen vorliegen, wird bei der Ergebnisauswertung im Einzelfall erörtert (vgl. Kapitel 8.1 und 8.2).

[624] Spearmans Rho, auch als Rangkorrelationskoeffizient bezeichnet, ist ein Korrelationsmaß für ordinale, d. h. nicht intervallskalierte Daten. Dadurch ist es im Gegensatz zum Korrelationskoeffizienten nach Pearson unsensibel für Ausreißer und nicht auf die Aufdeckung linearer Zusammenhänge beschränkt. Es misst den Zusammenhang in Form einer beliebigen monotonen Funktion zwischen zwei Variablen, ohne Annahmen über deren Wahrscheinlichkeitsverteilung zu machen.

[625] Diese Maße sind weit verbreitet und mit geringem Aufwand bestimmbar. Z. B. Briand u. a. verwendeten t-Tests, d. h. Hypothesentests mit t-verteilter Testprüfgröße, um signifikante Korrelationen zwischen zwei Variablen zu identifizieren (vgl. Briand u. a. (1999)). Da diese Vorgehensweise nicht mehr Informationen liefert und sich als aufwändiger erwies, wurde sie nicht benutzt.

[626] Eine statistisch nachgewiesene Korrelation kann nicht nur kausal in verschiedene Richtungen interpretiert werden, sondern auch teilweise kausal (wenn die Abhängigkeit zum Teil auf den Einfluss einer exogenen Größe zurückzuführen ist, die hinter den beiden untersuchten Variablen steht) oder nicht kausal (wenn sich die Korrelation allein aufgrund des Einwirkens einer exogenen Größe ergibt, vgl. Backhaus u. a. (2006), S. 346f).

[627] Testaufwand betrachtet als prozentualer Anteil am Entwicklungsaufwand

[628] Vgl. Kapitel 1.3, Bestimmung des Begriffs „Softwareentwicklung“

Nutzen die Kosten aufwiegt oder übersteigt. Daher verbindet diese interpretative Analyse die Erreichung der angestrebten Produktqualität mit der Höhe des Testaufwands.[629]

Die Grundlagen für die vermuteten Wirkungsbeziehungen sind:

- die allgemeinen, theoriegeleiteten Thesen (Kapitel 5.3)
- die in Projektinterviews genannten projektspezifischen Testaufwandstreiber (Schritt 1)
- die Vergleichskriterien für den Testaufwand nach Ansicht der Qualitätssicherungsexperten (Schritt 2).

Diese Interpretation, die häufig mehrere alternative Erklärungen umfasst, wird mit dem Projektleiter oder dem Qualitätssicherungsverantwortlichen auf Plausibilität geprüft und abgestimmt.[630] Aufgrund dieses Feedbacks wird die interpretative Analyse bestätigt, ergänzt oder korrigiert.

Als Ergebnis der Einzelfallanalysen werden die Vermutungen bzgl. relevanter Einflussfaktoren bestätigt oder angepasst und Einblicke in deren relative Bedeutung gewonnen.

Schritt 4a) Ausreißeranalyse

Die Basis zur Ermittlung der Ausreißer und Extremfälle sind neben der Gesamtübersicht der Projektdatensätze entweder Streudiagramme (vgl. Schritt 3) oder Boxplots[631]. Ausreißer, d. h. Projekte, deren Testaufwand deutlich oberhalb oder deutlich unterhalb der Interpolationslinie oder -kurve liegt, und Projekte, die in einem Boxplot als Extremfall erscheinen,[632] werden daraufhin untersucht, welche Merkmalsausprägungen und ob projektspezifische Besonderheiten vorliegen.[633]

---

[629] Da der Testaufwand nur ein Faktor von vielen ist, die die erreichte Produktqualität determinieren, kommt der Durchsprache des Analyseergebnisses mit einer Person, die die Zielerreichung hinsichtlich der Produktqualität und den Beitrag des Testens dazu beurteilen kann (Projektleiter oder Qualitätssicherungsverantwortlicher) hohes Gewicht zu, um Fehlinterpretationen zu vermeiden.

[630] Vgl. Kapitel 1.4 und siehe vorangegangene Fußnote

[631] Vgl. Bortz und Döring (2006), S. 374f zur Erläuterung der Boxplot-Darstellung

[632] Bei der Boxplotdarstellung wird üblicherweise eine Abweichung vom Median in Höhe von drei Boxlängen als Grenzwert verwendet, dessen Überschreitung zur Kennzeichnung als Extremfall führt. Die Boxlänge entspricht dabei dem Intervall zwischen dem 25%- und dem 75%-Quartil.

[633] Die häufig bei der Regressionsanalyse anzutreffende Praktik, Datensätze von der Analyse auszuschließen, die Ausreißer darstellen, kritisiert bspw. Dolado (vgl. Dolado (2001), S. 63). Der

Schritt 4b) Analyse der Projekte mit sehr hoher/niedriger erreichter Produktqualität

Ziel dieses Schritts ist die Beantwortung folgender Fragen:

- Welche Merkmalsausprägungen führen (ggf. bei niedrigem Testaufwand) zu hoher erreichter Produktqualität?
- Welche Merkmalsausprägungen führen (ggf. bei hohem Testaufwand) zu niedriger erreichter Produktqualität?

Die Analyse soll zeigen, welche Merkmale unabhängig vom Testaufwand zu hoher Produktqualität beitragen, und welche Merkmale die Wirkung des Testaufwands auf die Produktqualität reduzieren, d. h. dem Testaufwand entgegenwirken.

Schritt 4c) Analyse der übrigen Projekte

Diese Analyse umfasst alle Projekte, die weder als Ausreißer (Schritt 4a) noch als sehr erfolgreiche Projekte bzw. Projekte, die sehr niedrige Produktqualität erreichten (Schritt 4b), analysiert wurden. Zu jedem Projektdatensatz werden Antworten auf folgende Fragen gesucht:

1. Entsprach die erreichte der angestrebten Produktqualität[634]?
2. Welche Merkmale bzw. Umstände waren ausschlaggebend für die erreichte Produktqualität? Bzw. war der Testaufwand ausschlaggebend für die erreichte Produktqualität?
3. Welche Wirkung hatten die Merkmale bzw. Umstände auf den Testaufwand?

Schritt 5: Multiple Regressionsanalyse

Die Regressionsanalyse wird sowohl zur Prüfung der vermuteten Wirkungsbeziehungen als auch zur Modellierung des Testaufwands eingesetzt.[635]

Entsprechend den Ergebnissen der vorangegangenen Schritte werden als relevant vermutete Einflussfaktoren mittels linearer[636] Regression zu einer Modellgleichung zusammengefasst.

Ausschluss bestimmter Datensätze muss theoretisch oder praktisch gerechtfertigt werden (vgl. Fenton und Neil (1999), S. 681).

[634] Unter hoher bzw. niedriger Produktqualität wird hier die Auslieferung weniger bzw. vieler kundenrelevanter Fehler verstanden (siehe hierzu Kap. 1.3, S. 8).

[635] Vgl. hierzu Backhaus u. a. (2006), S. 9 und Appendix B

Die Anzahl der Einflussfaktoren, die als unabhängige Variable in eine Gleichung aufgenommen werden können, ist durch die Anzahl der untersuchten Projekte[637] begrenzt.[638] Wenn zur Modellierung mehr Einflussfaktoren vorliegen als in einer Gleichung berücksichtigt werden können, werden verschiedene Regressionsgleichungen mit jeweils anderen Zusammensetzungen von Einflussfaktoren gebildet. Die jeweils gemeinsam modellierten Einflussfaktoren müssen so gewählt werden, dass sie nicht voneinander abhängig sind. Dies liegt daran, dass stark miteinander korrelierende Variablen, d. h. ein hohes Maß an Multikollinearität zwischen den Variablen zu unzuverlässigen Schätzungen der Regressionsparameter führt.[639]

Ausgehend von der Annahme, in vergleichbaren Projekten werde der Testaufwand von den gleichen Einflussfaktoren gleichermaßen bestimmt, wird nach einem oder mehreren geeigneten Gruppierungsmerkmal(en) wie z. B. dem Projekttyp (vgl. These T5) gesucht.[640] Dabei legt die Menge der vorhandenen historischen Datensätze fest, wie viele verschiedene Modellgleichungen gebildet werden können.[641]

Zur Beurteilung, wie gut die ermittelten Regressionsgleichungen den Testaufwand abbilden und wie gut sie demnach zur Schätzung geeignet sind, werden zu-

---

[636] Ob der Zusammenhang zwischen jeder einzelnen Variablen und dem Testaufwand tatsächlich linear ist, wird als Teil der Modellprämissen geprüft (s. S. 136). Lineare Zusammenhänge werden angenommen, weil sie die einfachste Form einer Verknüpfung darstellen und a priori kein Grund für quadratische Funktionen oder solche höherer Ordnung spricht. Darüber hinaus wurde empirisch festgestellt, dass lineare Modelle sehr robust sind, d. h. auch nicht-lineare Daten auffallend gut abbilden (vgl. Yntema und Torgerson (1961), zitiert nach Camerer und Johnson (1991), S. 210).

[637] Im Rahmen angewandter Statistik entspricht dies der Stichprobengröße.

[638] Wie groß die Beobachtungsanzahl sein muss, damit eine Regressionsgleichung mit einer bestimmten Anzahl erklärender Variablen ausreichend fundiert ist, lässt sich nicht allgemein angeben, denn die Beschaffenheit, insbes. der Grad der Heterogenität der Daten spielt hierbei eine entscheidende Rolle. Als Faustregel werden 10 Projekte je erklärende Variable genannt (vgl. Myrtveit u. a. (2001), S. 1006). Vgl. auch Backhaus u. a. (2006), S. 370 und Appendix B

[639] Vgl. Backhaus u. a. (2006), S. 90. Dieses Problem ergab sich bspw. bei der Kalibrierung des Modells CoCoMo II (vgl. Devnani-Chulani (1999), S. 102).

[640] Geeignete Gruppierungsmerkmale sind nominalskalierte Variablen, die für jede Ausprägung differierende Niveaus oder stark unterschiedliche Streubreiten des Testaufwands zeigen (z. B. mittels Boxplotdarstellung erkennbar).

[641] Regressionsgleichungen werden für die Gesamtheit der Projektdatensätze, jeweils für alle Projekte mit gleicher Ausprägung eines Gruppierungsmerkmals oder für jeweils all diejenigen Projekte abgeleitet, die die gleiche Kombination der Ausprägungen mehrerer Gruppierungsmerkmale aufweisen.

erst die Regressionsgleichungen (jeweils als Ganzes, als globale Prüfung bezeichnet) und anschließend deren jeweilige Koeffizienten geprüft.[642]

Als **Gütekriterien der Regressionsgleichung** werden folgende Maße untersucht:

- das korrigierte Bestimmtheitsmaß[643] R^2: Je näher dessen Wert bei 1 liegt, desto besser beschreibt die Gleichung die Daten.
- das Signifikanzniveau[644] der Gleichung sowie der einzelnen Variablen in der Gleichung: Je näher dieser Wert bei 0 liegt, desto geringer ist die Wahrscheinlichkeit, dass anstatt dieser Gleichung der Zufall den Testaufwandswert bestimmt, bzw. irrtümlicherweise eine Variable zu berücksichtigen, die tatsächlich keinen Zusammenhang mit dem Testaufwand aufweist.
- der Standardfehler der Schätzung:[645] Je niedriger dieser Wert ist, desto näher liegt der mittels Regressionsgleichung geschätzte Wert durchschnittlich am tatsächlichen Wert.

Als Ergebnis wird die Regressionsgleichung ausgewählt, die einen (relativ zu den weiteren gebildeten Regressionsgleichungen) hohen Wert des Bestimmtheitsmaßes mit einem niedrigen Signifikanzniveau und einem niedrigen Standardfehler verbindet.[646]

Wesentliche Kriterien bei der **Prüfung der Koeffizienten** der ermittelten Regressionsgleichung sind die Wahrscheinlichkeit, mit der die einzelnen Variablen tatsächlich einen signifikanten Einfluss auf den Testaufwand haben (bzw. das entsprechende Signifikanzniveau), und das Konfidenzintervall.[647] Der Einfluss einer Variablen ist dann als signifikant anzusehen, wenn das zugehörige Signifikanzni-

---

642 Vgl. Backhaus u. a. (2006), S. 63

643 Vgl. Fußnote 622 und Appendix B; für ein Anwendungsbeispiel siehe Dolado (2001), S. 62

644 Das Signifikanzniveau gibt an, mit welcher Wahrscheinlichkeit ein systematischer Zusammenhang mit der abhängigen Variablen (hier: dem Testaufwand) angenommen wird, obwohl tatsächlich keiner vorliegt (die statistisch geprüfte Nullhypothese wird irrtümlich verworfen). Siehe auch Appendix B

645 Siehe Appendix B

646 Es ist häufig nicht möglich, eine Gleichung unter mehreren möglichen Gleichungen zu finden, die sowohl den höchsten Wert für $R^2_{korr.}$ als auch das niedrigste Signifikanzniveau und den geringsten Standardfehler aufweist. Kann zwischen mehreren Gleichungen nicht eindeutig die beste gemäß dieser Kriterien bestimmt werden, wird begründet ausgewählt.

647 Vgl. Backhaus u. a. (2006), S. 73-78, siehe hierzu auch Appendix B

veau unter 0,05 liegt.[648] Mit zunehmender Breite des Konfidenzintervalls sinkt die Zuverlässigkeit des Modells bezogen auf die jeweilige Variable. Insbesondere Vorzeichenwechsel innerhalb des Konfidenzintervalls vermindern die Zuverlässigkeit des Modells. Ein Vorzeichenwechsel bedeutet, dass mit der gewählten Wahrscheinlichkeit (üblicherweise 95 %) keine eindeutige Angabe über die Richtung des Einflusses gemacht werden kann, d. h. dass die zugehörige Variable (bzw. das entsprechende Merkmal) bei höherer Ausprägung den Testaufwand entweder erhöht oder reduziert.

Schließlich muss die **Erfüllung der Prämissen** überprüft werden, die der multiplen (linearen) Regressionsanalyse zugrunde liegen, um sicher zu stellen, dass eine Regressionsgleichung ein gutes Modell des Testaufwands darstellt.[649] Von herausragender Bedeutung im vorliegenden Kontext ist die richtige Spezifizierung des Modells, d. h. ob tatsächlich jeweils ein linearer Zusammenhang zwischen den unabhängigen Variablen und dem Testaufwand vorliegt, und ob alle relevanten Faktoren berücksichtigt sind. Insbesondere die Einbeziehung redundanter Einflussfaktoren oder die Vernachlässigung relevanter Einflussfaktoren führt zu verzerrten Werten der Koeffizienten und irreführenden Ergebnissen.[650] Daher sollte die Relevanz der berücksichtigten Einflussfaktoren für den Testaufwand von mehreren Quellen bestätigt sein, bspw. in Form übereinstimmender Ergebnisse mehrerer der vorangegangenen Schritte oder kongruenter, bestätigter Ergebnisinterpretation zu mehreren Projekten.[651]

Weist eine Regressionsgleichung zufrieden stellende Werte der Gütekriterien auf und zeigen sich bei der Prüfung der Koeffizienten akzeptable Signifikanzniveaus und Grenzwerte des Konfidenzintervalls, ist zum einen der Einfluss der modellierten Variablen auf den Testaufwand statistisch bestätigt.[652] Dabei sind die Variablen

---

[648] Vgl. ebenda, S. 98

[649] Vgl. ebenda, S. 79-93 für einen Überblick der Prämissen, Prüfungen der jeweiligen Erfüllung und Konsequenzen im Fall verletzter Prämissen

[650] Z. B. können irrelevante Einflussfaktoren statistisch signifikant erscheinen und umgekehrt (vgl. ebenda, S. 85).

[651] Gründe dafür, dass relevante Einflussfaktoren im Modell fehlen, können z. B. sein: a) hohe Dynamik (vgl. Kapitel 1.3), b) nicht mit vertretbarem Aufwand mögliche Operationalisierung, und c) seltene, einflussreiche Ereignisse (von Meehl als „broken leg cues" bezeichnet, weil sie so selten und gleichzeitig so einflussreich seien wie ein gebrochenes Bein, vgl. Meehl (1954), S. 24f).

[652] Welche Schwellenwerte bei den Gütekriterien der Funktion, bei Signifikanzniveau und Konfidenzintervall der Koeffizienten erreicht werden müssen, ist im Einzelfall festzulegen.

mit den höchsten standardisierten Koeffizienten (als Indikator der Einflussstärke[653]) und ausreichend niedrigem Signifikanzniveau als lokal wichtigste Einflussfaktoren identifiziert.[654] Zum anderen stellt die Gleichung ein quantifiziertes lokales Modell des Testaufwands dar.[655]

Schritt 6: Validierung[656]

Im Kontext von Aufwandsschätzung in der Softwareentwicklung ist Vorsicht bei ausschließlicher Anwendung statistischer Verfahren geboten.[657] Daher werden die ermittelten relevanten Einflussfaktoren und die Regressionsgleichungen durch Experten (Schritt 6a), anhand weiterer Datensätze (Schritt 6b) und in Pilotprojekten (Schritt 6c) validiert.

Schritt 6a) Validierung anhand der Beurteilung durch Experten

Die Regressionsgleichungen werden in einer Expertenrunde vorgestellt und diskutiert.[658]

Als „Experten" werden hierbei Mitarbeiter der jeweiligen Organisation betrachtet, die in mehreren Projekten verantwortlich für die Qualitätssicherung waren oder mehrjährige Erfahrung mit der Entwicklung und Durchführung von Maßnahmen zur Qualitätssicherung haben. Insbesondere soll der Erfahrungsschatz dieser Experten die Planung und Steuerung von Tests einschließen.

---

[653] Vgl. Backhaus u. a. (2006), S. 98

[654] Je nach Datenauswahl, für den die Regression durchgeführt wurde, gelten sie entweder für alle Projekte oder für die jeweils zugrunde gelegte Gruppe.

[655] Zu den Schwierigkeiten, anhand einer numerisch spezifizierten Gleichung den Testaufwand zu schätzen, vgl. Kapitel 8.2 und Kapitel 8.3.3

[656] Nach Bieman u. a. bezeichnet die „[...] Validierung eines Schätzsystems in einer bestimmten Umgebung den Prozess, die Treffsicherheit des Schätzsystems auf empirische Weise festzustellen, d. h. indem man die Modellergebnisse mit bekannten Datenpunkten dieser Umgebung vergleicht" (Bieman u. a. (1996), S. 46). Zum Begriff Schätzsystem siehe Fußnote 582

[657] Statistische Verfahren erfordern konsistente, homogene historische Projektdaten in ausreichender Menge (vgl. Déry und Abran (2005), S. 123). Devnani kommt zum Schluss, multiple Regression liefere keine zufriedenstellenden Ergebnisse bei der Kalibrierung des Modells CoCoMo II (vgl. Devnani (1999), S. 104). Bezogen auf Software Engineering allgemein warnen Briand u. a., klassische statistische Verfahren seien aufgrund mangelnder, empirisch ungesicherter Theorie und üblicherweise unzureichender Datenbasen nur begrenzt einsetzbar (vgl. Briand u. a. (1993), S. 152).

[658] Im Unterschied zu einem Delphi-Assessment (vgl. Lachmann (1988)) sind alle Beteiligten anwesend und es erfolgt ein direkter anstelle eines anonymen Austauschs.

Das Ziel dieses Austauschs ist es, qua Konsens folgende Fragen zu beantworten:

- Bestimmen die im Modell enthaltenen Merkmale den Testaufwand in dieser Organisation?
- Gibt es weitere, bezüglich des Testaufwands einflussreichere Faktoren?
- Ist das Modell in Gleichungsform oder als nicht-parametrisierte Funktion hilfreich bei der Schätzung des Testaufwands?

Wenn die Gründe für unterschiedliche Einschätzungen aufgedeckt und dadurch Widersprüche aufgelöst werden, kann diese Erkenntnis im Modell berücksichtigt werden und zur Verbesserung der Schätzung beitragen.[659] Analog zu einer Aufwandsschätzung, die sich nach dem Austausch und der Diskussion mehrerer Teammitglieder als Konsens ergibt, bringt diese Validierung der Analyseergebnisse folgende weitere Vorteile mit sich:[660]

- Das Modell (in Gleichungsform oder als nicht-parametrisierte Funktion) wird von allen Beteiligten akzeptiert.
- Den beteiligten Anwendern werden Unsicherheiten und mögliche Risiken der Modellanwendung bewusst.

Als Ergebnis dieses Schrittes ist durch die Experten bestätigt oder widerlegt, dass die modellierten Merkmale tatsächlich den Testaufwand bestimmen. Das Modell kann anhand der Diskussionsergebnisse ergänzt werden. Potenzielle Anwender unter den Teilnehmern geben darüber hinaus Hinweise, in welcher Form die Ergebnisse am besten zur Testaufwandsschätzung verwendet werden können.

Schritt 6b) Validierung anhand weiterer Datensätze

Zur Validierung können nicht die gleichen Datensätze verwendet werden, auf deren Grundlage das Modell hergeleitet wurde.[661] Um eine optimistische, irrtümliche Einschätzung der Schätzgenauigkeit zu vermeiden,[662] müssen weitere Projekte analysiert und in Form von Datensätzen zur Überprüfung erfasst werden.

---

[659] Vgl. Stewart (2001), S. 96

[660] Ebert u. a. sprechen von einer Schätzkonferenz, bei der verschiedene Teammitglieder zusammenkommen, den Projektaufwand schätzen sowie ihre Schätzung erläutern und besprechen, bis sie zu einem gemeinsamen Ergebnis kommen (vgl. Ebert u. a. (2005), S. 107f).

[661] Vgl. z. B. Fenton und Neil (1999), S. 680, Briand u. a. (1999), S. 3; Stier (1999), S. 247f

[662] Vgl. Weiss und Kulikowski (1991)

Hierbei gilt es zu beachten, dass die Voraussetzungen V1 bis V4 erfüllt sind. Das heißt z. B., dass der Entwicklungs- und Testprozess, der den zusätzlich untersuchten Projekten zugrunde liegt, mit dem der bisher analysierten Projekte übereinstimmen muss (V2 in Kapitel 6.1), und dass neue und bereits vorhandene Projekte hinsichtlich der Testmethoden vergleichbar sein müssen (V3 in Kapitel 6.1).

Der Testaufwand der zusätzlichen Projekte wird mittels Gleichung (Variante 1) und anhand des Modells in nicht-parametrisierten Form (Variante 2) geschätzt.

Bei Variante 1 setzt man die Ausprägungswerte des zu schätzenden Projekts in die ermittelte Regressionsgleichung[663] ein und erhält als Funktionswert den geschätzten Testaufwand. Bei Variante 2 enthält das Modell die Merkmale, die in dieser Organisation den größten Einfluss auf den Testaufwand zeigen, ohne Gewichtung. Zur Testaufwandsschätzung wird unter den analysierten Projekten nach Vergleichsprojekten gesucht, deren Ausprägungen der modellierten Merkmale den Werten des zu schätzenden Projekts ähnlich sind oder mit diesen übereinstimmen. Anschließend werden die Abweichungen der Merkmalsausprägungen ermittelt, mögliche zusätzliche Risiken bedacht und ihr jeweiliger Einfluss auf den Testaufwand geschätzt. Diese Einflüsse auf den Testaufwand zusammen ergeben, wie weit der zu schätzende Testaufwand vom Testaufwand der Vergleichsprojekte abweicht.

Sowohl bei der Anwendung der Regressionsgleichung (Variante 1) als auch bei der Analogieschlussschätzung (Variante 2) ist darauf zu achten, dass die erreichte Produktqualität der Vergleichsprojekte und die angestrebte Produktqualität des Projekts übereinstimmen, dessen Testaufwand geschätzt wird. Wenn die Schätzergebnisse nah am tatsächlichen Testaufwandswert liegen, ist die Relevanz der modellierten Merkmale und damit das Modell des Testaufwands vorerst[664] bestätigt.

Wenn die Ergebnisse nicht zufriedenstellend sind, kann das Modell des Testaufwands verbessert werden, indem die Schritte 3, 4 und 5 wiederholt und dabei auch die zusätzlichen Projekte berücksichtigt werden.

Schritt 6c) Validierung in Pilotprojekten

In diesem Schritt wird das Modell (in Gleichungsform und als nicht-parametrisierte Funktion) in einem Projekt angewendet, um den Testaufwand zu

---

[663] Dies kann eine für alle Projekte geltende oder eine für die betrachtete Ausprägung eines Gruppierungsmerkmals ermittelte Regressionsgleichung sein.

[664] Dies gilt, solange keine Änderung des Entwicklungsprozesses stattfindet.

schätzen. Da dieser Schritt der Überprüfung dient, sollte der Testaufwand parallel dazu anhand des bislang üblichen Vorgehens geschätzt werden.

Als Ergebnis dieser Validierung wird ersichtlich, ob das Modell zur Testaufwandsschätzung geeignet ist, d. h. ob es einerseits ausreichend genaue Schätzwerte liefert und ob es andererseits anwendungstauglich ist, d. h. das Vorgehen verständlich und mit vertretbarem Aufwand einsetzbar ist.

Zusätzlich gibt diese Validierung Aufschluss, welche der beiden Formen (Gleichung oder nicht-parametrisiert) besser handhabbar und welche bessere, d. h. genauere Schätzergebnisse liefert, bzw. wie das Modell verbessert werden kann, um bessere Schätzwerte zu ermitteln (z. B. Aufnahme weiterer Faktoren, Änderung der Koeffizienten in der Gleichung) und benutzerfreundlicher zu sein (z. B. mittels eines Anwenderhandbuchs zur Nutzung).

6.4 Aktualisierung

Die organisationsspezifischen Einflussfaktoren des Testaufwands müssen regelmäßig überprüft werden. Dies liegt in der Dynamik der Softwareentwicklung begründet:[665] Zum einen ändern sich angewendete Methoden und Prozesse, zum anderen unterliegen die Produkte der Softwareentwicklung und die verwendeten Technologien steter Erneuerung, und zum dritten wandeln sich Organisationen kontinuierlich (nicht zuletzt durch Zusammenschlüsse und Übernahmen von Unternehmen). Alle diese Änderungen können sich darin auswirken, dass sich die Zusammensetzung der Faktoren ändert, die den Testaufwand in der jeweiligen Organisation maßgeblich beeinflussen.

Wie häufig das organisationsspezifische Testaufwandsschätzmodell aktualisiert werden muss, hängt von der organisationsspezifischen Dynamik ab. Änderungen wie z. B. die Einführung neuer Entwicklungsmethoden bedingen die Überprüfung unabhängig vom Zeitpunkt der letzten Änderung.[666]

---

[665] Vgl. hierzu auch Kapitel 1.3

[666] Abgesehen von diskontinuierlichen Prozessänderungen erschien in den Fallstudien ein zweijähriger Rhythmus angemessen (vgl. Kapitel 8.3.4).

Kapitel 7

Empirische Prüfung des allgemeinen Modells

In Zusammenarbeit mit zwei Organisationen, deren Sachziel die Softwareentwicklung ist, wurden die Thesen, die in ihrer Gesamtheit das allgemeine Modell des Testaufwands auf Projektebene bilden (Kapitel 5), und die Methode TestASS zur Ableitung organisationsspezifischer Modelle (Kapitel 6) überprüft.

Die Adressaten des allgemeinen Modells und der Methode TestASS, nämlich softwareentwickelnde Organisationen, sind keine homogene Gruppe. Um dennoch vergleichbare und somit aussagekräftigere Erkenntnisse zu gewinnen, wurden die Einflussfaktoren und die Methode in einer homogenen Untergruppe softwareentwickelnder Organisationen untersucht bzw. erprobt, die wie folgt gekennzeichnet ist:

- Beide Organisationen produzieren Standardsoftware. Dadurch konnte zum einen die Wirkung des Faktors „Grad der Kundenindividualität" auf den Testaufwand nicht empirisch untersucht werden.[667] Zum anderen konnten Einflussfaktoren bzw. deren Wirkung auf den Testaufwand, die ausschließlich bei der Entwicklung kundenindividueller Produkte zum Tragen kommen (z. B. vertragliche Gestaltung), empirisch nicht identifiziert bzw. untersucht werden.
- In beiden Organisationen wird in hohem Ausmaß arbeitsteilig gearbeitet, d. h. die Aufgaben in einem Projekt, die zu Rollen zusammengefasst sind, werden jeweils von Mitarbeitern mit unterschiedlichen, aufgabenspezifischen Qualifikationen[668] erfüllt. Da beide Organisationen zusätzlich über mehrere Hundert Mitarbeiter in der Softwareentwicklung verfügen, besteht bei der Rollenbesetzung und der Zuordnung von Mitarbeitern zu Projekten stets Spielraum, der in kleineren Organisationen, die nur wenige Mitarbeiter beschäftigen, nicht gegeben ist. Daher kann der vermutete Einfluss von Merkmalen wie z. B. „Testfallerstellung

[667] Die von Organisation A entwickelte Standardsoftware muss zwar im Gegensatz zu den Produkten der Organisation B für den Einsatz kundenindividuell angepasst werden, doch ist die Variabilität der Produktnutzung über alle Projekte jeder der beiden Organisationen konstant, sodass dieses Merkmal innerhalb einer Organisation keine Wirkung auf den Testaufwand entfaltet.

[668] Vgl. Reiß (1992), Sp. 2290, dort als „horizontale Repertoire-Spezialisierung" bezeichnet

und Testdurchführung durch Entwickler“ in einer anderen Umgebung, in der die Entwickler immer testen, von vornherein ausgeschlossen werden.

- In beiden Organisationen wurde der jeweilige Entwicklungsprozess im Beobachtungszeitraum[669] unverändert in allen Projekten angewendet (vgl. Kapitel 7.1.2), was im Einklang mit der Abstraktion von Merkmalen des Entwicklungsprozesses steht, die dem allgemeinen Modell des Testaufwands auf Projektebene zugrunde liegt[670].
- In beiden Organisationen wurden viele Projekte zeitgleich durchgeführt, wodurch Daten zu abgeschlossenen Projekten in dem Umfang gesammelt und ausgewertet werden konnten, den die Methode voraussetzt.

Die weitere Einordnung der Fallstudien ergibt sich aus der Beschreibung der jeweiligen Umgebung (Organisation, Prozess) und der Gesamtheit der Fälle (Projekte) in Kapitel 7.1. Die Ergebnisse der empirischen Untersuchung der Thesen werden anschließend in Kapitel 7.2 präsentiert.

7.1 Beschreibung der Fallstudien

Zur Beschreibung der beiden Organisationen, in denen die Fallstudien stattfanden, werden zuerst Unterschiede genannt, die für die Thesenprüfung relevant sind. Dann wird der jeweils verwendete Entwicklungs- und Testprozess dargestellt und schließlich ein Überblick über die analysierten Projekte gegeben.

7.1.1 Unterschiede zwischen den Organisationen[671]

Personalausstattung

Während Personalengpässe in Organisation A in einigen Fällen dazu führten, dass Mitarbeiter an mehreren Projekten gleichzeitig arbeiteten, wirkten sie sich in Projekten der Organisation B so aus, dass eine Rolle (z. B. die des Testkoordina-

---

[669] In Organisation A wurden fünf Projekte untersucht, die zu Beginn des Beobachtungszeitraums (Nov. 2004 bis März 2007) schon abgeschlossen waren. Auf die Unterschiede im Entwicklungsprozess wird in Kap. 7.1.2 eingegangen. In Organisation B fand die Untersuchung von Sep. 2006 bis Mai 2007 statt.

[670] Siehe Kapitel 5.2.1

[671] Um die Vertraulichkeit der Daten zu wahren und die Identität der Organisationen nicht preiszugeben, können teilweise keine detaillierten Angaben (z. B. zu den Produkten) gemacht werden.

tors, der die Testplanung und -vorbereitung durchführt) im Projekt nicht bzw. mehrere Rollen (z. B. Qualitätssicherungsverantwortlicher und Entwickler, Tester und Entwickler) von einer Person ausgeübt wurden.

Für die Überprüfung des allgemeinen Modells bedeutet dies, dass die Perspektiven der Befragten nicht immer vergleichbar sind, auch wenn Personen mit gleicher Rolle im Projekt befragt wurden[672].

Muttersprachen der Mitarbeiter

Organisation A beschäftigt Mitarbeiter verschiedener Nationalitäten an international verteilten Entwicklungs- und Teststandorten. In Organisation B finden die Entwicklung und Tests ausschließlich in Deutschland und mit deutschsprachigen Mitarbeitern statt. Daher konnte das Merkmal „Anzahl verschiedener Muttersprachen" nur in Organisation A untersucht werden.

Teamgröße und -kontinuität

Die Projektteams in Organisation B waren durchschnittlich deutlich kleiner als in Organisation A. Einzelnen Mitarbeitern und deren Erfahrung und Fachwissen kam deshalb vergleichsweise größeres Gewicht zu. Daher wirkt sich ein Weggang aus einem Team in Organisation B tendenziell stärker aus als aus einem Team in Organisation A. Die Wirkung der Kontinuität der Projektteammitglieder auf den Testaufwand kann also nur für jede Organisation getrennt überprüft werden.

7.1.2 Entwicklungs- und Testprozess

Entwicklungs- und Testprozess in Organisation A

Der im Folgenden geschilderte Entwicklungsprozess lag den meisten der untersuchten Projekte zugrunde. Zur Ablaufzeit der fünf ältesten Projekte (Projekte 2, 4, 5, 8, 9) galt der Vorgängerprozess, der sich jedoch nur geringfügig und hinsichtlich des Testprozesses nicht vom dargestellten Prozess unterscheidet.[673]

---

[672] Dies gilt sowohl für den Vergleich der Aussagen zu Projekten in Organisation B als auch für den Vergleich der Aussagen zwischen beiden Organisationen.

[673] Einen Unterschied, der sich erwartungsgemäß auf Testaufwand und Projekterfolg auswirken würde, stellt die Rolle der Anforderungen dar. Diese hatten im neueren Prozess deutlich höheres Gewicht und wurden genauer dokumentiert, sodass im Gegensatz zur vorherigen Situation anforderungsbasiert getestet werden konnte. Allerdings belegen die Projektdaten diese Erwartung nicht: Der

Die Entwicklung eines Projektes umfasst die Aktivitäten Spezifikation, Entwurf, Implementierung und Unit Test, Integrationstests, Produktion der Software (d. h. Zusammenstellung aller Entwicklungspakete zu einem auslieferbaren Paket) und Systemtest[674] nach Fertigstellung des Pakets. Die Marktfreigabe erfolgt nach einer mehrmonatigen Pilotphase für jedes neue Produkt oder Release.

Die Integrationstests finden in drei Teststufen statt, die sequentiell ablaufen. Die erste Teststufe (Modulintegrationstest) prüft die spezifikationsgemäße Funktion einzelner Module nach deren Fertigstellung und Integration. Entwickler erstellen die Testfälle hierfür und führen die Tests nach dem Vier-Augen-Prinzip durch, d. h. jeder Entwickler testet die Arbeitsergebnisse eines Kollegen. Im Gegensatz zu den Unit Tests wird dieser Test dokumentiert.[675]

Auf der zweiten Teststufe (Akzeptanztest) werden neue Funktionalitäten und Geschäftsfälle aus Anwendersicht getestet. Zeitgleich werden Regressionstests durchgeführt, die teilweise automatisiert sind. Tester sind üblicherweise Produktberater, Mitarbeiter mit Kundenerfahrung[676] und teilweise Kunden. Die verwendeten Testfälle werden teilweise von der ersten Teststufe übernommen, teilweise von Mitarbeitern der Qualitätssicherung[677] und in seltenen Fällen von Vertretern der Auftraggeber geschrieben.

Während auf der zweiten Teststufe Funktionen einer Applikation im Vordergrund stehen, werden auf der dritten Teststufe (Geschäftsprozesstest) anwendungsübergreifende Geschäftsprozesse getestet. Diese Teststufe kann wegfallen, wenn das entwickelte Projektergebnis nicht Teil eines anwendungsübergreifenden Geschäftsprozesses ist, wenn es bspw. als Komponente in ein Produkt eingebettet ist,

---

Testaufwand war in den älteren Projekten nicht höher und es wurden nicht signifikant mehr Kundenmeldungen erfasst oder Fehler korrigiert (s. Daten zu Projekten 2, 4, 5, 8 und 9 in Appendix C).

[674] Dieser Test prüft ausschließlich die Installation des entwickelten Softwareprodukts und wird von einer eigenen Abteilung, nicht vom Projektteam durchgeführt, weshalb er hier nicht weiter betrachtet wird.

[675] Insbesondere Fehlermeldungen werden dem vorgegebenen Prozess entsprechend erfasst und weitergeleitet, und Testergebnisse werden festgehalten und für die Berichterstattung (z. B. an den Projektleiter) zusammengefasst.

[676] Kundenerfahrung bedeutet hier, dass derjenige Mitarbeiter als Produktberater Kunden bei der Implementation und Bedienung der Software unterstützt und dabei Erfahrungen gesammelt hat. Dadurch hat er Einblicke in Bedürfnisse und konkrete Anwendungssituationen der Kunden.

[677] Die Qualitätssicherung in einem Projekt in Organisation A verantworten je nach Projektgröße ein bis drei Mitarbeiter. Sie planen, organisieren, überwachen und steuern die qualitätssichernden Maßnahmen im Projekt wie Reviews und Tests, und erstellen die abschließenden Berichte.

dessen Tests die betroffenen Geschäftsprozesse prüfen, oder wenn auf der zweiten Teststufe bereits alle Geschäftsprozesse getestet wurden[678].

Der Entwicklungs- und Testprozess werden regelmäßig überarbeitet und anhand von inkrementellen Änderungen aktuellen Erfordernissen angepasst.

Entwicklungs- und Testprozess in Organisation B

Entwicklungs- und Testprozess sind in einem unternehmensspezifischen Vorgehensmodell beschrieben, das an das V-Modell und den Rational Unified Process angelehnt und organisationsweit bindend ist.[679] Das Vorgehensmodell erläutert Vorgehensweisen, Aufgaben, Rollen, zu erstellende Ergebnisse, Methoden und Werkzeuge, die die Grundlage für die Projektabwicklung sind. Für ein konkretes Projekt wird das Vorgehen dahingehend angepasst, dass z. B. bestimmte Spezialisten nicht in das Projekt eingebunden werden und bestimmte Dokumente nicht erstellt werden müssen.

Der Test verläuft in den folgenden vier aufeinander aufbauenden Stufen: Entwicklertest, Projekt-Integrations-Test (PIT), Gesamt-Integrations-Test (GIT), und Release-Integrations- und Release-Abnahmetest (RIAT). Der Entwicklertest (auch Modul- oder Unit Test genannt) wird vom jeweiligen Entwickler selbst, PIT, GIT und RIAT werden von Testern durchgeführt, die meist weitere Aufgaben im Projekt erfüllen (Erstellung der Dokumentation der technischen Vorgaben bzw. der Entwurfsdokumentation, teilweise auch Implementierung). Die Testumgebung und Testdaten nähern sich mit jeder Teststufe zunehmend realen Produktivdaten: Während im Entwicklertest synthetische Testdaten in einer Testumgebung verwendet werden, werden im RIAT anonymisierte Produktivdaten zum Test benutzt.

Die Dokumentation der Prozessbeschreibung belegt, dass es im Verlauf von zehn Monaten einige Erweiterungen und Aktualisierungen gegeben hat, die jedoch den bestehenden Prozess nicht veränderten.[680] Daher kann der Prozess als relativ konstant betrachtet werden. Er wird von der Entwicklung gesteuert und bei Bedarf angepasst.

---

[678] Dies ist bei kleinen Projekten häufig der Fall.

[679] Ausnahmen hiervon werden direkt im Handbuch bei den einzelnen Schritten genannt.

[680] Die Erweiterungen betrafen vor allem neue Projekttypen, z. B. Outsourcingprojekt, und aktualisiert wurden vor allem Bezeichnungen.

7.1.3 Untersuchte Projekte

Die Auswahl der Projekte, die im Rahmen der Fallstudien untersucht wurden, folgte den Kriterien zur Fallauswahl, die in Kapitel 1.4 genannt sind (Punkte 1 und 2), und den Anforderungen an Projekte aus Kapitel 6.2.1 (Punkt 3).

Untersuchte Projekte in Organisation A

Die 39[681] analysierten Projekte wurden zwischen Juni 2002 und Dezember 2005 abgewickelt. Sie werden zunächst als Gesamtheit beschrieben.[682]

Punkt 1: Repräsentativität

Insgesamt spiegelt die Auswahl die tatsächliche Verteilung von Projekten wider, die in der Organisation zeitgleich bearbeitet werden.

In erster Linie wurden Standardentwicklungsprojekte (d. h. Projekte, die keine besondere strategische, sondern durchschnittliche Bedeutung haben) und nur einzelne strategisch wichtige Projekte untersucht. Merkmale wie die Anzahl Vorreleases[683] und der Projektgesamtaufwand streuten breit, was ebenfalls konform mit der realen Projektlandschaft ist (siehe Abbildungen 7-1-1 und 7-1-2).

---

[681] Zu diesen 39 Projekten liegen Werte für alle bzw. fast alle erfassten Merkmale vor. Zwei weitere Projekte dienten als Pilotprojekte zur Validierung des ermittelten Testaufwandsschätzmodells. Abschließende Aufwands- und Zielerreichungsausprägungen fehlen jedoch hierzu, da sie bei Abschluss der Datenauswertung noch nicht verfügbar waren. Insgesamt wurden Daten zu circa 60 Projekten erhoben.

[682] Die Beurteilung der Vorgaben zur Auswahl von Projekten (vgl. Kapitel 5.2.1) erfolgt im Rahmen der Bewertung der Methode in Kapitel 8.3. Details zu Merkmalsausprägungen der einzelnen Projekte können Appendix C entnommen werden.

[683] Die Operationalisierung des Merkmals „Anzahl Vorreleases“ und der weiteren beispielhaft genannten Merkmale findet sich im Fragebogen in Appendix A.

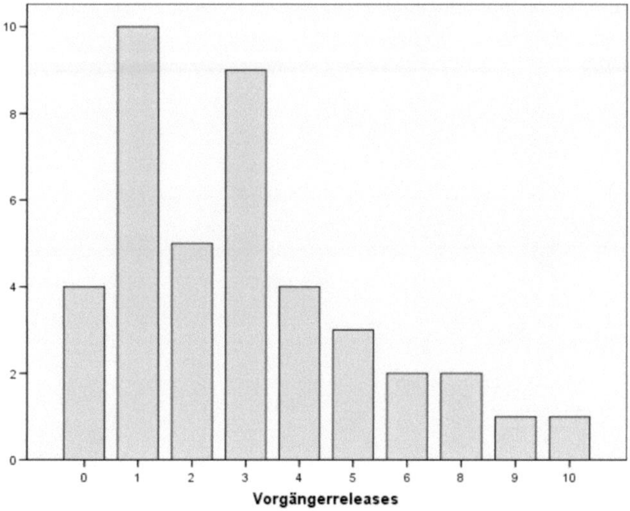

Abb. 7-1-1: Anzahl der Vorreleases der Projekte in Organisation A

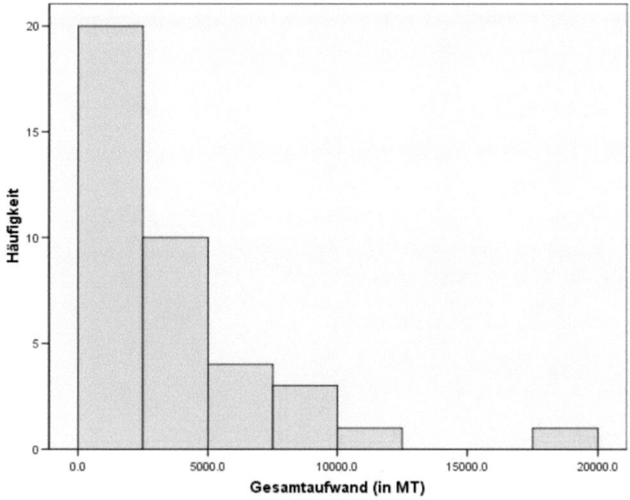

Abb. 7-1-2: Verteilung des Projektaufwands der Projekte in Organisation A

Neuentwicklungs- und Verbesserungsprojekte hielten sich in etwa die Waage, während deutlich weniger technische Re-Designprojekte analysiert wurden (siehe Abb. 7-1-3).

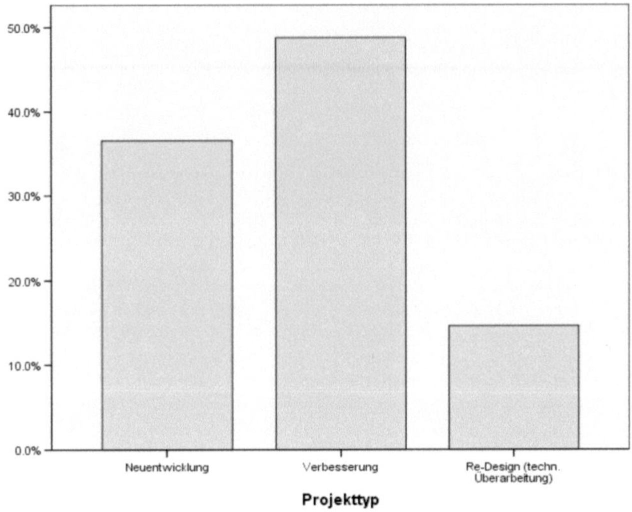

Abb. 7-1-3: Verteilung der Projekte je Projekttyp in Organisation A

Punkt 2: Natural controls

Mehrfach wurde in verschiedenen Projekten bzw. Teams das gleiche Produkt weiterentwickelt, und zwar sowohl gleichzeitig, d. h. verschiedene Funktionalitäten eines Produktreleases wurden von verschiedenen Teams entwickelt, als auch sequentiell, sodass ein weitgehend unverändertes Projektteam zwei aufeinander folgende Releases eines Produkts bearbeitete.[684]

Punkt 3: Erfolgreicher Projektabschluss[685]

---

[684] Inwieweit Projekte in weiteren einzelnen Merkmalen wie bspw. der durchschnittlichen Erfahrung der Entwickler mit dem Produkt übereinstimmen, zeigt die Übersicht in Appendix C.

[685] Da Erfolg sich in mehreren Attributen ausdrücken kann, deren Ausprägungen sich hinsichtlich der Erfolgsbeurteilung widersprechen können, müssen zur Erfolgsbeurteilung gleichzeitig mehrere Ziele betrachtet werden (vgl. Fenton u. a. (1994), S. 90).

Häufig war die angestrebte Produktqualität nicht oder nicht messbar schriftlich fixiert.[686] Daher konnte der Projekterfolg hinsichtlich der Produktqualität nicht anhand eines Vergleichs zwischen angestrebter und erreichter Produktqualität[687], sondern nur anhand der Beurteilung des Projektleiters und des Qualitätssicherungsverantwortlichen[688] sowie anhand der Fehleranzahl[689] bewertet werden, die im ersten Jahr[690] nach Auslieferung von Kunden gemeldet bzw. vom Hersteller korrigiert wurden[691]. Auch bei der Beurteilung der Zielerreichung bezüglich Quantität, Zeit und Kosten zeigten Analysen der Projektdokumentation, Datenbankabfragen und Interviewergebnisse, dass die erfassten Daten nur in einzelnen Fällen eindeutige Rückschlüsse auf den Projekterfolg zuließen.[692] Deshalb wurde der Projekterfolg anhand der Urteile des Projektleiters und des Qualitätssicherungsverantwortlichen in Verbindung mit den jeweils angegebenen Erfolgsmaßstäben und der von Kunden gefundenen Fehleranzahl erfasst. Die subjektive Einschätzung und die Fehleranzahl erschienen als relativ gut vergleichbare und daher aussagekräftige Operationalisierung des Projekterfolgs.[693]

In keinem der untersuchten Projekte gaben die Befragten an, das Projekt oder die ausgelieferte Produktqualität habe die jeweils gesetzten Ziele verfehlt. Da der Pro-

---

[686] Vgl. Ergebnis der Überprüfung von These T17 bis T20

[687] Grün bezeichnet es als idealtypische Projekterfolgsbestimmung, das geplante Leistungs-, Kosten- und Zeitziel mit der jeweils erreichten Zielausprägung zu vergleichen (vgl. Grün (1992), Sp. 2105).

[688] Diese beiden Ansprechpartner wurden aufgrund ihres Überblicks über das Projekt und wegen ihrer Kenntnisse der Kundenreaktionen um die Einschätzung der erreichten Produktqualität gebeten.

[689] Da die Anzahl der Kunden in Organisation B zwischen Produkten gering schwankte, in Organisation A jedoch stark, wurde die jeweilige Fehleranzahl nur für Projekte in Organisation A ins Verhältnis zur Anzahl der Kunden gesetzt, die das Produkt im betrachteten Zeitraum nutzten (s. Appendix A, Frage 38).

[690] Dieser Zeitraum wird so gewählt, dass nach Ablauf bereits ein Großteil der erwarteten Kunden das Produkt im Einsatz hat und sich Fehler manifestieren und gemeldet werden konnten.

[691] Siehe Appendix C, Angabe zu Fragen 38 und 39

[692] Beispielsweise hatte sich die terminliche Zielsetzung während des Projekts verändert, oder Anforderungsänderungen waren nicht vollständig dokumentiert, weshalb ihre Wirkung auf die Projekterfolgsbeurteilung nicht nachvollzogen bzw. eingeschätzt werden konnte.

[693] Angesichts der allgemein konstatierten Probleme bei der Projekterfolgsbestimmung (z. B. kann sich der Zielerreichungsgrad des Leistungs-, Kosten- und Terminziels in einem Projekt unterscheiden, und allgemein anerkannte Erfolgsstandards fehlen, vgl. hierzu Grün (1992), Sp. 2105) und dem Ziel dieser Arbeit, vergleichende Analysen anzustellen, wird hier primär eine vergleichbare Erfolgsbeurteilung angestrebt, die die Forderung erfüllen soll, den Projekterfolg nicht anhand einer, sondern mehrerer Variablen zu bestimmen (vgl. ebenda).

jektleiter jedoch Verantwortung für den Projekterfolg und beide Befragten für die erreichte Produktqualität tragen, sind ihre Einschätzungen als voreingenommen zu betrachten.

Untersuchte Projekte in Organisation B

Es wurden 19 Projekte untersucht, die zwischen Juni 2004 und Januar 2007 abgewickelt wurden.

Punkt 1: Repräsentativität

Die untersuchten Projekte dienten zum überwiegenden Teil der Verbesserung bestehender Produkte (vgl. Abb. 7-1-4), und entsprachen damit dem in dieser Organisation eindeutig überwiegenden Projekttyp. Die Bandbreite des Gesamtaufwands reichte von 200 MT bis 2094 MT, womit sie in dieser Organisation üblichen Umfang aufweisen (vgl. Abb. 7-1-5). Die Anzahl der Vorreleases der untersuchten Projekte wies eine breite Streuung auf (vgl. Abb. 7-1-6).

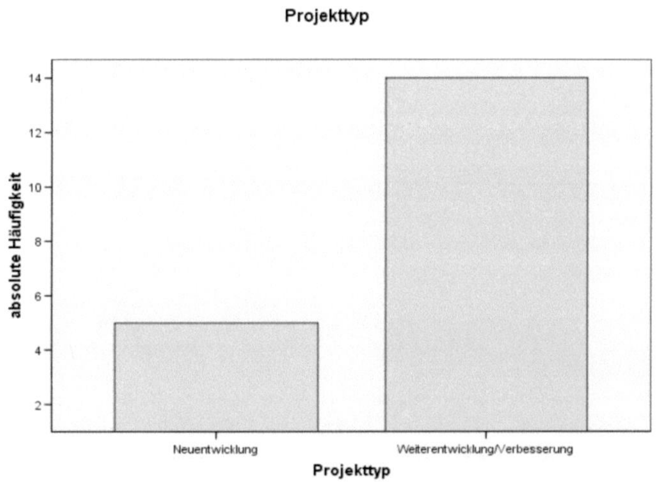

Abb. 7-1-4: Verteilung der Projekte je Projekttyp in Organisation B

Allerdings waren alle ausgewählten Projekte von je einem Mitarbeiter der Qualitätssicherungsabteilung betreut worden, was nur auf einen Teil der Projekte dieser Organisation zutrifft.[694] In diesen Projekten wird die Projektplanungs- und Ergebnisdokumentation durch die Qualitätssicherungsabteilung geprüft.[695] Aufgedeckte Mängel müssen von den Projektmitarbeitern behoben werden. Durch diese Betreuung und Kontrolle ist die Qualität der Dokumentation besser als in nicht betreuten Projekten, und die Prozessvorgaben werden genauer eingehalten.

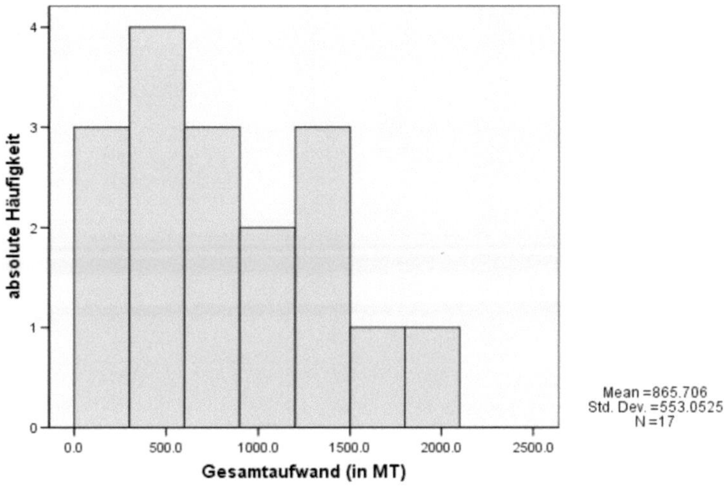

Abb. 7-1-5: Verteilung des Projektaufwands der Projekte in Organisation B

---

[694] Die Vorauswahl trafen zwei Mitarbeiter der Qualitätssicherungsabteilung, die diese Forschungsarbeit betreuten. Diese Projekte waren ausreichend dokumentiert, um die erforderlichen Daten auswerten zu können, und die Projektleiter erklärten sich zu einem Interview zum Projekt bereit.

[695] Z. B. werden zu Projektbeginn die Dokumente kontrolliert, die beschreiben, welche Qualitätssicherungsmaßnahmen (einschließlich der Tests) von wem, in welchem Zeitraum und mit welchem Ziel bzw. Abnahmekriterium durchgeführt werden sollen.

Punkt 2: Natural controls

Keine zwei untersuchten Projekte bearbeiteten das gleiche Produkt, und da alle Projekte parallel abliefen, konnten auch keine Vergleiche zwischen zwei Releases eines Produkts gemacht werden.[696] Insgesamt wichen zwischen den Projekten stets so viele Merkmalsausprägungen voneinander ab, dass keine Replikation (vgl. Kapitel 1.4) möglich war.

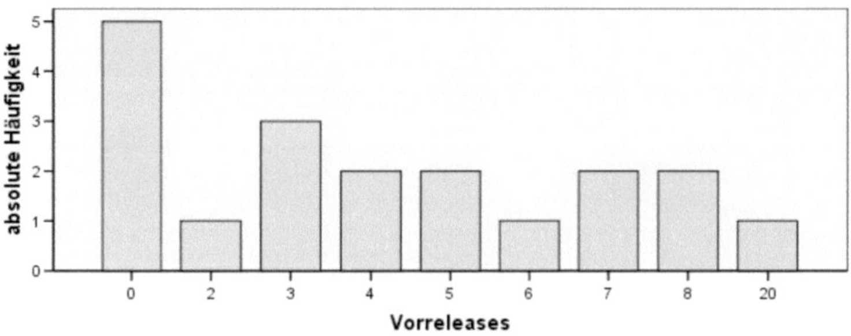

Abb. 7-1-6: Anzahl der Vorreleases der Projekte in Organisation B

Punkt 3: Erfolgreicher Projektabschluss

Die zu Projektbeginn geplanten Auslieferungstermine und finanziellen Mittel wurden von einzelnen Projekten überschritten, doch da diese Abweichungen nach Angaben der befragten Projektleiter stets begründet werden konnten, waren nach den Aussagen der Projektleiter alle Projekte erfolgreich beendet worden.[697] Die Auswertung der Fehler, die in den ersten drei Monaten nach Auslieferung von Kunden gemeldet wurden, ergab zwar in einigen Fällen relativ hohe Werte, doch erwiesen sich diese Fehler nach Rücksprache mit dem Projektleiter häufig als falsch zugeordnet oder nicht als Fehler (sondern als Anfragen). Nachdem keine Daten den

---

[696] Innerhalb mancher Projekte wurden zwar mehrere Releases entwickelt, getestet und ausgeliefert, doch wurden weder Testergebnisse noch Aufwände durchgängig eindeutig dem jeweiligen Release zugeordnet, weshalb keine Vergleiche zwischen Releases möglich waren.

[697] Ein vom gesetzten Ziel abweichend ausgelieferter funktionaler Umfang ließ sich anhand der Projektdokumentation nicht eindeutig nachvollziehen.

Einschätzungen der Projektleiter widersprechen,[698] werden alle untersuchten Projekte als erfolgreich abgewickelt beurteilt.

Zusammenfassung

Die angestrebte Replikation ließ sich aufgrund der vielen erhobenen Merkmale bzw. untersuchten Thesen und der Heterogenität der Projekte angesichts dieser Merkmale in keiner der beiden Organisationen durchführen. Obwohl paarweise viele Merkmale sehr ähnliche oder übereinstimmende Ausprägungen aufwiesen (z. B. Projekt 3 und Projekt 31, Projekt 35 und Projekt 46, Projekt 7 und Projekt 38 in Organisation A), wichen gleichzeitig viele Merkmalsausprägungen zwischen jeweils zwei Projekten ab, sodass ähnliche oder divergierende Projektergebnisse nur in sehr wenigen Fällen anhand eines Merkmals erklärt werden konnten. Stattdessen wurden Zusammenhänge zwischen Einflussfaktoren und dem Testaufwand in Form von Mustern gesucht, die in mehreren Fällen vorlagen und die Thesen entweder bestätigten, infrage stellten oder andere Wirkungsbeziehungen aufzeigten.[699]

7.2 Beobachtungen zu den Thesen des allgemeinen Modells

Da die ceteris paribus-Klausel jeder These in der Realität nicht erfüllt ist, können die Thesen nicht im Sinne einer Falsifikation empirisch geprüft werden. Vielmehr wird im Folgenden gezeigt, ob sich die vermuteten Zusammenhänge in den Fallstudien beobachten ließen. Dazu wurden alle Analysen in beiden Organisationen, d. h. sowohl statistische und interpretative Auswertungen der Projektdaten als auch Ergebnisse der Interviews mit den Projektansprechpartnern und mit Qualitätssicherungsexperten[700] herangezogen.

---

[698] Keines der entwickelten Produkte wurde mit funktionalen Einschränkungen ausgeliefert oder zurückgenommen.

[699] Verschiedene Techniken für diese Suche nach Mustern beschreibt Eisenhardt (vgl. Eisenhardt (1989), S. 540f).

[700] In Organisation A gehörten vier Experten der Qualitätssicherungsabteilung an, deren Aufgaben die Analyse, Unterstützung und Verbesserung des Entwicklungs- und Testprozesses betreffen. Drei weitere Experten waren für jeweils mehrere Produkte dafür verantwortlich, Vorgaben für die Qualitätssicherung zu entwickeln und deren Durchführung in den Projekten zu begleiten. In Organisation B waren drei der befragten Experten seit mehreren Jahren mit Testplanung und Testorganisation betraut. Weitere fünf Experten gehörten der Qualitätssicherungsabteilung an, waren für die Überarbeitung organisationsweiter Prozesse zur Qualitätssicherung verantwortlich und standen zeitgleich mehreren Projektteams beratend zur Seite. Durch diese Auswahl wurden in beiden Organisa-

Zu jeder These wird angegeben, wie das jeweilige Merkmal operationalisiert wurde, ob die Fallstudien sie bestätigen[701], nicht bestätigen[702], weil die Beobachtungen keinen systematischen Zusammenhang oder die gegenteilige Wirkung des Merkmals zeigen, oder angesichts zu weniger Daten keine Aussage möglich ist[703], und wie die These oder die Operationalisierung ggf. geändert oder ergänzt werden kann, um weitere Erkenntnisse hinsichtlich des postulierten Einflusses zu erhalten.

7.2.1 Wirkungen der Produktmerkmale

These T1: Strategische Bedeutung des Softwareprodukts

In Organisation A waren 35 der 39 ausgewerteten Projekte als Standardprojekte gekennzeichnet, d. h. sie wiesen die vorherrschende strategische Bedeutung auf, und einem der als strategisch besonders wichtig klassifizierten Projekte konnten Fehler nach Auslieferung nicht eindeutig zugeordnet werden, sodass keine Aussage zum Einfluss dieses Merkmals auf den Testaufwand möglich ist.

In Organisation B zeigt die Korrelationsanalyse auf dem 0,01-Signifikanzniveau eine Korrelation[704] zwischen Testaufwand[705] und dem Merkmal „Strategische Bedeutung“, operationalisiert anhand der organisationsspezifischen Klassifizierung der Projektpriorität. Dies verdeutlicht Abbildung 7-2-1.

---

tionen sowohl die operative als auch die strategische Perspektive der Testplanung und -durchführung einbezogen.

[701] „Schwach bestätigt“ bedeutet, dass nur wenige Interviewaussagen oder Projektdatensätze die Grundlage für dieses Ergebnis bilden.

[702] Als Ergebnis werden die Thesen nicht widerlegt, weil im Unterschied zur Falsifikation von Hypothesen hier nicht die Erkenntnis im Vordergrund steht, ob die These der Konfrontation mit der Realität standhält, sondern wie sie ggf. zu ergänzen oder zu ändern ist, um bei weiteren Beobachtungen weitere Erkenntnisse hinsichtlich der Einflüsse des Testaufwands zu erlangen.

[703] Dies wird anhand des Symbols „-“ gekennzeichnet.

[704] Der Wert des Rangkorrelationskoeffizienten beträgt -0,611.

[705] Standardisiert, d. h. ins Verhältnis zum Entwicklungsaufwand gesetzt

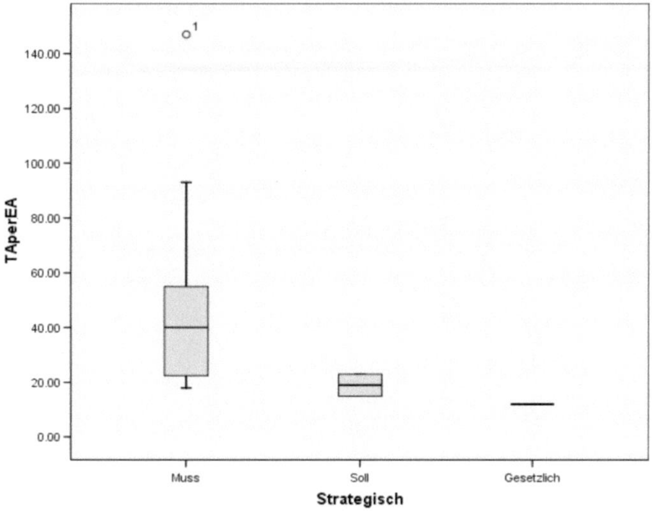

Abb. 7-2-1: Strategische Bedeutung der Projekte in Organisation B

Für die Interpretation der Boxplotdarstellung ist zum einen relevant, dass die Anzahl untersuchter Projekte je Ausprägung abweicht.[706] Dies äußert sich in unterschiedlich breiten Streuungen für die drei Gruppen. Der negative Wert des Koeffizienten besagt, dass desto mehr Testaufwand anfiel, je niedriger die Ausprägung, d. h. (gemäß der Kodierung[707]) je wichtiger das Projekt aus strategischer Sicht war.

Der Zusammenhang zwischen dem Testaufwand und dem Merkmal „strategische Bedeutung" ließ sich nicht anhand von projektspezifischen Umständen erklären. Auch die jeweilige Fehleranzahl nach Auslieferung unterscheidet sich nicht systematisch in Abhängigkeit von der strategischen Bedeutung.[708] Wenn man die errechnete Korrelation nicht als Zufall betrachtet, was nach dem statistischen Er-

---

706 Mit sehr hoher Priorität (bezeichnet als „Muss-Projekt") gab es deutlich mehr Projekte als mit mittlerer Priorität („Soll-Projekt"). Nur zwei Projekte wiesen die Ausprägung „relativ geringe Priorität" („gesetzlich vorgeschriebenes Projekt") auf.

707 Die Ausprägung „sehr hohe Priorität" wurde mit dem Wert 1, „mittlere Priorität" mit 2 und „relativ geringe Priorität" wurde mit Wert 3 kodiert.

708 Allerdings muss hierbei die geringe Anzahl der Projekte in den Gruppen mit mittelmäßiger strategischer Bedeutung (3) und mit geringer strategischer Bedeutung (2) bedacht werden.

gebnis mit 1 % Wahrscheinlichkeit anzunehmen ist, dann belegen die Daten empirisch die These T1: In strategisch wichtigeren Projekten wird mehr Testaufwand betrieben als in strategisch weniger wichtigen Projekten.

These	Ergebnis	Auswertungskategorie	Anz. Projekte
T1: Strategische Bedeutung des Softwareprodukts	-	(keine Aussage aufgrund mangelnder Datenbasis)	- (Org. A)
	bestätigt	Korrelationsanalyse	17[709] (alle in Org. B)

Tab. 7-2-1: Ergebnis zu These T1

These T2: Anzahl Kunden des Vorreleases

Die Ausprägung dieses Merkmals wurde von einem Vertreter der Projektauftraggeber oder vom Projektleiter erfragt[710]. Zwischen dem Testaufwand und dem Merkmal „Anzahl Kunden des Vorreleases" besteht laut der Projektdaten in Organisation A kein linearer, jedoch ein signifikanter nicht-linearer Zusammenhang. Allerdings ist für Projekte mit weniger als 500 Kunden kein systematischer Zusammenhang erkennbar, und für Projekte mit mehr als 500 Kunden liegen sehr wenige Datenpunkte vor, sodass der statistisch ermittelte Zusammenhang nicht für alle Projekte gleichermaßen gilt. These T2 wird damit anhand dieser Daten nicht bestätigt.

In Organisation B wurde das Merkmal nicht erhoben, da alle Produkte, die keine Innovation aus Herstellersicht sind, an denselben Kundenkreis geliefert werden.

These	Ergebnis	Auswertungskategorie	Anz. Projekte
T2: Anzahl Kunden des Vorreleases	nicht bestätigt: kein systematischer Zusammenhang	Korrelationsanalyse	38[711] (alle in Org. A)
	-	(Merkmal nicht erhoben)	- (Org. B)

Tab. 7-2-2: Ergebnis zu These T2

---

[709] Da der Testaufwand in Organisation B zu zwei Projekten nicht ermittelt werden konnte, umfassen die Datenauswertungen maximal 17 Datensätze.

[710] Siehe Appendix A, Frage 7

[711] Zu Projekt 55 in Organisation A konnte der Testaufwand nicht eindeutig zugeordnet werden, weshalb dieses Projekt bei statistischen Auswertungen unberücksichtigt bleibt.

These T3: Anzahl erwarteter Kunden

Da die Befragten[712] in Organisation A nur in wenigen Projekten die Merkmalsausprägung angeben konnten, lässt sich keine Aussage zur Bestätigung oder Widerlegung der These machen. Die Tatsache allerdings, dass kaum ein Projektansprechpartner detaillierte Angaben zur Anzahl erwarteter Kunden machen konnte, stellt klar, dass dieses Merkmal bei der Planung des Testaufwands nicht berücksichtigt wurde.

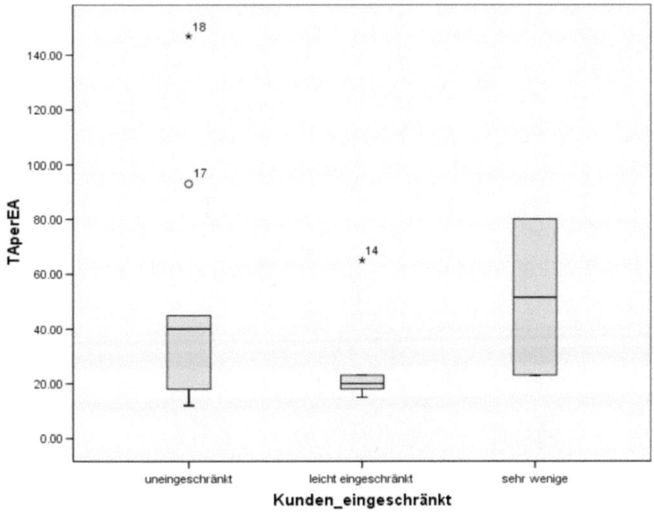

Abb. 7-2-2: Verteilung des Testaufwands in Abhängigkeit vom Merkmal „Anzahl erwarteter Kunden" in Organisation B

In Organisation B wurden aufgrund des meist konstanten[713] Kundenkreises als Merkmalsausprägungen die Werte „uneingeschränkt", „leicht eingeschränkt" und „sehr wenige" vorgegeben. Abbildung 7-2-2 zeigt, dass kein systematischer Zusammenhang zwischen Testaufwand und diesem Merkmal existiert.

---

[712] Befragt wurde ein Vertreter des Projektauftraggebers, und falls dieser nicht verfügbar war, alternativ der Projektleiter oder der Qualitätssicherungsverantwortliche (s. Appendix A, Frage 8a).

[713] Dementsprechend wurden die Produkte von elf der 19 Projekte uneingeschränkt, fünf an einen leicht eingeschränkten und drei an sehr wenige Kunden ausgeliefert.

These	Ergebnis	Auswertungskategorie	Anz. Projekte
T3: Anzahl erwarteter Kunden	-	(keine Aussage aufgrund mangelnder Datenbasis)	- (Org. A)
	nicht bestätigt: kein systematischer Zusammenhang	Grafische Analyse	17 (alle in Org. B)

Tab. 7-2-3: Ergebnis zu These T3

These T4: Geplanter Produktpreis

Auf die Frage nach dem geplanten Produktpreis in Organisation A gaben alle Ansprechpartner an, dass die Lizenzgebühr von der kundenindividuellen Zusammenstellung der lizenzierten Komponenten und vom jeweils bestellten Lizenzvolumen abhängt, weshalb sich kein Produktpreis angeben und somit keine Aussage zu dieser These machen lässt. Auch die Frage nach dem Produktumsatz konnte nur von sehr wenigen Befragten grob beantwortet werden. Analog zu These T3 ist festzuhalten, dass diese mangelnden Kenntnisse seitens der Projektansprechpartner darauf schließen lassen, dass dieses Merkmal für die Testplanung und -durchführung keine Bedeutung hat.

In Organisation B lagen keine Informationen zur Ausprägung dieses Merkmals vor, weshalb es nicht erhoben werden konnte.

These	Ergebnis	Auswertungskategorie	Anz. Projekte
T4: Geplanter Produktpreis	-	(keine Aussage aufgrund mangelnder Datenbasis)	- (Org. A und B)

Tab. 7-2-4: Ergebnis zu These T4

These T5: Projekttyp

Die Ausprägung dieses Merkmals wurde im Interview erfragt.[714] In Organisation A stellte sich das Merkmal Projekttyp sowohl grafisch als auch statistisch als

[714] Dabei wurden die drei vorgegebenen Ausprägungen beschrieben, und wenn in einem Projekt z. B. sowohl neue Funktionalität entwickelt als auch Verbesserungen am Produkt vorgenommen wurden, sollte der überwiegende Teil als bestimmend betrachtet werden (s. Appendix A, Frage 1).

linear[715] mit dem Testaufwand korreliert dar. Abbildung 7-2-3 verdeutlicht dies mittels Boxplotdarstellung. Für die untersuchten Projekte gilt demnach, dass der Testaufwand (relativ zum Entwicklungsaufwand) für Re-Design-Projekte höher ausfiel als für Verbesserungsprojekte und dieser wiederum höher als der Testaufwand für Neuentwicklungsprojekte, wodurch These T5 bestätigt wird.

Ein Interview[716] bestätigt dieses Ergebnis: Der Qualitätssicherungsverantwortliche gab an, dass Verbesserungsprojekte weniger Fehlerpotenzial besitzen als Neuentwicklungsprojekte. Auch die Ergebnisse der Regressionsanalysen bekräftigen den Einfluss des Projekttyps auf den Testaufwand: Regressionsfunktionen, die Neuentwicklungsprojekte gut abbilden, weisen für Verbesserungsprojekte sehr schlechte Werte der Gütekriterien auf (und umgekehrt), wodurch Projekttyp als geeignetes Gruppierungsmerkmal bestätigt wurde.

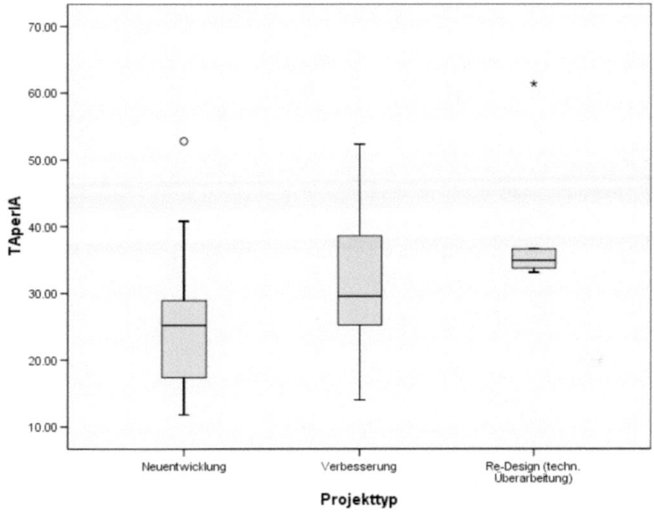

Abb. 7-2-3: Testaufwandsverteilung je Projekttyp in Organisation A

---

[715] Dies ist darauf zurückzuführen, dass die Ausprägungen des nominal skalierten Merkmals „Projekttyp" mit 1 (für Neuentwicklungsprojekte), 2 (für Verbesserungsprojekte) und 3 (für technische Re-Design-Projekte) kodiert wurden.

[716] Interview mit dem QSV in Projekt 60 in Organisation A

In Organisation B wurden keine Re-Design-Projekte analysiert. Da von 19 Projekten 14 Neuentwicklungsprojekte waren, konnten keine fundierten Aussagen über den Projekttyp als Einflussfaktor gemacht werden.

These	Ergebnis	Auswertungskategorie	Anz. Projekte
T5: Projekttyp	bestätigt	Korrelations-, grafische und Regressionsanalyse	38 (alle in Org. A)
	-	(keine Aussage aufgrund mangelnder Datenbasis)	- (Org. B)

Tab. 7-2-5: Ergebnis zu These T5

These T6: Anzahl Vorreleases

Die Anzahl Vorreleases wurde anhand der veröffentlichten Produktinformation ermittelt und beim Interviewpartner erfragt, wo ersteres nicht aufschlussreich war. Laut der Qualitätssicherungsexperten in Organisation A beeinflussen der Reifegrad und damit die Anzahl Vorreleases eines Produkts den Testaufwand entscheidend.

Die Korrelationsanalyse zeigte einen signifikanten nicht-linearen Zusammenhang.[717] Schließt man einen Ausreißer hinsichtlich des Testaufwands[718] von der Betrachtung aus[719], ergibt sich eine lineare Korrelation (vgl. Abbildung 7-2-4).

[717] Wert des Rangkorrelationskoeffizienten: 0,361 (Signifikanzniveau: 0,05), Wert des Bestimmtheitsmaßes der quadratischen Interpolationskurve: 0,192

[718] Projekt 7 in Organisation A

[719] Wenn Ausreißer ausgeschlossen werden, ist dies gut zu begründen (vgl. Fenton und Neil (1999), S. 681). Die Analyse des Ausreißers (Schritt 4a) zeigte, dass der niedrige Testaufwand anhand mehrerer Umstände erklärt werden konnte, die Anzahl Vorreleases jedoch nicht zu diesen relevanten Umständen zählte.

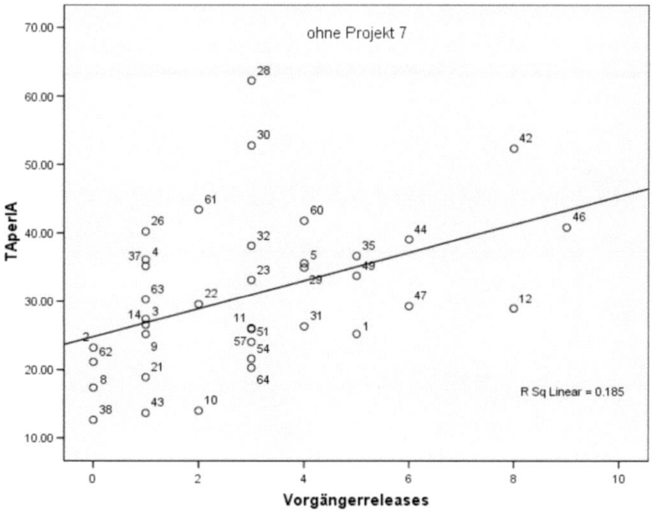

Abb. 7-2-4: Streudiagramm des Merkmals „Anzahl Vorreleases“ in Org. A

Dieser Zusammenhang, d. h. dass mit jedem Release eines erweiterten Produkts der Testaufwand relativ zum Entwicklungsaufwand steigt, gilt auch für Neuentwicklungsprojekte.[720] Er steht im Widerspruch zu These T6, lässt sich jedoch folgendermaßen erklären:

- Es gibt mit jedem Release mehr Funktionalitäten und Prozesse, deren Zusammenspiel getestet bzw. in die die neue Funktionalität eingebettet werden muss (vgl. Korrelation des Testaufwands mit dem Merkmal „Anzahl externer Schnittstellen“, These T15, als Beispiel dient Projekt 42, das u. a. aufgrund vieler Vorreleases hohen Regressionstestaufwand hatte).
- Mit jedem Release wächst der Kundenstamm, d. h. die neue Funktionalität wird an mehr Kunden ausgeliefert. Ein Fehler, der nach Auslieferung entdeckt wird und korrigiert werden muss, verursacht mit jedem Release mehr Aufwand (weil mehr Kundenmeldungen dazu zu bearbeiten sind und etwaige Imageschäden ei-

[720] Ziel von Neuentwicklungsprojekten war in Organisation A häufig eine neue Funktionalität, die ein bestehendes Produkt ergänzte, z. B. zusätzliche Verarbeitungsmöglichkeiten.

nen größeren Wirkungskreis haben[721]), weshalb die Fehlerbeseitigung vor Auslieferung wichtiger ist.

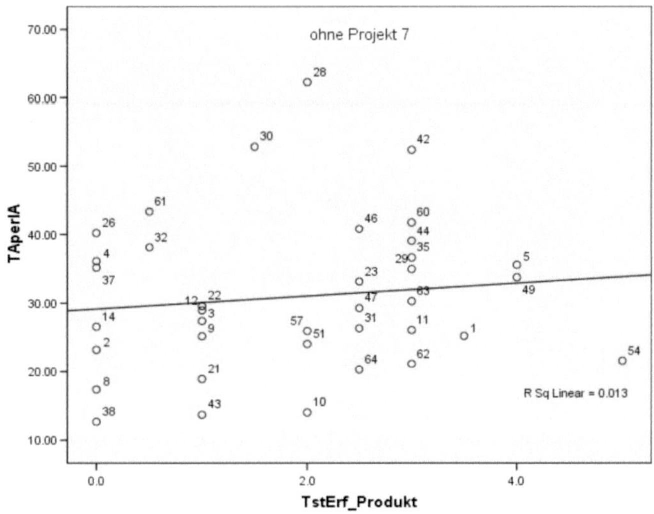

Abb. 7-2-5: Streudiagramm des Merkmals „Produkterfahrung der Tester" in Organisation A

Der Zusammenhang lässt sich nicht anhand der wachsenden Erfahrung der Tester mit dem Produkt begründen, wie Abbildung 7-2-5 zeigt.

Zusammenfassend ist die Anzahl Vorreleases als Einflussfaktor des Testaufwands in Organisation A bestätigt, wenn sie als Indikator der Komplexität des Produkts und der erwarteten Kundenanzahl interpretiert wird. Allerdings widerspricht das Ergebnis These T6, weil der Zusammenhang positiv ist (d. h. je mehr Vorreleases, desto höher der Testaufwand).[722]

---

[721] Als Extremfall müssen auch Schadensersatzforderungen bedacht werden, die von mehr Kunden gestellt werden können.

[722] Dass die Anzahl Vorreleases die Anzahl ausgelieferter Fehler beeinflusst, bestätigten mehrere QSV. Allerdings ist die Wirkungsrichtung nicht eindeutig: Bei wenigen Vorreleases war die Fehlerdichte vergleichsweise hoch (vgl. Projekt 57), und bei vielen Vorreleases sind dank langjähriger Nutzung viele Fehler bereits gefunden und korrigiert und daher kaum noch Fehler im Produkt ent-

In zwei Projekten in Organisation B war die hohe Anzahl an Vorreleases, dank deren Wartung das jeweilige Produkt nur noch wenige Fehler enthielt, einer der Gründe, warum bei unterdurchschnittlichem Testaufwand wenige Fehler nach Auslieferung gemeldet wurden.[723]

Eie mögliche Erklärung für die abweichenden Beobachtungen zwischen beiden Organisationen ist, dass die Änderungen von einem Release zum Folgerelease in Organisation A deutlich größer waren als in Organisation B, weshalb die im Produkt verbleibenden Fehler der betrachteten Produkte in Organisation A nicht in dem Maß abnahmen wie in den betrachteten Produkten der Organisation B.

These	Ergebnis	Auswertungskategorie	Anz. Projekte
T6: Anzahl Vorreleases	nicht bestätigt: andere Einflussrichtung	Umfrage, Korrelationsanalyse	38 (alle in Org. A)
	bestätigt	Einzelfallanalyse, Interview	2 (in Org. B)

Tab. 7-2-6: Ergebnis zu These T6

These T7: Bekanntheit der eingesetzten Entwicklungstechnologie

Zur Erfassung dieses Merkmals wurde im Interview gefragt[724], welche Technologien im Projekt und wie lange diese bereits in der jeweiligen Organisation eingesetzt wurden. In Organisation A ist laut Meinung der befragten Qualitätssicherungsexperten die Bekanntheit der verwendeten Entwicklungstechnologie ein relevanter Einflussfaktor des Testaufwands. In zwei Projekten[725] mit unterdurchschnittlichem Testaufwand und auffallend hoher erreichter Produktqualität (gemessen anhand der gemeldeten und korrigierten Fehleranzahl) wurde die Bekanntheit der eingesetzten Entwicklungstechnologien als ein Grund für das gute Ergebnis bestätigt.

---

halten (vgl. Projekte 8 und 42). Allerdings wiesen einige Projekte trotz vieler Vorreleases viele Fehler nach Auslieferung auf (vgl. Projekte 1, 10, 11). Einen Einfluss auf den Testaufwand bestätigen die genannten Projekte jedoch nicht.

[723] Projekt 1 und Projekt 5 in Organisation B

[724] Siehe Appendix A, Frage 12

[725] Projekte 38 und 64 in Organisation A

In Organisation B zeigte sich eine signifikante[726] lineare Korrelation zwischen Testaufwand und diesem Merkmal. Der Zusammenhang ist aber deutlich weniger signifikant[727], wenn ein Ausreißer hinsichtlich des Testaufwands[728] außer Betracht bleibt (vgl. Abbildungen 7-2-6 und 7-2-7). Der errechnete Zusammenhang gründet sich offenbar wesentlich auf das Wertepaar dieses Projekts. Aufgrund des niedrigen Werts für R^2, wenn ein einziges Projekt unberücksichtigt bleibt, kann kein prinzipieller Zusammenhang für alle Projekte angenommen werden.

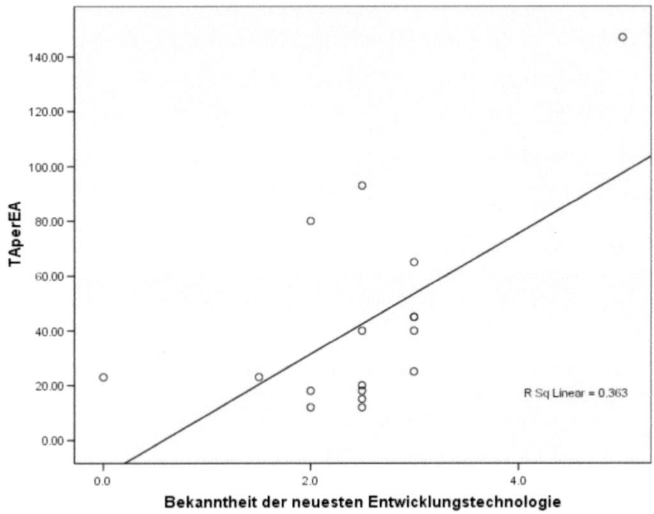

Abb. 7-2-6: Streudiagramm des Merkmals „Bekanntheit der eingesetzten Entwicklungstechnologie“ in Organisation B

---

[726] Die Korrelation war signifikant auf dem 0,01-Niveau, was bedeutet, dass mit 1 % Wahrscheinlichkeit die Annahme einer Korrelation ein Irrtum ist.

[727] Abzulesen am Wert des Bestimmtheitsmaßes, das von 0,363 (mit dem Ausreißer) zu 0,051 (ohne den Ausreißer) abnimmt

[728] Projekt 20 in Organisation B

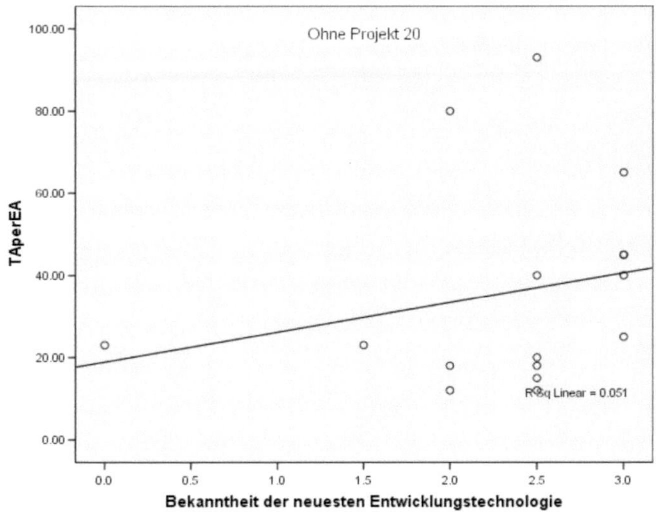

Abb. 7-2-7: Streudiagramm des Merkmals „Bekanntheit der eingesetzten Entwicklungstechnologie“ in Organisation B (ohne Ausreißer)

These	Ergebnis	Auswertungskategorie	Anz. Projekte
T7: Bekanntheit der eingesetzten Entwicklungstechnologie	bestätigt	Umfrage, Einzelfallanalyse	2 (in Org. A)
	nicht bestätigt: kein systematischer Zusammenhang	Korrelationsanalyse	17 (alle in Org. B)

Tab. 7-2-7: Ergebnis zu These T7

These T8: Anzahl und Zeitpunkt der Anforderungsänderungen während des Projekts

Dieses Merkmal wurde erhoben, indem späte Anforderungen und ungenaue Anforderungen als projektspezifische Testaufwandstreiber vorgeschlagen wurden und ihr jeweiliger Einfluss auf den Testaufwand im Projekt vom Qualitätssicherungsverantwortlichen zu bewerten war.[729]

In Organisation A wurden späte, d. h. nach Beginn der Implementierung festgelegte Anforderungen in vier Projektinterviews als Testaufwandstreiber mit starker Wirkung bezeichnet.[730] In zwei Projekten gab der jeweilige Qualitätssicherungsverantwortliche an, dass mehrfache Änderungen der Anforderungen im Projektablauf zu schlechterer Produktqualität bei Auslieferung[731] und (in einem Fall) zu erhöhtem Testaufwand geführt hätten.[732]

In Organisation B wurden Anforderungen in vielen Projekten erst während des Projektablaufs genau festgelegt.[733] Die während des Projekts spezifizierten Anforderungen erhöhten den Aufwand der Entwickler (für Analyse, Entwurf und Codierung).[734] Nur in einem Projekt reduzierte dies die verfügbare Zeit für Tests (in den übrigen Projekten verschob sich dadurch der Testzeitraum). Angesichts des vergrößerten Anforderungsumfangs wurde nicht mehr als der geplante Testaufwand aufgewendet, d. h. relativ zum Entwicklungsaufwand reduzierte sich der Testaufwand demnach durch spät geklärte Anforderungen. In der Mehrheit der Projekte ging dies zulasten der ausgelieferten Produktqualität, d. h. es wurden überdurchschnittlich viele Fehler nach Auslieferung gemeldet.[735]

Die Daten belegen, dass sich spät geklärte bzw. gestellte Anforderungen auf die ausgelieferte Produktqualität niederschlagen, sodass die These wie folgt bestätigt erscheint: Je später und häufiger Anforderungen geändert werden, desto mehr Fehler werden ausgeliefert, wenn der Testaufwand nicht entsprechend erhöht wird.

---

[729] Siehe Appendix A, die auf Frage 32 folgende Frage

[730] In Projekten 1, 12, 14 und 35; In Projekt 31 wurden darüber hinaus ungenaue Anforderungen als bedeutender Testaufwandstreiber identifiziert, die sich bei ihrer Klärung im Projektverlauf wie spät geänderte Anforderungen auswirken.

[731] Projekte 35 und 55 in Organisation A

[732] Projekt 35 in Organisation A

[733] Daher war in diesen Projekten die Zusammenarbeit mit dem Auftraggeber sehr wichtig (vgl. Kapitel 8.2, Fußnote 932).

[734] Projekte 6, 16 und 18 in Organisation B

[735] Projekte 16 und 18; an dieser Stelle sei allerdings nochmals darauf hingewiesen, dass die Zuordnung der ermittelten Fehlermeldungen nach Auslieferung von den meisten Projektleitern als falsch kommentiert wurde.

These	Ergebnis	Auswertungskategorie	Anz. Projekte
T8: Anzahl und Zeitpunkt d. Anforderungsänderungen	bestätigt	Testaufwandstreiber, Interview	5[736] (in Org. A)
	bestätigt	Einzelfallanalyse	3 (in Org. B)

Tab. 7-2-8: Ergebnis zu These T8

These T9: Variabilität der Nutzung des Produkts

Wie einleitend in diesem Kapitel erläutert, wurden in allen untersuchten Projekten Standardsoftwareprodukte entwickelt. Die Variabilität der Produktnutzung war für alle untersuchten Projekte in jeder der beiden Organisationen konstant, sodass dieses Merkmal in den Organisationen keine Wirkung auf den Testaufwand entfaltet. Deshalb konnte diese These im Rahmen der Fallstudien nicht geprüft werden.

These T10: Wichtigkeit des Produkts aus Kundensicht (Kritikalität)

Laut Aussagen der Projektansprechpartner in Organisation A ging die Betrachtung der Kritikalität des Produkts aus Sicht des Kunden in keinem Projekt in die Testaufwandsplanung ein. Insgesamt sind zu wenige Daten zu diesem Merkmal vorhanden, um eine Aussage bezüglich der These zu machen.

In Organisation B zeigt das Streudiagramm (vgl. Abb. 7-2-8), dass mit zunehmender Kritikalität auch der Testaufwand (relativ zum Entwicklungsaufwand) zunimmt. Die breite Streuung der Datenpunkte um die Interpolationslinie weist allerdings darauf hin, dass der Zusammenhang wenig ausgeprägt und eventuell nicht systematisch ist, weshalb These T10 anhand der Daten nur schwach bestätigt wird.

[736] Zu einem der Projekte, in dem das Merkmal als Testaufwandstreiber genannt wurde, fiel ebenfalls die Aussage des QSV hinsichtlich der verschlechterten Qualität.

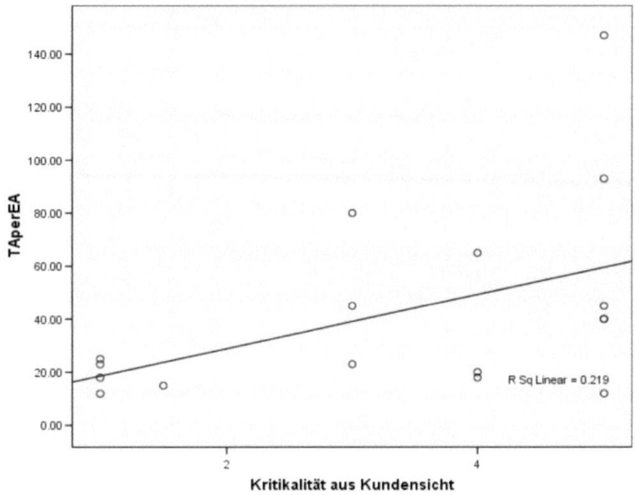

Abb. 7-2-8: Streudiagramm des Merkmals „Kritikalität" in Organisation B

These	Ergebnis	Auswertungskategorie	Anz. Projekte
T10: Wichtigkeit des Produkts aus Kundensicht (Kritikalität)	-	(keine Aussage aufgrund mangelnder Datenbasis)	- (Org. A)
	schwach bestätigt	Grafische Analyse	17 (alle in Org. B)

Tab. 7-2-10: Ergebnis zu These T10

These T11: Existenz von Vergleichsprodukten aus Kundensicht

In allen untersuchten Projekten in Organisation A und Organisation B, zu denen die Frage beantwortet wurde, ob es aus Kundensicht Vergleichsprodukte gebe (kundeneigene Lösungen, Konkurrenzprodukte oder Vorreleases des Produkts), wurde dies bestätigt, sodass zur Überprüfung der These keine Daten vorliegen.

These	Ergebnis	Auswertungskategorie	Anz. Projekte
T11: Existenz v. Vergleichsprodukten aus Kundensicht	-	(keine Aussage aufgrund mangelnder Datenbasis)	- (Org. A und B)

Tab. 7-2-11: Ergebnis zu These T11

These T12: Anzahl Beschwerden von Kunden des Vorreleases

Zur Erfassung dieses Merkmals wurden sowohl der Projektleiter als auch der Qualitätssicherungsverantwortliche nach der Anzahl Beschwerden, d. h. von Kunden gemeldeter schwerwiegender Fehler zum Vorrelease gefragt. Die Interviewergebnisse ergaben, dass in 33 % der Projekte in Organisation A die Befragten keine Antwort geben konnten, und dass weder in Organisation A noch in Organisation B die Anzahl schwerwiegender Fehler des Vorreleases bei der Testaufwandsplanung oder -durchführung berücksichtigt wurde. Der Wert des Medians in Organisation A (0,5) der Anzahl an Beschwerden belegt, dass die Hälfte der Projekte keine Beschwerden von Kunden des jeweiligen Vorreleases zu verzeichnen hatte. Für die übrigen Projekte lässt sich der postulierte Zusammenhang anhand eines Streudiagramms nicht erkennen. In Organisation B gaben die meisten Projektansprechpartner an, dass es keine Beschwerden gegeben habe.[737]

Diese Ergebnisse lassen vermuten, dass schwerwiegende Fehler in den Vorreleases der untersuchten Projekte nicht auftraten und damit generell sehr selten sind, oder dass sie für die Testplanung unerheblich sind. Daher bestätigen die Fallstudien den vermuteten Einfluss dieses Merkmals auf den Testaufwand nicht.

These	Ergebnis	Auswertungskategorie	Anz. Projekte
T12: Anzahl Beschwerden von Kunden des Vorreleases	nicht bestätigt: kein Zusammenhang erkennbar	Interviews, Datenanalyse	alle (in Org. A und B)

Tab. 7-2-12: Ergebnis zu These T12

These T13: Umfang der Anforderungen

Sowohl die grafische Analyse aller Projekte in Organisation A als auch die Korrelationsanalyse zeigten einen eindeutigen linearen[738] Zusammenhang zwischen dem Testaufwand und dem Umfang der Anforderungen (gemessen anhand des angefallenen Aufwands für Analyse, Spezifikation, Entwurf und Implementierung der

[737] Zu vier Neuentwicklungsprojekten gab es kein Vorrelease, und in vier weiteren Projekten konnte der Projektleiter keine Angabe zu den Kundenbeschwerden zum Vorrelease machen.

[738] Der Bestimmtheitskoeffizient R^2 nimmt den Wert 0,843 an.

Anforderungen)[739]. Dieser Zusammenhang war ebenso eindeutig erkennbar, wenn die Projekte nach dem Projekttyp gruppiert analysiert wurden.

Die Qualitätssicherungsexperten in beiden Organisationen gaben mehrheitlich an, dass dieses Merkmal Einfluss auf den Testaufwand habe. Auch die grafische Analyse aller Projekte in Organisation B ließ einen linearen Zusammenhang zwischen diesem Merkmal und dem Testaufwand erkennen.

Diese eindeutigen Ergebnisse überraschen angesichts der Operationalisierung nicht, denn bis auf die speziellen Einflussfaktoren des Testaufwands wird der Aufwand für die konstruktiven Entwicklungsaufgaben von denselben Einflussfaktoren determiniert wie der Testaufwand (vgl. Kapitel 3.2.2). Eine Operationalisierung dieses Merkmals z. B. anhand von Function Points oder Test Execution Points[740], die unabhängig von der Anforderungsumsetzung ist, würde aussagekräftigere Ergebnisse liefern, war jedoch im Rahmen der Fallstudien nicht möglich[741].

These	Ergebnis	Auswertungskategorie	Anz. Projekte
T13: Umfang der Anforderungen	bestätigt	Umfrage, grafische Analyse, Korrelationsanalyse	9 bzw. 38 (in Org. A)
	bestätigt	Umfrage, grafische Analyse	16 (in Org. B)

Tab. 7-2-13: Ergebnis zu These T13

These T14: Eingesetzte Entwicklungstechnologien

Auf die Interviewfrage, welche Technologien im Projekt eingesetzt wurden, ergab sich, dass in den untersuchten Projekten der Organisation A entweder nur eine (proprietäre) Entwicklungstechnologie oder verschiedene Technologien gleichzeitig verwendet wurden. Da weder zu den Testfällen noch zu den Fehlern erfasst wurde,

---

739 Der Anforderungsumfang wird hier für die Zusammenhangsanalyse anhand des angefallenen, für die Testaufwandsschätzung jedoch z. B. anhand des geschätzten Aufwands für die Tätigkeiten zur Umsetzung der Anforderungen operationalisiert. Diese Abweichung ist dadurch bedingt, dass sich die umzusetzenden Anforderungen häufig im Projektverlauf ändern (vgl. These T8), der Messgröße aber derselbe Anforderungsumfang zugrunde liegen muss wie dem zu analysierenden oder dem zu schätzenden Testaufwand.

740 Vgl. Aranha und Borba (2007)

741 Der Umfang der Anforderungen per se wurde in keinem der untersuchten Projekte geschätzt oder gemessen. Eine Umfangsmessung z. B. in Form einer Function Point- oder Test Execution-Point-Zählung für alle analysierten Projekte ließen die sehr unterschiedlich detaillierten Anforderungsdokumente und Testfälle verbunden mit den begrenzten Kapazitäten des Forschers nicht zu.

ob sie einer bzw. welcher Technologie sie zuzuordnen sind, kann der Einfluss einer bestimmten Technologie auf den Testaufwand (bzw. auf die resultierende Produktqualität) nicht untersucht werden. Die Aussagen mehrerer Projektansprechpartner bestätigten jedoch, dass nicht die Entwicklungstechnologie per se zu hohem oder niedrigem Testaufwand führt, sondern wie gut die Entwickler die Technologie beherrschen[742] und wie geeignet sie für das jeweilige Produkt ist.[743]

In Organisation B verwendeten die Projekte je nach den betroffenen Architekturschichten die gleichen Entwicklungstechnologien, sodass keine Aussage betreffend den Einfluss der Technologie auf den Testaufwand gemacht werden kann.

These	Ergebnis	Auswertungskategorie	Anz. Projekte
T14: Eingesetzte Entwicklungstechnologien	schwach bestätigt	Interview	2 (in Org. A)
	-	(keine Aussage aufgrund mangelnder Datenbasis)	- (Org. B)

Tab. 7-2-14: Ergebnis zu These T14

These T15: Anzahl externer Schnittstellen

Zur Bestimmung der Merkmalsausprägung wurde der Projektleiter oder ein z. B. für die Architektur verantwortlicher Entwickler nach der Anzahl von Standardschnittstellen, Produkten von Fremdherstellern sowie Produkten und Komponenten desselben Herstellers gefragt, die nicht im selben Projekt entwickelt wurden und zu denen im Projekt Schnittstellen bereitgestellt oder geändert wurden.

Die Korrelationsanalyse in Organisation A zeigte eine signifikante lineare Korrelation[744] des Testaufwands mit diesem Merkmal. Auch mehrere einzelne Projekte belegten den Einfluss der Anzahl externer Schnittstellen.[745] Die Regressionsanalyse

---

[742] Z. B. Projekt 8 in Organisation A

[743] Z. B. Projekt 46 in Organisation A, in dem eine neue Technologie nur in eng begrenztem Umfang eingesetzt wurde, weil die Mitarbeiter geringe Erfahrung damit hatten und daher nicht überzeugt waren, dass sie besser geeignet sei als die bis dato verwendete Technologie;

[744] Der Wert des Pearson-Korrelationskoeffizienten beträgt 0,382 (auf dem 0,05-Signifikanzniveau), der des Rangkorrelationskoeffizienten 0,444 (auf dem 0,01-Signifikanniveau). Die nicht-lineare Korrelation ist damit statistisch stärker belegt.

[745] In Projekt 28 und 42 wird der Einfluss anhand vieler Schnittstellen und hohen Testaufwands, in Projekt 7 und 38 anhand weniger Schnittstellen und niedrigen Testaufwands belegt.

bestätigte schließlich den hohen Einfluss dieses Merkmals für Verbesserungsprojekte (vgl. Kapitel 8.1).

In Organisation B gaben die Projektleiter mehrheitlich an, die Anzahl externer Schnittstellen (als ein Indikator der Komplexität eines Projekts) sei ein Vergleichskriterium, um Projekte hinsichtlich des Testaufwands vergleichen zu können. Damit schrieben sie diesem Merkmal Einfluss auf den Testaufwand zu.

Auch die Datenanalyse und das Feedback des jeweiligen Projektleiters in drei Projekten[746], die mit sehr hoher Produktqualität ausgeliefert wurden, bestätigten diesen Einfluss. Das Merkmal ist als unabhängige Variable im lokalen Modell zur Testaufwandsschätzung für Organisation B enthalten, sodass auch hier der Einfluss des Merkmals auf den Testaufwand durch das Ergebnis der Regressionsanalyse bestätigt wird.

These	Ergebnis	Auswertungskategorie	Anz. Projekte
T15: Anzahl externer Schnittstellen	bestätigt	Korrelations-, Einzelfallanalyse (Ausreißer, Projekte, die sehr hohe Produktqualität erreichten), Regressionsanalyse (für Verbesserungsprojekte)	38 bzw. 3 bzw. 19 (in Org. A)
	bestätigt	Einzelfallanalyse (Ausreißer und Projekte, die sehr hohe Produktqualität erreichten), Regressionsanalyse	3 bzw. 17 (in Org. B)

Tab. 7-2-15: Ergebnis zu These T15

These T16: Anzahl interner Schnittstellen

Die Auswertung einzelner Projekte[747] in Organisation A bestätigte, dass die Anzahl interner Schnittstellen den Testaufwand beeinflusst. In den Regressionsgleichungen ist das Merkmal nicht enthalten, weil es deutlich schwächer mit dem Testaufwand korreliert als die Anzahl externer Schnittstellen, jedoch sehr stark mit der

[746] Projekte 1, 5 und 13 in Organisation B, wobei von den erfassten Fehlern zu Projekt 5 nur zwei Fehler richtig zugeordnet sind;

[747] In Projekt 7 und 38 führten wenige Schnittstellen zu wenig Testaufwand, in Projekt 42 war die hohe Anzahl interner Schnittstellen unter anderem für hohen Testaufwand ursächlich.

Anzahl externer Schnittstellen. Daher würde die Aufnahme beider ins Modell zu Multikollinearität[748] führen.

In Organisation B beeinflusste die Anzahl projektinterner Schnittstellen nach Einschätzung der Qualitätssicherungsexperten den Testaufwand (die Mehrheit der Projektleiter sah dies ebenso). Auch die Höhe des Testaufwands und die Projektergebnisse mehrerer Projekte[749] belegten die These.

These	Ergebnis	Auswertungskategorie	Anz. Projekte
T16: Anzahl interner Schnittstellen	bestätigt	Einzelfallanalyse, Interview	3 (in Org. A)
	bestätigt	Umfrage, Einzelfallanalyse (Ausreißer, besonders erfolgreiche Projekte)	4 (in Org. B)

Tab. 7-2-16: Ergebnis zu These T16

Thesen T17 bis T20: Angestrebte Funktionalität, Zuverlässigkeit, Benutzbarkeit und Effizienz

Für jedes dieser Qualitätsmerkmale wird jeweils folgende Wirkung auf den Testaufwand vermutet[750]: Je wichtiger das Qualitätsmerkmal und je höher dessen angestrebte, d. h. als Ziel festgelegte Ausprägung, desto sorgfältiger und umfassender wird das Softwareprodukt daraufhin getestet und desto mehr Arbeitsaufwand fällt dafür an.[751]

Bei Inhaltsanalysen[752] und in Interviews ergab sich in beiden Organisationen, dass nur in wenigen Projekten zu wenigen dieser Qualitätsmerkmale ein messbares Projektziel festgelegt war[753], und diesbezüglich kein Vergleich zwischen den Pro-

[748] Siehe Kap. 6.3, Schritt 5, S. 132 und Appendix B

[749] Projekte 1, 5, 13 und 20 in Organisation B

[750] Vgl. Kapitel 5.3.1.8

[751] Vgl. Pol u. a. (2002), S. 158

[752] Z. B. wurden Präsentationen und Statusberichte zu verschiedenen Meilensteinen des Projekts ausgewertet.

[753] In Organisation A gab eine Richtlinie vor, welche Qualitätsmerkmale in jedem Projekt zu testen sind. Auf die Interviewfrage (s. Appendix C, Frage 45), welche Ziele bezüglich der Produktqualität verfolgt wurden, nannten die Befragten in 17 der 41 Projekte verschiedene Qualitätsmerkmale, jedoch stets ohne messbare Vorgabe (24 Qualitätssicherungsverantwortliche wussten oder gaben keine Antwort). In Organisation B gab es in mehreren Projekten einen Usability-Verantwortlichen, jedoch war in keinem Fall ein genaues Ziel bzgl. dieses oder anderer Qualitätsmerkmale festgelegt.

jekten möglich war, weil keine messbaren Zielausprägungen festgehalten waren[754]. Dies entspricht der Feststellung von Frühauf u. a., dass für die meisten Qualitätsmerkmale (bislang) sinnvolle Maße fehlen[755].

Stattdessen bestätigen die Analysen in diesen Projekten, dass die Produktqualität auch bei der Betrachtung des Testaufwands eine aus Kundensicht bestimmte, relative Eigenschaft ist[756], denn ihre Wirkung auf den Testaufwand entfaltet sich nicht aus den internen Qualitätsmerkmalen, d. h. anhand statisch messbarer Attribute des Produkts, sondern anhand der (vom Hersteller vermuteten oder vom Kunden geäußerten) Kundenerwartungen an das Produkt (vgl. Thesen T10, T11 und T12, Kap. 5.3.1.5).

These	bestätigt	Auswertungskategorie	Anz. Projekte
T17 bis T20: Angestrebte Funktionalität, Zuverlässigkeit, Benutzbarkeit und Effizienz	-	(keine Aussage aufgrund mangelnder Datenbasis)	alle (Org. A und B)

Tab. 7-2-17: Ergebnis zu Thesen T17 bis T20

These T21: Qualität der Spezifikation und der Entwurfsdokumentation

Zur Erfassung der Qualität der beiden Dokumentationen wurden jeweils der Qualitätssicherungsverantwortliche, ein Vertreter des Projektauftraggebers und ein Entwickler gebeten, beide Dokumente jeweils anhand einer fünfstufigen, detailliert beschriebenen Skala zu bewerten.[757] Zusätzlich wurden die Protokolle der Reviews beider Dokumente ausgewertet und die mit hoher Priorität versehenen Änderungen gezählt.[758] In Organisation A wiesen die Interviewergebnisse nur zu wenigen Pro-

---

[754] Nach Angabe der Befragten in Organisation A (in 11 der 39 Projekte) sollte die Ausprägung der genannten Qualitätsmerkmale verbessert werden, ohne dass dies jedoch quantifiziert war. In einzelnen Projekten in Organisation B waren Testziele dokumentiert, die die zu testende Funktionalität, teilweise versehen mit konkreten Testdaten, beschrieben, und daher keinen Vergleich zwischen Projekten erlaubten.

[755] Vgl. Frühauf u. a. (2002), S. 20; Balzert erläutert die Qualitätszielbestimmung, doch die verwendeten Beispiele zeigen, dass die Messung anhand von Qualitätsstufen stets Interpretationsspielraum lässt (vgl. Balzert (1998), S. 271 u. 273).

[756] Vgl. Kapitel 1.3, Eingrenzung des Begriffs „Testaufwand"

[757] Zu bewerten war, wie vollständig, unmissverständlich, strukturiert, detailliert die Spezifikation und die Entwurfsdokumentation waren bzw. ob sich aus der Spezifikation direkt Testfälle ableiten ließen (s. Appendix A, Frage 16 und 17).

[758] Diese Daten sind aufgrund ihrer Vertraulichkeit nicht in Appendix C enthalten.

jekten auf einen Einfluss der Qualität der Spezifikation und der Entwurfsdokumentation auf das Projektergebnis hin.[759] Für kein Projekt jedoch wurde Einfluss auf den Testaufwand konstatiert.

Wenn Ausreißer hinsichtlich des Testaufwands unberücksichtigt blieben, zeigten die Korrelationsanalysen des Merkmals „Qualität der Spezifikation“ jedoch einen linearen, positiven Zusammenhang (s. Abbildung 7-2-9), d. h. für die meisten Projekte galt, dass höhere Qualität der Spezifikation mit höherem Testaufwand einherging. Dafür gibt es zwei mögliche Erklärungen:

A) Wenn anhand einer detaillierten, vollständigen Spezifikation Testfälle generiert werden, ist ein vergleichsweise hoher Abdeckungsgrad der Spezifikation sichergestellt. Je höher der Abdeckungsgrad, desto höher ist auch der Testaufwand.

B) Viel Sorgfalt bei der Spezifikation spricht für ein ausgeprägtes Qualitätsbewusstsein der Projektmitarbeiter. Ist dieses gegeben, wird relativ viel Testaufwand betrieben (analog zu These T28).

---

[759] In Projekt 4 in Organisation A förderte die hohe Qualität der Spezifikation und der Entwurfsdokumentation das gute Projektergebnis, während sie in Projekt 12 nach Einschätzung des QSV für die Anzahl gemeldeter Fehler nicht wichtig war. In Projekt 61 wurde der Aufwand zur Erstellung der Spezifikation und der Entwurfsdokumentation als zu hoch angesichts des Nutzens für das Projekt betrachtet. Nach Einschätzung der Projektansprechpartner hätten auch weniger Details in der Spezifikation und Entwurfsdokumentation für das erzielte Projektergebnis ausgereicht.

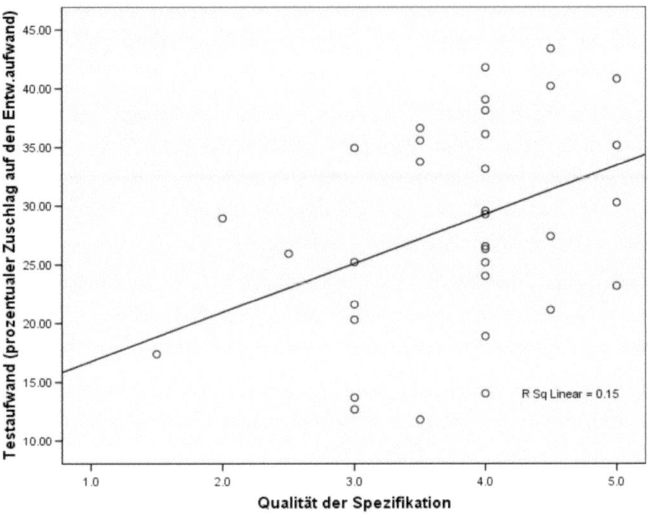

Abb. 7-2-9: Streudiagramm des Merkmals „Qualität der Spezifikation" in Organisation A (ohne Ausreißer)

In Organisation B zeigten weder Projektdaten noch Interviewergebnisse einen Einfluss der Qualität der Spezifikation auf den Testaufwand.[760] Den Einfluss der Qualität der Entwurfsdokumentation auf den Testaufwand bestätigten einige Projektansprechpartner im Interview:[761] Der Aufwand zur Testfallerstellung werde erheblich reduziert, und die Suche vor allem nach solchen Fehlern vereinfacht, die auf nicht explizit gefordertes Verhalten (bspw. bei fehlerhaften oder lückenhaften Eingaben) zurückzuführen sind. Offen bleibt jedoch, ob letztlich anhand guter Entwurfsdokumentation mehr oder weniger Aufwand zur Testdurchführung betrieben

[760] Allerdings wurde der Qualität der Spezifikation, d. h. der Anforderungen zumindest von einem Projektleiter (Projekt 13) Einfluss auf den Projekterfolg attestiert: Seiner Aussage gemäß waren die Anforderungen detailliert, eindeutig und vollständig und stellten sowohl für die Entwicklung als auch für die Testfallgenerierung eine gute Grundlage dar.

[761] In Projekt 5, 7, 15 in Organisation B; Beispielsweise gab der Projektleiter zu Projekt 7 an, die Konzeption (d. h. Teil der Entwurfsphase) sei sehr aufwändig gewesen, diente aber als Vorlage für die Tests, sodass Testfälle teilweise aus dem Konzeptionsdokument kopiert werden konnten. Die gründliche Vorarbeit der Entwicklung war demnach wertvoller und aufwandsreduzierender Input für das Testen.

wird. Da die Qualität der Entwurfsdokumentation in fast allen Projekten gleich (gut oder sehr gut) bewertet wurde, ist kein Zusammenhang mit dem Testaufwand erkennbar, weshalb angesichts der gesammelten Daten der Fallstudien die These nicht bestätigt wird.

These	Ergebnis	Auswertungs-kategorie	Anz. Projekte
T21: Qualität der Spezifikation und der Entwurfsdokumentation	Qualität d. Spezifikation: schwach bestätigt[762] Qualität d. Entwurfsdokumentation: nicht bestätigt (kein Zusammenhang erkennbar)	Korrelationsanalyse	35 (alle ohne Ausreißer[763] in Org. A)
	Qualität d. Spezifikation: nicht bestätigt (kein Zusammenhang erkennbar) Qualität d. Entwurfsdokumentation: nicht bestätigt (Einflussrichtung unklar)	Interview, Einzelfallanalyse	- (Org. A und Org. B)

Tab. 7-2-21: Ergebnis zu These T21

7.2.2 Wirkungen der Teammerkmale

These T22: Erfahrung der Entwickler mit dem Fachgebiet

Dadurch, dass jedes Projekt unter individuellen Bedingungen abläuft (vgl. Kapitel 2.1), und die große Mehrheit der Mitarbeiter der untersuchten Projekte in mehr als einem Projekt mitgearbeitet hatten, wurde in den Fallstudien von differenzierter Erfahrung ausgegangen und die Ausprägung dieses Merkmals anhand der durchschnittlichen Erfahrungsdauer der Entwickler mit dem Fachgebiet erfasst[764].

[762] Unter der Annahme bestätigt, dass die Ausreißer hinsichtlich des Testaufwands anhand anderer Einflüsse erklärbar sind und deren Außerachtlassung den Zusammenhang nicht verfälscht

[763] Ausreißer hinsichtlich des Testaufwands verwendeten mehr als 50 % des Entwicklungsaufwands als Testaufwand. Insgesamt gab es drei Ausreißerprojekte in Organisation A: Projekt 28, 30 und 42.

[764] Dazu wurde der Projektleiter um eine Einschätzung der Erfahrungsdauer jeden Entwicklers gebeten und die Werte gemittelt. Bei großen Teams gab der Projektleiter direkt einen Durchschnittswert an.

In Organisation A wiesen die Ergebnisse aus Interviews zu einzelnen Projekten auf den Einfluss dieses Merkmals auf den Testaufwand hin.[765] Allerdings fiel in einigen Projekten bei hoher Ausprägung der Erfahrung relativ viel Testaufwand an,[766] in anderen Projekten niedriger Testaufwand bei geringer Erfahrung der Entwickler mit dem Produkt.[767] Während sich das Merkmal in neun Projekten als bedeutender Einflussfaktor für das Projektergebnis (in Form der Anzahl gemeldeter Fehler) herausstellte,[768] lässt sich kein systematischer Einfluss auf den Testaufwand belegen.[769]

In Organisation B bestätigten einige Interviewergebnisse, dass die Erfahrung der Entwickler mit dem Fachgebiet entscheidenden Einfluss auf die Anzahl ausgelieferter Fehler hat.[770] Allerdings war weder an Projektdaten noch anhand der Projektergebnisse ersichtlich, ob auch der Testaufwand beeinflusst wird.

Um zu differenzierteren Aussagen zu gelangen, könnte die Prüfung dahingehend geändert werden, dass die Erfahrung der einzelnen Mitarbeiter anstelle des Durchschnitts betrachtet wird. So würde mehr Information genutzt[771], und der hohe Einfluss einzelner Mitarbeiter mit sehr viel oder ohne jede Erfahrung würde vermieden, der die Erfahrung verfälscht abbilden kann. Auch das Fachgebiet, auf das sich

---

[765] Z. B. Projekte 7 und 64, deren geringer Testaufwand (und wenige Fehler nach Auslieferung) der jeweilige QSV zum Teil der Erfahrung der Projektmitarbeiter mit dem Produkt zuschrieb. Der QSV in Projekt 11 nannte die Erfahrung (und Verfügbarkeit) der Entwickler als wichtige Voraussetzung dafür, die Tester zu unterstützen, indem sie Fragen beantworten, Missverständnisse klären und dadurch den Testverlauf effektiver machen.

[766] Siehe Projekte 46 und 60 als Beispiel

[767] Siehe Projekt 57 als Beispiel

[768] Aufgrund langjähriger Erfahrung ergaben sich wenige Fehler nach Auslieferung, vgl. Projekte 1, 12, 29, 31, 46, 60 und 62. Dagegen führte wenig oder gar keine Erfahrung der Entwickler mit dem Fachgebiet zu relativ vielen Fehlermeldungen nach Auslieferung, vgl. Projekte 37 und 57.

[769] Auch wenn relativ viel Erfahrung der Entwickler mit dem Fachgebiet vorhanden war, fiel teilweise hoher Testaufwand an (z. B. in Projekt 46 und 60), bei geringer Erfahrung niedriger Testaufwand (vgl. z. B. Projekt 57).

[770] Projekt 1, 6, 8: In Projekt 1 war unter anderem die langjährige Arbeit der Entwickler an diesem Produkt Ursache für die geringe Anzahl gemeldeter Fehler. In Projekt 6 zeigte sich, dass Fachwissen erforderlich ist, damit bereits die Entwickler im Entwicklertest die korrekte Umsetzung der Anforderungen prüfen, d. h. Spezifikationsfehler finden können, die andernfalls erst Tester im Integrationstest finden. Dadurch wird der Korrekturaufwand verringert. In Projekt 8 führte die gute Kenntnis der Anwendung seitens der Entwickler zu wenigen Fehlern nach Auslieferung.

[771] Vgl. Fenton und Neil (1999), S. 681

die Erfahrung bezieht, könnte genauer abgegrenzt werden. Allerdings lieferte die Prüfung dann keine Anhaltspunkte zur allgemeinen Gültigkeit der These.

These	Ergebnis	Auswertungskategorie	Anz. Projekte
T22: Erfahrung der Entwickler mit dem Fachgebiet	nicht bestätigt: kein Zusammenhang erkennbar	Einzelfallanalyse, Interview	- (in Org. A und Org. B)

Tab. 7-2-22: Ergebnis zu These T22

These T23: Erfahrung der Entwickler mit ihren Aufgaben

Das Merkmal wurde analog zur Erfahrung der Entwickler mit dem Fachgebiet im Interview erfasst.[772] In Organisation A ergab die Korrelationsanalyse eine lineare Korrelation[773] des Testaufwands mit diesem Merkmal. Auch die Regressionsanalyse legt den Einfluss auf den Testaufwand nahe, da die Erfahrung der Entwickler mit ihren Aufgaben als unabhängige Variable in den Regressionsgleichungen[774] mit den besten Werten der Gütekriterien enthalten ist. Doch zeigt die Prüfung der Koeffizienten, dass diese Variable als Teil der Gleichung nicht signifikant ist[775] und der Koeffizient im 95 % - Konfidenzintervall das Vorzeichen wechselt. Das heißt, dass sich mit 95 % Wahrscheinlichkeit der Irrtum nicht ausschließen lässt, die Variable mit falschem Vorzeichen, also falscher Einflussrichtung zu berücksichtigen.

In Organisation B waren weder Projektdaten noch Interviewergebnisse geeignet, die These zu prüfen, weil sich die angegebenen Ausprägungen kaum unterschieden.

These	Ergebnis	Auswertungskategorie	Anz. Projekte
T23: Erfahrung d. Entwickler m. i.Aufgaben	nicht bestätigt: Einflussrichtung unklar	Korrelations-, Regressionsanalyse	38 (in Org. A)
	-	(keine Aussage aufgrund mangelnder Datenbasis)	- (Org. B)

Tab. 7-2-23: Ergebnis zu These T23

[772] Siehe Beobachtungen zu These T22 in diesem Kapitel und Appendix A, Frage 28

[773] Wert des Pearson-Korrelationskoeffizienten: 0,325, auf dem 0,05-Niveau signifikant

[774] Die Variable ist sowohl in beiden Gleichungen für Neuentwicklungsprojekte als auch in der Gleichung Nr. 3 für Verbesserungsprojekte enthalten.

[775] Dies betrifft nur die Gleichung Nr. 1 für Neuentwicklungsprojekte.

These T24: Erfahrung der Tester mit dem Produkt

Das Merkmal wurde analog zur Erfahrung der Entwickler mit dem Fachgebiet im Interview erfasst.[776] In Organisation A gaben die Qualitätssicherungsexperten in der Umfrage[777] an, dass die Erfahrung der Tester mit dem Produkt hohen Einfluss auf den Testaufwand habe. Auch Datenanalyse und Interviewergebnisse zu mehreren Projekten sowie die Ergebnisse eines Pilotprojekts zur Prozessverbesserung[778] belegten den Einfluss dieses Merkmals auf den Testaufwand.[779] In zehn Fällen bestätigte die Auswertung der Projekte, dass viel Produkterfahrung der Tester zur Verringerung der Anzahl ausgelieferter Fehler führt.[780] In diesen Projekten war zumindest im Fall unerfahrener Tester relativ hoher Testaufwand zu verzeichnen.

In Organisation B bestätigten Interviewaussagen zu einigen Projekten den Einfluss dieses Merkmals auf den Test*erfolg*.[781] Unter der ceteris paribus-Annahme, d. h. bei gleicher Zielerreichung (gemessen anhand der Fehleranzahl, die nach Auslieferung gefunden werden) bedeutet die Produkterfahrung der Tester demnach geringeren Testaufwand.

Die Korrelationsanalyse in Organisation B ergab eine signifikante positive Korrelation[782] zwischen der Erfahrung der Tester mit dem Produkt und dem Testauf-

---

776 Siehe Beobachtungen zu These T22 in diesem Kapitel und Appendix A, Frage 29

777 Vgl. Kapitel 6.3, Schritt 2

778 Im Rahmen dieses Projekts führten Mitarbeiter der Qualitätssicherungsabteilung zwei Umfragen unter Testern durch (Jan. bis Sept. 2006), um Einflussfaktoren für effektivere Testdurchführung zu ermitteln. An dritter Stelle stand „knowledge of testers“, d. h. unter anderem die Erfahrung, die Tester mit einem Produkt bzw. auf einem Fachgebiet sammeln konnten, steigert ihre Effektivität.

779 Der QSV in Projekt 4 in Organisation A stellte fest, dass Tester, die im Umgang mit dem Produkt unerfahren sind, den Testaufwand erhöhen, weil sie intensive Betreuung brauchen und langsamer arbeiten. Laut QSV in Projekt 6 erhöhen unerfahrene Tester den Koordinationsaufwand. In Projekt 7 und 64 fiel sehr niedriger Testaufwand an, und es wurden sehr wenige Fehler nach Auslieferung gemeldet und korrigiert. Nach Aussagen beider QSV kann dies zum Teil auf die Erfahrung der Tester mit dem Produkt zurückgeführt werden.

780 Projekte 1, 29, 31, 32, 35, 37 (hier fehlten erfahrene Tester, weshalb relativ viele Fehler nach Auslieferung gefunden und gemeldet wurden), 47 (lt. Erfahrung des QSV in diesem Projekt determiniert das Wissen der Tester den Testerfolg), 60, 62 und 63 in Organisation A;

781 Der Projektleiter in Projekt 11 (Organisation B) hielt fest, dass erfolgreiche, d. h. viele Fehler aufdeckende Testfälle der Erfahrung der Tester mit dem Produkt, am besten aus Anwendersicht, bedürfen. Der QSV in Projekt 3 gab an, dass die Tests einige Schwachstellen nicht aufdeckten, weil die Tester mangels Erfahrung mit dem Bedienkonzept nicht wussten, worauf im Test zu achten war. Der Projektleiter in Projekt 6 machte fehlendes spezifisches Fachwissen dafür verantwortlich, dass für die erste Teststufe keine guten, d. h. wichtige Fehler aufdeckenden Testfälle entwickelt wurden.

782 Wert des Rangkorrelationskoeffizienten: 0,529 (auf dem 0,05-Signifikanzniveau)

wand. Dieses Ergebnis besagt, dass in den untersuchten Projekten der Testaufwand desto höher war, je mehr Produkterfahrung die Tester hatten. Betrachtet man die Korrelation nicht als Ergebnis des Zufalls[783], ist eine mögliche Erklärung des Ergebnisses, dass die Produkterfahrung der Tester den Testaufwand (mit-)bestimmt. Dazu bedarf es folgender Voraussetzungen:

1. Die Tester finden kontinuierlich Fehler, die weiteren Testaufwand und dadurch ggf. Budget- und Terminüberschreitung rechtfertigen. Die Qualität des Codes wird also als zu schlecht zur Auslieferung betrachtet.
2. Der Projektleiter befürwortet den ungeplanten Zusatzaufwand und kann ihn gegenüber seinen Vorgesetzten durchsetzen (d. h. die Vorgesetzten akzeptieren die Budget- und Terminüberschreitung).

Zwar lassen sich die Bedingungen nicht anhand des Datenmaterials überprüfen, da die zeitliche Verteilung, wann Fehler welcher Priorität gefunden wurden, nicht nachvollziehbar ist. Doch die Mehrheit der Projektleiter bestätigte[784], dass die Produkterfahrung der Tester entscheidend für effektive Tests sei. Außerdem können Tester mit Produkterfahrung deutlich besser zwischen wichtigen, d. h. unbedingt vor Auslieferung zu korrigierenden, und unwichtigen Fehlern unterscheiden.[785]

Alternativ lässt sich die umgekehrte Wirkungsrichtung vermuten: Für aufwändige Tests werden bevorzugt Tester mit umfangreichen Produktkenntnissen eingesetzt. Die vorhandenen Interviewergebnisse widersprechen dieser Erklärung jedoch, denn es gibt zwar in den meisten Projekten[786] Tester mit mehrjähriger Produkterfahrung, doch die Tester konnten in keinem der Projekte ausgewählt werden.

Unter den genannten Voraussetzungen belegen die Daten in Organisation B den aufwandserhöhenden Einfluss des Merkmals, weshalb die These nicht bestätigt ist.

Diese Voraussetzungen und die abweichenden Beobachtungsergebnisse zwischen beiden Organisationen lassen vermuten, dass weitere, bislang unberücksichtigte Faktoren zur Erklärung des Zusammenhangs berücksichtigt werden müssen,

---

[783] Die errechnete Signifikanz besagt, dass die Daten mit 5% Wahrscheinlichkeit tatsächlich keine Korrelation aufweisen, und sie irrtümlich angenommen wird.

[784] 10 von 19, siehe Appendix C (Frage nach den Erfolgsfaktoren des Tests)

[785] In einem Projekt (Projekt 7 in Organisation B) wurde laut Projektleiter zu viel Aufwand („Zeit und Energie“) zur Behebung relativ unwichtiger Fehler verwendet, weil ein unerfahrener Tester die Schwere der Fehler nicht richtig einschätzte.

[786] In 13 der 19 untersuchten Projekte haben die Tester durchschnittlich mindestens zwei Jahre Erfahrung mit dem Produkt (siehe Appendix C).

z. B. die Rangfolge der Ziele der Tester (weitere Fehler finden, auch wenn die verfügbare Zeit überschritten wird, oder die vorgegebene Zeit einhalten, auch wenn nicht alle geplanten Testfälle ausgeführt wurden).

These	Ergebnis	Auswertungskategorie	Anz. Projekte
T24: Erfahrung der Tester mit dem Produkt	bestätigt	Umfrage, Einzelfallanalyse, Ergebnisse eines Prozessverbesserungsprojekts	8[787] (in Org. A)
	nicht bestätigt: umgekehrte Einflussrichtung	Einzelfall-, Korrelationsanalyse, Interpretation	3 bzw. 17 (in Org. B)

Tab. 7-2-24: Ergebnis zu These T24

These T25: Erfahrung der Tester mit ihren Aufgaben

In Organisation A wiesen vier Projektansprechpartner auf den Einfluss dieses Merkmals auf den Testaufwand hin.[788]

In Organisation B bestätigte ein Projektleiter, dass fehlende Erfahrung der Tester mit dieser Aufgabe den Testaufwand steigere.[789] Abgesehen davon wiesen weder Datenanalysen noch Interviewergebnisse auf einen Zusammenhang dieses Merkmals mit dem Testaufwand hin.

These	Ergebnis	Auswertungskategorie	Anz. Projekte
T25: Erfahrung der Tester mit ihren Aufgaben	bestätigt	Ermittlung der Testaufwandstreiber, Interview	4 (in Org. A)
	schwach bestätigt	Interview	1 (in Org. B)

Tab. 7-2-25: Ergebnis zu These T25

[787] Hier sind die Projekte, in denen im Interview der Einfluss des Merkmals auf den Testaufwand bestätigt wurde, und die Projekte zusammengefasst, zu denen die Analyse der erreichten Produktqualität in Verbindung mit der Merkmalsausprägung den Einfluss erklärte (nach Rücksprache mit einem Projektansprechpartner).

[788] Laut QSV in Projekt 4 in Organisation A ist die Schulung der Tester ein relevanter Teil des Testaufwands. Testern ohne Testerfahrung müssen der Testablauf und bestimmte Testmethoden vermittelt werden, und sie müssen aussagekräftige Fehlerberichte schreiben und wichtige von unwichtigen Fehlern unterscheiden können. Zu Projekt 5, 35 und 37 nannte der jeweilige QSV die Erfahrung der Tester als Testaufwandstreiber.

[789] In Projekt 6 in Organisation B entstand dadurch erheblicher Zusatzaufwand, dass die mittestenden Auftraggeber unerfahren in der korrekten Formulierung von Fehlerberichten waren.

These T26: Engagement der Tester

Dieses Merkmal wurde erfasst, indem der Qualitätssicherungsverantwortliche im Interview um eine direkte Beurteilung gebeten wurde, und es war als ein möglicher projektspezifischer Testaufwandstreiber vorgegeben, dessen Einfluss auf den Testaufwand im Interview zu bewerten war[790].

Der Einfluss des Engagements der Tester auf den Testaufwand wurde in den Projektinterviews in Organisation A überwiegend als sehr schwach bzw. nicht vorhanden beurteilt: Von 22 Qualitätssicherungsverantwortlichen schätzten nur vier den Einfluss stark bzw. sehr stark ein, eine Einschätzung lautet mittelmäßiger Einfluss, und 17 Antworten wiesen dem Engagement sehr geringen (fünf Antworten) bzw. keinen (12 Antworten) Einfluss zu. Auch in einer grafischen Darstellung ist zwischen dem Testaufwand und dem im Interview erfragten Engagement der Tester kein Zusammenhang erkennbar. Allerdings sind Engagement und Motivation der Tester gemäß dem Ergebnis eines Prozessverbesserungsprojekts[791] wichtig für effektive Tests.[792] Gemäß dieser Auswertung fällt zur gleichen Zielerreichung desto weniger Testaufwand an, je motivierter und engagierter die Tester sind.

In Organisation B bestätigten zwei Projektleiter, dass das Engagement der Tester den Testaufwand beeinflusst. Allerdings gingen sie von unterschiedlichen Richtungen des Einflusses aus: Nach Ansicht eines Projektleiters reduzierte der Mangel an Ehrgeiz, Fehler zu finden, den Testaufwand[793], während nach Ansicht des zweiten Projektleiters das hohe Engagement der Tester den Testaufwand verkürzte.[794] Dieses Ergebnis führt zum Schluss, dass das jeweils verfolgte Ziel der Tester (z. B. eine bestimmte Anzahl Testfälle möglichst schnell durchführen, oder möglichst viele Fehler finden, wobei die verfügbare Zeit nachrangig betrachtet wird) entscheidend ist, um den Einfluss des Engagements der Tester auf den Testaufwand zu bestimmen.[795] Da dies nicht zusammen mit den Merkmalsausprägungen erhoben wurde, lässt sich keine Aussage zur Beurteilung dieser These ableiten.

---

[790] Siehe Appendix A, Frage 31 und die auf Frage 32 folgende Frage

[791] Für Informationen zu diesem Projekt siehe Fußnote 778

[792] Der Faktor „motivation and enthusiasm of testers" hatte unter den fünf wichtigsten Einflussfaktoren effektiver Tests Rang 5.

[793] Projekt 11 in Organisation B

[794] Projekt 16 in Organisation B

[795] In Projekt 1 (in Organisation B) testete nur der Projektleiter. Es fiel auffallend geringer Testaufwand an, und sehr wenige Fehler wurden nach Auslieferung gemeldet. Da der Projektleiter so-

These	Ergebnis	Auswertungskategorie	Anz. Projekte
T26: Engagement der Tester	schwach bestätigt	Interview, Ergebnisse eines Prozessverbesserungsprojekts	22 (in Org. A)
	nicht bestätigt: Einflussrichtung unklar	Interview	2 (in Org. B)

Tab. 7-2-26: Ergebnis zu These T26

These T27: Engagement der Entwickler

Das Engagement der Entwickler war als ein möglicher projektspezifischer Testaufwandstreiber vorgegeben, dessen Einfluss auf den Testaufwand im Interview zu bewerten war[796]. In Organisation A belegten Interviewaussagen in zwei Projekten den Einfluss des Engagements der Entwickler auf die erreichte Produktqualität.[797] Ein Einfluss auf den Testaufwand ließ sich in beiden Fällen nicht erkennen.

Auch in Organisation B bestätigten Interviewaussagen, dass das Engagement entscheidenden Einfluss auf das Projektergebnis habe.[798] Einfluss auf den Testaufwand attestierte diesem Merkmal jedoch keiner der befragten Qualitätssicherungsverantwortlichen.

Um mehr Erkenntnisse hinsichtlich des postulierten Zusammenhangs zu gewinnen, müsste er direkt beobachtbar sein. Dazu müsste die These konkreter formuliert werden (z. B. auf Aktivitäten oder Aspekte bezogen, die direkt mit dem Testaufwand verknüpft sind, z. B. Entwurfsdokumentation oder Code übersichtlich strukturieren und verständlich kommentieren).

---

wohl für die Budget- und die Termineinhaltung als auch für das Projektergebnis in Form des ausgelieferten Produkts verantwortlich ist, bemühte er sich um effektive und effiziente Tests (vgl. hierzu auch Kapitel 5.3.2.6, Faktor „Rollenbesetzung").

[796] Siehe Appendix A, die auf Frage 32 folgende Frage

[797] Projekt 3 in Organisation A war laut QSV im Wesentlichen dank des Engagements der Projektmitarbeiter aus Qualitätssicht erfolgreich. Auch in Projekt 42 wurde das Engagement der Mitarbeiter als sehr hoch beurteilt. Die Mitarbeiter lösten dadurch viele Probleme. Im Ergebnis kam es zu wenigen Fehlern und Kundenmeldungen, allerdings bei relativ hohem Testaufwand.

[798] Die Projektleiter in Projekt 8, 15 bzw. 3, 5, 7, 8, 10, 11, 18 in Organisation B nannten Motivation des Teams bzw. Engagement der Teammitglieder als Projekterfolgsfaktoren. In Projekt 3 wurden vergleichsweise viele Fehler nach Auslieferung gefunden, was der Projektleiter zum Teil darauf zurückführte, dass aufgrund von hoher Belastung durch jeweils mehrere Rollen im Projekt das Engagement der Mitarbeiter deutlich abnahm.

These	Ergebnis	Auswertungskategorie	Anz. Projekte
T27: Engagement der Entwickler	nicht bestätigt: kein Zusammenhang erkennbar	Interview, Testaufwandstreiber	2 (in Org. A), 9 (in Org. B)

Tab. 7-2-27: Ergebnis zu These T27

These T28: Einstellung des Projektleiters zu Qualität

Dieses Merkmal wurde in mehreren Fällen als weiterer, d. h. über die vorgeschlagenen Testaufwandstreiber hinausgehender Einflussfaktor des Testaufwands genannt. In Organisation A führte gemäß den Interviewaussagen eines Projekts das höhere Qualitätsbewusstsein des Projektleiters dazu, dass QS-Maßnahmen ernster genommen wurden und mehr Aufwand in Testvorbereitung und -dokumentation floss.[799]

In Organisation B zeigte ein Fall, dass die Einstellung des Projektleiters zu Qualität entscheidenden Einfluss auf den Testaufwand hat.[800]

These	Ergebnis	Auswertungskategorie	Anz. Projekte
T28: Einstellung des Projektleiters zu Qualität	schwach bestätigt	Interview[801]	jeweils 1 (in Org. A und B)

Tab. 7-2-28: Ergebnis zu These T28

These T29: Anzahl Projektteammitarbeiter

Bei der Projektanalyse in Organisation A deutete die Darstellung anhand eines Streudiagramms einen Zusammenhang zwischen der Teamgröße und dem Testaufwand an. Betrachtet man nur Projekte mit weniger als 100 Mitarbeitern,[802] zeigt

[799] Projekt 1 in Organisation A

[800] In Projekt 20 in Organisation B fiel extrem hoher Testaufwand an. Vor allem das stark ausgeprägte Qualitätsbewusstsein des Projektleiters führte dazu, dass er seine Forderung durchsetzte, den Auslieferungstermin zugunsten von weiteren Tests um mehrere Wochen zu verzögern.

[801] Siehe Appendix A, auf Frage 32 folgende Frage

[802] Die Anzahl Projekte mit mehr als 100 Mitarbeitern ist sehr gering (3), sodass eine Interpolation über alle Projekte keine gehaltvolle Aussage liefert.

sich ein schwach ausgeprägter[803] linearer Zusammenhang (siehe Abb. 7-2-10). Die breite Streuung der Datenpunkte um die Interpolationslinie und der niedrige Wert des Bestimmtheitsmaßes reichen jedoch nicht aus, um einen systematischen Einfluss der Teamgröße auf den Testaufwand zu bestätigen.

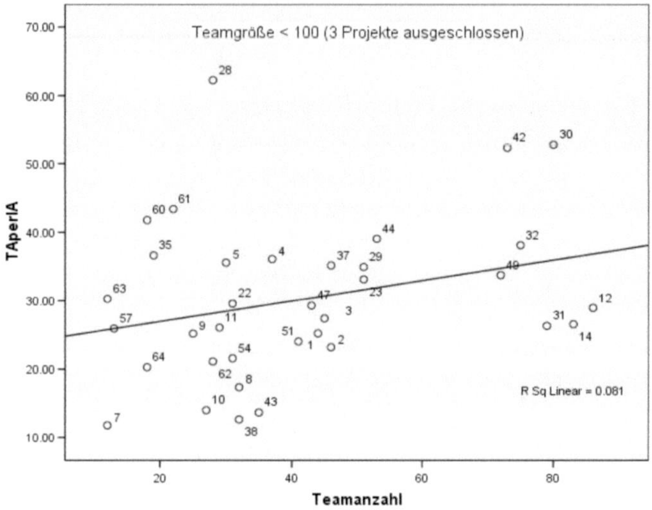

Abb. 7-2-10: Streudiagramm des Merkmals „Anzahl Projektteammitarbeiter" in Organisation A

In Organisation B verwiesen mehrere Projektansprechpartner darauf, dass das jeweils kleine Team ein Grund für den Projekterfolg gewesen sei. Allerdings stellten sie nicht ausschließlich auf die Teamgröße ab, sondern stets auch auf weitere Merkmale des Teams[804], weshalb sich der Einfluss der Teamgröße hieraus nicht

[803] Der Wert des Bestimmtheitsmaßes liegt mit 0,045 bzw. 0,081 (Projekte mit weniger als 100 Mitarbeitern) sehr nah an Null.

[804] Bspw. in Projekt 12 kam es laut Projektleiter wegen des „kleinen Teams mit gut ausgebildeten Leuten" zu wenigen Fehlermeldungen nach Auslieferung. In Projekt 8 war es der engen Zusammenarbeit eines kleinen Teams aus erfahrenen Mitarbeitern zu verdanken, dass wenige Fehler ausgeliefert wurden. Als Hauptgrund für das gute Projektergebnis (gemessen anhand der Fehleranzahl nach Auslieferung) in Projekt 9 gab der Projektleiter an, dass „ein kleines, stabiles Team erfahrener Leute mit hohem Engagement betreffend den Test eng zusammenarbeitete".

ableiten lässt. Die Datenanalyse eines weiteren Projekts ergab, dass bei hoher Mitarbeiterzahl (19) relativ viel Testaufwand anfiel. Allerdings konnte der Projektleiter nicht angeben, ob die Teamgröße zur Höhe des Testaufwands beitrug oder stattdessen die geringe Produkterfahrung der Tester oder die Tatsache, dass komplett manuell getestet wurde.

These	Ergebnis	Auswertungskategorie	Anz. Projekte
T29: Anzahl Projektteammitarbeiter	nicht bestätigt: kein systematischer Zusammenhang	Grafische Analyse, Interview	38 bzw. 9 (in Org. A bzw. Org. B)

Tab. 7-2-29: Ergebnis zu These T29

These T30: Kontinuität des Teams

Dieses Merkmal wurde erhoben, in dem die Anzahl der Abgänge und Zugänge von Mitarbeitern während des Projekts abgefragt wurde[805]. In Organisation A ließen vier Projekte Einfluss dieses Merkmals auf das Projektergebnis und zwei dieser Projekte Einfluss auf den Testaufwand vermuten.[806] Zwei weitere Projekte[807] wiesen im Vergleich zum Vorrelease geringeren relativen Testaufwand auf (bei geringerer Anzahl nach Auslieferung gemeldeter Fehler), der sich unter anderem dadurch begründen lässt, dass das Team weitgehend[808] fortbestand, das das Vorrelease entwickelt hatte.

In drei Projekten wirkten sich ungeplante Austritte oder Wechsel bzw. mangelhafte Übergabe bei geplanten Wechseln weder auf die Fehleranzahl noch auf den

---

[805] Siehe Appendix A, Frage 32

[806] In Projekt 38 und 64 wurde unterdurchschnittlich hoher Testaufwand betrieben und relativ wenige Fehler nach Auslieferung gemeldet, was zum Teil darauf zurückzuführen ist, dass es keinerlei Wechsel im Team gab. Zu Projekt 43 wurden viele Fehler nach Auslieferung gemeldet, was sich vor allem anhand des Weggangs vieler erfahrener Mitarbeiter erklären lässt, allerdings nicht an hohem Testaufwand ablesbar ist (um den geplanten Auslieferungstermin einzuhalten, wurden die Tests nicht im geplanten Umfang durchgeführt). In Projekt 4 verließ im Projektverlauf nur ein Mitarbeiter das Team. Dass alle Anforderungen zum geplanten Zeitpunkt und im Rahmen des Budgets umgesetzt wurden, führte der QSV auf die gute Zusammenarbeit und das ausgeprägte Zusammengehörigkeitsgefühl des Teams zurück.

[807] Projekt 29 als Folgerelease zu Projekt 28, und Projekt 31 als Folgerelease zu Projekt 30

[808] In Projekt 31, das das Folgerelease zu Projekt 30 entwickelte, verließen zwei Mitarbeiter das Team und wurden während des Projekts durch zwei neue Mitarbeiter ersetzt.

Testaufwand aus.[809] Demnach und bei Betrachtung von zwei weiteren Projekten[810] reicht auch die Unterscheidung, ob Wechsel im Team geplant oder ungeplant sind und ob die Übergabe der Aufgaben ordnungsgemäß und rechtzeitig erfolgt, nicht zur eindeutigen Bestimmung der Wirkung dieses Merkmals auf den Testaufwand.

In Organisation B verwiesen zwei Projektleiter zur Begründung der geringen Anzahl gemeldeter Fehler darauf, dass die Entwickler schon im Vorrelease als Team zusammengearbeitet hatten.[811] In zwei weiteren Projekten wurde als Erfolgsfaktor der Teamzusammenhalt genannt bzw. dass das Team eingespielt sei.[812] Doch den Einfluss des Merkmals auf den Testaufwand belegten die Interviewaussagen nicht.

Mehr Erkenntnisse hinsichtlich des postulierten Zusammenhangs würden sich ggf. einstellen, wenn er differenzierter formuliert und geprüft würde, ob sehr erfahrene oder kaum erfahrene Mitarbeiter das Team verlassen bzw. dazustoßen, und zu welchem Zeitpunkt im Projekt dies geschieht.

These	Ergebnis	Auswertungskategorie	Anz. Projekte
T30: Kontinuität des Teams	nicht bestätigt: kein Zusammenhang erkennbar	Einzelfallanalyse, Interview	- (Org. A u. Org. B)

Tab. 7-2-30: Ergebnis zu These T30

These T31: Verfolgung eines gemeinsamen Ziels

Den Einfluss dieses Merkmals auf den Projekterfolg bestätigten zwei Projektansprechpartner in Organisation A im Interview.[813] Allerdings stellten sie keine direkte Beeinflussung des Testaufwands fest.

---

809 Projekte 1, 8 und 22 in Organisation A

810 In Projekt 32 waren zwar alle Wechsel geplant und es erfolgte jeweils eine ordnungsgemäße Übergabe, doch sowohl Testaufwand als auch Anzahl gemeldeter Fehler nach Auslieferung waren überdurchschnittlich hoch. In Projekt 23 wiederum fanden viele ungeplante Wechsel statt, doch der Testaufwand ist leicht unterdurchschnittlich und es wurden relativ wenige Fehler nach Auslieferung gemeldet.

811 Projekte 8 und 9 in Organisation B

812 Projekte 7 und 16 in Organisation B

813 In Projekt 4 in Organisation A funktionierte die Zusammenarbeit ausgesprochen gut, die ein gemeinsames Ziel (bzw. gemeinsame Ziele) voraussetzt. In Projekt 8 behob ein Teilteam Mängel am

In Organisation B gaben drei Projektleiter an, dass ein gemeinsames Ziel zur Erreichung des Projektziels beitrug.[814] Als generellen Erfolgsfaktor nannten mehrere Projektleiter das gemeinsame Ziel,[815] enge Zusammenarbeit im Team[816] bzw. das Auftreten als Team.[817] Auch hier war allerdings kein Einfluss des Merkmals Verfolgung eines gemeinsamen Ziels auf den Testaufwand ersichtlich.

Mehr Erkenntnisse bezogen auf den postulierten Zusammenhang könnten sich ergeben, wenn die These konkreter formuliert bzw. die Prüfung auf direkt beobachtbare Merkmale abstellen würde. Allerdings entfaltet ein Ziel nur dann Wirkung (auf die Leistung), wenn die Person das Ziel tatsächlich verfolgt, was bei vorgegebenen Zielen nicht zwingend der Fall ist[818].

These	Ergebnis	Auswertungskategorie	Anz. Projekte
T31: Verfolgung eines gemeinsamen Ziels	nicht bestätigt: kein Zusammenhang erkennbar	Interview	2 bzw. 8 (in Org. A bzw. B)

Tab. 7-2-31: Ergebnis zu These T31

These T32: Anzahl verschiedener Muttersprachen im Team

In Organisation A wiesen die Analysen zweier Projekte auf den Einfluss dieses Merkmals auf den Testaufwand hin.[819] In zwei weiteren Projekten[820] gab der jeweilige Qualitätssicherungsverantwortliche an, dass die Zusammenarbeit unter anderem deshalb intensiv und reibungslos verlief, weil alle Projektmitarbeiter dieselbe

---

Input, den ein anderes Teilteam lieferte. Das gemeinsame Ziel trug dazu bei, dass Teammitglieder sich untereinander halfen.

[814] Projekte 2, 6 und 8 in Organisation B, wobei der Projektleiter in Projekt 6 explizit gute Zusammenarbeit zwischen Team und Auftraggeber als Erfolgsfaktor nannte;

[815] Projekt 18 in Organisation B

[816] Projekte 1, 3, 10 und 11 in Organisation B

[817] Projekt 13 in Organisation B

[818] Vgl. Locke und Latham (1990), S. 124, zitiert nach Abdel-Hamid u. a. (1999), S. 548

[819] In Projekt 30 in Organisation A waren laut QSV vier verschiedene Muttersprachen dafür mitverantwortlich, dass sehr hoher Testaufwand anfiel und überdurchschnittlich viele Fehler nach Auslieferung gemeldet wurden. Im Gegensatz dazu wies Projekt 7 unter anderem deshalb sehr wenige Fehler nach Auslieferung bei sehr niedrigem Testaufwand auf, weil alle Teammitglieder dieselbe Muttersprache sprachen.

[820] Projekt 22 und Projekt 60 in Organisation A

Muttersprache sprachen. Einen Zusammenhang mit dem Testaufwand bestätigten sie jedoch nicht.

Die Regressionsanalysen ergaben, dass die Anzahl verschiedener Muttersprachen im Team als unabhängige Variable zur Testaufwandsschätzung für Neuentwicklungsprojekte zu berücksichtigen ist.[821]

In Organisation B konnte dieses Merkmal nicht untersucht werden, da in den untersuchten Projekten stets nur eine Muttersprache gesprochen wurde.

These	Ergebnis	Auswertungskategorie	Anz. Projekte
T32: Anzahl verschiedener Muttersprachen im Team	bestätigt	Einzelfall-, Regressionsanalyse	2 bzw. 13 (in Org. A)
	-	(nicht beobachtbar)	- (Org. B)

Tab. 7-2-32: Ergebnis zu These T32

These T33: Anzahl der Standorte der Projektmitarbeiter

Die Analyse von drei Ausreißern hinsichtlich des Testaufwands in Organisation A ergab, dass die Anzahl der Standorte, auf welche die Entwickler und Tester eines Projekts verteilt sind, deutlichen Einfluss auf den Testaufwand hatte.[822] Nach Aussagen mehrerer Qualitätssicherungsverantwortlicher bzw. Projektleiter und gemäß den Projektdaten hat das Merkmal Einfluss auf die Anzahl nach Auslieferung gemeldeter Fehler.[823] Allerdings kann in diesen Projekten der Standortanzahl kein eindeutiger Einfluss auf den Testaufwand zugeordnet werden.[824] Bei der Validie-

---

[821] Vgl. Kapitel 8.1; Der Koeffizient dieser Variable ist im gesamten Konfidenzintervall positiv, d. h. mehr Sprachen resultieren in höherem Testaufwand.

[822] Projekte 30 und 42 wiesen bei Verteilung auf drei bzw. sieben Standorte sehr hohen, Projekt 7, das an einem Standort stattfand, sehr niedrigen Testaufwand auf. Die Anzahl nach Auslieferung gemeldeter Fehler war in Projekt 30 relativ hoch, in Projekt 42 und 7 relativ niedrig, woraus ersichtlich wird, dass der Testaufwand nicht unabhängig von diesem Merkmal zu hoher oder niedriger Produktqualität beitrug, sondern von diesem Merkmal mitbestimmt wurde.

[823] Projekte 8, 22, 35, 42, 55, 60 in Organisation A

[824] In Projekt 8 in Organisation A fiel bei drei Standorten relativ niedriger Testaufwand an, was zum Teil damit erklärt werden kann, dass die geringe verfügbare Zeit zum Großteil für Entwicklungsaufgaben genutzt wurde. In Projekt 22 mit einem Standort fielen leicht unterdurchschnittlicher Testaufwand und sehr wenige Fehlermeldungen nach Auslieferung an. Der QSV in Projekt 35 und der Projektleiter in Projekt 42 nannten die räumliche Distanz zwischen Teammitgliedern als Testaufwandstreiber. In Projekt 55 kam zur Distanz beträchtlicher Zeitunterschied dazu. Der zu diesem Projekt erfasste Testaufwand konnte jedoch nicht eindeutig zugeordnet werden, weshalb dieser

rung des lokalen Modells anhand der Beurteilung durch Qualitätssicherungsexperten bestätigten diese den Einfluss der Standortanzahl auf den Testaufwand. Aufgrund der überwiegend zustimmenden Ergebnisse wird die These als bestätigt betrachtet.

In Organisation B wurden fast alle Projekte an nur einem Standort abgewickelt.[825] Ein Projekt[826] wurde auf vier Standorte verteilt begonnen, doch noch während des Projekts wurde das Team an einen Standort zusammengezogen, was laut Projektleiter und Qualitätssicherungsverantwortlichem die Zusammenarbeit deutlich vereinfachte und verbesserte. Eine Auswirkung dieses Merkmals auf den Testaufwand lässt sich nicht feststellen.

These	Ergebnis	Auswertungskategorie	Anz. Projekte
T33: Anzahl der Standorte der Projektmitarbeiter	bestätigt	Einzelfallanalyse (Ausreißer), Validierung (Experten)	3 (in Org. A)
	-	(nicht beobachtbar)	- (Org. B)

Tab. 7-2-33: Ergebnis zu These T33

These T34: Testfallerstellung und Testdurchführung durch Entwickler

Die Auswertung zweier Projekte in Organisation A ergab, dass die Entwickler, die die Testfälle erstellten, gleichzeitig noch an der Entwicklung arbeiteten. Aufgrund dieser parallelen Aufgaben wurden einige Testfälle nicht rechtzeitig fertig, weshalb der Teststart verzögert wurde.[827] Darüber hinaus fehlten prozess- oder szenario-basierte Testfälle, sodass sich Fehler im Ablauf mehrerer Geschäftsprozesse

---

Aufwandswert keine Schlussfolgerungen zulässt. In Projekt 60 gab es nur einen Standort, und der enge Kontakt zwischen Entwicklern und Testern wurde als erfolgrelevant bezeichnet (die geringe Anzahl Fehler geht mit überdurchschnittlichem Testaufwand einher). In Projekt 63 wurde zwar auf drei Standorte verteilt entwickelt, doch brachte dies laut QSV keinerlei Nachteile mit sich, was der durchschnittlich hohe Testaufwand und die geringe Anzahl Fehler nach Auslieferung bestätigen.

[825] Nur Projekt 6 in Organisation B war auf zwei Standorte verteilt. In Projekt 1 arbeiteten Unterauftragnehmer, d. h. Projektzulieferer an einem zweiten Standort.

[826] Projekt 2 in Organisation B

[827] Projekt 5 und 21, wobei in letzterem die Testfälle zu spät zur Übersetzung gegeben wurden, was den Testbeginn verzögerte;

nicht im Test manifestierten, sondern erst im Produktiveinsatz.[828] Diese Tatsache bestätigt die These scheinbar, wobei allerdings nicht erkennbar ist, ob die Ursache die Perspektive der Entwickler oder die Knappheit der Zeit (siehe These T42) bzw. parallele Aufgabenbearbeitung ist (siehe These T35).

Bezogen auf die Testdurchführung zeigte die Analyse der Projekte in Organisation A, dass in der ersten Teststufe, die stets von Entwicklern durchgeführt wird, nicht weniger Fehler pro Zeiteinheit gefunden wurden als in den beiden anderen Integrationsteststufen, die von Testern[829] durchgeführt werden.[830] Aufgrund der uneindeutigen Erklärung bzw. Effektivität beim Auffinden von Fehlern wird die These anhand der Daten in Organisation A nicht bestätigt. Der Vergleich der Effektivität ist jedoch dadurch beeinträchtigt, dass in einem späteren Zeitraum im Projekt die Fehler nicht mehr gefunden werden können, die bereits in vorherigen Teststufen gefunden wurden, und die verbleibenden Fehler schwieriger zu finden sind[831].

In Organisation B waren häufig[832] keine spezialisierten Tester beteiligt, und die Aufgaben der Tester wurden von Entwicklern übernommen. Dadurch ist kein Vergleich zwischen deren Testfällen und den von Entwicklern erstellten Testfällen möglich. Allerdings belegten die Interviewaussagen zu zwei Projekten, dass Tester effektiver testen als Entwickler, die ihre eigenen Arbeitsergebnisse testen.[833] Ceteris paribus fällt demnach in Organisation B weniger Testaufwand an, wenn Tester anstatt Entwicklern testen. Die These wird daher durch die Informationen in Organisation B schwach bestätigt.

Um mehr Erkenntnisse hinsichtlich des postulierten Zusammenhangs zu gewinnen, müssten Projekte untersucht werden, die sich entgegen den hier analysierten

---

[828] Als Verbesserung für das nächste Projekt wurde nicht vorgeschlagen, die Testfälle von anderen Projektmitarbeitern erstellen zu lassen, sondern die Verantwortlichkeit für die Testfallerstellung rechtzeitig zu klären und Aufwand für die Testfallerstellung vorzusehen.

[829] Großteils von Produktberatern, teilweise von Kunden, die als Tester eingeladen werden

[830] Das Verhältnis zwischen den in der ersten Teststufe (von Entwicklern) und den in der zweiten Teststufe (von Testern) gefundenen Fehlern streut breit: von der dreifachen Menge gefundener Fehler pro Zeiteinheit in der ersten Teststufe (Projekt 26) bis zur vierfachen Menge gefundener Fehler pro Zeiteinheit in der zweiten Teststufe (Projekt 61).

[831] Vgl. Cangussu u. a. (2002), S. 785

[832] In 12 der 19 Projekte in Organisation B

[833] Projekte 3 und 11 in Organisation B; In Projekt 3 mussten Entwickler teilweise ihre Anwendungen selbst testen, weshalb Fehler teilweise übersehen wurden. Laut Projektleiter stellt sich Routine ein, wenn zusätzlich ein Entwickler stets den gleichen Teil der Anwendung bearbeitet, sodass er weniger aufmerksam für Fehler ist (häufig als „betriebsblind" bezeichnet).

eindeutig darin unterscheiden, ob Entwickler oder professionelle Tester die Testfälle erstellen und testen, und die in sehr vielen sonstigen Merkmalsausprägungen übereinstimmen.

These	Ergebnis	Auswertungskategorie	Anz. Projekte
T34: Testfallerstellung und Testdurchführung durch Entwickler	nicht bestätigt: uneindeutige Ursache der Beobachtung	Einzelfallanalyse, Datenanalyse über alle Projekte	2 bzw. 38 (in Org. A)
	schwach bestätigt	Interview	2 (in Org. B)

Tab. 7-2-34: Ergebnis zu These T34

7.2.3 Wirkungen der Ressourcenmerkmale

These T35: Verfügbarkeit der Teammitglieder

In vier Projekten in Organisation A erwies sich die Tatsache, dass die Entwickler mehrere Aufgaben parallel bearbeiteten bzw. mehrere Releases in einem Projekt entwickelten, als Grund für relativ viele Fehlermeldungen nach Auslieferung bei durchschnittlicher Höhe des Testaufwands[834] bzw. durchschnittlich viele Fehler nach Auslieferung bei überdurchschnittlichem Testaufwand.[835] In einem weiteren Projekt gab der Qualitätssicherungsverantwortliche an, das Projekt sei hauptsächlich deswegen so erfolgreich[836] gewesen, weil die Projektmitarbeiter zu 100 % ihrer Arbeitszeit dem Projekt zugeordnet waren und daher ein ausgeprägtes Zusammengehörigkeitsgefühl entwickelten.

Die Untersuchung der Verfügbarkeit der Tester, die sich in drei Projekten[837] als relevant für den Testaufwand darstellte, belegte, dass letztlich die Erfahrung der

[834] Projekte 30, 51, 54 und 57 in Organisation A: In Projekt 30 fielen circa 40 % des Projektaufwands für die Wartung des Vorreleases an, welche die Entwickler intensiv testen mussten. In Projekt 51 mussten die Entwickler zeitgleich ältere Releases warten. In Projekt 54 wurden zwei Releases parallel entwickelt, deren Tests sich überschnitten. In Projekt 57 konnten gefundene Fehler nicht korrigiert werden, weil die Entwickler Kundenunterstützung und Wartung für das Vorrelease leisteten und deshalb keine Zeit für Fehlerkorrekturen hatten.

[835] Projekt 30 in Organisation A

[836] Dieses Projekt (Projekt 4 in Organisation A) erfüllte die geplanten Anforderungen und blieb im Rahmen des geplanten Budgets und Zeitrahmens.

[837] Projekte 1, 49 und 51 in Organisation A

verfügbaren Tester (vgl. Thesen T24 und T25) entscheidend ist für Aufwand und Effektivität der Tests.[838]

Auch in Organisation B zeigte sich in zwei Projekten, dass parallele Aufgaben der Teammitglieder die Qualität der Arbeitsergebnisse beeinträchtigten.[839] Dies bestätigte zusätzlich ein Qualitätssicherungsexperte im Interview.[840]

These	Ergebnis	Auswertungskategorie	Anz. Projekte
T35: Verfügbarkeit der Teammitglieder	bestätigt	Einzelfallanalyse, Interview	5 (in Org. A)
	bestätigt	Einzelfallanalyse, Interview	2 (in Org. B)

Tab. 7-2-35: Ergebnis zu These T35

These T36: Abhängigkeit von Zulieferungen

Sowohl die Qualitätssicherungsexperten als auch sechs Projektansprechpartner in Organisation A sahen in diesem Merkmal einen sehr wichtigen Treiber des Testaufwands. In sieben Projekten erwies sich die Ausprägung dieses Merkmals als

---

[838] In Projekt 1 in Organisation A sagten mehrere Tester kurzfristig ab. Die ersatzweise engagierten Tester waren ebenfalls sehr erfahren, sodass viele Fehler im Test gefunden wurden und relativ niedriger Testaufwand anfiel. In Projekt 51 mussten aufgrund kurzfristiger Absagen ersatzweise Tester engagiert werden, die wenig Erfahrung hatten. Daher wurden wenige Fehler im Test gefunden und nach Auslieferung relativ viele Fehler gemeldet und korrigiert. Der Testaufwand allerdings war relativ niedrig.

[839] Projekte 6 und 21: In Projekt 21 wurden während eines Jahres mehrere Versionen entwickelt und ausgeliefert. Sie mussten gleichzeitig getestet werden, was zu Lasten der Testeffektivität der einzelnen Versionen ging. Überarbeitungs- bzw. Korrekturphasen behinderten das laufende Projekt. Zeitgleich mussten die Projektmitarbeiter Pilotanwender betreuen. All diese parallelen Aufgaben führten dazu, dass die Ergebnisqualität der einzelnen Aufgaben gegenüber einer sequentiellen Bearbeitung reduziert war. In Projekt 6 mussten Auftraggebervertreter an allen Tests teilnehmen, weil die zugesagten Tester nicht verfügbar waren. Die Auftraggebervertreter waren z B. ungeschult in der Erstellung von Fehlerberichten, was zu deutlich höherem Aufwand bei der Testdokumentation (und der Fehlersuche) führte. Dass aufgabenspezifische Qualifikationen fehlten, zeigte sich auch anhand der geringen Fehlerzahl, die gefunden wurde.

[840] Er gab an, dass parallele Aufgaben wie Wartung und Anwenderbetreuung die für die Projektaufgaben verfügbare Zeit und die Konzentration der Entwickler reduzieren, wodurch die Qualität der Entwicklung verschlechtert wird (siehe das Experteninterview mit MS am 08.01.2007, Appendix F). In drei Projekten (Projekt 3, 8, 11 in Organisation B) bemängelten die Projektleiter, dass für das Projekt zu wenige Mitarbeiter (sowohl Entwickler als auch Tester) bereitgestellt worden seien. Allerdings lassen weder Datenanalyse noch Interviewergebnisse eindeutige Schlussfolgerungen auf den Testaufwand zu.

sehr einflussreich auf die Anzahl gemeldeter Fehler nach Auslieferung.[841] Dabei ging eine hohe Merkmalsausprägung meist mit hohem Testaufwand einher.[842]

Zwei Regressionsgleichungen für Neuentwicklungsprojekte, die anhand ihrer Werte der Gütekriterien anderen Regressionsgleichungen vorzuziehen waren, enthielten Abhängigkeit von Zulieferungen als unabhängige Variable (vgl. Kapitel 8.1). Dies besagt, dass das Merkmal zur Erklärung des Testaufwands beiträgt. Allerdings wies die Variable einen negativen Koeffizienten auf, was bedeutet, dass in den untersuchten Projekten gemäß der geschätzten Funktion desto geringerer Testaufwand anfiel, je höher die Abhängigkeit war.

Eine mögliche Erklärung hierfür berücksichtigt, dass sich nicht jede Abhängigkeit auf gleiche Weise (d. h. auf die gleichen Tätigkeiten) und in gleicher Höhe (d. h. mit gleich langer Verzögerung oder gleich hohem Zusatzaufwand) auswirkt. Vielmehr müssten über diese Untersuchung hinausgehend Abhängigkeiten danach unterschieden werden, ob sie Effekte betreffend das Testen oder nur auf andere Tätigkeiten im Projekt haben, und wie stark diese Effekte sind.[843]

In Organisation B ließ sich der extrem hohe Testaufwand eines Projekts[844] zum großen Teil anhand der Abhängigkeit von Zulieferungen erklären.[845] In einem weiteren Projekt[846] lag keinerlei Abhängigkeit vor, was laut Projektleiter einer der Gründe dafür war, dass sehr wenige Fehler nach Auslieferung gemeldet wurden und relativ wenig Testaufwand anfiel. In einem dritten Projekt[847] konnte die hohe Abhängigkeit von Zulieferungen dank langer Projektdauer kompensiert werden,

---

[841] Projekte 23, 28, 29 und 32 in Organisation A; In Projekt 60 und 63 führte keine bzw. geringe Abhängigkeit zu sehr wenigen gemeldeten Fehlern nach Auslieferung, in Projekt 62 resultierte die Abhängigkeit von einer umgebenden Komponente darin, dass das Produkt mit funktionalen Einschränkungen ausgeliefert wurde.

[842] Projekte 23, 28, 29 und 32; abweichend allerdings Projekt 60, das relativ hohen Testaufwand aufwies, ohne dass Abhängigkeiten vorlagen

[843] Die Erklärung, dass die Regressionsergebnisse aufgrund von ungenauen Messungen anzuzweifeln sind, trifft subjektiv erhobene Merkmalswerte besonders. Da auch objektiv gemessene Merkmalswerte nie frei von Messfehlern sind, stellt diese Erklärung jede empirische Bestätigung von Thesen in Frage.

[844] Projekt 20 in Organisation B, in dem circa 140 % des Entwicklungsaufwands (inkl. Analyse, Entwurf, Coding und Entwicklertests) an Testaufwand anfielen

[845] Abhängigkeit von den Zulieferungen einer Firma, deren gelieferter Code nach jeder weiteren Lieferung bzw. bei Entwicklungsfortschritten im Projekt intensiv getestet wurde, und von einer Hardwarekomponente, die schwierig zu integrieren war und zusätzliche Tests bedingte

[846] Projekt 9 in Organisation B

[847] Projekt 6 in Organisation B

weshalb sie sich nicht auf den Testaufwand (oder das Projektergebnis) auswirkte.[848] In Regressionsgleichung Nr. 2 (vgl. Kapitel 8.2) ist das Merkmal mit positivem Vorzeichen enthalten, weist allerdings einen Vorzeichenwechsel im Konfidenzintervall auf und ist nur tendenziell signifikant.[849]

Einzelne Projektergebnisse sowie die Einschätzung vieler Qualitätssicherungsexperten und Projektansprechpartner in Organisation A bestätigen die These, stehen damit aber im Widerspruch zu den Regressionsergebnissen. In Organisation B hingegen bestätigen die Analysen die These übereinstimmend.

These	Ergebnis	Auswertungskategorie	Anz. Projekte
T36: Abhängigkeit von Zulieferungen	nicht bestätigt: widersprüchliche Einflussrichtungen	Interview, Einzelfallanalyse, Regressionsanalyse (für Neuentwicklungsprojekte)	7 bzw. 18 (in Org. A)
	bestätigt	Interview, Regressionsanalyse	3 bzw. 16 (in Org. B)

Tab. 7-2-36: Ergebnis zu These T36

These T37: Anzahl Kunden, die am Testen teilnehmen

In Organisation A führte Kundenbeteiligung am Testen meist zu höherem Testaufwand.[850] Nur im seltenen Fall von Kunden, die anhand qualifizierter Fehlermeldungen und ihrer Erfahrung mit Vorreleases des Produkts ausgewählt werden,[851] wirkte sich die Kundenbeteiligung nicht aufwandssteigernd aus. Unter der Annahme, dass die Kunden durchschnittlich viel Erfahrung mit Vorreleases des Produkts

---

[848] Die Projektmitarbeiter erbrachten Zusatzleistungen, d. h. entwickelten Komponenten über ihre Entwicklungsaufgaben hinaus, um auf verzögerte Zulieferungen verzichten zu können.

[849] Signifikanzniveau: 0,096, damit deutlich über dem konventionell geforderten Wert 0,05

[850] Projekte 28, 30, 37, 43 und 47 in Organisation A; Im Gegensatz dazu wurde die Kundenbeteiligung am Test in Projekt 49 als hilfreich und nicht aufwandssteigernd beurteilt. In den fünf genannten Projekten testeten die Kunden hauptsächlich eigene Szenarien, weshalb die Fehlersuche im Hintergrund stand. Eine höhere Beteiligung professioneller Tester hätte nach Ansicht der Qualitätssicherungsverantwortlichen zu effektiveren Tests geführt. In Projekt 43 wurde angegeben, dass als Konsequenz im nächsten Projekt professionelle Tester anstatt Kunden eingesetzt werden sollen.

[851] Projekt 35 in Organisation A

haben und durchschnittlich aussagekräftige Fehlermeldungen erstellen, bestätigen diese Daten den vermuteten Einfluss dieses Merkmals auf den Testaufwand.[852]

In Organisation B nahmen Kunden nicht an den Tests des Softwareherstellers teil, sondern testeten während der Pilotphase, d. h. nach Abschluss der Entwicklung, jedoch vor Marktfreigabe in ihrer Umgebung unter Produktivbedingungen.[853] Der Testaufwand im Projekt blieb von diesen Pilottests unberührt.

These	Ergebnis	Auswertungskategorie	Anz. Projekte
T37: Anzahl Kunden, die am Testen teilnehmen	bestätigt[854]	Einzelfallanalyse	6 (in Org. A)
	-	(nicht beobachtbar)	- (Org. B)

Tab. 7-2-37: Ergebnis zu These T37

These T38: Qualität existierender Testfälle

Zur Erfassung dieses Merkmals wurden die Qualitätssicherungsverantwortlichen im Interview gebeten, die Detaillierung und den Umfang der Testfälle und den Einfluss beider Testfallattribute auf den Testaufwand zu beurteilen[855]. In Organisation A gaben die Qualitätssicherungsverantwortlichen in zwei Projekten an, dass hohe Detaillierung[856] bzw. hohe Granularität[857] der Testfälle wichtig für erfolgreiches Testen sei, d. h. zum Auffinden vieler Fehler, und dass detaillierte Testfälle den Testaufwand reduzierten.[858] In einem weiteren Projekt führten zu wenig detail-

[852] Auch wenn Kunden keine Erfahrung mit Testen haben und kein Vorrelease kennen, kann ihre Beteiligung am Test sinnvoll sein. Sie dient dann allerdings nicht dem Fehlerfinden, sondern der Anwenderausbildung oder zur Produktdemonstration, bei der Anwenderfeedback eingeholt wird.

[853] Die Bedeutung dieser Tests bestätigten insbesondere Projekte 1, 7 und 13 in Organisation B: In Projekt 7 hatten Pilotkunden nicht vereinbarungsgemäß getestet, sodass überdurchschnittlich viele Fehler nach Auslieferung gefunden wurden. In Projekt 13 führte der Projektleiter die niedrige Anzahl gemeldeter Fehler zum Teil darauf zurück, dass der Auftraggeber in der Pilotphase, d. h. vor Freigabe das Produkt intensiv getestet hatte.

[854] Durchschnittliche Erfahrung der Kunden mit Vorreleases und durchschnittlich aussagekräftige Fehlermeldungen vorausgesetzt

[855] Siehe Appendix A, Fragen 18, 19 und auf Frage 32 folgende Frage

[856] Projekt 11 in Organisation A

[857] Projekt 35 in Organisation A

[858] Der QSV in Projekt 11 gab an, der Aufwand für die Testfallerstellung werde insbesondere bei mehrfacher Verwendung des Testfalls überkompensiert, weil der Testablauf vereinfacht werde.

lierte Testfälle dazu, dass sich der Aufwand erhöhte.[859] Eine Qualitätssicherungsexpertin gab im Interview an, dass der Detaillierungsgrad der Erfahrung der jeweiligen Tester entsprechen müsse, damit effektiv getestet werde.[860] Tester, die in einem Pilotprojekt zur Prozessverbesserung befragt worden waren, nannten die Qualität der Testfälle als viertwichtigsten Einflussfaktor für effektive Testdurchführung.[861] Die These wird demnach schwach bestätigt.

In Organisation B streuten die Ausprägungen der Merkmale Umfang und Detaillierung der Testfälle breit. Die Einzelfallanalysen gaben keine Hinweise hinsichtlich des Einflusses der Testfallqualität auf den Testaufwand.

Aufgrund der hohen Heterogenität der Testfälle in beiden Organisationen konnte der Einfluss dieses Merkmals nicht statistisch ausgewertet werden. Die Interviewaussagen zeigten, dass die Bewertung der Testfallqualität von den Erfordernissen der jeweiligen Nutzer der Testfälle, d. h. den Testern abhängt, die bei der Beurteilung des Einflusses der Testfallqualität zu berücksichtigen sind. Die These ist also um die diesbezüglichen Bedürfnisse der Tester zu ergänzen.

These	Ergebnis	Auswertungskategorie	Anz. Projekte
T38: Qualität existierender Testfälle	schwach bestätigt	Interview, Prozessverbesserungsprojekt	3 (in Org. A)
	nicht bestätigt: kein Zusammenhang erkennbar	Einzelfallanalysen	15 (in Org. B)

Tab. 7-2-38: Ergebnis zu These T38

[859] Laut QSV waren die Testfälle teilweise nicht ausführlich genug beschrieben, sodass es entweder zu Nachfragen und dadurch erhöhtem Aufwand kam oder nicht alle Pfade bzw. Funktionsteile getestet wurden, die der Testfallersteller bedacht hatte. Ein Mustertestfall oder vielmehr die Überprüfung (überarbeiteter) Testfälle wären hier hilfreich gewesen.

[860] Gemäß ihrer Erfahrung fühlten sich Tester, die das zu testende Produkt gut kennen, durch zu detaillierte Testfälle eingeengt. In einem Projekt, dessen Tester das Produkt nicht kannten, war eine sehr detaillierte Beschreibung gewünscht und nötig. Andernfalls mussten Entwickler im Projekt viel Unterstützung leisten.

[861] Der Detaillierungsgrad eines Testfalls ist allerdings nur ein Aspekt der Testfallqualität, und nicht für jeden Tester bedeuten mehr Details höhere Qualität. Für Details zu diesem Projekt vgl. Fußnote 778

These T39: Wiederverwendbare Testdaten

In Organisation A nannten die Projektansprechpartner die Testdatenerstellung als stärksten Testaufwandstreiber. Im bereits zitierten Pilotprojekt zur Prozessverbesserung gaben die befragten Tester als wichtigsten Einflussfaktor, um effektiv testen zu können, automatisch angelegte, wiederverwendbare Testdaten an.[862] Diese würden den Aufwand für Routinetätigkeiten erheblich reduzieren und es den Testern ermöglichen, sich auf das Testen neuer Funktionalität zu konzentrieren. In einem der untersuchten Projekte war laut Qualitätssicherungsverantwortlichem die aufwändige Testdatenerstellung eine der Ursachen für den überdurchschnittlich hohen Testaufwand.[863]

In Organisation B stuften die befragten Projektleiter bzw. Qualitätssicherungsverantwortlichen die Testdatenerstellung als zweitwichtigsten Testaufwandstreiber ein. Ein Projektleiter gab an, dass dank der Wiederverwendung der Testdaten des Vorreleases erheblich geringerer Testaufwand angefallen sei.[864]

These	Ergebnis	Auswertungskategorie	Anz. Projekte
T39: Wiederverwendbare Testdaten	bestätigt	Testaufwandstreiber, Prozessverbesserungsprojekt, Einzelfallanalyse	29[865] bzw. 1 (in Org. A)
	bestätigt	Testaufwandstreiber, Interview	19 bzw. 1 (in Org. B)

Tab. 7-2-39: Ergebnis zu These T39

These T40: Verfügbarkeit und Stabilität des Testsystems

In Organisation A gab ein Qualitätssicherungsverantwortlicher zu Protokoll, dass das Testsystem der Last nicht gewachsen gewesen sei, die sich bei gleichzeitigem Test durch alle Tester einstellte.[866] Der überdurchschnittlich hohe Testaufwand

[862] Siehe zu diesem Prozessverbesserungsprojekt Fußnote 778

[863] Projekt 30 in Organisation A

[864] Projekt 21 in Organisation B

[865] Da die Aussagen zu Testaufwandstreibern für alle Projekte gemeinsam ausgewertet wurden, ist hier die Gesamtzahl der Projekte angegeben, die in dieser Hinsicht auswertbar waren.

[866] In Projekt 5 in Organisation A reichte nach Angaben des QSV die Hardware nicht aus, um die Systemlast bei gleichzeitigem Test aller Tester ohne nennenswerte Verzögerung zu verarbeiten. Die langen Antwortzeiten führten zu langen Wartezeiten und Motivations- und Konzentrationseinbußen.

kann zum Teil auf diesen Mangel an Performanz bzw. daraus folgende eingeschränkte Verfügbarkeit zurückgeführt werden.

In mehreren Projekten wurde das Testsystem als instabil und nicht rechtzeitig vorbereitet bemängelt.[867] Allerdings wirkte sich diese nicht zufrieden stellende Testinfrastruktur gemäß den Projektdaten weder auf die Anzahl im Test gefundener Fehler noch auf die Anzahl nach Auslieferung gemeldeter Fehler oder auf den Testaufwand eindeutig negativ aus.[868]

In Organisation B sprachen die Projektleiter diesem Merkmal den stärksten Einfluss als Testaufwandstreiber zu. In mehreren Interviews bestätigten Projektleiter außerdem, dass die instabile Testumgebung, die auf Upgrades der technischen Umgebung zurückzuführen war, zu Mehraufwand gegenüber dem geplanten Testaufwand geführt hatte.[869]

These	Ergebnis	Auswertungskategorie	Anz. Projekte
T40: Verfügbarkeit und Stabilität des Testsystems	nicht bestätigt: kein Zusammenhang erkennbar	Einzelfallanalyse	5 (in Org. A)
	bestätigt	Testaufwandstreiber, Interview	19 bzw. 7 (in Org. B)

Tab. 7-2-40: Ergebnis zu These T40

These T41: Grad der Testautomatisierung

In Organisation A zeigte nur das Streudiagramm für Projekte mit relativ vielen nach Auslieferung gemeldeten Fehlern einen systematischen (linearen) Zusammenhang zwischen dem Grad der Testautomatisierung, gemessen anhand des Anteils des Testaufwands für automatisierte Testfälle, und dem relativen Testaufwand (vgl.

---

[867] Projekte 1, 21, 22, 32, 55 in Organisation A

[868] In Projekt 1, 21 und 22 wurde unterdurchschnittlich hoher Testaufwand betrieben und unterdurchschnittlich viele Fehler nach Auslieferung gemeldet und korrigiert. In Projekt 32 fiel überdurchschnittlich viel Testaufwand an, und es wurden überdurchschnittlich viele Fehler nach Auslieferung gemeldet und korrigiert. Zum Testaufwand in Projekt 55 lässt sich mangels verlässlicher Daten keine Aussage machen.

[869] Projekte 1, 6, 8, 12, 14, 16 und 21 in Organisation B

Abb. 7-2-11, 7-2-12 und 7-2-13). Die durch die Grafik suggerierte lineare Verknüpfung hält einer genauen Analyse jedoch nicht stand.[870]

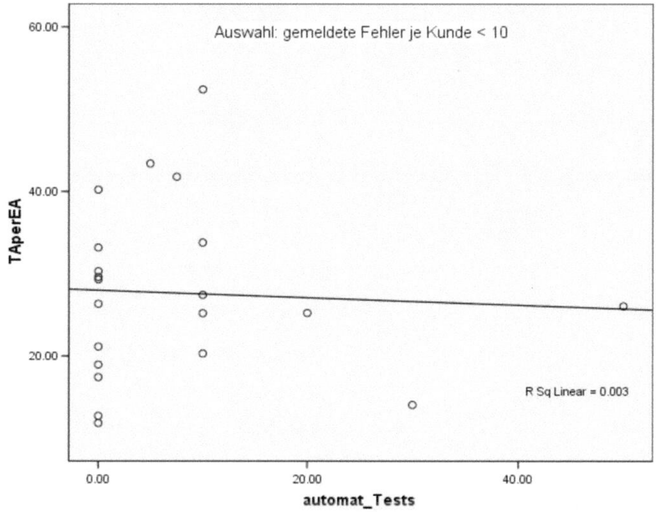

Abb. 7-2-11: Streudiagram des Merkmals „Grad der Testautomatisierung" in Organisation A (Projekte mit wenigen Fehlern nach Auslieferung)

Nach Angaben der Qualitätssicherungsverantwortlichen in mehreren Projekten wirkten sich automatische Testfälle, die zusätzlich zu manuellen Testfällen durchgeführt wurden, mindernd auf den Testaufwand aus, und trugen wesentlich dazu bei, Fehler zu finden.[871] Die Interviewaussagen zu diesen Projekten legten zwar den Schluss nahe, dass die zusätzlichen automatischen Testfälle die Fehleranzahl reduzierten, die Projektdaten zeigen aber keine eindeutige Beziehung zwischen dem Aufwandsanteil für automatische Testfälle und dem Testaufwand.

---

[870] Diese sieben Projekte streuen breit um die Interpolationslinie, in zwei Projekten wurde nur manuell getestet (bei deutlich unterschiedlichem Testaufwand), und in einem Projekt (Projekt 28) war der Testaufwand zum großen Teil durch einen Testworkshop mit Kunden bedingt.

[871] Projekte 1, 35, 42 und 47 in Organisation A

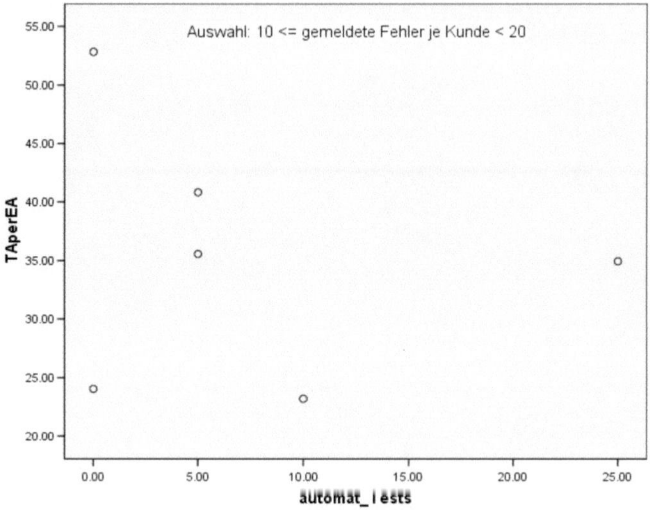

Abb. 7-2-12: Streudiagram des Merkmals „Grad der Testautomatisierung“ in Organisation A (Projekte mit mittelmäßig vielen Fehlern nach Auslieferung)

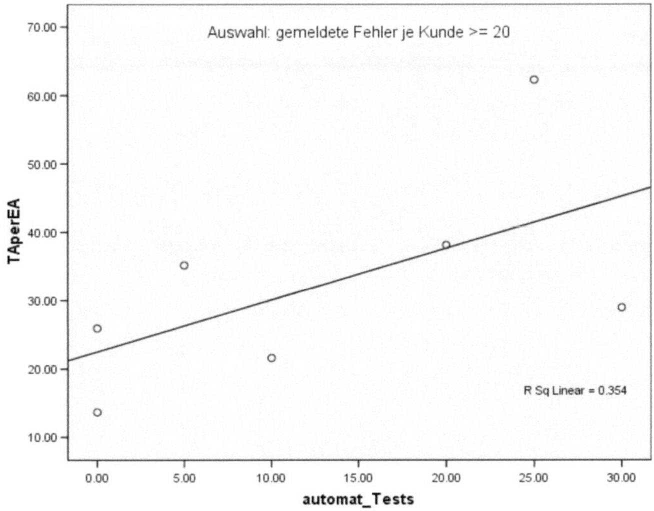

Abb. 7-2-13: Streudiagram des Merkmals „Grad der Testautomatisierung“ in Organisation A (Projekte mit vielen Fehlern nach Auslieferung)

In Organisation B bestätigte die Auswertung eines Projekts[872] in geringem Maße[873] den aufwandsreduzierenden Einfluss zusätzlicher automatischer Testfälle bei gleichzeitig geringer Anzahl ausgelieferter Fehler.[874]

Die Beobachtungen in beiden Organisationen legen die Vermutung nahe, dass automatische Testfälle manuelles Testen stets ergänzen anstatt ersetzen. Die Prü-

---

[872] Projekt 1 in Organisation B

[873] Es gab weitere Gründe für den niedrigen Testaufwand: In diesem Projekt testete außer dem Auftraggeber nur der Projektleiter, der ebenfalls die Testfälle erstellt hatte. Er hatte schon mehrere Vorreleases des Produkts mitentwickelt (vgl. These T24: Produkterfahrung der Tester), und bemühte sich als Verantwortlicher sowohl für die Einhaltung des Budgets und der Terminvorgabe als auch für das Projektergebnis um effektive und effiziente Tests (vgl. These T26: Engagement der Tester). Außerdem wurden gemeldete Fehler schnell behoben, wodurch Verzögerungen im Testablauf gering ausfielen (vgl. These T31: Verfolgung eines gemeinsamen Ziels).

[874] In zwei weiteren Projekten (Projekte 5 u. 13) in Organisation B trug die Nutzung eines Testtools dazu bei, dass wenige Fehler nach Auslieferung gemeldet wurden. Da das Tool zur Testfallerstellung, nicht zur Testdurchführung diente, ist dieses Ergebnis nicht zur Prüfung dieser These geeignet.

fung der These sollte daher um die Frage ergänzt werden, wie sich der Testaufwand bei zunehmendem Grad an Automatisierung entwickelt. Dazu sollten Projekte untersucht werden, die verschiedene Releases eines Produkts zum Gegenstand haben, um möglichst viele weitere Einflüsse auszuschließen und den Zusammenhang möglichst isoliert beobachten zu können.

These	Ergebnis	Auswertungskategorie	Anz. Projekte
T41: Grad der Testautomatisierung	nicht bestätigt: kein systematischer Zusammenhang	Korrelationsanalyse, Interview, Einzelfallanalyse	alle bzw. 5 (in Org. A)
	schwach bestätigt	Einzelfallanalyse	1 (in Org. B)

Tab. 7-2-41: Ergebnis zu These T41

These T42: Zu Projektbeginn verfügbare Zeit

Die Auswertung zu drei Projekten[875] in Organisation A belegte, dass geringer Zeitdruck bzw. eine lange Projektlaufzeit zum Projekterfolg beiträgt (hoher Zeitdruck hingegen beeinträchtigte den Erfolg eines Projekts[876]). In zwei dieser Projekte[877] fiel dazu niedriger Testaufwand an. Den relativ hohen Testaufwand im dritten Projekt erklärte der Qualitätssicherungsverantwortliche damit, dass zwei Komponenten des Projekts als fehlerträchtig eingestuft und dementsprechend intensiv und aufwändig getestet worden waren. In zwei weiteren Projekten ergab sich im Vergleich zum Vorrelease geringerer Testaufwand (bei geringerer Anzahl nach Auslieferung gemeldeter Fehler), der unter anderem auf den geringeren Zeitdruck zurückgeführt werden kann.[878]

Zwei Qualitätssicherungsexperten in Organisation B gaben im Interview an, dass sich Zeitdruck vor allem in geringer Qualität des Projektergebnisses niederschla-

[875] Projekte 38, 61 und 64 in Organisation A

[876] In Projekt 43 in Organisation A war die Projektlaufzeit (fünf Monate) ausgesprochen kurz. Um den Terminplan einzuhalten, wurden nicht alle Tests im geplanten Umfang durchgeführt, weshalb der Testaufwand niedrig ausfiel, und relativ viele Fehler nach Auslieferung gemeldet und korrigiert wurden.

[877] Projekte 38 und 64 in Organisation A

[878] Projekt 29 als Folgerelease zu Projekt 28, und Projekt 31 als Folgerelease zu Projekt 30

ge,[879] was unter Berücksichtigung der ceteris paribus-Klausel die These untermauert. Die Ergebnisse von zwei weiteren Projekten bestätigten die Wirkung von Zeitdruck auf das Projektergebnis.[880] Schließlich belegt auch die Auswertung aller Projektdaten in dieser Organisation anhand eines Streudiagramms den Zusammenhang zwischen Zeitdruck und dem Testaufwand, den die These postuliert.

These	Ergebnis	Auswertungskategorie	Anz. Projekte
T42: Zu Projektbeginn verfügbare Zeit	schwach bestätigt	Einzelfallanalyse	2 (in Org. A)
	bestätigt	Experteninterview, grafische Analyse	4 (in Org. B)

Tab. 7-2-42: Ergebnis zu These T42

7.2.4 Wirkungen der Testorganisationsmerkmale

These T43: Testfallauswahl

Zur Erfassung dieses Merkmals wurden der Qualitätssicherungsverantwortliche oder der Projektleiter im Interview gefragt, ob Testfallreviews stattgefunden hatten.

In Organisation A gaben die Qualitätssicherungsverantwortlichen in sechs Projekten an, dass die unterdurchschnittliche Anzahl an gemeldeten Fehlern nach Auslieferung zum Teil den durchgeführten Testfallreviews zu verdanken sei.[881] In einem weiteren Projekt verringerten mehrere Umstände die Wirkung der Testfallre-

[879] Eine Qualitätssicherungsexpertin erklärte, dass bei hohem Zeitdruck nicht mehr geprüft werde, ob durch Fehlerkorrekturen Seiteneffekte (d. h. neue Fehler) entstanden seien. Deshalb seien zusätzliche Fehler desto wahrscheinlicher, je höherer Zeitdruck herrsche. Nach Aussagen eines weiteren QS-Experten führt Zeitdruck dazu, dass vor allem bei der Testvorbereitung zu wenige potenzielle Fehlerquellen bedacht werden. Aufgrund mangelhafter Testfälle bleiben daher mehr Fehler unentdeckt als wenn mehr Zeit verfügbar gewesen wäre.

[880] In Projekt 3 in Organisation B führten Zeitdruck (und Ressourcenmangel) dazu, dass die erste Integrationsteststufe nicht durchgeführt werden konnte. Dies und die sehr knapp bemessene Zeit zur Umsetzung der Anforderungen machten sich letztlich an der hohen Zahl nach Auslieferung gemeldeter Fehler bemerkbar. In Projekt 6 herrschte dank langer Projektlaufzeit kein Zeitdruck, was zu einer sehr geringen Fehlerzahl nach Auslieferung beitrug. Z. B. konnten bei zu spät fertig gestellten Unteraufträgen Ausweichlösungen in Form von Eigenentwicklung geschaffen werden (anstatt auf die Zulieferung zu warten). Nach Ansicht des Projektleiters würde weniger Zeitdruck vielen Projekten zu mehr Erfolg verhelfen, insbesondere bei hohen externen Abhängigkeiten.

[881] Dies betrifft Projekt 2, in dem ein Workshop zur Erstellung und Beurteilung der Testfälle stattgefunden hatte, sowie Projekte 12, 26, 35, 38 und 49.

views, weshalb viele Fehler nach Auslieferung gemeldet und korrigiert wurden.[882] In einem anderen Projekt[883] empfahlen die Mitarbeiter für das nächste Projekt, Testfallreviews einzuplanen, da sie dadurch effektivere Tests erwarteten. Die genannten Projekte zeigten jedoch keine Wirkung der Testfallreviews auf die Höhe des Testaufwands. Daher wird diese These anhand der Projektdaten nicht bestätigt.

In Organisation B wurden zwar vereinzelt Testfallreviews durchgeführt, doch ohne dass sich eine Wirkung auf die Höhe des Testaufwands erkennen ließ.

These	Ergebnis	Auswertungskategorie	Anz. Projekte
T43: Testfall-auswahl	nicht bestätigt: Zusammenhang nicht erkennbar	Interview, Einzelfallanalyse	7 (in Org. A) bzw. 3 (in Org. B)

Tab. 7-2-43: Ergebnis zu These T43

These T44: Zeitliche Verteilung des Testaufwands

Zur Erhebung dieses Merkmals wurden die je Teststufe erfassten Aufwände in der jeweiligen Datenbank abgefragt und ins Verhältnis gesetzt. In Organisation A zeigten Korrelationsanalysen keinen Zusammenhang zwischen der Verteilung des Testaufwands auf die Teststufen und dem relativen Testaufwand. Die Verteilung des Aufwands variierte stark zwischen den Projekten.[884] Nur für technische Re-Designprojekte war erkennbar, dass der Testaufwand stets zum größeren Teil in der zweiten Teststufe stattfand.[885] Allerdings ergab sich auch für diese Projektgruppe kein Zusammenhang des Merkmals mit dem Testaufwand.

Der Qualitätssicherungsverantwortliche eines Projekts nannte die geringe Ressourcenverfügbarkeit und damit zu geringen Testaufwand in der ersten Teststufe[886]

---

[882] Projekt 37 in Organisation A; Dies lag nach Ansicht des QSV daran, dass Kundentests aufwändig in der Betreuung und wenig effektiv und die weiteren Tester unerfahren bzw. nicht professionell waren. Außerdem waren mangels finanzieller Mittel zu wenige Tester engagiert worden.

[883] Projekt 55 in Organisation A

[884] Für Neuentwicklungsprojekte ergab sich folgendes Intervall für das Verhältnis des Testaufwands der ersten Integrationsteststufe zum Aufwand der zweiten Integrationsteststufe: 14:1 bis 1:7. Für Verbesserungsprojekte war das Intervall schmaler, aber noch immer beträchtlich: 2,5:1 bis 1:3,5.

[885] Das Testaufwandsverhältnis betrug zwischen 1:2,5 und 1:5,2.

[886] Der deshalb nicht angefallene Testaufwand wurde nicht in den folgenden Teststufen nachgeholt, sodass der Testaufwand im Projekt unterdurchschnittlich hoch ausfiel.

als Grund, warum das ausgelieferte Produkt relativ viele Fehler enthielt.[887] Ein weiterer Qualitätssicherungsverantwortlicher gab im Interview an, die Aufteilung des Testaufwands habe entscheidenden Einfluss auf den Testerfolg und könne zur Verringerung des Testaufwands beitragen.[888] In einem dritten Projekt wurde die zweite Teststufe verlängert, was bei deutlich höherem als dem geplanten Testaufwand den Projekterfolg vor allem hinsichtlich der Anzahl ausgelieferter Fehler unterstützte.[889]

Die Aufwandsdaten in Organisation B konnten nur in einzelnen Projekten den Teststufen zugeordnet werden, weshalb diese These anhand der Projekte in dieser Organisation nicht geprüft werden kann.[890]

Da bei Betrachtung aller Projekte kein systematischer Zusammenhang ersichtlich wird und die Einzelfallanalysen nicht stringent erklären, ob eine Verteilung des Testaufwands zugunsten früher Teststufen den gesamten Testaufwand verringert, bestätigen die Analysen die These nicht.

Der postulierte Zusammenhang ließe sich genauer beobachten, wenn er weiter isoliert werden könnte, z. B. indem (anders als in den untersuchten Projekten) die Teststufen eines Projekts von den gleichen Mitarbeitern durchgeführt würden, und wenn weitere Merkmale zwischen den Projekten gleich ausgeprägt wären.

These	Ergebnis	Auswertungskategorie	Anz. Projekte
T44: Zeitliche Verteilung des Testaufwands	nicht bestätigt: kein systematischer Zusammenhang	Einzelfall-, Korrelationsanalyse	3 bzw. 38 (in Org. A)
	-	(nicht beobachtbar)	- (Org. B)

Tab. 7-2-44: Ergebnis zu These T44

[887] In Projekt 21 wurden aufgrund knapper Ressourcen in der ersten Teststufe relativ wenige Fehler gefunden. Die zwei folgenden Teststufen fanden zwar viele Fehler, konnten aber die Versäumnisse der ersten Teststufe nicht mehr ausgleichen, weil sie mit vielen Störungen abliefen (z. B. wegen eines instabilen Testsystems). Aufgrund der hohen Zahl gemeldeter Fehler lässt sich vermuten, dass sich der geringe Aufwand der ersten Teststufe in niedriger Produktqualität niederschlug.

[888] Projekt 11 in Organisation A

[889] In Projekt 42 in Organisation A wurde ein zweiter Akzeptanztest zur Überprüfung solcher Funktionalitäten durchgeführt, die laut Projektleiter als „problematisch" eingeschätzt wurden.

[890] Wie in manchen Projekten in Organisation A galt für alle Projekte in Organisation B, dass sie Teil eines übergeordneten Projekts bzw. Produkts waren. Das übergeordnete Projekt gab die zeitliche Planung der Teststufen vor, sodass die Verteilung des Testaufwands bei begrenzter Anzahl verfügbarer Mitarbeiter projektindividuell nur in sehr geringem Maß bestimmt werden konnte.

7.2.5 Zusammenfassung der Ergebnisse[891]

Von den 43 untersuchten Thesen[892] fanden sich neun in beiden Organisationen bestätigt und acht in beiden Organisationen nicht bestätigt. Zu 15 Thesen konnte anhand der Daten einer oder beider Organisationen keine Aussage gemacht werden, und zu neun Thesen widersprachen sich die Ergebnisse der Beobachtungen zwischen den Organisationen. Diese letzte Gruppe ist besonders aufschlussreich betreffend die Ergänzung des Modells, da sie Anhaltspunkte zu dessen Überarbeitung oder Ergänzung gibt.

Als wichtigste Ergänzung hat sich gezeigt, dass die Zielsetzung der Tester Einfluss darauf hat, wie sich deren Engagement und ihre Erfahrung auf den Testaufwand auswirken. Weiterhin muss zu Risiken des Projekts in Form von Abhängigkeiten jeweils bedacht werden, worauf sie sich auswirken (z. B. auf die Spezifikation, den Entwurf oder nur das Testen), um ihre Wirkung auf den Testaufwand (und die Projektziele, z. B. den geplanten Auslieferungstermin) abschätzen zu können. Um den Einfluss der Testfallqualität auf den Testaufwand zu ermitteln und berücksichtigen zu können, müssen die Bedürfnisse der Tester, die sich aus ihrem Kenntnisstand und ihrer Zielsetzung ergeben, bedacht werden.

Wie sich mehrfach zeigte (z. B. zu den Merkmalen „Testfallerstellung und Testdurchführung durch Entwickler“ und „Grad der Testautomatisierung“), erfordert die Untersuchung des Zusammenhangs, mehr der übrigen Einflüsse auszuschalten, um den untersuchten Einfluss eindeutig beurteilen zu können.

[891] Siehe Appendix D für eine Übersicht der Ergebnisse der empirischen Beobachtungen

[892] These T9 (Variabilität der Nutzung) konnte in beiden Organisationen nicht untersucht werden (vgl. Einleitung zu Kapitel 7.1), Thesen T17, T18, T19 und T20 wurden zusammen betrachtet und zu These T21 (Qualität der Spezifikation und der Entwurfsdokumentation) gab es zwei Ergebnisse.

Kapitel 8

Erprobung und Bewertung der Methode TestASS

Im Folgenden werden die Ergebnisse der Anwendung der Methode TestASS, d. h. die organisationsspezifischen Modelle zur Testaufwandsschätzung in den zwei Organisationen wiedergegeben, in denen die Fallstudien stattfanden, und die Modellierungsergebnisse detailliert erläutert (Kapitel 8.1). Davon ausgehend erfolgt eine Beurteilung der Anwendbarkeit der Methode TestASS (Kapitel 8.2).

8.1 Ergebnisse in Organisation A

In Organisation A wurde das Merkmal Projekttyp als Gruppierungsmerkmal herangezogen, weil linear mit dem Testaufwand korrelierte, aber aufgrund seiner nominalen Skalierung nicht direkt als unabhängige Variable modelliert werden kann.[893] Anhand dieses Gruppierungsmerkmals wurde mittels Regressionsanalysen (Schritt 5) je ein Modell für Neuentwicklungs- und eines für Verbesserungsprojekte erstellt.[894]

Ergebnis der multiplen Regressionsanalysen

Folgende Merkmale wurden für die Regressionsanalysen berücksichtigt:[895]

- Umfang und Detaillierungsgrad der Testfälle (als Indikatoren der Qualität der Testfälle), Verfügbarkeit und Stabilität des Testsystems, Erfahrung der Tester mit dem Produkt, Erfahrung der Tester mit ihren Aufgaben und Abhängigkeit von Zulieferungen als Ergebnisse der Befragung zu projektspezifischen Testaufwandstreibern (Schritt 1)

---

[893] Regressionsanalysen erlauben die Aufnahme nominal skalierter Variablen nur, wenn diese zu Dummy-Variablen (mit Ausprägung 0 oder 1) umkodiert werden (vgl. von Auer (1999), S. 251).

[894] Die geringe Anzahl von Re-Design-Projekten erlaubt nur eingeschränkt verlässliche Aussagen über diesen Projekttyp und macht die Modellierung mehrerer (unabhängiger) Variablen unmöglich.

- Anzahl Vorreleases, Bekanntheit der verwendeten Entwicklungstechnologie und Umfang der Anforderungen als Ergebnisse der Umfrage unter Qualitätssicherungsexperten zu Vergleichskriterien hinsichtlich des Testaufwands (Schritt 2)
- Anzahl externer Schnittstellen und Teamgröße (als unabhängige Variable), Projekttyp (als Gruppierungsmerkmal) als Ergebnisse der Korrelationsanalysen (Schritt 3)
- Kundenbeteiligung am Testen, Verfügbarkeit der Teammitglieder, Anzahl der Standorte und Muttersprachen im Team, wiederverwendbare Testdaten, Anzahl interner Schnittstellen und Erfahrung der Entwickler mit dem Produkt als Ergebnisse der Einzelfallanalysen von Ausreißern hinsichtlich des Testaufwands (Schritt 4a)
- Teamkontinuität, zu Projektbeginn verfügbare Zeit, Durchführung von Testfallreviews, und Qualität der Spezifikation und der Entwurfsdokumentation als Ergebnisse der Einzelfallanalysen von Projekten, die besonders hohe oder besonders niedrige Produktqualität erreichten (Schritt 4b).[896]

Die Regression für **Neuentwicklungsprojekte** basierte auf 13 auswertbaren Datensätzen. Die folgende Tabelle zeigt, welche Variablen welche Werte der Gütekriterien der jeweiligen Regressionsgleichung ergaben:[897]

Nr.	**Unabhängige Variablen (einflussreiche Merkmale)**	**Korrigiertes Bestimmtheitsmaß R^2**	**Signifikanzniveau der Gleichung**	**Standardfehler der Schätzung**
1	Abhängigkeit[898], Erfahrung der Entwickler mit ihren Aufgaben, Anzahl Muttersprachen	0,809	0,000	5,17
2	Anzahl Vorreleases, Abhängigkeit, Erfahrung der Entwickler	0,796	0,002	5,35

[895] Diese Einflussfaktoren erwiesen sich in den Analysen jeweils in mehreren Projekten, teilweise auch in verschiedenen Analyseschritten als relevant. Um Wiederholungen zu vermeiden, wird jeder Faktor nur einmal (als Ergebnis des jeweils ersten Schritts) genannt.

[896] Die Ergebnisse aus der Einzelfallanalyse der übrigen Projekte (Abhängigkeit von Zulieferungen, Produkterfahrung der Tester, Testbeteiligung der Kunden) sind schon in vorherigen Ergebnissen enthalten.

[897] Dargestellt werden nur die Gleichungen mit den besten Ausprägungen der Gütekriterien.

[898] Hiermit ist das Merkmal „Abhängigkeit von Zulieferungen“ gemeint, das der Projektansprechpartner anhand einer fünfstufigen Skala bewertete (siehe Appendix A).

Nr.	Unabhängige Variablen (einflussreiche Merkmale)	Korrigiertes Bestimmtheitsmaß R^2	Signifikanzniveau der Gleichung	Standardfehler der Schätzung
	mit ihren Aufgaben, Anzahl Muttersprachen			

Tab. 8-1-1: Variablen und Werte der Gütekriterien der Regressionsgleichungen für Neuentwicklungsprojekte

Coefficients[a]

Model		Unstandardized Coefficients B	Std. Error	Standardized Coefficients Beta	t	Sig.	95% Confidence Interval for B Lower Bound	Upper Bound
1	(Constant)	17.113	5.624		3.043	.014	4.390	29.835
	Abhängigkeit	-5.982	1.076	-.756	-5.559	.000	-8.416	-3.548
	EntwErf_Aufgaben	1.029	.905	.161	1.137	.285	-1.019	3.076
	Muttersprachen	6.677	1.408	.709	4.742	.001	3.492	9.861

a. Dependent Variable: TAproEntwA

Abb. 8-1-1: Koeffizienten der Gleichung 1 (Neuentwicklungsprojekte, Org. A)

Coefficients[a]

Model		Unstandardized Coefficients B	Std. Error	Standardized Coefficients Beta	t	Sig.	95% Confidence Interval for B Lower Bound	Upper Bound
1	(Constant)	17.124	5.818		2.943	.019	3.708	30.540
	Abhängigkeit	-6.126	1.136	-.774	-5.394	.001	-8.744	-3.507
	EntwErf_Aufgaben	1.237	.991	.193	1.248	.247	-1.049	3.523
	Muttersprachen	6.754	1.461	.717	4.622	.002	3.384	10.124
	Anz_Vorreleases	-.306	.478	-.093	-.640	.540	-1.407	.795

a. Dependent Variable: TAproEntwA

Abb. 8-1-2: Koeffizienten der Gleichung 2 (Neuentwicklungsprojekte, Org. A)

Bei der Prüfung der Koeffizienten der Regressionsgleichungen stellte sich Folgendes heraus (vgl. Abb. 8-1-1 und 8-1-2):

- Eine[899] bzw. zwei[900] Variablen sind als Teil der Gleichung nicht signifikant und weisen Vorzeichenwechsel der Koeffizienten im 95 % - Konfidenzintervall auf. Das bedeutet, dass mit 95 % Wahrscheinlichkeit der Irrtum nicht ausgeschlossen

[899] In Gleichung 1 die Variable „Erfahrung der Entwickler mit ihren Aufgaben“

[900] In Gleichung 2 die Variablen „Erfahrung der Entwickler mit ihren Aufgaben“ und „Anzahl Vorreleases“

werden kann, die Variable mit falschem Vorzeichen, d. h. mit falscher Einflussrichtung zu berücksichtigen.[901]

- In beiden Gleichungen ist der Koeffizient der Variable „Abhängigkeit von Zulieferungen" negativ, d. h. gemäß den berücksichtigten Daten steht eine höhere Abhängigkeit in Zusammenhang mit niedrigerem Testaufwand. Dies steht in Widerspruch zu These T36 und zu den Ergebnissen der Ermittlung der projektspezifischen Testaufwandstreiber und der Einzelfallanalyse der übrigen Projekte (Schritte 1 und 4c).

Der Regression für **Verbesserungsprojekte** lagen 18 bzw. 19 Datensätze zugrunde.[902] Die folgende Tabelle zeigt, welche Variablen in einer Regressionsgleichung relativ gute Werte der Gütekriterien ergaben:

Nr.	**Unabhängige Variablen (einflussreiche Merkmale)**	**Korrigiertes Bestimmtheitsmaß R^2**	**Signifikanzniveau der Gleichung**	**Standardfehler der Schätzung**
3	Ext. Schnittstellen, Erfahrung d. Entwickler mit ihren Aufgaben, verfügbare Zeit	0,480	0,005	7,07
4	Ext. Schnittstellen, Qualität der Spezifikation	0,430	0,006	7,55
5	Ext. Schnittstellen, verfügbare Zeit	0,371	0,010	7,77

Tab. 8-1-2: Regressionsgleichungen für Verbesserungsprojekte

Coefficients[a]

Model		Unstandardized Coefficients		Standardized Coefficients	t	Sig.	95% Confidence Interval for B	
		B	Std. Error	Beta			Lower Bound	Upper Bound
1	(Constant)	30.091	7.607		3.956	.001	13.878	46.305
	EntwErf_Aufgaben	-2.297	1.100	-.450	-2.089	.054	-4.641	.047
	ext_SS	.387	.095	.872	4.071	.001	.184	.589
	Zeitknappheit	.630	.344	.314	1.829	.087	-.104	1.363

a. Dependent Variable: TAproEntwA

Abb. 8-1-3: Koeffizienten der Gleichung 3 (Verbesserungsprojekte, Org. A)

[901] Zu Irrtumswahrscheinlichkeit siehe auch Appendix B

[902] Zu einem Verbesserungsprojekt wurde das Merkmal „Qualität der Spezifikation" nicht bewertet, weshalb Gleichungen, die dieses Merkmal enthalten, nur auf 18 Datensätzen basieren.

Coefficients[a]

Model		Unstandardized Coefficients B	Unstandardized Coefficients Std. Error	Standardized Coefficients Beta	t	Sig.	95% Confidence Interval for B Lower Bound	95% Confidence Interval for B Upper Bound
1	(Constant)	4.164	10.917		.381	.708	-19.106	27.433
	ext_SS	.429	.112	.974	3.821	.002	.190	.669
	Q_Spezifikation	6.164	2.661	.591	2.317	.035	.493	11.835

a. Dependent Variable: TAproEntwA

Abb. 8-1-4: Koeffizienten der Gleichung 4 (Verbesserungsprojekte, Org. A)

Coefficients[a]

Model		Unstandardized Coefficients B	Unstandardized Coefficients Std. Error	Standardized Coefficients Beta	t	Sig.	95% Confidence Interval for B Lower Bound	95% Confidence Interval for B Upper Bound
1	(Constant)	18.609	5.785		3.217	.005	6.345	30.873
	ext_SS	.267	.083	.602	3.203	.006	.090	.444
	Zeitknappheit	.705	.377	.352	1.872	.080	-.093	1.503

a. Dependent Variable: TAproEntwA

Abb. 8-1-5: Koeffizienten der Gleichung 5 (Verbesserungsprojekte, Org. A)

Die Prüfung der Koeffizienten ergab Folgendes:

- Die aufgenommenen Variablen sind hoch signifikant bzw. tendenziell signifikant (d. h. auf dem 90 % Signifikanzniveau) in Gleichungen 3 und 5, und signifikant bzw. hoch signifikant in Gleichung 4.
- Das Konfidenzintervall für den Koeffizienten der Variablen „Qualität der Spezifikation" in Gleichung 4 ist sehr breit, was bedeutet, dass der Wert des Koeffizienten mit hoher Unsicherheit behaftet ist.[903]
- Die Koeffizienten der Variablen in Gleichungen 3 und 5 weisen Vorzeichenwechsel im Konfidenzintervall auf. Zwar liegt jeweils ein Großteil des Intervalls im Bereich positiver[904] bzw. negativer[905] Werte, doch ist mit 95 % Wahrschein-

[903] Dennoch war diese Variable als Teil der Gleichung signifikant auf dem 0,05-Niveau, d. h. ihre Aufnahme in die Gleichung ist mit sehr geringer Irrtumswahrscheinlichkeit verbunden.

[904] Dies betrifft in Gleichungen 3 und 5 das Merkmal „verfügbare Zeit": Ein positiver Koeffizient bedeutet, dass mehr Testaufwand anfiel, je mehr Zeit, d. h. je weniger Zeitdruck vorhanden war. Dieses Ergebnis steht im Widerspruch zu These T42 und zum Ergebnis aus Schritt 4b.

[905] Dies betrifft das Merkmal „Erfahrung der Entwickler mit ihren Aufgaben": Die Gleichung Nr. 3 besagt, dass umso höherer Testaufwand in den untersuchten Verbesserungsprojekten anfiel, je erfahrener die Entwickler mit ihren Aufgaben waren, womit sie im Widerspruch zu These T23 steht.

lichkeit der Irrtum nicht ausgeschlossen, die Variable mit falschem Vorzeichen, d. h. mit falscher Einflussrichtung zu berücksichtigen.

Die Gleichungen lassen sich zu folgenden organisationsspezifischen Modellen ausformulieren bzw. als nicht-parametrisierte Funktionen darstellen, wobei der Testaufwand (abgekürzt TA)[906] die abhängige Variable darstellt:

Neuentwicklungsprojekte

Nr. 1: TA = 17,1 - 6,0*Abh + 6,7*MuSpr + 1,0 Entw.erf. bzw.

TA = f (Abhängigkeit v. Zulieferungen, Anz. Muttersprachen, Erfahrung d. Entwickler m. ihren Aufgaben, S[907])

Nr. 2: TA = 17,1 - 6,1*Abh + 6,8*MuSpr + 1,2*Entw.erf. - 0,3*VR bzw.

TA = f (Abhängigkeit v. Zulieferungen, Anz. Muttersprachen, Erfahrung d. Entwickler m. ihren Aufgaben, Anz. Vorreleases, S)

Verbesserungsprojekte

Nr. 3: TA = 30,1 + 0,4*ext.SS - 2,3*Entw.erf. + 0,6*Zeit bzw.

TA = f (Anzahl ext. Schnittst., Erfahrung d. Entwickler m. ihren Aufgaben, verfügbare Zeit, S)

Nr. 4: TA = 4,2 + 0,6*ext.SS + 6,2*QSp bzw.

TA = f (Anzahl ext. Schnittstellen, Qualität der Spezifikation, S)

---

[906] Testaufwand ausgedrückt als Anteil am geschätzten Entwicklungsaufwand

[907] S entspricht der Störvariablen und enthält die Faktoren, die den Testaufwand beeinflussen, jedoch nicht als Funktionsvariable berücksichtigt sind (siehe auch Appendix B).

Nr. 5: $TA = 18{,}6 + 0{,}3*ext.SS + 0{,}7*Zeit$ bzw.

$$TA = f\,(\text{Anzahl ext. Schnittstellen, verfügbare Zeit, S}),$$

wobei S den Residual- oder Störterm darstellt.

Ergebnisse der Validierungen

a) Validierung anhand der Beurteilung durch Experten

Die Experten[908] stimmten überein, dass der Testaufwand für Neuentwicklungsprojekte nicht denselben Einflüssen im selben Ausmaß unterliegt wie in Verbesserungsprojekten. Dass die jeweils identifizierten Merkmale von Bedeutung für den Testaufwand seien, beurteilten die Experten als plausibel.

Der Einfluss des Merkmals „Anzahl verschiedener Muttersprachen" ist nach Einschätzung der Experten weniger bedeutend als derjenige des Merkmals „Anzahl der Standorte", wurde jedoch prinzipiell bestätigt.

Für den reduzierenden Einfluss der Abhängigkeit von Zulieferungen auf die Höhe des Testaufwands fand sich eine mögliche Erklärung: Hohe Abhängigkeit geht häufig mit verzögerter Lieferung von erforderlichem Input oder verzögerter Bereitstellung der Umgebung einher, in die das Projektergebnis integriert werden soll. Wenn trotz verzögerter Zulieferung und dadurch verspätetem Testbeginn der Auslieferungszeitpunkt eingehalten werden muss, wird das Testen gegenüber dem geplanten Umfang verkürzt.

Die Vorzeichenwechsel einiger Koeffizienten innerhalb der Gleichungen riefen Zweifel hervor, ob diese Variablen einer anderen Skala bedürfen.

Zusammenfassend bestätigte die Diskussion die Auswertungsergebnisse, d. h. den Einfluss der modellierten Merkmale auf den Testaufwand. Die Werte des Stan-

---

[908] Die Mehrheit der QSV der untersuchten Projekte als auch vier Mitarbeiter der Qualitätssicherungsabteilung nahmen an der Beurteilung der Ergebnisse teil.

dardfehlers der Gleichungen wurden als akzeptabel[909] und damit die Gleichungen (trotz teils unsicherer Werte[910] der Koeffizienten) als anwendbar beurteilt.

b) Validierung anhand weiterer Projektdaten

Nach Abschluss der Datensammlung wurde zur Validierung eine Regressionsgleichung für Neuentwicklungsprojekte basierend auf den in Regressionsgleichung Nr. 1 enthaltenen Variablen gebildet. Dabei blieben die beiden zuletzt erfassten Neuentwicklungsprojekte unberücksichtigt, sodass der Analyse elf Datensätze zugrunde lagen.

Nr.	**Unabhängige Variablen (einflussreiche Merkmale)**	**Korrigiertes Bestimmtheitsmaß R^2**	**Signifikanzniveau der Gleichung**	**Standardfehler der Schätzung**
6	Abhängigkeit, Anzahl Muttersprachen, Erfahrung der Entwickler mit ihren Aufgaben	0,830	0,001	5,30

Tab. 8-1-3: Regressionsgleichung zur Validierung für Neuentwicklungsprojekte

Coefficients[a]

Model		Unstandardized Coefficients		Standardized Coefficients	t	Sig.	95% Confidence Interval for B	
		B	Std. Error	Beta			Lower Bound	Upper Bound
1	(Constant)	18.577	6.542		2.840	.025	3.107	34.047
	Abhängigkeit	-5.879	1.173	-.670	-5.011	.002	-8.654	-3.105
	Muttersprachen	7.724	1.687	.716	4.579	.003	3.735	11.713
	EntwErf_Aufgaben	.347	1.090	.050	.319	.759	-2.230	2.925

a. Dependent Variable: TAproEntwA

Abb. 8-1-6: Koeffizienten der Gleichung 6 zur Validierung (Neuentwicklungsprojekte, Org. A)

Die Regressionsgleichung lautet:

---

[909] Diese Einschätzung ist nicht objektiv begründet, jedoch war die Mehrheit der Qualitätssicherungsexperten der Meinung, dass eine Formel zur Testaufwandsschätzung durchaus hilfreich wäre, die den Aufwand 5-7 % über oder unter dem tatsächlich anfallenden Aufwand schätzt.

[910] Unsicherheit bezogen auf den Wert des Koeffizienten, ausgedrückt durch die Breite des Konfidenzintervalls, und bezogen auf das Vorzeichen des Koeffizienten, das die Einflussrichtung des Merkmals angibt

Nr. 6: TA = 18,6 – 5,9*Abh + 7,7*MuSpr + 0,3*Entw_erf.

Angewendet auf die zwei zuletzt erfassten Neuentwicklungsprojekte ergab sich, dass mittels Modell der tatsächlich angefallene Testaufwand in beiden Projekten überschätzt wurde.[911] Dabei waren relativ wenige Fehler nach Auslieferung gemeldet worden, was nahe legt, dass nicht zuwenig Testaufwand betrieben wurde. Die Abweichung zwischen Schätzwert und Ist-Wert lag bei absolut 6,7 bzw. 5,3 Prozentpunkten, d. h. anhand des Modells wäre der Testaufwand ausgedrückt als Anteil des geplanten Entwicklungsaufwands um 5 bzw. knapp 7 % zu hoch geschätzt worden.

Angesichts des sehr geringen Aufwands für dieses Schätzergebnis kann die Abweichung aus Sicht der Praxis als akzeptabel bezeichnet werden. Die Modellgleichung erscheint demnach anhand der Daten weiterer Projekte zur Schätzung geeignet.

Analog wurde zur Validierung des Modells für Verbesserungsprojekte vorgegangen: Eine Regression basierend auf den Variablen der Gleichung Nr. 3 wurde durchgeführt, allerdings ohne die beiden zuletzt untersuchten Verbesserungsprojekte einzubeziehen. Tabelle 8-1-4 gibt die Werte der Gütekriterien wieder, Abbildung 8-1-7 die Koeffizienten. Die Regressionsgleichung lautet demnach:

Nr. 7: TA = 25,8 + 0,4*ext.SS + 0,9*Zeit - 1,9*Entw_erf.

Nr.	**Unabhängige Variablen (einflussreiche Merkmale)**	**Korrigiertes Bestimmtheitsmaß R^2**	**Signifikanzniveau der Gleichung**	**Standardfehler der Schätzung**
7	Ext. Schnittstellen, verfügbare Zeit, Erfahrung d. Entwickler mit ihren Aufgaben	0,538	0,004	6,80

Tab. 8-1-4: Regressionsgleichung zur Validierung für Verbesserungsprojekte

[911] für Projekt 51 um 22 % des tatsächlichen Testaufwands, für Projekt 62 um 32 % des tatsächlichen Testaufwands

Coefficients[a]

Model		Unstandardized Coefficients		Standardized Coefficients	t	Sig.	95% Confidence Interval for B	
		B	Std. Error	Beta			Lower Bound	Upper Bound
1	(Constant)	25.784	8.037		3.208	.007	8.420	43.147
	ext_SS	.358	.094	.834	3.796	.002	.154	.561
	Zeitknappheit	.860	.371	.406	2.319	.037	.059	1.662
	EntwErf_Aufgaben	-1.866	1.116	-.376	-1.672	.118	-4.277	.545

a. Dependent Variable: TAproEntwA

Abb. 8-1-7: Koeffizienten der Gleichung 7 zur Validierung (Verbesserungsprojekte, Org. A)

In beiden Fällen (der zuletzt analysierten Verbesserungsprojekte) lag der mittels Modell geschätzte über dem tatsächlich angefallenen Testaufwand. Während die Differenz für eines der Projekte 3,7 % des Entwicklungsaufwands betrug, lag sie für das zweite Projekt bei 14,3 %. Der Testaufwand dieses Projekts wäre mittels Modell um 70 % überschätzt worden, was auch bei vorsichtiger Schätzung deutlich überhöht erscheint.[912]

Die Validierungsergebnisse anhand weiterer Daten bestätigen demnach das Modell für Neuentwicklungsprojekte, während die Modellversion für Verbesserungsprojekte teilweise sehr ungenaue Schätzungen liefert.

c) Validierung in Pilotprojekten

Es fanden sich zwei Pilotprojekte,[913] deren Testaufwand anhand des Modells geschätzt wurde.

Eines der Projekte, ein Neuentwicklungsprojekt, wies deutlich höheren Testaufwand auf als mittels Modell geschätzt war.[914] Grund für diesen hohen Testaufwand

---

[912] Es waren für beide Projekte sehr wenige (2,9 bzw. 1,5) Fehler pro Kunde nach Auslieferung gemeldet worden, weshalb der betriebene Testaufwand nicht als zu niedrig bezeichnet werden kann.

[913] Kriterien zur Auswahl waren, dass die Testplanung des Projekts zum Einsatzzeitpunkt des Modells noch nicht abgeschlossen war, und das Testen innerhalb der folgenden sechs Monate abgeschlossen sein sollte, um den tatsächlichen mit dem geschätzten Aufwand vergleichen zu können (und Ursachen etwaiger Differenzen zu ermitteln).

[914] Laut Modell, d. h. basierend auf dem Testaufwand von Vergleichsprojekten, lag der zu planende Testaufwand bei 25-29% des geschätzten Entwicklungsaufwands. Tatsächlich fielen 39,5% des Entwicklungsaufwands für das Testen an.

war nach Aussage des Qualitätssicherungsverantwortlichen die sehr hohe Abhängigkeit von Zulieferungen.[915]

Im zweiten Pilotprojekt, einem Re-Design-Projekt, fiel deutlich geringerer Testaufwand an als mittels Modell geschätzt.[916] Als Grund gab der Qualitätssicherungsverantwortliche an, dass die Tester den abgebildeten Geschäftsprozess sehr gut kannten und die Spezifikation und die Entwurfsphase begleitet hatten.

Allerdings konnten beide Projekte nicht hinsichtlich der Fehler ausgewertet werden, die im ersten Jahr nach Auslieferung gemeldet oder korrigiert wurden.[917] Daher sind keine Aussagen möglich, ob aufgrund des außergewöhnlich niedrigen Testaufwands im zweiten Projekt viele Fehler gemeldet wurden, und ob demnach Testaufwand innerhalb des geschätzten Intervalls höhere Produktqualität ermöglicht hätte.

8.2 Ergebnisse in Organisation B

Von 19 Projekten, die in dieser Organisation untersucht wurden, betrafen 14 Projekte die Weiterentwicklung. Daher wurde nicht nach einem Gruppierungsmerkmal gesucht[918], sondern nur eine Modellversion entwickelt, die zur Schätzung von Weiterentwicklungsprojekten, dem eindeutig vorherrschenden Projekttyp in dieser Organisation geeignet ist.

Ergebnis der multiplen Regressionsanalysen

Folgende Merkmale wurden für die Regression berücksichtigt:[919]

---

[915] Das Projektergebnis wurde als Teil eines Produktes entwickelt, das zum geplanten Testbeginn noch sehr instabil war, weshalb der Testbeginn mehrfach verschoben wurde. Während dieser Zeit fiel schon Testaufwand an, weil externe Tester engagiert waren, jedoch noch nicht testen konnten.

[916] Die Schätzung hatte anhand des Testaufwands der Vergleichsprojekte ein Intervall von 25 bis 36 % des Entwicklungsaufwands ergeben. Tatsächlich fielen 12 % des Entwicklungsaufwands als Testaufwand an.

[917] Dies lag daran, dass sie weniger als 12 Monate vor Beendigung der Recherchen in dieser Organisation ausgeliefert wurden.

[918] Das Merkmal „Strategische Bedeutung des Produkts“ bot sich als Gruppierungsmerkmal an, weil es nominal skaliert ist und eine Korrelation mit dem Testaufwand zeigte. Doch würde man anhand des Merkmals Gruppen bilden, blieben zu wenige Datensätze je Gruppe, um aussagekräftige Regressionsgleichungen zu ermitteln.

[919] Diese Merkmale haben sich in den Analysen jeweils in mehreren Projekten, teilweise auch in verschiedenen Analyseschritten als relevante Einflussfaktoren gezeigt. Um Wiederholungen zu ver-

- Verfügbarkeit und Stabilität des Testsystems als Ergebnis der Befragung zu projektspezifischen Testaufwandstreibern (Schritt 1)
- Umfang der Anforderungen, Anzahl interner Schnittstellen und externer Schnittstellen und Bekanntheit der eingesetzten Entwicklungstechnologien als Ergebnisse der Umfrage unter Qualitätssicherungsexperten zu Vergleichskriterien hinsichtlich des Testaufwands (Schritt 2)
- Erfahrung der Tester mit dem Produkt als Ergebnis der Korrelationsanalysen (Schritt 3)
- Abhängigkeit von Zulieferungen und Qualität der Entwurfsdokumentation als Ergebnisse der Einzelfallanalysen von Ausreißern bezüglich des Testaufwands (Schritt 4a)
- Qualität der Spezifikation[920] und Grad der Testautomatisierung als Ergebnisse der Einzelfallanalysen von Projekten, die besonders hohe oder besonders niedrige Produktqualität erreichten (Schritt 4b)
- Anzahl Projektteammitarbeiter, zu Projektbeginn verfügbare Zeit und Erfahrung der Entwickler mit dem Produkt als Ergebnisse der Einzelfallanalysen der übrigen Projekte (Schritt 4c).[921]

Der Regression lagen jeweils 15 bzw. 16[922] Datensätze zugrunde. Die folgende Tabelle zeigt die jeweils enthaltenen Variablen sowie die Werte der verwendeten Gütekriterien für die Gleichungen, die einen relativ hohen R^2-Wert, ein relativ niedriges Signifikanzniveau und einen relativ niedrigen Standardfehler aufweisen.

---

meiden, wird jeder Faktor, der sich in mehreren Schritten als relevant für den Testaufwand darstellte, nur einmal (als Ergebnis des jeweils ersten Schritts) genannt.

[920] in Organisation B Pflichtenheft genannt

[921] Auch intensive Zusammenarbeit mit dem Auftraggeber bzw. regelmäßige und persönliche Abstimmung zwischen Projektleiter und Auftraggeber erwies sich als wichtige Voraussetzung für den Projekterfolg, d. h. unter anderem für wenige Fehler nach Auslieferung (z. B. in Projekt 1, 5, 6, 8, 11, 14). Allerdings konnte diesem Merkmal keine Wirkung auf den Testaufwand zugeordnet werden, denn die Interviewaussagen ließen keinen Vergleich zwischen Projekten zu.

[922] Da in einem Datensatz der Wert der Variablen „Grad der Testautomatisierung" unbekannt war, basieren Gleichungen mit diesem Merkmal auf 15 anstatt 16 Datensätzen. Zu Projekt 3 und 10 lagen keine verlässlichen Aufwandsdaten vor. Projekt 20 wurde von der Analyse ausgeschlossen, weil dessen Testaufwand großteils durch die (mangelhafte) Qualität eines zugelieferten Produktteils bestimmt wurde, und deshalb der Zusammenhang zwischen Testaufwand und Anforderungsumfang (operationalisiert anhand des konstruktiven Entwicklungsaufwands) zwischen diesem Projekt und den übrigen Projekten abwich.

Nr.	Unabhängige Variablen (einflussreiche Merkmale)	Korrigiertes Bestimmtheitsmaß R^2	Signifikanzniveau der Gleichung	Standardfehler der Schätzung
1	Bekanntheit d. Technologien, Anzahl ext. Schnittstellen, Grad der Testautomatisierung[923]	0,758	0,000	18,47
2	Bekanntheit d. Technologien, Anzahl ext. Schnittstellen, Abhängigkeit von Zulieferungen[924]	0,328[925]	0,052	20,27
3	Bekanntheit d. Technologien, Anzahl ext. Schnittstellen[926]	0,730	0,000	22,42

Tab. 8-2-1: Variablen und Gütekriterien ausgewählter Regressionsgleichungen in Organisation B

Coefficients[a,b]

Model		Unstandardized Coefficients B	Unstandardized Coefficients Std. Error	Standardized Coefficients Beta	t	Sig.	95% Confidence Interval for B Lower Bound	95% Confidence Interval for B Upper Bound
1	Bekanntheit_Techn	9.136	2.795	.598	3.269	.007	3.047	15.226
	ext_SS	1.631	.727	.412	2.244	.045	.047	3.215
	automat_Tests	-.132	.244	-.079	-.541	.598	-.665	.400

a. Dependent Variable: TAproEntwA

b. Linear Regression through the Origin

Abb. 8-2-1: Koeffizienten in Gleichung 1 in Organisation B (ohne Konstante)

---

[923] Diese Gleichung enthält keine Konstante, weil bei der Aufnahme einer Konstanten alle drei Variablenkoeffizienten Vorzeichenwechsel und höhere Signifikanzniveaus zeigten, d. h. weniger signifikant waren. Die Konstante wies außerdem einen sehr hohen Standardfehler (28,4), ein sehr hohes Signifikanzniveau (0,325) und ein sehr breites Konfidenzintervall [-91,8; 33,2] auf.

[924] Diese Gleichung enthält eine Konstante, weil die Regression ohne Konstante sehr hohe Signifikanzniveaus (mindestens 0,159) und Vorzeichenwechsel der Koeffizienten für alle enthaltenen Variablen ergab. Allerdings weist die Konstante einen sehr hohen Standardfehler (34,3) und ein sehr breites Konfidenzintervall ([-146,5; 2,9]) auf.

[925] Dieser Wert ist nicht mit den R^2-Werten der Gleichungen 1 und 3 vergleichbar, weil bei der Regression ohne Konstante R^2 den erklärten Anteil an der Variabilität der abhängigen Variablen um den Ursprung misst.

[926] Diese Gleichung enthält keine Konstante, da bei Aufnahme einer Konstanten diese Konstante einen sehr hohen Standardfehler (32,0), ein sehr hohes Signifikanzniveau (0,229) und ein sehr breites Konfidenzintervall [-109,4; 28,7] aufwies.

Die Prüfung der Koeffizienten zeigte Schwachstellen der Gleichungen hinsichtlich ihrer Qualität als Modell des Testaufwands:

- Das Signifikanzniveau der Variablen „Grad der Testautomatisierung“ (Gleichung 1) liegt so hoch, dass sie keinen statistisch belegten Beitrag zur Erklärung des Testaufwands leistet.[927]
- Zwei Variablen weisen Vorzeichenwechsel innerhalb des 95%-Konfidenzintervalls auf („Grad der Testautomatisierung“ in Gleichung 1, „Abhängigkeit“ in Gleichung 2[928]). Das bedeutet, dass die Einflussrichtung mit 95 % Wahrscheinlichkeit nicht eindeutig angegeben werden kann, es also unsicher ist, ob ein höherer Wert der Variablen den Testaufwand verringert oder erhöht.

Coefficients[a]

Model		Unstandardized Coefficients		Standardized Coefficients	t	Sig.	95% Confidence Interval for B	
		B	Std. Error	Beta			Lower Bound	Upper Bound
1	(Constant)	-71.815	34.281		-2.095	.058	-146.506	2.876
	Bekanntheit_Techn	23.603	8.949	.733	2.638	.022	4.106	43.101
	ext_SS	3.401	1.362	.685	2.497	.028	.434	6.368
	Abhängigkeit	5.857	3.247	.389	1.804	.096	-1.217	12.930

a. Dependent Variable: TAproEntwA

Abb. 8-2-2: Koeffizienten in Gleichung 2 in Organisation B

Coefficients[a,b]

Model		Unstandardized Coefficients		Standardized Coefficients	t	Sig.	95% Confidence Interval for B	
		B	Std. Error	Beta			Lower Bound	Upper Bound
1	Bekanntheit_Techn	9.574	3.301	.546	2.900	.012	2.494	16.655
	ext_SS	1.786	.854	.394	2.091	.055	-.046	3.618

a. Dependent Variable: TAproEntwA

b. Linear Regression through the Origin

Abb. 8-2-3: Koeffizienten in Gleichung 3 in Organisation B (ohne Konstante)

Als weitere Schwäche erwies sich das negative Vorzeichen der Konstanten in Gleichung 2 (Wert: -71,8), wodurch der Anwendungsbereich dieser Gleichung sehr stark eingeschränkt wird: Um realistische, positive Testaufwandswerte zu erhalten, muss das zu schätzende Projekt gemäß den Koeffizienten der Gleichung z. B. sehr

---

[927] Signifikanzniveau der Variable: 0,598

[928] Das Intervall [-1,217; 12,930] erstreckt sich zwar großteils im Raum positiver Werte, kann aber nur unter geringerer Wahrscheinlichkeit auf ausschließlich positive Werte eingegrenzt werden.

stark von Zulieferungen abhängig sein und die neueste eingesetzte Entwicklungstechnologie muss mindestens seit zwei Jahren im Einsatz sein.

Die Prüfung des linearen Zusammenhangs ergab, dass sich für keines der Merkmale „Bekanntheit der eingesetzten Entwicklungstechnologie“, „Anzahl externer Schnittstellen“, „Abhängigkeit von Zulieferungen“ und „Grad der Testautomatisierung“ ein linearer Zusammenhang mit dem Testaufwand vermuten lässt (vgl. Abb. 8-2-4).

Die Konsequenz der Nichtlinearität (wie auch einer möglicherweise unvollständigen Modellformulierung[929]) ist eine Verzerrung der geschätzten Koeffizienten und der Konstante, d. h. die ermittelten Werte nähern sich mit zunehmender Beobachtungszahl nicht den wahren Werten.[930]

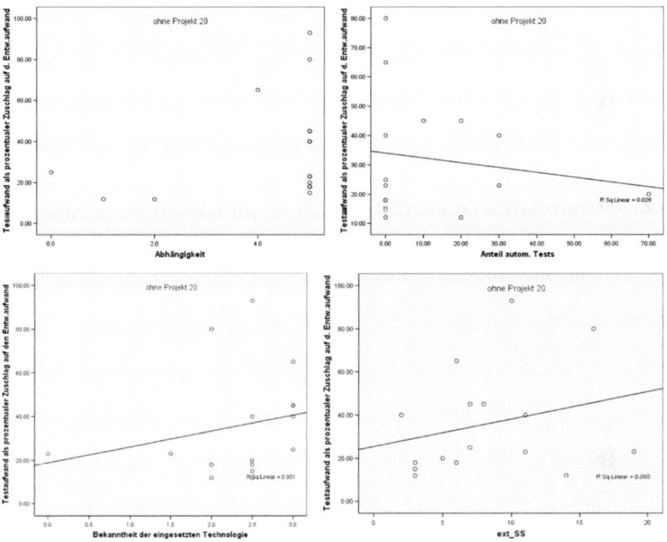

Abb. 8-2-4: Prüfung des linearen Zusammenhangs der modellierten Faktoren in Organisation B

[929] Das bedeutet, dass relevante Variablen in der Gleichung fehlen (vgl. Kapitel 6, Schritt 5, Fußnote 651).

[930] Vgl. Backhaus u. a. (2006), S. 80 u. 84 (Folge der Nichtlinearität bzw. fehlender Regressoren)

Einzig Gleichung 3 liefert ein Modell mit eindeutigen Koeffizientenvorzeichen und unverzerrten Koeffizienten. Allerdings ist der Standardfehler dieser Gleichung mit 22,42 sehr hoch. Eine Schätzung des Testaufwands (relativ zum geschätzten Entwicklungsaufwand), die im Mittel um 22 Prozentpunkte vom wahren Wert abweicht, erscheint in der Praxis wenig hilfreich. Folgende Gleichung stellt das mittels Regressionsanalyse ermittelte lokale Modell des Testaufwands dar:

Nr. 3: TA = 0,5 * Bekanntheit d. Techn. + 0,4 * Anzahl ext. Schnittstellen bzw.

TA = f(Bekanntheit d. Technologie, Anzahl ext. Schnittstellen, S)

Die Tatsache, dass die Regressionsgleichungen kein akzeptables Modell des Testaufwands liefern, hat zweierlei Ursachen. Zum einen basiert eine spezifizierte Funktion des Testaufwands darauf, dass der Testaufwand jedes Projekts von den gleichen Faktoren im gleichen Ausmaß beeinflusst wird, was sich nicht mit der Realität deckt (vgl. Kap. 8.3.3). Zum anderen gibt es situationsspezifische Gründe:

1. Die Anzahl untersuchter und bei der Analyse berücksichtigter Datensätze ist relativ gering. Selbst wenn nur zwei Variablen in die Regression aufgenommen werden, ist das Fundament der Regression als schwach zu beurteilen.
2. In der Einzelfallanalyse zeichneten sich anhand von Interviewaussagen weitere, bis dato nicht berücksichtigte Projektmerkmale als einflussreich ab.[931] Da ihre anhand der Interviews ermittelte Ausprägung einem Vergleich zwischen Projekten nicht zugänglich war[932] und sie teilweise zur Modellierung zu selten vorkamen[933], konnten sie in den Regressionsanalysen nicht berücksichtigt werden.

Allerdings lassen sich aus den Regressionsgleichungen diejenigen Variablen ablesen, die aufgrund eines niedrigen Signifikanzniveaus und eindeutigen Vorzeichens zur Erklärung des Testaufwands beitragen.[934] Demnach lässt sich das Modell in nicht-parametrisierter Form wie folgt wiedergeben:

---

[931] Ausstattung mit Mitarbeitern angesichts der zu bearbeitenden Aufgaben (vgl. Kap. 7.2, Prüfung der These T35), Qualität der Zusammenarbeit mit dem Auftraggeber (vgl. Einleitung dieses Abschnitts, Fußnote 921) und finanzielle Restriktionen

[932] Z. B. die Qualität der Zusammenarbeit mit dem Auftraggeber und angemessene Ausstattung mit Personal

[933] Z. B. finanzielle Einschnitte gegenüber dem Projektbeginn

[934] Der standardisierte Koeffizient der Variablen „Bekanntheit der eingesetzten Technologien“ ist in allen Regressionsgleichungen höher als derjenige der Variablen „Anzahl externer Schnittstellen“,

TA = f (Bekanntheit der eingesetzten Technologien, Anzahl ext. Schnittstellen)

Ergebnisse der Validierungen

a) Validierung anhand der Beurteilung durch Experten

An der Präsentation zur Validierung der Analyseergebnisse nahmen fünf Mitarbeiter der Qualitätssicherungsabteilung und zwei Projektleiter teil.

Der Einfluss des Grads der Testautomatisierung auf den Testaufwand wurde intensiv diskutiert. Als Konsens ergab sich, dass automatische Tests manuelles Testen in dieser Organisation nicht ersetzen, sondern ergänzen, und daher keinen Einfluss auf den Testaufwand, d. h. die Arbeitszeit der Tester ausüben. Den Einfluss der Merkmale „Abhängigkeit von Zulieferungen" und „Anzahl externer Schnittstellen" bestätigten alle Beteiligten einmütig. Auch dass sich die Bekanntheit der eingesetzten Technologien auf den Testaufwand ausübt, wurde nicht bezweifelt. Allerdings bekundeten einige Teilnehmer Skepsis, ob dieses Merkmal in dieser Organisation relevant sei zur Schätzung des Testaufwands, weil die verwendeten Technologien zwischen Projekten weitgehend übereinstimmen und Unterschiede in der Bekanntheit daher sehr gering sind.

Als relevant für den Beitrag des Testens zum Projektergebnis wurde von mehreren Beteiligten die Erfahrung der Tester genannt. Doch konnten die jeweiligen Teilnehmer nur Vermutungen äußern, wie sich die Erfahrung der Tester auf den Testaufwand ausübt, und gelangten diesbezüglich zu keinem Konsens.

Als Resümee wurde das ermittelte Modell bestätigt, doch die Teilnehmer waren sich einig, dass zur Schätzung des Testaufwands weitere Faktoren berücksichtigt werden müssen.[935]

b) Validierung anhand weiterer Datensätze

Der Forschungsauftrag in Organisation B beschränkte sich auf die Analyse von Projekten, die im Lauf des Jahres 2006 abgeschlossen worden waren. Die zu diesen

---

weshalb die erstgenannte Variable gemäß den modellierten Daten höheren Einfluss auf den Testaufwand ausübt.

[935] Dies steht im Einklang mit dem hohen Standardfehler der Schätzung, den die ermittelte Regressionsgleichung aufweist.

Projekten erfassten Daten wurden zur Bildung des lokalen Testaufwandsschätzmodells verwendet.[936]

Zur Datensammlung in weiteren Projekten hätten erst die im Jahr 2007 laufenden[937] Projekte abgeschlossen sein müssen, was jedoch unvereinbar mit dem Zeitplan der Forschungsarbeit war. Daher wurde dieser Schritt in Organisation B plangemäß nicht durchgeführt.

c) Validierung in Pilotprojekten

Auch diese Validierung war weder vom Praxispartner vorgesehen noch angesichts der verfügbaren Ressourcen im Rahmen dieser Forschungsarbeit möglich.

8.3 Bewertung der Methode TestASS

Um beurteilen zu können, ob die Methode TestASS besser als andere Methoden zur Testaufwandsschätzung geeignet ist, müsste sie parallel mit anderen Schätzmethoden angewendet und die Schätzergebnisse miteinander und mit dem tatsächlichen Testaufwand verglichen werden. Die eventuell nötige Anpassung und Anwendung weiterer Schätzmethoden geht jedoch über das Ziel dieser Arbeit hinaus. Daher beschränkt sich dieses Unterkapitel auf die Bewertung, ob die Methode anwendbar ist bzw. welchen Änderungsbedarf es gibt, um damit ein organisationsspezifisches Modell zur Testaufwandsschätzung herzuleiten. Dazu wird jedes Element der Methode TestASS danach beurteilt, ob es in der beschriebenen Form ausführbar und zielführend ist.

8.3.1 Voraussetzungen für die Anwendbarkeit

V1: Gemeinsames Verständnis relevanter Begriffe und Größen

Bei der Auswertung der Aufwandswerte zeigten sich einige eklatante Unterschiede[938], welche Aufgaben dem Testaufwand zugerechnet werden.[939] Auch in

[936] Wären einige Datensätze zur Validierung und damit nicht zur Modellierung benutzt worden, hätte dies die Modellierungsbasis zu sehr verringert, um aussagekräftige Ergebnisse zu erlauben.

[937] Die Projektplanung basiert auf dem Kalenderjahr, sodass wenige Projekte während des Jahres und nur einzelne Projekte in der ersten Jahreshälfte abgeschlossen werden.

[938] Z. B. wurden die Aufwände, die organisationsexterne Dienstleister – häufig als Projektteammitglieder - erbracht hatten, nicht durchgängig den jeweiligen Aufgaben zugeordnet, sondern bildeten teilweise eine eigene Position.

Interviews wurde erkennbar, dass Test- und Entwicklungsaufwand nicht durchgehend gleich verstanden wurden.[940]

Bei detaillierter Erfassung konnte der Testaufwand gemäß der in dieser Arbeit verwendeten Definition ermittelt werden. Wenn allerdings der Aufwand in nur sehr wenigen Kategorien erfasst war und die Ansprechpartner weder über detailliertere Aufzeichnungen noch genauere Erinnerungswerte verfügten, mussten ungenau abgegrenzte Daten erhoben werden.[941]

Der Begriff „Fehler" wurde in keiner der beiden Organisationen einheitlich gebraucht. Dies mag zum Teil daran liegen, dass Projektmitarbeiter damit häufig Schuldzuweisungen und Kritik an ihrer Arbeit verbinden.[942] Um die Anzahl Fehler nach Auslieferung als Messgröße der erreichten Produktqualität zu verwenden, muss jeder Fehler hinsichtlich der Schwere nach einheitlichen Regeln beurteilt werden, und Auswertungen der Fehler müssen dieses Attribut berücksichtigen.

Die Voraussetzung V1 ist zwar prinzipiell erfüllbar[943], war jedoch in den Fallstudien nicht gegeben, weshalb vergleichbare Begriffsabgrenzungen ermittelt bzw. geschaffen werden mussten. Für die Anwendbarkeit der Methode wird also vorausgesetzt, dass die relevanten Begriffe gleichermaßen verwendet werden *oder* es möglich ist, abweichende Verwendungen als solche zu erkennen und vergleichbare Bestandteile der Begriffe zu ermitteln.

---

[939] In Organisation B wies die Struktur zur Aufwandserfassung neben Positionen für jede einzelne Integrationsteststufe eine Position für Testfallerstellung und eine mit „Test" bezeichnete Position auf. Das unterschiedliche Verständnis dieser Aufwandskategorien ließ sich daran ablesen, dass die Position „Testfallerstellung" nicht in jedem Projekt Aufwände enthielt, wobei in jedem Projekt neue Testfälle erstellt wurden. Die Position „Test" enthielt in manchen Projekten relativ viel, in anderen keinen Aufwand, wobei jedoch in allen Projekten Tests durchgeführt wurden.

[940] Viele Ansprechpartner in Organisation A zählten sowohl den Aufwand der Entwickler für Integrationstests als auch den Aufwand zur Testfallerstellung zum Entwicklungsaufwand, weil beide von den Entwickler erbracht werden. In Organisation B wurde die Testfallerstellung teilweise als Teil des Testaufwands, teilweise separat betrachtet, und unter „Entwicklungsaufwand" wurde teilweise nur der Implementierungsaufwand verstanden (nicht Analyse- und Designaufwand).

[941] Da auch bei scheinbar detailliert erfassten Aufwänden nicht sichergestellt war, dass die erfasste der tatsächlich geleisteten Arbeitszeit entsprach, wurden zu Projekten mit offensichtlich ungenauen Aufwandswerten die Projektleiter gebeten, Ungenauigkeiten bzw. Unstimmigkeiten aufzuklären.

[942] In Organisation B rief die Fehleranzahl, die den Projekten laut Meldungssystem zugeordnet wurde, bei vielen Projektansprechpartnern Erstaunen bzw. Empörung hervor. Dies lag zum einen an der gelegentlich falschen Zuordnung zum Projekt, zum anderen daran, dass nicht alle als Fehler klassifizierten Meldungen aus Sicht der Ansprechpartner Fehler waren.

[943] Z. B. durch ein organisationsweit verfügbares Glossar, dessen Begriffe auch den entsprechenden Erfassungstools zugrunde liegen

V2: Die abgeschlossenen, analysierten Projekte und die zu schätzenden Projekte folgen demselben Entwicklungsprozess.

Die Voraussetzung V2 war in den untersuchten Fallstudien bis auf geringfügige Abweichungen[944] gegeben, weshalb sie als realitätskonform betrachtet werden kann. Überdies trägt sie dazu bei, dass die Testaufwandsschätzung nachvollziehbar ist, weil die Wirkung unterschiedlicher Entwicklungsprozesse auf den Testaufwand nicht ermittelt und nachvollzogen werden muss.

V3: In den abgeschlossenen Projekten, auf deren Daten das organisationsspezifische Modell des Testaufwands basiert, wurden die gleichen Testmethoden angewendet wie in den zu schätzenden Projekten.

Bei Recherchen in Organisation B stellte sich heraus, dass in zwei Projekten[945] strukturell, in allen übrigen funktional getestet worden war. Diesen zwei Projekten konnte jedoch weder systematisch niedriger Testaufwand noch eine systematisch niedrige Fehlerzahl nach Auslieferung zugeordnet werden.[946]

Abgesehen davon variierte die Vorgehensweise beim Test (die erstellten Testfälle wurden abgearbeitet) weniger zwischen Projekten als vielmehr zwischen einzelnen Testern bzw. Testfallerstellern.[947] Diese jeweils zu untersuchen, würde den Rahmen dieser Arbeit sprengen.

Aufgrund der durchgeführten Fallstudien erscheint die Voraussetzung gleicher Testmethoden als nicht relevant. Allerdings ist die Datenbasis betreffend die Unterscheidung zwischen strukturellen und funktionalen Tests sehr gering.

---

[944] Bspw. wurden einige Projekte in Organisation A inkrementell entwickelt. Abgesehen davon, dass es mehrere Zyklen gab, verliefen Entwicklung und Test analog zu anderen Projekten. Auch der Zeitdruck war nach Aussage der Beteiligten nicht geringer als ohne die inkrementelle Vorgehensweise, da für jedes Inkrement angesichts der verfügbaren Zeit sehr umfangreiche Aufgaben anstanden und Zeitdruck herrschte.

[945] Projekt 5 und Projekt 13, beide in Organisation B

[946] Während in Projekt 5 relativ wenig Testaufwand anfiel, war der Testaufwand in Projekt 13 vergleichsweise hoch. Nach Auslieferung wurden zu Projekt 5 eher viele, zu Projekt 13 sehr wenige Fehler gefunden. Dies kann teilweise auf die Höhe des Testaufwands zurückgeführt werden. Zu Projekt 13 gab es vergleichsweise wenige Kunden, was die geringe Fehlermeldungsanzahl erklärt, und laut der Ansprechpartner zu Projekt 5 war nur ein Bruchteil der ermittelten Fehler tatsächlich diesem Projekt zuzuordnen.

[947] Unterschiede hinsichtlich der Testfälle werden anhand der These T38 untersucht.

V4: Verfügbarkeit von Projektinformationen

V4 wurde als essenzielle Voraussetzung zur Entwicklung eines organisationsspezifischen Aufwandsschätzmodells für den Test bestätigt. Wie wichtig vor allem kundige Projektansprechpartner sind, zeigte sich in den Fällen, in denen der Projektleiter oder Qualitätssicherungsverantwortliche das Projekt oder die Organisation verlassen hatte. Hier mussten alternative, mit dem Projektverlauf vertraute Mitarbeiter gefunden werden.[948] Teilweise konnten diese Interviewpartner Fragen nicht beantworten (z. B. zur Anzahl externer Schnittstellen, zur Erfahrung der Projektmitarbeiter), sodass die zugehörigen Datensätze unvollständig blieben.

Verschiedene Informationsquellen (Datenbankeinträge, Projektdokumentation und Projektansprechpartner) offenbarten teilweise Differenzen, sodass unzuverlässige Informationen als solche erkannt und in Interviews überprüft werden konnten. Die Fallstudien zeigten, dass es nicht nur der Verfügbarkeit, sondern auch der Bereitschaft zur Auskunft seitens der Projektbeteiligten bedarf.[949]

8.3.2 Sammlung historischer Projektdaten

Bewertung der Auswahlkriterien

Ähnliche Projekte

Um einem Merkmal eindeutig Einfluss auf den Testaufwand zuzuordnen, müssen Projekte in möglichst vielen Merkmalen übereinstimmen. Je mehr Merkmale dabei die gleiche Ausprägung zwischen den Projekten aufweisen, desto verlässlicher ist die Zuordnung des Einflusses. Projekte zu untersuchen, die verschiedene Releases eines Produkts entwickelten, erwies sich dabei als besonders geeignet, jedoch nicht immer ausreichend.[950]

---

[948] Auch wenn Projektmitarbeiter noch kontaktiert werden konnten, fühlten sie sich häufig nicht zuständig und gaben daher in einigen Fällen nicht die gewünschte Auskunft. Nachfolger waren teilweise nicht ausreichend über das bereits abgeschlossene Projekt informiert.

[949] Mehrere Projekte in Organisation A konnten nicht ausgewertet werden, weil mangels Auskünften der Projektansprechpartner zu viele Merkmalsausprägungen unbekannt waren. In Organisation B konnte daher ein Projekt (Projekt 3) nicht ausgewertet werden, und zu einem weiteren Projekt (Projekt 18) konnte die Interpretation des Projektergebnisses nicht abgestimmt werden.

[950] Auch in solchen Fällen gab es teilweise so viele oder für den Vergleich so bedeutende Abweichungen, dass keine Schlussfolgerung aus dem Vergleich möglich war (vgl. z. B. Projekte 22 und 23 in Organisation A: Im neueren Release waren zwei vorher separate Produkte und die zugehörigen

Projekte wurden erfolgreich abgeschlossen

Die Fallstudien bestätigten, dass sowohl die Wahl der Beurteilungskriterien[951] als auch die Operationalisierung der gewählten Urteilskriterien mit Problemen behaftet sind[952]. Eine Erfolgsbeurteilung, die direkt am Testaufwand ansetzt, erscheint effektiver, um Projekte auszuwählen, die als Vergleichsprojekte für die Schätzung des Testaufwands geeignet sind. Eine solche Beurteilung der Projekte war aber mangels festgelegter, messbarer Ziele für das Testen nicht möglich und stellt sich als ebenfalls problematisch dar, weil dazu Anhaltspunkte nötig sind, wie viele Fehler beim Testen aufgedeckt werden können.

Projektabschluss liegt nicht lange zurück

Die Fallstudien zeigten, dass die Angaben von Projektbeteiligten ein sehr wichtiger Input für die Methode sind.[953] Daher ist diese Anforderung für die Qualität (und Quantität) der Informationen sehr wichtig.[954]

Anzahl Projekte: je mehr, desto bessere Grundlage für die Modellierung

Die Anzahl untersuchter Projekte in Organisation A erlaubte es, gemäß den Analyseergebnissen zwei separate Modelle für Neuentwicklungs- und Verbesserungsprojekte herzuleiten. In Organisation B legten grafische Auswertungsergebnisse nahe, die Projekte gemäß ihrer strategischen Bedeutung zu gruppieren. Dies war jedoch aufgrund der geringen Anzahl von Datensätzen nicht möglich, weil dadurch je Gruppe zu wenige Datensätze verblieben wären, um ein aussagekräftiges Modell zu schätzen. Damit bestätigten die Ergebnisse der Fallstudien die Bedeutung dieser Anforderung.

Entwicklungsteams zusammengefasst worden, weshalb nicht mehr Ähnlichkeiten bestanden als zwischen zwei beliebig ausgewählten Projekten).

[951] In dieser Arbeit wurden als Kriterien die erreichte Produktqualität und die Erfüllung der Projektziele hinsichtlich funktionaler Anforderungen, geplanter Zeit und Kosten gewählt. Vgl. zu generellen Schwierigkeiten bei der Projekterfolgsbeurteilung Grün (1992), Sp. 2105f und Fußnote 693

[952] Die ermittelten Fehler waren nach Angaben der Projektansprechpartner häufig falsch zugeordnet, und die Erfolgseinschätzung des Projektleiters und des Qualitätssicherungsverantwortlichen sind als voreingenommen zu sehen (vgl. Kap. 7.1.3, Punkt 3 zu Organisation A und Organisation B).

[953] Z. B. Projekt 8 in Organisation A: Da Datenbankeinträge sehr spärlich bzw. nicht vorhanden waren, basierte die Auswertung großteils auf Angaben von Beteiligten des Projektes.

[954] Zu Projekt 8 in Organisation A wichen die Antworten der Befragten sehr weit voneinander ab, was vermutlich zum Teil daran lag, dass das Projekt schon zwei Jahre zurücklag und sich die Eindrücke der Befragten in dieser Zeit unterschiedlich entwickelt hatten.

Ableitung messbarer Kennzahlen

Die Anwendung der vier Prinzipien erwies sich in den Fallstudien als zielführend, um möglichst verlässliche und vergleichbare Merkmalswerte zu erhalten.

Prinzip 1: Organisationsspezifische Messgrößen und Messinstrumente

Wie die Fallstudien in beiden Organisationen bestätigten, werden in der Praxis viele organisationsspezifische Messgrößen erhoben. In den Fallstudien erwies es sich als Vorteil, dass kein zusätzlicher Aufwand zur Modellableitung anfiel,[955] und dass die Messgrößen und Messinstrumente an organisationsspezifischen Vorgehensweisen ausgerichtet waren.[956]

Prinzip 2: Eindeutige und präzise Definitionen der Messgrößen

In den Fallstudien zeigte sich, dass die den bereits vorhandenen Messungen jeweils zugrunde liegenden Definitionen häufig nicht organisationsweit verfügbar, d. h. nicht schriftlich fixiert,[957] und teilweise nur mit einigem Aufwand auffindbar waren.[958] Da dieser Mangel bezogen auf vorhandene Messungen nicht gelindert werden kann, mussten derart erhobene Merkmalsausprägungen mit Zurückhaltung interpretiert[959] bzw. um zusätzliche Messgrößen ergänzt werden.[960]

---

[955] Z. B. wird in Organisation A laufend erfasst, wie viele verschiedene Kunden Fehler zu einem Produkt und Release melden. Auf dieser Basis können Auswertungen erstellt werden, wie viele Kundenmeldungen zu einem Produktrelease in einem ausgewählten Zeitraum erfasst wurden.

[956] In Organisation B wurden beispielsweise die Testfälle teilweise von den Entwicklern, teilweise vom QSV, vom Testkoordinator oder vom Projektleiter erstellt. Bei der Aufwandserfassung gibt es dementsprechend eine eigene Position für die Testfallerstellung. In Organisation A erstellen großteils die Entwickler die Testfälle, weshalb der Aufwand hierfür meist nicht getrennt vom Entwicklungsaufwand erfasst wird.

[957] In Organisation A ist beispielsweise bei der Abgrenzung des Testaufwands unklar, ob er auch die Erstellung von Testfällen enthält. In Organisation B sind die Bedingungen nicht beschrieben, unter denen ein Fehler einem Projekt zugeordnet wird.

[958] Z. B. in Organisation A die Unterscheidung zwischen den Teststufen AT und SIT; in Organisation B die Definition eines Fehlers (nach Auslieferung)

[959] In Organisation A konnte z. B. der Einfluss des Merkmals „Verteilung des Testaufwands auf Teststufen" nicht untersucht werden, weil die zweite und dritte Teststufe häufig nicht eindeutig voneinander abgegrenzt und der Testaufwand nicht eindeutig zugeordnet wurde. In Organisation B konnten aus den zu einem Projekt erfassten Fehlern keine Rückschlüsse auf das Projektergebnis gezogen werden, weil in der Auswertung der erfassten Fehler Anfragen und schwerwiegende Fehler nicht voneinander unterschieden werden konnten.

Prinzip 3: Subjektive und objektive Messgrößen und Messinstrumente

In Datenbanken erfasste Messwerte waren nicht durchgängig zuverlässiger als subjektive Schätzungen, und teilweise nur scheinbar gemessen worden.[961] Die Aufwandswerte betreffend ergab sich, dass in Datenbanken erfasste Werte stets von Beteiligten geprüft bzw. in Verbindung mit subjektiven Schätzungen (a posteriori) verwendet werden sollten, um verlässliche Werte zu erhalten.[962]

Prinzip 4: Mehrdimensionale Messungen

Mehrdimensionale Messungen stellten sich als äußerst wichtig heraus, um irreführende Schlüsse zu vermeiden.

Als Beispiel sei die Operationalisierung des Projekterfolgs in Organisation A erläutert. Hierzu wurden der Projektleiter und der Qualitätssicherungsverantwortliche im Interview befragt und zwei Kennzahlen ausgewertet: Anzahl der Kundenmeldungen und Anzahl veröffentlichter Fehlerkorrekturen im ersten Jahr nach Auslieferung.[963] Dadurch konnte einerseits die Anzahl der Fehler gleichzeitig aus der Perspektive der Kunden und der des Herstellers begutachtet werden.[964] Da nicht in allen Fällen die Fehler eindeutig einem Projekt zugeordnet werden konnten, erwies sich die subjektive Beurteilung der erreichten Produktqualität durch den Projektleiter und Qualitätssicherungsverantwortlichen als zweckmäßige Ergänzung. Beide Personen sind insbesondere über schwerwiegende Fehler informiert, weil die Ent-

---

[960] Um z. B. den Testaufwand im Sinn dieser Arbeit eindeutig abgrenzen zu können, wurde zusätzliche Dokumentation des Testaufwands, die z. B. der QSV erstellt hatte oder die Teil einer Projektstatuspräsentation war, gesucht und ausgewertet.

[961] Bspw. waren in Organisation A die geplanten Aufwandswerte aller Aktivitäten in zwei Projekten unverändert als Ist-Aufwandswerte übernommen worden.

[962] Objektiv im Sinne von intersubjektiv nachvollziehbar sind keine der untersuchten Aufwandsgrößen, weil der tatsächliche Aufwand der einzelnen Mitarbeiter nur diesen selbst im Detail bekannt ist. Deshalb sind auch Messinstrumente im Sinne einer genau festgelegten Vorgehensweise zur Messung nicht als objektiv zu bezeichnen: Den Projektmitarbeitern wird zwar vorgegeben, wie häufig, mit welcher Detaillierung und für welche Aktivitäten sie ihren Arbeitsaufwand erfassen sollen, doch ob sie dies vorgabegemäß tun, ist aufgrund der Einblicke der Autorin in die Praxis beider Organisationen zweifelhaft bzw. nicht gegeben. Mockus u. a. sprechen in diesem Zusammenhang von den „pitfalls of using project repositories" (Mockus u. a. (2003), F. 8).

[963] Beide wurden jeweils ins Verhältnis zur Anzahl aktiver Kunden in diesem Zeitraum gesetzt (vgl. Fußnote 955). Dadurch wurden Differenzen im Meldungs- oder Fehleraufkommen ausgeschlossen, die allein auf unterschiedliche Nutzeranzahlen zurückzuführen sind.

[964] Die Anzahl der Kundenmeldungen zeigt an, ob die Kunden mit der Produktqualität zufrieden waren. Die Anzahl Fehlerkorrekturen vermittelt, wie der Hersteller die Produktqualität einschätzt bzw. wie viel Verbesserungsbedarf er erkennt.

wickler in ihrem Team für die Korrektur verantwortlich sind. Daher können sie die erreichte Produktqualität anhand der Fehler nach Auslieferung beurteilen.[965]

In der folgenden Tabelle sind die Prinzipien zur Ableitung messbarer Kennzahlen und ihre empirisch überprüfte Erfüllbarkeit zusammengefasst und jeweils anhand eines Beispiels erläutert.

Prinzip	**Erfüllbar?**	**Beispiel**
1. Organisationsspezifische Messgrößen und Messinstrumente	Ja	Ausprägungen des Merkmals „Strategische Bedeutung", Auswertung der Anzahl Fehler nach Auslieferung
2. Eindeutige und präzise Definitionen	Teilweise (bei existierenden Messgrößen zu prüfen)	Existierende Kennzahl „Testaufwand": nicht eindeutig definiert; Existierende Kennzahl „Strategische Bedeutung": eindeutig definiert
3. Objektive und subjektive Messgrößen und Messinstrumente	Ja (gleichzeitig objektiv und subjektiv: teilweise)	Objektive Messgröße: Anzahl Vorreleases Nur subjektive Messgröße: Aufwand Objektive u. subjektive Messinstrumente: Aufwand (Datenbankeintrag bzw. Dokumente, Einschätzung) Nur subjektives Messinstrument: Beurteilung der Qualität existierender Testfälle anhand zweier Merkmale der Qualität und jeweils vorgegebener Skala
4. Mehrdimensionale Messungen	Ja	Projekterfolg: subjektive Beurteilung durch zwei Projektansprechpartner unter Berücksichtigung mehrerer Zielbestandteile und Auswertung der Anzahl Fehler nach Auslieferung

Tab. 8-3-1: Prinzipien zur Ableitung messbarer Kennzahlen

[965] Wie bei jeder (subjektiven) Beurteilung können hierbei verschiedene Effekte verzerrter menschlicher Wahrnehmung auftreten, z. B. der so genannte „Hindsight Bias", der in der Vergangenheit liegende Abweichungen zwischen Schätzung und tatsächlich eingetretenem Wert geringer erscheinen lässt als sie tatsächlich waren (vgl. hierzu Harvey (2001), S. 63).

8.3.3 Bestimmung organisationsspezifischer Einflussfaktoren

Schritt 1: Projektspezifische Testaufwandstreiber ermitteln

Die Befragungsergebnisse zeigten, dass verschiedene Mitarbeiter eines Projekts (insbesondere Projektleiter, Qualitätssicherungsverantwortliche, Tester) den Einfluss der Projektmerkmale teilweise unterschiedlich beurteilen. Dies könnte unter anderem daran liegen, dass unterschiedliche Rollen, d. h. Aufgaben und Verantwortlichkeiten unterschiedliche Prioritäten und Perspektiven mit sich bringen.[966]

Um angesichts unterschiedlicher Einschätzungen der gleichen Projektsituation nachvollziehen zu können, welche Merkmale den Testaufwand beeinflussten, müssen die Projektmitarbeiter um Erläuterung ihrer Urteile gebeten werden.[967]

Die Antworten lieferten in allen Fällen wertvolle Informationen zur jeweiligen Projektsituation und zu organisationsspezifischen Schwierigkeiten in Bezug auf die Testdurchführung. Einzelne Ansprechpartner stimmten zu, dass die Schätzung des Testaufwands näher am tatsächlichen Testaufwand liegen könnte, wenn die bisher verwendete Schätzbasis[968] um zusätzliche Aspekte ergänzt würde.

Schritt 2: Vergleichskriterien hinsichtlich des Testaufwands identifizieren

Um Missverständnisse sowohl der vorgegebenen[969] Vergleichskriterien als auch der Antworten auszuschließen, erwies sich die mündliche Befragung als überlegen gegenüber der schriftlichen Befragung.[970]

---

[966] Z. B. mag dem QSV wichtig sein, dass Testfälle wiederverwendbar sind und automatisiert ablaufen können, dem Projektleiter jedoch vor allem, dass das verfügbare Budget nicht überschritten wird, weshalb er eventuell Zusatzaufwand scheut, der für wiederverwendbare Testfälle nötig ist. Entsprechend unterschiedlich schätzen QSV und Projektleiter den Einfluss ein, den der Grad der Testautomatisierung auf den Testaufwand hatte.

[967] Vor allem widersprüchliche Aussagen verschiedener Ansprechpartner sind zu hinterfragen.

[968] Die Schätzbasis bildete meist der im jeweiligen Vorrelease angefallene Testaufwand, oder ein in diesem Produktbereich üblicher prozentualer Anteil des geschätzten Entwicklungsaufwands.

[969] Die vorgegebenen Vergleichskriterien waren nach dem Studium der Fachliteratur (z. B. Pol u. a. (2000)) als Ausgangspunkt gewählt worden.

[970] In Organisation B erfolgte die Befragung schriftlich, jedoch ergaben sich in jedem Einzelfall Nachfragen, die mündlich geklärt wurden.

Analog zu Schritt 1 können auch hier unterschiedliche Perspektiven zusätzliche Informationen liefern: die an mittelfristigen Zielen orientierte Qualitätssicherungsabteilung im Gegensatz zu den an kurzfristigen Projektzielen orientierten Projektleitern[971]. Wie die Befragungsergebnisse zeigten, unterscheidet sich außerdem die projektexterne Sichtweise der Qualitätssicherungsabteilung hinsichtlich des Testaufwands von der projektinternen Sichtweise eines Projektleiters.[972]

Demnach sollten auch Projektleiter nach Vergleichskriterien hinsichtlich des Testaufwands gefragt und ihre Antworten ausgewertet werden (vgl. Appendix C, Abbildungen C-5 bis C-8).

Schritt 3: Korrelationsanalyse

Sowohl statistische als auch grafische Korrelationsanalysen zu betreiben erwies sich als wertvoll. In Streudiagrammen ließen sich Zusammenhänge erkennen, die zwar für die Mehrheit der Projekte gelten, aber aufgrund einzelner Ausreißer nicht als statistisch signifikante Korrelationen bestätigt wurden.[973] Umgekehrt zeigten Streudiagramme auch, wenn ein statistisch ermittelter Zusammenhang wesentlich durch einen Datenpunkt bestimmt wurde und bei Ausschluss dieses Ausreißers nicht vorlag.[974]

Boxplotdarstellungen dienten dazu, Unterschiede zwischen Gruppen von Projekten zu erkennen, was besonders bei nominalskalierten Merkmalen hilfreich ist.[975]

Die Interpretation der ermittelten Korrelationen fiel erheblich aussagekräftiger aus, wenn projektspezifische, die Messwerte ergänzende Informationen[976] verfügbar waren und unterschiedliche Erklärungsansätze geprüft werden konnten.[977]

---

[971] Die Leistung eines Projektleiters wird unter anderem danach beurteilt, ob er das geplante Budget des Projekts eingehalten hat. Daher ist eine zutreffende Aufwandsschätzung aus Sicht des Projektleiters fundamental.

[972] Dies ließ sich beispielsweise daran ablesen, dass die Umsetzung der anstehenden Aufgaben aus Sicht der Projektleiter vergleichsrelevant war: Sie nannten die betroffenen Architekturschichten und bestimmte Entwicklungstechnologien als Vergleichskriterien. Die Mitarbeiter der Qualitätssicherungsabteilung gaben in erster Linie Merkmale an, deren Ausprägung erst nach Projektabschluss messbar ist (z. B. Zielerreichung, Projektgesamtaufwand).

[973] Siehe z. B. Prüfung der These T6 (Anzahl Vorreleases) in Organisation A

[974] Siehe als Beispiel die Prüfung der These T7 (Bekanntheit der eingesetzten Entwicklungstechnologien) in Organisation B

[975] Vgl. Merkmal „Projekttyp“ in Organisation A, Merkmal „Strategische Bedeutung“ in Organisation B

Schritt 4: Einzelfallanalyse

Die Analysen zeigten drei Vorteile davon auf, die ermittelten Projektergebnisse[978] und die Interpretation der Wirkungszusammenhänge mit dem jeweiligen Projektleiter abzustimmen. Sie werden jeweils anhand eines Projekts[979] illustriert.

1. Falsche Messergebnisse werden korrigiert (im Beispielprojekt waren die ermittelten Fehler großteils dem falschen Projekt zugeordnet).
2. Es wird ersichtlich, ob hergeleitete Kennzahlen, die zur Messung eines Merkmals definiert worden sind, tatsächlich in allen Projekten das interessierende Merkmal messen (im Beispielprojekt wurde die Dokumentation der Anforderungen[980] als schlecht beurteilt, obwohl die Qualität der Anforderungen relativ hoch war: Mit dem Auftraggeber war vereinbart worden, die Anforderungen nicht dem Entwicklungsprozess entsprechend zu dokumentieren, sondern im persönlichen Gespräch im Detail festzulegen und in der Entwurfsdokumentation ausführlich zu beschreiben).
3. Zusätzliche Informationen werden gewonnen, die irreführende Messwerte ersetzen und das interessierende Merkmal zutreffend beschreiben können (die Anforderungen im Beispielprojekt wurden im Gespräch mit dem Auftraggeber detailliert und festgelegt, weshalb die Qualität der Anforderungen den Bedürfnissen der Projektmitarbeiter entsprach). Außerdem können diese zusätzlichen Informationen Erklärungen für Zusammenhänge liefern, die sich selten manifestieren und nicht durch die untersuchten Merkmale abgedeckt sind[981] (z. B. in Projekt 20 in Organisation B).

Das Feedback des Projektleiters zu den Ergebnissen der Einzelfallanalyse einzuholen dient also dazu, Missverständnisse zu klären, fehlende Informationen zu ergänzen und ungeeignete Operationalisierungen als solche zu offenbaren.

---

[976] Aus Interviews und Projektdokumenten wie Statusberichten, Protokollen von Reviews, etc.

[977] Vgl. z. B. These T24 (Erfahrung der Tester mit dem Produkt)

[978] Die ermittelten Projektergebnisse beziehen sich neben dem im Interview abgefragten Projekterfolg auf die Datenbank-Selektion der Fehler, die zu diesem Projekt von Kunden gemeldet oder vom Hersteller korrigiert wurden (letzteres nur in Organisation A).

[979] Projekt 5 in Organisation B

[980] In Organisation B „Pflichtenheft", in dieser Arbeit „Spezifikation" genannt

[981] Vgl. Fußnote 651 in Kapitel 6.3, Schritt 5

Die Analyse des Testaufwands mit der Untersuchung der erreichten Produktqualität zu verknüpfen (vgl. Kapitel 6.3, Schritt 4) erwies sich als erforderlich, um beurteilen zu können, ob der Testaufwand des betrachteten Projekts als Vergleichswert bzw. Schätzbasis für künftige Projekte geeignet oder angesichts der erreichten Produktqualität als zu niedrig oder zu hoch zu betrachten und daher von der Schätzbasis auszuschließen ist.

Schritt 5: Regressionsanalyse

Insbesondere die Prüfung der Koeffizienten der geschätzten Regressionsgleichungen legte offen, welche Probleme die Verwendung von Regressionsgleichungen zur Aufwandsschätzung mit sich bringt:

1. Eine Regressionsgleichung basiert auf abgeschlossenen Projekten. Da die Softwareentwicklung und damit Softwaretests steter Veränderung unterliegt, ist unsicher, wie gut von zurückliegenden Projekten und deren Wirkungsgeflecht auf zukünftige Projekte geschlossen werden kann. Wie lange in der Vergangenheit manifestierte Zusammenhänge weiterhin gelten und wie gut Aufwandswerte abgeschlossener Projekte zur Schätzung des Testaufwands geplanter Projekte geeignet sind, kann nicht angegeben werden, weshalb eine mathematische Gleichung diesem Sachverhalt zuwider läuft.
2. Zur Bildung der Regressionsfunktion wird interpoliert, d. h. die vorhandenen Datenpunkte werden um vermutete weitere Datenpunkte ergänzt, die durch die gleiche Funktion bestimmt sind. Hierbei wird also unterstellt, dass die Funktion für alle möglichen Eingabewerte gleichermaßen gilt. Das bedeutet, dass der Testaufwand jedes Projekts von den gleichen Faktoren im gleichen Ausmaß beeinflusst wird. Dass dies nicht der Realität entspricht, d. h. dass in verschiedenen Projekten die Faktoren unterschiedliche Wirkung auf den Testaufwand entfalten, wurde in den Einzelfallanalysen deutlich.

Aufgrund beider Eigenschaften der Regressionsanalyse stellt sich die nichtparametrisierte Form eines mittels Regressionsanalyse gebildeten Modells als verlässlicher zur Aufwandsschätzung dar. Nur die einflussreichsten Merkmale als Kriterien für die Auswahl vergleichbarer Projekte (ohne Koeffizienten, d. h. Einflussrichtung und Gewichtung der Faktoren) zur Verfügung zu haben, bedeutet deutlich mehr Aufwand für den Schätzenden. Außerdem trägt er mehr Verantwortung für das Schätzergebnis als bei der Verwendung einer Gleichung, denn er legt die Gewichtung dieser Kriterien fest und beurteilt, in welchem Ausmaß sich eine abweichende Merkmalsausprägung zwischen dem zu schätzenden und dem Vergleichsprojekt auf den Testaufwand auswirkt.

Die Regressionsanalyse erwies sich als vielseitiges Analyseinstrument.[982] Sie stellt zwei Formen eines organisationsspezifischen Modells bereit (die mathematisch spezifizierte Gleichung und die nicht-parametrisierte Form), deren Auswahl dem Anwender des Modells überlassen bleibt.[983]

Schritt 6: Validierung

a) anhand der Beurteilung durch Experten

Diese Form der Validierung erwies sich als aufwandsarm durchführbar und effektiv. Wertvoll für die Zielerreichung der Methode[984] ist vor allem die Einschätzung der Experten, ob bzw. in welcher Form die Analyseergebnisse zur Schätzung des Testaufwands eingesetzt werden können.

b) anhand weiterer Datensätze

Die Validierung anhand abgeschlossener Projektdaten zeigte, dass die Genauigkeit des Schätzergebnisses bei Verwendung einer Regressionsgleichung stark schwankt. Dies hängt davon ab, wie ähnlich das zu schätzende Projekt den analysierten Projekten ist (d. h. in wie vielen Merkmalsausprägungen sie sich wie weit unterscheiden[985]), und in welchem Ausmaß unerwartete Ereignisse eintreten, die den Testaufwand beeinflussen.[986]

---

[982] Neben der Prüfung des Einflusses einzelner Merkmale auf den Testaufwand (anhand der Signifikanz der Koeffizienten) dient sie zur Bestimmung der relativen Gewichte dieser Einflüsse (anhand der standardisierten Koeffizienten). Jede Gleichung gibt an, wie gut die enthaltenen Variablen den Testaufwand der zugrunde liegenden Projekte erklären, d. h. als Modell abbilden (anhand des Bestimmtheitsmaßes), wie signifikant diese Erklärung aus statistischer Sicht ist (anhand des Signifikanzniveaus) und mit welchem Fehler zu rechnen ist, wenn man die Gleichung zur Testaufwandsschätzung verwendet (anhand des Standardfehlers der Schätzung). Letzteres gilt jedoch nur, wenn das zu schätzende Projekt den der Regression zugrunde liegenden Projekten hinreichend ähnlich ist.

[983] Um die Ergebnisse der Regressionsanalyse zur Testaufwandsschätzung fortgesetzt anwenden zu können, bedarf es der kontinuierlichen Sammlung weiterer Daten, der Auswertung der neuen Gesamtmenge und der Definition des Prozesses der Datensammlung.

[984] Ziel der Methode ist die Entwicklung eines organisationsspezifischen Modells des Testaufwands, das anwendbar ist und aus Anwendersicht geeignet erscheint, die Schätzung des Testaufwands zu unterstützen (vgl. Kapitel 1.2, Ziel dieser Arbeit).

[985] Als Beispiel dienen Projekt 63 und 64 in Organisation A: Das erste dieser zwei Verbesserungsprojekte entspricht in vielen Merkmalen der Mehrheit der Verbesserungsprojekte (z.B. Erfah-

c) in Pilotprojekten

Die Validierung in Pilotprojekten stellte sich als wertvoller heraus als anhand abgeschlossener Projektdaten. Zum einen liegen realitätsnahe Bedingungen vor, insbesondere hinsichtlich der bekannten und nicht bekannten Merkmalsausprägungen. Zum anderen wurde deutlich, wie einflussreich unberücksichtigte Faktoren sein können.[987]

8.3.4 Aktualisierung

Die Auswahl der organisationsspezifischen Einflussfaktoren des Testaufwands zu überarbeiten, war in der für diese Forschungsarbeit verfügbaren Zeit nicht möglich. Einblicke in die organisationsspezifische Dynamik erlauben jedoch Rückschlüsse darauf, mit welcher Häufigkeit die Aktualisierung angezeigt ist.

In Organisation A ergaben sich kontinuierlich kleine Änderungen des Entwicklungsprozesses.[988] Da sie meist erst in einzelnen Projekten und sukzessive in Produktbereichen eingesetzt wurden, verliefen diese Prozessänderungen aus Organisationssicht teilweise schleichend.[989] Aufgrund der Veränderungen im Beobachtungszeitraum erscheint die Überarbeitung spätestens alle zwei Jahre angebracht.

In Organisation B umfasste der Beobachtungszeitraum nur acht Monate, während derer sich keine relevanten Prozessänderungen ergaben. Allerdings bemühte sich die Qualitätssicherungsabteilung um zunehmende Toolunterstützung und hö-

---

rung der Entwickler und Tester, Anzahl der Standorte, Verfügbarkeit der Teammitglieder), während sich das zweite in manchen Merkmalen leicht (Anzahl der Standorte) und häufig mit aufwandsverringerndem Effekt vom Durchschnitt abhebt. Daher trifft der geschätzte Testaufwand im ersten Projekt relativ gut, im zweiten deutlich schlechter (12 % relative Abweichung versus 70 % relative Abweichung).

[986] Der Testaufwand in Projekt 20 (Organisation B) z. B. war mittels Modell nicht schätzbar, weil er wesentlich von der Qualität einer zugelieferten Softwarekomponente bestimmt wurde.

[987] Z. B. eklatante Fehler und entsprechende Verzögerungen eines Produkts, in das das Projektergebnis integriert werden soll (in Projekt 40 in Organisation A, dem zweiten Pilotprojekt).

[988] Z. B. wurde die Dokumentation der Anforderungen vereinheitlicht und erlaubte anschließend, basierend auf dem Dokument Testfälle automatisch zu erzeugen. Des Weiteren wurden zu jedem Produkt Testobjekte definiert, die zentral verwaltet werden und für Testfälle zur Verfügung stehen, die agile Scrum-Methodik wurde in einigen Projekten erprobt, etc.

[989] Als „schleichend" (englisch creeping) wird häufig der Anforderungszuwachs bezeichnet, der sich nach Beginn eines Projekts ergibt und bei der Anforderungsdefinition nicht vorhersehbar ist. Das Adjektiv schleichend untermalt die stete, in sehr kleinen Inkrementen ablaufende und nicht allen Betroffenen gleichzeitig bekannte Veränderung.

here Automatisierung der Tests. Sobald zusätzliche Tools zur Testunterstützung in einigen Projekten eingesetzt wurden, sollte überprüft werden, ob ihre Anwendung[990] messbaren Einfluss auf den Testaufwand hat.

Zusammenfassend haben sich die praktisch erprobten Teile der Methode als geeignet für eine systematische, fundierte Testaufwandsschätzung erwiesen. Der Aufwand wurde von Beteiligten als erheblich, jedoch angesichts der zahlreichen nützlichen Nebenprodukte (z. B. dokumentierter Erfahrungsschatz[991], zugängliche Vergleichsdaten abgeschlossener Projekte, Verbesserung der Schätzkultur[992], Erfahrungsaustausch bezüglich der Testaufwandschätzung anlässlich der Modellvalidierung) als akzeptabel beurteilt.

---

[990] Analog zu den bisher sehr vereinzelt genutzten Testtools

[991] Vgl. Basili und Rombach (1988), S. 759, dort als „experience base" bezeichnet

[992] Vgl. Bundschuh und Fabry (2004), S. 54

Kapitel 9

Bewertung der Forschungsergebnisse und Ausblick

In diesem Kapitel werden die Ergebnisse dieser Arbeit, d. h. die Methode TestASS und als deren Basis das allgemeine Modell des Testaufwands auf Projektebene, dahingehend bewertet, ob sie die formulierten Anforderungen (vgl. Kapitel 3) erfüllen und die gesetzten Ziele dieser Arbeit (vgl. Kapitel 1.2) erreichen. Abschließend wird ein Ausblick zur Zukunft der Methode TestASS gegeben.

9.1 Bewertung anhand der Anforderungen an Testaufwandsschätzmethoden

A1: Unabhängigkeit von der Ausprägung der Merkmale der Organisation

Betrachtet man die Kriterien Unabhängigkeit vom Vorgehensmodell, von Entwicklungs- und von Testmethoden (vgl. Kap. 3.1.1), dann erfüllt die Methode TestASS diese Anforderung, denn das allgemeine Modell des Testaufwands, das der Methode zugrunde liegt, abstrahiert explizit vom Entwicklungsprozess, d. h. dem organisationsspezifischen Vorgehensmodell (vgl. Kap. 5.2.1) und von Testmethoden (vgl. Kap. 5.4 und Kap. 6.2.1, Voraussetzung V3).[993]

A2: Spielraum bei der Messung des Schätzinputs

Auch diese Anforderung ist erfüllt, denn anstatt die Erfassung bestimmter Messgrößen vorauszusetzen, besagt das der Methode TestASS zugrunde gelegte Prinzip 1, dass organisationsspezifische Messgrößen und Messinstrumente anzuwenden seien (vgl. Kap 6.2.2).

A3: Die Voraussetzungen, die zur Testaufwandsschätzung vorliegen oder geschaffen werden müssen, sind explizit angegeben.

---

[993] Die Begründung, warum die verwendeten Entwicklungsmethoden nicht berücksichtigt werden, ist analog zur Abstraktion von den Testmethoden zu sehen.

Die Voraussetzungen, die zur Anwendung der Methode vorliegen oder geschaffen werden müssen (V1 bis V4, vgl. Kap. 6.1), sind expliziter Bestandteil der Methode TestASS, sodass diese Anforderung erfüllt ist.

A4: Der Ablauf der Methode und das Ergebnis der Testaufwandsschätzung sollen für Personen nachvollziehbar sein, die nicht an der Schätzung beteiligt waren.

Die einzelnen Schritte der Methode TestASS werden sehr detailliert beschrieben (vgl. Kap. 6.3). Die Methode und die damit erzielbaren Ergebnisse werden außerdem anhand von zwei Praxisbeispielen erläutert (vgl. Kap. 8.1 und 8.2), sodass der Ablauf nachvollziehbar ist. Das Ergebnis einer Testaufwandsschätzung ist dann nachvollziehbar, wenn das angewendete organisationsspezifische Modell, die erhobenen Kennzahlen und die Merkmalsausprägungen des zu schätzenden Projekts dokumentiert sind.

A5: Berücksichtigung organisationsspezifischer Gegebenheiten

Als Ergebnis der Anwendung der Methode TestASS erhält man die in der betrachteten Organisation für den Testaufwand einflussreichsten Merkmale sowie ihr jeweiliges Gewicht (vgl. Kap. 6.3), weshalb diese Anforderung als erfüllt anzusehen ist.

A6: Eine Methode zur Testaufwandsschätzung muss die speziellen Einflussfaktoren des Testaufwands berücksichtigen.

Merkmale, die der Testinfrastruktur zugeordnet sind, sowie der Grad der Testautomatisierung, Erfahrung und Engagement der Tester und die Merkmale der Testorganisation, die im allgemeinen Modell des Testaufwands auf Projektebene enthalten sind, stellen spezielle Einflussfaktoren des Testaufwands[994] dar. Daher ist diese Anforderung erfüllt.

9.2 Bewertung anhand der Forschungsfragen

9.2.1 Einflussfaktoren des Testaufwands

Zur Beantwortung der Forschungsfrage 1 wurde das allgemeine Modell des Testaufwands auf Projektebene hergeleitet und empirisch geprüft. Es dient sowohl zur allgemeinen, d. h. organisationsunabhängigen Erklärung des Testaufwands als

[994] Zur Erläuterung, was in dieser Arbeit unter den speziellen Einflussfaktoren des Testaufwands verstanden wird, siehe Kap. 3.2.2.

auch zur Ableitung organisationsspezifischer Testaufwandsmodelle und damit als Grundlage zur Testaufwandsschätzung in softwareentwickelnden Organisationen.

Das Ziel, eine fundierte Testaufwandsschätzung zu ermöglichen, wird bei der Herleitung des allgemeinen Modells erreicht, indem als Grundlage wissenschaftlich abgesicherte Erkenntnisse herangezogen wurden. Das allgemeine Modell des Testaufwands, bei dem es sich um ein „Nachbild“ der Realität handelt[995], vereint hauptsächlich empirisch[996] festgestellte Einflüsse des Testaufwands und ergänzt sie um Einflüsse, die sich aus Arbeiten zur Gestaltung des Testprozesses[997] ableiten lassen. Eine geschlossene Theorie des Testaufwands fehlt allerdings bis dato.[998]

Das Ziel einer systematischen Testaufwandsschätzung wird anhand des allgemeinen Modells erreicht, indem es sowohl auf Ebene der Organisation als auch auf Projektebene für alle potenziellen Nutzer eine einheitlich gestaltete Grundlage der Testaufwandsschätzung darstellt.

Die empirischen Beobachtungen zeigen, dass die Datenqualität[999] zu einigen der postulierten Zusammenhänge keine Beurteilung zuließ. Sie weisen auch auf zusätzlich zu berücksichtigende Merkmale (wie die Zielsetzung der Tester und Qualität der Zusammenarbeit mit dem Auftraggeber) bzw. zu ergänzende Aspekte der Merkmale hin (z. B. auf welche Aktivitäten oder Arbeitsergebnisse sich Abhängigkeiten von Zulieferungen erwartungsgemäß auswirken). Allerdings wurden nur acht der untersuchten Einflüsse von Merkmalen anhand der Daten beider Organisationen nicht bestätigt[1000]. Daher stellen die Merkmale, die im allgemeinen Modell des Testaufwands auf Projektebene enthalten sind, eine umfassende Grundlage zur Er-

---

[995] Im Unterschied zu einem präskriptiven Vorbild, vgl. Lehner (1995), S. 60

[996] Vgl. Kapitel 4 (sekundäre empirische Quellen) und 7.2 (eigene empirische Ergebnisse); Das Modell von Calzolari, Tonella und Antoniol (vgl. Kap. 4.2.3) ist die einzige theoretisch begründete der Quellen, die im Rahmen dieser Arbeit berücksichtigt wurden.

[997] Vgl. Pol u. a. (2000); zur Übersicht der Quellen des allgemeinen Modells s. Tabelle 5-2-1, Kap. 5.1

[998] Die überwiegend empirischen Erkenntnisse können als Beleg für die anwendungsorientierte Sicht der Wirtschaftsinformatik interpretiert werden (vgl. Herzwurm (1993), S. 2, Heinrich (2000), S. 12). Nach Frank sind sowohl Anwendung als auch Forschung in der Wirtschaftsinformatik auf Artefakte, deren Konstruktion und Beurteilung ausgerichtet (vgl. Frank (2000), S. 35).

[999] Dies lag häufig an ungenau erfassten Daten, teilweise an sehr homogenen Daten, die keine Schlüsse auf die Wirkung des untersuchten Merkmals erlaubten, und teilweise an der ungeeigneten Operationalisierung des Merkmals.

[1000] Siehe Appendix D für eine Übersicht der Ergebnisse der empirischen Beobachtungen

klärung und Schätzung des Testaufwands dar, die anhand weiterer empirischer Beobachtungen zu prüfen und ggf. zu ergänzen ist.

9.2.2 Schritte einer systematischen, nachvollziehbaren Vorgehensweise zur Testaufwandsschätzung

Das Ziel dieser Arbeit, eine systematische, nachvollziehbare Vorgehensweise zur Testaufwandsschätzung bereitzustellen, wird in Gestalt der Methode TestASS erreicht: Die detailliert erläuterte Abfolge der Schritte der Methode stellt die **planmäßige** und **nachvollziehbare** Vorgehensweise sicher[1001], die Ableitung eines organisationsspezifischen Modells des Testaufwands basiert auf **Prinzipien**[1002], und die Anwendung der Methode TestASS ermöglicht anhand der beschriebenen Datensammlung und Modellvalidierung[1003], aus durchgeführten Schätzungen **Verbesserungspotenzial für die Testaufwandsschätzung abzuleiten**, indem nachvollzogen werden kann, welche Merkmalsausprägungen und Annahmen, die der Testaufwandsschätzung zugrunde lagen, von den tatsächlich eingetretenen abwichen, bzw. welche unberücksichtigen Merkmale den Testaufwand beeinflussten.

Auch die Methode TestASS ist als fundiert im Sinne der Zielsetzung dieser Arbeit[1004] zu betrachten, da sie auf messtheoretischen Veröffentlichungen[1005], statistischen Methoden und historischen Projektdaten der anwendenden Organisation fußt.

Eine **unabhängig von der Person des Schätzenden** durchführbare Testaufwandsschätzung ist mittels Methode TestASS möglich, wenn ein organisationsspezifisches Modell des Testaufwands abgeleitet worden ist und die Ausprägung der enthaltenen Merkmale für das zu schätzende Projekt ermittelbar sind. Allerdings können die Schätzungen verschiedener Personen (stark) differieren, wenn (viele) Merkmale subjektiv zu bewerten sind, und wenn das Modell in nicht-parametrisierter Form angewendet wird, weil dann sowohl die Auswahl der Vergleichsprojekte als auch die Anpassung der Schätzung aufgrund von abweichenden Merkmalsausprägungen und erwarteten Risiken subjektiven Urteilen unterliegt.

[1001] Siehe Kapitel 6.3 und Erfüllung der Anforderung A4 im vorhergehenden Kapitel 9.1

[1002] Siehe Kapitel 6.2.2

[1003] Siehe Kapitel 6.2 und 6.3, Schritt 6

[1004] Siehe Kapitel 1.2, S. 4

[1005] Vgl. z. B. Bieman u. a. (1996), Thaller (2000), Myers (1979), S. 103ff

Die Detailfragen zu Forschungsfrage 2[1006] werden anhand der Methode TestASS beantwortet, indem die Voraussetzungen, Input und Prinzipien der Testaufwandsschätzung sowie Möglichkeiten, das gesuchte Vorgehen trotz Änderungen fortgesetzt anwenden zu können, explizit angegeben werden[1007]. Die Komplexität des Wirkungsgefüges des Testaufwands wird anhand der Abstraktion von Merkmalen der Organisation (beim Übergang von der Betrachtungsebene der Organisation zu der des Projekts[1008]) und anhand der Ermittlung organisationsspezifischer, den Testaufwand beeinflussender Merkmale[1009] schrittweise und jeweils begründet reduziert.

9.2.3 Gültigkeitsbereich der Ergebnisse

Hinsichtlich des Gültigkeitsbereichs sind der Bezugsrahmen (vgl. Kapitel 2), die Voraussetzungen der Methode TestASS (vgl. Kapitel 6.1) und der Rahmen der empirischen Beobachtungen zu den Thesen (vgl. Kapitel 7.1) aufschlussreich.

Die Aussagekraft des Modells hängt wesentlich davon ab, wie weit der Gültigkeitsbereich gefasst ist. Dabei gilt grundsätzlich:[1010] je enger der betrachtete und modellierte Ausschnitt der Realität, desto größer die Wirkung der nicht modellierten Umweltdynamik. Die ceteris paribus-Klausel in jeder These zeigt, dass Wechselwirkungen zwischen den Merkmalen nicht modelliert sind. Wie in Kapitel 5.3 (S. 68) erläutert, schränkt dies jedoch nicht die Gültigkeit der einzelnen Thesen ein.

Das allgemeine Modell des Testaufwands wurde zur Schätzung des Testaufwands in Softwareentwicklungsprojekten hergeleitet. Es gilt demnach nicht für Wartungsaufgaben, d. h. nicht in Projektform organisierte Softwareentwicklung, weil hierbei ggf. weitere Einflussfaktoren zu berücksichtigen sind (z. B. vertragliche Regelungen). Doch es ist prinzipiell z. B. zur Schätzung des Testaufwands in Reengineeringprojekten geeignet, solange Daten zu abgeschlossenen Reengineeringprojekten der gleichen Organisation vorliegen.

Die Methode TestASS setzt voraus, dass Daten zu abgeschlossenen Vergleichsprojekten vorhanden sind, d. h. diese Projekte müssen nachvollziehbar dokumen-

---

[1006] Vgl. Kapitel 1.2, S. 4

[1007] Siehe Kapitel 6.1, 6.2.1, 6.2.2 sowie 6.4

[1008] Siehe Kapitel 2.1

[1009] siehe Kapitel 6.3

[1010] Vgl. hierzu und im Folgenden Lehner (1995), S. 70

tiert sein. Dies schränkt den Gültigkeitsbereich der Ergebnisse insoweit ein, als die bestätigten (bzw. nicht bestätigten) Zusammenhänge möglicherweise nicht (bzw. stattdessen) für Projekte gelten, die nicht (transparent) dokumentiert sind[1011].

Zur Testaufwandsschätzung in Projekten zur Individualsoftwareentwicklung, d. h. zur Entwicklung kundenindividueller Softwareprodukte, muss das allgemeine Modell des Testaufwands um weitere Einflussfaktoren wie die Art der Einflussnahme bzw. Einbindung des Kunden ergänzt werden, die in den Fallstudien nicht identifiziert werden konnten.

Die empirische Basis, anhand derer die Thesen des Modells geprüft wurden, umfasst 58 Projekte in zwei Organisationen, die sehr vielfältige Kombinationen von Merkmalsausprägungen aufweisen, wodurch sie ein breites Spektrum von Softwareentwicklungsprojekten widerspiegeln.

9.3 Ausblick

Um nicht nur objektiv und systematisch zu schätzen, sondern auch hinreichend genaue Schätzergebnisse zu erreichen, muss folgender Zusammenhang berücksichtigt werden: „[Das] Ergebnis des Schätzprozesses kann nicht verlässlicher sein als die Verlässlichkeit jedes seiner Teilprozesse und ist so unzuverlässig wie der schwächste Teilprozess“.[1012]

Die Grundlage jeder Aufwandsschätzung sind Daten zu abgeschlossenen Entwicklungsprojekten.[1013] Allerdings sind in der Softwareentwicklung Schwierigkeiten aufgrund uneinheitlich definierter oder nicht sorgfältig erfasster Daten weit verbreitet und vielfach dokumentiert.[1014] Mängel wie nicht ausreichende Genauigkeit und zu großer Aufwand bei der Datensammlung, die vielen Schätzmethoden angelastet werden[1015], verhindern, dass zufriedenstellende Schätzergebnisse erzielt wer-

---

[1011] Dies kann z. B. für sehr kleine („Ein-Mann-“) oder solche Projekte der Fall sein, die ein Produkt betreffen, das über einen langen Zeitraum von denselben Personen weiterentwickelt wird.

[1012] Vgl. Bundschuh und Fabry (2004), S. 31

[1013] Vgl. z. B. Balzert (2000), S. 92, Bundschuh und Fabry (2004), S. 29, Noth und Kretzschmar (1986), S. 3

[1014] Vgl. z. B. Putnam und Myers (1997), S. 44, Jones (1998), S. 130f; Ohsugi u. a. konstatieren, dass aufgrund hohen Zeitdrucks Projektdaten nicht durchgängig erfasst werden (vgl. Ohsugi u. a. (2004), S. 275).

[1015] Vgl. Leung und Fan (2002), S. 1

den.[1016] Sie zu beheben und für eine verlässliche, aufwandsarme Datenerhebung zu sorgen, z. B. anhand eines definierten, werkzeuggestützten Prozesses, ist Aufgabe der Organisation, die Testaufwand schätzen will. Die Methode TestASS beschreibt die dafür nötigen Voraussetzungen (Kapitel 6.1) und Prinzipien (Kapitel 6.2.2).

In der Praxis der Softwareentwicklung wächst das Bewusstsein, dass die Messung wichtiger Kennzahlen, insbesondere den Aufwand systematisch zu erfassen, zur Verbesserung und Steuerung des Entwicklungsprozesses beiträgt.[1017] Werden bei der Messung messtheoretische Prinzipien berücksichtigt, lässt sich eine qualitative Verbesserung der Datenerhebung erwarten und damit die Basis für genauere Aufwandsschätzungen schaffen.

Forschungsbedarf besteht einerseits, um das allgemeine Modell des Testaufwands zusätzlich zur empirischen Prüfung in dieser Arbeit zu fundieren. Andererseits sollte die Methode TestASS im Vergleich mit anderen Methoden zur Testaufwandsschätzung eingesetzt werden, um den Nutzen der Methode zu bestätigen, der sich in den Fallstudien gezeigt hat:

- Schätzwerte werden nachvollziehbar, sowohl intersubjektiv als auch im Zeitverlauf, und offenbaren Verbesserungspotenzial für die Testaufwandsschätzung (z. B. anhand der Validierung in Pilotprojekten in Organisation A).
- Erfahrungswerte werden systematisch verwendet (z. B. angefallener Testaufwand von vergleichbaren Projekten).
- Die Datensammlung macht Erfahrung, insbesondere Risiken für zukünftige Projekte verfügbar (z. B. Abhängigkeit von übergeordnetem Projekt in einem Pilotprojekt in Organisation A).
- Organisationsspezifische Schwachstellen werden identifiziert, deren Verbesserung den Testaufwand reduzieren bzw. bei gleichem Testaufwand zu qualitativ

---

[1016] Vgl. z. B. Kan (2003), S. 203; Briand u. a. kommen zum Schluss, dass nicht die Modellierungstechnik, sondern Qualität und Angemessenheit der Datenerfassung der Schlüssel zu treffsicheren Aufwandsschätzungen seien (vgl. Briand u. a. (1998), S. 8).

[1017] Ein Beleg hierfür ist beispielsweise der 1993 gegründete Verein „Deutschsprachige Anwendergruppe für Software-Metrik und Aufwandschätzung" (DASMA), dessen Mitgliederanzahl kontinuierlich wächst (vgl. DASMA (2007), URL siehe Literaturverzeichnis), und die International Software Benchmarking Standards Group (ISBSG), die 1997 gegründet wurde (vgl. ISBSG (2007), URL siehe Literaturverzeichnis). Im Rahmen der Fallstudien zeigte sich, dass die Aufwandserfassung in Organisation A von den ältesten zu jüngeren Projekten detaillierter wurde und seit dem Einsatz eines neuen Projektplanungstools z. B. alle Aktivitäten enthielt, die der Entwicklungsprozess der Organisation vorsieht.

besseren Produkten führen kann (z. B. Verfügbarkeit und Stabilität des Testsystems in Organisation B).

Weiterer Nutzen stellt sich erwartungsgemäß ein, wenn die Methode TestASS in Gänze (einschließlich der Aktualisierung, vgl. Kapitel 6.4) eingesetzt wird:

- Auch Mitarbeiter ohne Erfahrung mit der Testplanung können nachvollziehbar und systematisch Aufwand schätzen.
- Die Schätzergebnisse werden genauer, je mehr Projektdaten erfasst sind und je häufiger das Vorgehen angewandt wurde.
- Sowohl die angestrebte Produktqualität als auch die Quantität und verfügbare Zeit werden bei der Testaufwandsschätzung berücksichtigt.

Literaturverzeichnis

Aamodt, Agnar, Plaza, Enric (1994), Case-based reasoning: foundational issues, methodical variations and system approaches, in: AI Communications, 7, 1994, 1, S. 39-59

Abdel-Hamid, Tarek, Sengupta, Kishore, Swett, Clint (1999), The impact of goals on software project management: An experimental investigation, in: MIS Quarterly, 23, 1999, 4, S. 531-555

Albrecht, A. J. (1979), Measuring application development productivity, in: Proceedings of the Joint SHARE/GUIDE/IBM Applications Development Symposium, Monterey (Kalifornien, USA) 1979, S. 83-92

Albrecht, Allan J., Gaffney, John E. (1983), Software function, source lines of code, and development effort prediction: A software science validation, in: IEEE Transactions on Software Engineering, 9-SE, 1983, 6, S. 639-648

Ambler, Scott (2005), Quality in an agile world, in: Software Quality Magazine, 7, 2005, 4, S. 34-41

Amland, Ståle (2000), Risk-based testing: Risk analysis fundamentals and metrics for software testing including a financial application case study, in: Journal of Systems and Software, 53, 200, 3, S. 287-295

Aranha, Eduardo, Borba, Paulo (2007), Sizing system tests for estimating test execution effort, in: 22nd International Annual Forum on COCOMO and Systems/Software Cost Modeling, Los Angeles 2007

Armstrong, Scott J. (2001, Hrsg.), Principles of forecasting: A handbook for researchers and practitioners, Boston u. a. 2001

Arthur, Lowell Jay (1993), Improving software quality: an insider's guide to TQM, New York u. a. 1993

von Auer, Ludwig (1999), Ökonometrie: eine Einführung, Berlin u. a. 1999

Auer, Martin, Trendowicz, Adam, Graser, Bernhard, Haunschmidt, Ernst, Biffl, Stefan (2006), Optimal Project Feature Weights in Analogy-Based Cost Estimation: Improvement and Limitations, in: IEEE Transactions on Software Engineering, 32, 2006, 2, S. 83-92

Bach, James (1995), The Challenge of "Good Enough" Software, in: American Programmer, 8, 1995, 10, S. 2-11

Bach, James (1997), Good enough quality: beyond the buzzword, in: IEEE Computer, 30, 1997, 8, S. 96-98

Backhaus, Klaus, Erichson, Bernd, Plinke, Wulff, Weiber, Rolf (2006, Hrsg.), Multivariate Analysemethoden, 11. Aufl., Berlin u. Heidelberg 2006

Balzert, Helmut (1998), Lehrbuch der Software-Technik: Software-Management, Software-Qualitätssicherung, Unternehmensmodellierung, Band 2, Heidelberg / Berlin 1998

Balzert, Helmut (2000), Lehrbuch der Software-Technik - Software Entwicklung, Band 1, 2. Aufl., Heidelberg 2000

Barth, F., Mühlbauer, P., Nikol, F., Wörle, K. (1990), Mathematische Formeln und Definitionen, 5. Aufl., München 1990

Basili, Victor, Rombach, H.D. (1988), The TAME project: Towards improvement-oriented software environments, in: IEEE Transactions on Software Engineering, 14, 1988, 6, S. 758-773

Basili, Victor, Selby, Richard (1985), Calculation and use of an environment's characteristic software metric set, in: Proceedings of the IEEE 8th International Conference on Software Engineering, New York 1985, S. 386-391

Beck, Kent (2003), Test-driven development by example, Boston 2003

Behrens, Gerold (1993), Wissenschaftstheorie und Betriebswirtschaftslehre, in: Wittmann, W., Kern, W., Köhler, R., Küpper, H.-U., Wysocki, K. v. (1993, Hrsg.), Sp. 4763-4772

Beizer, Boris (1990), Software testing techniques, 2. Aufl., New York 1990

Benediktsson, Oddur, Dalcher, Darren, Reed, Karl, Woodman, Mark (2003), CoCoMo-based effort estimation for iterative and incremental software development, in: Software Quality Control, 11, 2003, 4, S. 265-281

Bieman, James M., Fenton, Norman, Gustafson, David, Melton, Austin, Ott, Linda M. (1996), Fundamental issues in software measurement, in: Melton, Austin (1996, Hrsg.), S. 39-52

Black, Rex (2002), Test estimation, in: Software Testing and Quality Engineering (STQE) Magazine, 4, 2002, 6, S. 27-32

Blackburn, J. D., Scudder, G. D., van Wassenhove, L.N. (1996), Improving speed and productivity of software development: a global survey of software developers, in: IEEE Transactions on Software Engineering, 22, 1996, 12, S. 875-885

Boehm, Barry W. (1981), Software Engineering Economics, Englewood Cliffs 1981

Boehm, Barry W. (1984), Verifying and validating software requirements and design specifications, in: IEEE Software, 1, 1984, 1, S. 75-88

Boehm, Barry W. (1989), Software Risk Management, Washington 1989.

Boehm, B., Abts, C., Chulani, S. (2000a), Software development cost estimation approaches: a survey, Forschungsbericht USCCSE 2000-505 an der University of Southern California, Center for Software Engineering, Los Angeles 2000

Boehm, B., Abts, C., Horowitz, E., Madachy, R., Reifer, D., Clark, B.K., Steece, B., Brown, A.W., Chulani, S. (2000b), Software cost estimation with Cocomo II, Upper Saddle River 2000

Bomarius, Frank, Iida, Hajimu (2004, Hrsg.), Product focused Software process improvement. Proceedings of the 5th International Conference (PROFES 2004), Kansai Science City 2004

Borchers, Jens, Moritz, Bernhard (2005), Genauigkeit von Aufwandsschätzungen in Reengineering-Projekten - Erfahrungen aus einer Sprachumstellung von Assembler nach COBOL, in: Informatik, Forschung und Entwicklung, 19, 2005, 3, S. 141-150

Bortz, Jürgen, Döring, Nicola (2006), Forschungsmethoden und Evaluation für Human- und Sozialwissenschaftler, 4. Aufl., Heidelberg 2006

Boyce, D.E., Farhi, A., Weischedel, R. (1974), Optimal Subset Selection, Multiple Regression, Interdependence and Optimal Network Algorithms, in: Beckmann, M., Künzi, H.P. (Hrsg.), Lecture Notes in Economics and Mathematical Systems. Operations Research. Vol. 103, Berlin u. a., 1974

Braun, Wolfram (1993), Forschungsmethoden der Betriebswirtschaftslehre, in: Wittmann, W., Kern, W., Köhler, R., Küpper, H.-U., Wysocki, K. v. (1993, Hrsg.), Sp. 1220-1236

Briand, Lionel C., Basili, Victor R., Thomas, William M. (1993), Recognizing patterns for software development prediction and evaluation, in: Gulledge, Thomas, Hutzler, William (Hrsg., 1993), S. 151-170

Briand, Lionel C.; El Emam, Khaled; Surmann, Dagmar; Wieczorek, Isabella; Maxwell, Katrina D. (1998), An Assessment and Comparison of Common Software Cost Estimation Modeling Techniques, Forschungsbericht ISERN-98-27 des International Software Engineering Research Network, Kaiserslautern 1998

Briand, L.C., Langley, T., Wieczorek, I. (1999), A replicated assessment and comparison of common software cost modeling techniques, Forschungsbericht 073.99/E des Fraunhofer Institute for Experimental Software Engineering (IESE), Kaiserslautern 1999

British Standards Institute (1998, Hrsg.), BS 7925-2:1998, Software testing. Software component testing, 1998

Bronner, Rolf (1992), Komplexität, in: Frese, E. (1992, Hrsg.), Sp. 1121-1130

Bundschuh, Manfred, Fabry, Axel (2004), Aufwandschätzung von IT-Projekten, 2. Aufl., Bonn 2004

Bundschuh, Manfred, Peetz, Willi, Siska, Reinhard (1991), Aufwandschätzung von DV-Projekten mit der Function-Point-Methode: Grundlagen, Fallstudien, Lehrmaterial, Köln 1991

Büren, Günter, Bundschuh, Manfred, Dumke, Reiner (2007, Hrsg.), MetriKon - Praxis der Software-Messung, Magdeburger Schriften zum Empirischen Software Engineering, Tagungsband des DASMA Software Metrik Kongresses MetriKon 2007, Kaiserslautern 2007

Calzolari, F., Tonella, Paolo, Antoniol, Giuliano (2001), Maintenance and testing effort modeled by linear and nonlinear dynamic systems, in: Information and Software Technology, 43, 2001, 8, S. 477-486

Camerer, Colin F., Johnson, Eric J. (1991), The process-performance paradox in expert judgment: How can experts know so much and predict so badly?, in: Ericsson, K. A.; Smith, J. (1991, Hrsg.), S. 195-217

Cangussu, Joao W., DeCarlo, Raymond A., Mathur, Aditya P (2002), A formal model of the software test process, in: IEEE Transactions on Software Engineering, 28, 2002, 8, S. 782-796

Chandler, A.D. (1962), Strategy and structure. Chapters in the history of industrial enterprise, Cambridge (Mass.) u. London 1962

Chang, S.K. (2002, Hrsg.), Handbook of Software Engineering and Knowledge Engineering, Vol. II, River Edge 2002

Chen, Yanping, Probert, Robert, Robeson, Kyle (2004), Effective test metrics for test strategy evolution, in: Proceedings of the 2004 conference of the Centre for Advanced Studies on Collaborative research, Markham 2004, S. 111-123

Chmielewicz, Klaus, Schweitzer, Marcell (1993, Hrsg.), Handwörterbuch des Rechnungswesens, 3. Aufl., Stuttgart 1993

Clark, Bradford K. (1997), The effects of software process maturity on software development effort, Dissertation, Faculty of the Graduate School, University of Southern California, Los Angeles 1997

Cockburn, Alistair (1999), Writing effective use cases, Boston u. a. 1999

Cockburn, Alistair (2002a), Agile software development, Reading 2002

Cockburn, Alistair (2002b), Learning from agile software development - part two, in: Crosstalk, 15, 2002, 11, S. 9-12

Coldeway, Jens (2001), Leichte Prozesse - Motivation und Überblick, in: Kneuper, Ralf, Wiemerns Manuela (2001, Hrsg.), S. 11-20

COSMIC (2007a), Advantages of the COSMIC Method, auf den Seiten des Common Software Measurement International Consortium (COSMIC), URL: http://www.cosmicon.com/ advantagecs.asp, Aufruf am 7.2.2008

COSMIC (2007b, Hrsg.), The COSMIC Functional Size Measurement Method v3.0 - Method Overview, auf den Seiten des Laboratoire de recherche en génie logiciel der Université de Québec, URL: http://www.lrgl.uqam.ca/cosmic-ffp/ COSMIC-MethodV3.html, Aufruf am 12.02.2008

Côté, Marc-Alexis, Suryn, Witold, Georgiadou, Elli (2006), Software quality model requirements for software quality engineering, in: Proceedings of Software Quality Management & INSPIRE Conference 2006, auf den Internetseiten der Universität von Quebec, URL: http://profs.logti.etsmtl.ca/wsuryn/research/SQE-Publ/Quality%20model_requirements.%20SQM2006.pdf; Aufruf am 23.04.2007

Center for Systems and Software Engineering (CSSE, 2007), Ankündigung des 22nd International Annual Forum on COCOMO and System/Software Cost Modeling, URL: http://csse.usc.edu/events/2007/CIIForum/pages/welcome.html, Aufruf am 16.01.2008

Dalal, Siddhartha R., McIntosh, Allen (1994), When to stop testing for large software systems with changing code, in: IEEE Transactions on Software Engineering, 20, 1994, 4, S. 318-323

DASMA (2007), Informationen über die DASMA e.V., auf den Seiten der DASMA e. V., URL: http://www.dasma.org/; Aufruf am 25.07.2007

Dawson, Christian W. (1998), An artificial neural network approach to software testing effort estimation, in: Rzevski, G., Adey, R.A., Nolan, P. (1998, Hrsg.), S. 641-651

DeMarco, Tom (1982), Controlling software projects, New York 1982

DeMarco, Tom, Lister, Timothy (1999), Peopleware, 2. Aufl., New York 1999

Déry, David, Abran, Alain (2005), Investigation of the effort data consistency in the ISBSG Repository, in: Abran, A., Dumke, R. (2005, Hrsg.), S. 123-136

Devnani-Chulani, Sunita (1999), Bayesian Analysis of software cost and quality models, Dissertation an der University of Southern California, Los Angeles 1999

DIN (1987, Hrsg.), Projektwirtschaft; Projektmanagement; Begriffe. DIN 69901. Berlin 1987

Dolado, J.J. (2001), On the problem of the software cost function, in: Information and Software Technology, 43, 2001, 1, S. 61-72

Wissenschaftlicher Rat der Dudenredaktion (2007, Hrsg.), Duden Fremdwörterbuch, Band 5, 9. Aufl., Mannheim u. a. 2007

Ebert, Christof, Dumke, Reiner, Bundschuh, Manfred, Schmietendorf, Andreas (2005), Best Practices in Software Measurement. How to use metrics to improve project and process performance, Heidelberg 2005

Egger, Anton (1993), Aufwand und Ertrag, in: Chmielewicz, Klaus, Schweitzer, Marcell (1993, Hrsg.), Sp. 88-92

Eisenhardt, Kathleen (1989), Building theories from case study research, in: Academy of Management Review, 14, 1989, 4, S. 532-550

Eisenhardt, Kathleen (1991), Better stories and better constructs: The case for rigor and comparative logic, in: Academy of Management Review, 18, 1991, 3, S. 620-627

Ericsson, K. Anders, Smith, Jacqui (1991, Hrsg.), Toward a general theory of expertise, Cambridge u. a. 1991

Farooq, A., Dumke, R., Hegewald, H., Wille, C. (2007), Structuring Test Process Metrics, in: Büren, G., Bundschuh, M., Dumke, R. (2007, Hrsg.), S. 95-102

Fenton, Norman, Littlewood, Beverly (1991, Hrsg.), Software Reliability and Metrics, London und New York 1991

Fenton, Norman, Melton, Austin (1996), Measurement theory and software measurement, in: Melton, Austin (1996, Hrsg.), S. 27-38

Fenton, Norman, Neil, Martin (1999), A critique of software defect prediction models, in: IEEE Transactions on Software Engineering, 25, 1999, 5, S. 675-689

Fenton, Norman; Pfleeger, S. L.; Glass, R. L. (1994), Science and substance: a challenge to software engineers, in: IEEE Software, 11, 1994, 4, S. 86-95

Fenton, Norman, Whitty, Robin, Iizuka, Yoshinori (1995, Hrsg.), Software Quality Assurance and Measurement: a worldwide perspective, London u. a. 1995

Frank, Ulrich (2000), Evaluation von Artefakten in der Wirtschaftsinformatik, in: Heinrich, Lutz J.; Häntschel, Irene (2000, Hrsg.), Evaluation und Evaluationsforschung in der Wirtschaftsinformatik, S. 35-48

Frese, Erich (1992, Hrsg.), Handwörterbuch der Organisation, 3. Aufl., Stuttgart 1992

Frese, Erich (1995), Grundlagen der Organisation: Konzept - Prinzipien - Strukturen, 6. Aufl., Wiesbaden 1995

Frohnhoff, Stephan, Jung, Volker, Engels, Gregor (2006), Use Case Points in der industriellen Praxis, in: Abran, A., Bundschuh, M., Büren, G., Dumke, R. (2006, Hrsg.), S. 511-526

Frühauf, Karol, Ludewig, Jochen, Sandmayr, Helmut (2002), Software-Projektmanagement und -Qualitätssicherung, 4. Aufl., Zürich 2002

Frühauf, Karol, Ludewig, Jochen, Sandmayr, Helmut (2004), Software-Prüfung: Eine Anleitung zum Test und zur Inspektion, 5. Aufl., Zürich 2004

Betriebswirtschaftlicher Verlag Dr. Th. Gabler (1997, Hrsg.), Gabler Wirtschafts-Lexikon, 14. Aufl., Wiesbaden 1997

Gaitanides, Michael (1992), Ablauforganisation, in: Frese, Erich (1992, Hrsg.), Sp. 1-18

Galorath Inc. (2007, Hrsg.), SEER-SEM Produktbroschüre, auf den Internetseiten der Galorath Inc., URL: http://www.galorath.com/presentations /SEER-SEM_brochure.pdf, Aufruf am 16.2.2007

German Testing Board e.V. & Swiss Testing Board (2005, Hrsg.), Certified Tester: Foundation Level Syllabus, 2005, URL: http://german-testing-board.info/downloads/pdf/lehrplan/ISTQB_FL_Syllabus_2005-D-RELEASED.pdf, Aufruf am 01.08.2007

Gilb, Tom (1988), Principles of software engineering management, Wokingham u. a. 1988

Grady, Robert B. (1992), Practical Software Metrics for Project Management and Process Improvement, Upper Saddle River 1992

Grottke, Michael (2003), Modeling software failures during systematic testing, the influence of environmental factors, Aachen 2003

Gruber, Hans (1999), Erfahrung als Grundlage kompetenten Handelns, Bern u. a. 1999

Grün, Oskar (1992), Projektorganisation, in: Frese, Erich (1992, Hrsg.), Sp. 2102-2115

Gulledge, Thomas, Hutzler, William (Hrsg., 1993), Analytical Methods in Software Engineering Economics, Berlin u. a. 1993

Gutjahr, Walter J. (1999), Partition testing vs. random testing: the influence of uncertainty, in: IEEE Transactions on Software Engineering, 25, 1999, 5, S. 661-674

Hale, Joanne, Parrish, Allen, Dixon, Brandon, Smith, Randy (2000), Enhancing the CoCoMo estimation models, in: IEEE Software, 17, 2000, 6, S. 45-49

Harvey, Nigel (2001), Improving judgment in forecasting, in: Armstrong, Scott J. (2001, Hrsg.), Principles of forecasting: a handbook for researchers and practitioners, Boston u. a. 2001, S. 59-80

Heinrich, Lutz J. (2000), Bedeutung von Evaluation und Evaluationsforschung in der Wirtschaftsinformatik, in: Heinrich, Lutz J., Häntschel, Irene (2000, Hrsg.), S. 7-22

Heinrich, Lutz J., Häntschel, Irene (2000, Hrsg.), Evaluation und Evaluationsforschung in der Wirtschaftsinformatik, München u. Wien 2000

Herzwurm, Georg (1993), Wissensbasiertes CASE. Theoretische Analyse, empirische Untersuchung, Entwicklung eines Prototyps, Braunschweig/Wiesbaden 1993

Herzwurm, Georg (1998), Systematische Herleitung eines Instrumentariums zur kundenorientierten Softwareproduktentwicklung, Habilitationsschrift vorgelegt an der Wirtschafts- und Sozialwissenschaftlichen Fakultät der Universität zu Köln, Köln 1998

Herzwurm, Georg, Schockert, Sixten, Mellis, Werner (2000), Joint requirements engineering: QFD for rapid customer-focused software and internet-development, Braunschweig / Wiesbaden 2000

Hetzel, William (1988), The complete guide to software testing, 2. Aufl., Wellesley 1988

Highsmith, Jim (2002), What is agile software development?, in: Crosstalk, 15, 2002, 10, S. 4-9. Zugleich auf den Internetseiten des Verteidigungsministeriums der USA, URL: http://www.stsc.hill.af.mil/crosstalk/2002/10/highsmith.html, Aufruf am 15.2.2007

House Robert J. (1996), Path-goal theory of leadership. Lessons, legacy, and a reformulated theory, in: Leadership Quarterly 7, 1996, 3, S. 323-352

Humphrey, Watts S. (1990), Managing the software process, Reading u. a. 1990

IABG (1997a, Hrsg.), Entwicklungsstandard für IT-Systeme des Bundes (EStdIT): Vorgehensmodell. Allgemeiner Umdruck 250 (AU250), Teil 1: Regelungsteil, auf den Seiten der IABG (Industrieanlagen-Betriebsgesellschaft mbH), URL: http://v-modell.iabg.de/, Aufruf am 08.08.2007

IABG (1997b, Hrsg.), V-Modell 97 - Glossar für den Bereicht Informations-Technologie (IT-Glossar), auf den Seiten der IABG, URL: http://v-modell.iabg.de/, Aufruf am 08.08.2007

IEEE (1990, Hrsg.), IEEE Standard Glossary of Software Engineering Terminology, IEEE Std. 610.12-1990, New York 1990

IEEE (1998a, Hrsg.), IEEE Standard for Test Documentation, IEEE Std. 829-1998, New York 1998

IEEE (1998b, Hrsg.), IEEE Standard for a Software Quality Metrics Methodology, IEEE Std. 1061-1998, New York 1998

IEEE Computer Society (1997, Hrsg.), Proceedings of the International Test Conference (ITC 1997), New York 1997

IFPUG (2004a, Hrsg.), Function Point Counting Practices Manual, Release 4.2, Part 1, Princeton Junction (New Jersey, USA), Januar 2004

IFPUG (2004b, Hrsg.), Function Point Counting Practices Manual, Release 4.2, Part 4, Princeton Junction (New Jersey, USA), Januar 2004

IFPUG (2007), URL: http://www.ifpug.org/membership/; Aufruf am 16.01.2008

International Software Benchmarking Standards Group (ISBSG) (2007, Hrsg.), URL: http://www.isbsg.org/; Aufruf am 25.07.2007

ISO, IEC (2001, Hrsg.), Software Engineering - Product Quality - Part I: Quality Model. ISO/IEC 9126-1:2001(E), Genf 2001

ISO, IEC (2003a, Hrsg.), Software engineering - IFPUG 4.1 Unadjusted functional size measurement method - Counting practices manual. ISO/IEC 20926:2003, Genf 2003

ISO, IEC (2003b, Hrsg.), Software engineering - COSMIC-FFP - A functional size measurement method. ISO/IEC 19761:2003, Genf 2003

ISO, IEC (2006, Hrsg.), Information Technology - Process Assessment - Part V: An exemplar Process Assessment Model. ISO/IEC 15504-5:2006, Genf 2006

Jensen, Randall W. (2001), Software estimating model calibration, in: Crosstalk, 14, 2001, 7, S. 13-18

Jensen, R.W. (1983), An improved macrolevel software development resource estimation model, in: Proceedings of the 5th Conference of the International Society of Parametric Analysts (ISPA), St. Louis 1983, S. 88-92

Jones, Capers (1997), Applied software measurement, 2. Aufl., New York 1997

Jones, T. Capers (1998), Estimating Software Costs, New York u. a. 1998

Jørgensen, Magne, Moløkken-Østvold, Kjetil (2004), Reasons for software effort estimation error: impact of respondent role, information collection approach, and data analysis method, in: IEEE Transactions on Software Engineering, 30, 2004, 12, S. 993-1007

Jungmayr, Stefan (2004), Improving testability of object oriented systems, Berlin 2004

Kadoda, Gada, Cartwright, Michelle, Chen, Liguang, Shepperd, Martin (2000), Experiences using case-based reasoning to predict software project effort, Forschungsbericht ESERG 00-09, Bournemouth University, Bournemouth 2000

Kajüter, Peter (2005), Kostenmanagement in der deutschen Unternehmenspraxis, in: zfbf 57, 2005, S. 79-100

Kan, Stephen (2003), Metrics and models in software quality engineering, 2. Aufl., Boston 2003

Kaner, Cem, Bach, James, Pettichord, Bret (2002), Lessons learned in software testing: a context-driven approach, New York 2002

Kaner, Cem, Bond, Walter P. (2004), Software Engineering Metrics: What do they measure and how do we know?, in: Proceedings of the 10th IEEE International Software Metrics Symposium, METRICS 2004

Kaner, Cem, Falk, Jack, Nguyen, Hung Q. (1993), Testing Computer Software, 2. Aufl., New York 1993

Keller, Gerhard, Teufel, Thomas (1998), Iteratives Prototyping (IPP) – Konfiguration von Wertschöpfungsketten mit Hilfe des R/3-Systems, in: Maicher, Michael, Scheruhn, Hans-Jürgen (1998, Hrsg.), S. 169-200

Kemerer, Chris F. (1987), An empirical validation of software cost estimation models, in: Communications of the ACM, 30, 1987, 5, S. 416-429

Kemper, Hans-Georg (2001), Akzeptanz, in: Mertens, Peter (2001, Haupthrsg.), S. 9-10

Kieser, Alfred, Kubicek, Herbert (1992), Organisation, 3. Aufl., Berlin u. New York 1992

Kit, Edward (1995), Software testing in the real world: improving the process, New York u. a. 1995

Kitchenham, Barbara (1996), Software Metrics: Measurement for Software Process Improvement, Cambridge (Massachusetts) 1996

Kitchenham, Barbara (2007), Measuring Software Productivity, in: Büren, G., Bundschuh, M., Dumke, R. (2007, Hrsg.), S. 1-12

Kittlaus, Hans-Bernd, Rau, Christoph, Schulz, Jürgen (2004), Software-Produkt-Management, Berlin 2004

Kneuper, Ralf, Wiemers Manuela (2001, Hrsg.), Leichte Vorgehensmodelle. 8. Workshop der Fachgruppe 5.11 der Gesellschaft für Informatik e.V., Aachen 2001

Koch, Alan S. (2005), The role of testers in the agile methods, in: Software Quality Professional, 7, 2005, 3, S. 33-40

Köhler, Richard (1976, Hrsg.), Empirische und handlungstheoretische Forschungskonzeptionen in der Betriebswirtschaftslehre. Kommission Wissenschaftstheorie im Verband der Hochschullehrer für Betriebswirtschaft e.V./Bericht über die Tagung in Aachen, März 1976

Kok, Peter (1991), New approach to software cost estimation, in: Fenton, Norman, Littlewood, Beverly (1991, Hrsg.), S. 162-175

Kubicek, Herbert (1976), Heuristische Bezugsrahmen und heuristisch angelegte Forschungsdesigns als Elemente einer Konstruktionsstrategie empirischer Forschung, in: Köhler, Richard (1976, Hrsg.), S. 3-36

Kurbel, Karl (1997), Wirtschaftsinformatik, in: Betriebswirtschaftlicher Verlag Dr. Th. Gabler (1997, Hrsg.), S. 4430-4433

Lachmann, Eckhard (1988), Delphi-Methode, in: WISU, 1988, 6, S. 328

Lederer, Albert L., Prasad, Jayesh (1992), Nine management guidelines for better cost estimating, in: Communications of the ACM, 35, 1992, 2, S. 51-59

Lee, Allen S. (1989), A Scientific Methodology for MIS Case Studies, in: MIS Quarterly, 13, 1989, 1, S. 33-50

Lehner, Franz (1995), Modelle und Modellierung in der Wirtschaftsinformatik, in: Wächter, H. (1995, Hrsg.), S. 55-86

Lehner, Franz (2001), Wirtschaftsinformatik, Forschungsgegenstände und Erkenntnisverfahren, in: Mertens, P. (2001, Haupthrsg.), S. 505-507

Leung, Hareton, Fan, Zhang (2002), Software Cost Estimation, in: Chang, S.K. (2002, Hrsg.), S. 808-822

Litke, Hans-Dieter (1996), DV-Projektmanagement, München u. a. 1996

Locke, E.A., Latham, G.P. (1990), A theory of goal setting and task performance, Englewood Cliffs 1990

Lück, Wolfgang (1993), Ausgaben und Einnahmen, in: Chmielewicz, Klaus; Schweitzer, Marcell (1993, Hrsg.), Sp. 101-108

Lyu, Michael R. (1996, Hrsg.): Handbook of software reliability engineering, Los Alamitos u. a. 1996

Maicher, Michael, Scheruhn, Hans-Jürgen (1998, Hrsg.), Informationsmodellierung: Referenzmodelle und Werkzeuge, Wiesbaden 1998

Mair, Carolyn, Kadoda, Gada, Lefley, Martin, Phalp, Keith, Schofield, Chris, Shepperd, Martin (2000), An investigation of machine learning based prediction systems, in: Journal of Systems and Software, 53, 2000, 1, S. 23-29

Marciniak, John (1994, Hrsg.), Encyclopedia of Software Engineering, Vol. I, New York u. a. 1994

Meehl, P. E. (1954), Clinical versus statistical prediction: a theoretical analysis and a review of the evidence, University of Minnesota Press, Minneapolis 1954

Mellis, Werner (2001a), Requirements Engineering, in: Mertens, P. (2001, Haupthrsg.), S. 403-404

Mellis, Werner (2001b), Softwarequalität und Softwarequalitätsmanagement, in: Mertens, P. (2001, Haupthrsg.), S. 422-423

Mellis, Werner (2001c), Testen von Software, in: Mertens, P. (2001, Haupthrsg.), S. 471-473

Mellis, Werner, Herzwurm, Georg, Stelzer, Dirk (1998), TQM der Softwareentwicklung. Mit Prozeßverbesserung, Kundenorientierung und Change Management zu erfolgreicher Software, 2. Aufl., Braunschweig u. Wiesbaden 1998

Melton, Austin (1996), Introduction, in: Melton, Austin (1996, Hrsg.), S. 1-6

Melton, Austin (1996, Hrsg.), Software Measurement, London 1996

Menzies, Tim, Chen, Zhihao, Hihn, Jairus, Lum, Karen (2006), Selecting best practices for effort estimation, in: IEEE Transactions on Software Engineering, 32, 2006, 11, S. 883-895

Mertens, Peter (2001, Haupthrsg.), Back, A., Becker, J., König, W., Krallmann, H., Rieger, B., Scheer, A.W., Seibt, D., Stahlknecht, P., Strunz, H., Thome, R., Wedekind, H. (2001, Hrsg.), Lexikon der Wirtschaftsinformatik, 4. Aufl., Berlin u. a. 2001

Mockus, A., Weiss, D., Zhang, P. (2003), Understanding and predicting effort in software projects, Vortrag bei der 25th International Conference on Software Engineering (ICSE), Los Alamitos 2003, S. 274-284

Moløkken-Østvold, Kjetil (2004), Effort and Schedule estimation of Software Development Projects, Thesis submitted for the degree of Ph.D., Department of Informatics, Faculty of Mathematics and Natural Sciences, University of Oslo, Oslo 2004

Motley, R., Brooks, W. (1977), Statistical Prediction of Programming Errors, Forschungsbericht RADC-TR-77-175, Rome Air Development Center, Rome (New York, USA) 1977

Müller, Uwe (1999), Prüf- und Testprozesse in der Softwareentwicklung: Bestandsaufnahme von Gestaltungsbereichen und deren Einflussfaktoren, Aachen 1999, zugleich Diss. an der Universität zu Köln, Köln 1999

Müller-Böling, Detlef (1992), Methodik der empirischen Organisationsforschung, in: Frese, Erich (1992, Hrsg.), Sp. 1491-1505

Müller-Stewens, Günter (1992), Strategie und Organisationsstruktur, in: Frese, E. (1992, Hrsg.), Sp. 2344-2355

Mukhopadhyay, T., Vicinanza, S.S., Prietula, M.J. (1992), Examining the feasibility of a case-based reasoning model for software effort estimation, in: MIS Quarterly, 16, 1992, 2, S. 155-171

Musa, John D., Iannino, Anthony, Okumoto, K. (1987), Software Reliability. Measurement, Prediction, Application, New York 1987

Myers, Glenford J. (1976), Software Reliability: Principles and Practices, New York u. a. 1976

Myers, Glenford J. (1979), The Art of Software Testing, New York u. a. 1979

Myrtveit, Ingunn, Stensrud, Erik (1999), A controlled experiment to assess the benefits of estimating with analogy and regression models, in: IEEE Transactions on Software Engineering, 25, 1999, 4, S. 510-525

Myrtveit, Ingunn, Stensrud, Erik, Olsson, Ulf (2001), Analyzing data sets with missing data: an empirical evaluation of imputation methods and likelihood-based methods, in: IEEE Transactions on Software Engineering, 27, 2001, 11, S. 999-1013

Nageswaran, Suresh (2001), Test effort estimation using Use Case points, in: Proceedings of the Quality Week 2001, San Francisco 2001, URL: www.cognizant.com/html/content/cogcommunity/Test_Effort_Estimation.pdf, Abruf am 30.11.2007

Naur, Peter (1992), Computing: a human activity, Reading 1992

Neuberger, Oswald (2002), Führen und führen lassen, 6. Aufl., Stuttgart 2002

Noth, Thomas (2001), Aufwandsschätzung von IV-Projekten, in: Mertens, Peter (2001, Haupthrsg.), S. 54-56

Noth, T., Kretzschmar, M. (1986), Aufwandschätzung von DV-Projekten, Berlin u. a. 1986

Österle, Hubert (2001), Standardsoftware - Auswahl und Einführung, in: Mertens, P. (2001, Hrsg.), S. 435-437

Ohsugi, N., Tsunoda, M., Monden, A., Matsumoto, K. (2004), Effort estimation based on collaborative filtering, in: Bomarius, Frank, Iida, Hajimu (2004, Hrsg.), S. 274-286

Park, R. E. (1988), PRICE-S: The calculations within, and why, in: Proceedings of the Tenth Annual Conference of the International Society of Parametric Analysts (ISPA), Vol. 7, Nr. 1, Brighton 1988

Pfleeger, Shari L., Jeffery, Ross, Curtis, Bill, Kitchenham, Barbara (1997), Status report on software measurement, in: IEEE Software, 14, 1997, 2, S. 33-43

Pol, Martin, Koomen, Tim, Spillner, Andreas (2000), Management und Optimierung des Testprozesses. Ein praktischer Leitfaden für erfolgreiches Testen von Software mit TPI und TMap, Heidelberg 2000

Pol, Martin, Teunissen, Ruud, Veenendaal, Erik van (2002), Software testing: A guide to the TMap approach, Boston u. a. 2002

Presthus, R. (1966), Individuum und Organisation. Typologie der Anpassung, Hamburg 1966

Project Management Institute (1996, Hrsg.), A guide to the project management body of knowledge, Sylva (USA) 1996

Putnam, Lawrence H. (1978), A general empirical solution to the macro software sizing and estimating problem, in: IEEE Transactions on Software Engineering, SE-4, 1978, 4, S. 345-361

Putnam, L. H., Myers, W. (1992), Measures for excellence: reliable software on time, within budget, Upper Saddle River 1992

Putnam, L. H., Myers, W. (1997), Industrial Strength Software: Effective Management using Measurement, Los Alamitos (USA) 1997

Rätzmann, Manfred (2002), Software-Testing, Bonn 2002

Reichenbach, H. (1938), Experience and Prediction: An analysis of the foundations and the structure of knowledge, Chicago 1938

Reiß, Michael (1992), Spezialisierung, in: Frese, Erich (1992, Hrsg.), Sp. 2287-2297

Rifkin, Stan (2000), How to select software project macro-estimation tools, in: IT Metrics Strategies, 6, 2000, 9, S. 13-16

Rohrmann, B. (1978), Empirische Studien zur Entwicklung von Antwortskalen für die sozialwissenschaftliche Forschung, in: Zeitschrift für Sozialpsychologie, 9, 1978, S. 222-245

Ropponen, Janne, Lyytinen, Kalle (2000), Components of software development risk: How to address them? A project manager survey, in: IEEE Transactions on Software Engineering, 26, 2000, 2, S. 98-111.

Rosemann, Michael (1998), Die Grundsätze ordnungsmäßiger Modellierung - Intention, Entwicklung, Architektur und Multiperspektivität, in: Maicher, Michael, Scheruhn, Hans-Jürgen (1998, Hrsg.), S. 1-21

Rosemann, Michael (2001), Prozeßmodell, in: Mertens, P. (2001, Haupthrsg.), S. 388-389

Rubin, H. A. (1983), Macroestimation of software development parameters: the Estimacs system, in: SOFTFAIR Conference on software development tools, techniques and alternatives (Arlington, 25.-28.07.1983), New York 1983, S. 109-118

Rühli, Edwin (1992), Koordination, in: Frese, E. (1992, Hrsg.), Sp. 1164-1175

Rzevski, G., Adey, R.A., Nolan, P. (1998, Hrsg.), Proceedings of the Applications of Artificial Intelligence in Engineering Conference, Galway 1998

Samson, Bill, Ellison, David, Dugard, Pat (1997), Software effort estimation using an Albus perceptron (CMAC), in: Information and Software Technology, 39, 1997, 1, S. 55-60

Schanz, Günther (1992), Organisation, in: Frese, E. (1992, Hrsg.), Sp. 1459-1471

Schanz, Günther (1993), Verhaltenswissenschaften und Betriebswirtschaftslehre, in: Wittmann, W.; Kern, W.; Köhler, R.; Küpper, H.-U.; Wysocki, K. v. (1993, Hrsg.), Sp. 4521-4532.

Scharf, Andreas, Schubert, Bernd (1994), Marketing: Einführung in Theorie und Praxis, Stuttgart 1994

Schein, E. (1984), Coming to a new awareness of organizational culture, in: Sloan Management Review, 25 (1984) 2, S. 3-16

Schmitz, Paul (1982), Methoden, Verfahren und Werkzeuge zur Gestaltung rechnergestützter betrieblicher Informationssysteme (RBIS), in: Angewandte Informatik, 24, 1982, 2, S. 72-79

Schmitz, Paul, Bons, Heinz, van Megen, Rudolf (1983), Software-Qualitätssicherung - Testen im Software-Lebenszyklus, 2. Aufl., Braunschweig / Wiesbaden 1983

Schnell, R., Hill, P.B.; Esser, E. (2005), Methoden der empirischen Sozialforschung, 7. Aufl., München 2005

Schreyögg, Georg (1992), Organisationskultur, in: Frese, Erich (Hrsg.), Handwörterbuch der Organisation, 3. Aufl., Stuttgart 1992, Sp. 1525-1537

SEI (2002, Hrsg.), Capability Maturity Integration (CMMI), Version 1.1, CMMI for Software Engineering, Staged Representation, Forschungsbericht CMU/SEI-2002-TR-029 des Software Engineering Institutes der Carnegie Mellon University, URL: http://www.sei.cmu.edu/pub/documents/02.reports/pdf/02tr029.pdf, Aufruf am 7.8.2007

Seibt, Dietrich (1990), Ausgewählte Probleme und Fragen der Wirtschaftsinformatik, in: Wirtschaftsinformatik, 32, 1990, 1, S. 7-19

Seibt, Dietrich (2001), Vorgehensmodell, in: Mertens, P. (2001, Haupthrsg.), S. 498-500

Shepperd, M. J., Schofield, C. (1997), Estimating software project effort using analogies, in: IEEE Transactions on Software Engineering, 23, 1997, 11, S. 736-743

Simon, H. A. (1987), Making management decisions: The role of intuition and emotion, in: Academy of Management Executive, 1, 1987, 1, S. 57-64

Sinha, A., Smidts, C. (2006), HOTTest: A model-based test design technique for enhanced testing of domain-specific applications, in: ACM Transactions on Software Engineering and Methodology, 15, 2006, 3, S. 242-278

Sneed, Harry, Jungmayr, Stefan (2006), Produkt- und Prozessmetriken für den Softwaretest, in: Informatik Spektrum, 29, 2006, 1, S. 23-39

Sonnentag, S. (1996), Fallen Meister doch vom Himmel? Expertise und Erfahrung im Kontext der Arbeitspsychologie, Vortrag auf dem 40. Kongress der Deutschen Gesellschaft für Psychologie, München, Sept. 1996.

Spillner, Andreas (1990), Dynamischer Integrationstest modularer Softwaresysteme, Dissertation an der Universität Bremen, Bremen 1990

Spillner, Andreas, Linz, Tilo (2004), Basiswissen Softwaretest, 2. Aufl., Heidelberg 2004

Spitta, Torsten (1993), Aufwandschätzung und Produktivität in Softwareprojekten: Ergebnisse aus industriellen Entwicklungen, in: Tagungsband der Konferenz „Softwaretechnik" 1993, Dortmund 1993, S. 17-24

Srinivasan, K., Fisher, D. (1995), Machine learning approaches to estimating software development effort, in: IEEE Transactions on Software Engineering, 21, 1995, 2, S. 126-137

Stachowiak, Herbert (1973), Allgemeine Modelltheorie, Wien 1973

Stahlknecht, Peter (2001), Anwendungssoftware, in: Mertens, Peter (2001, Haupthrsg.), S. 44-45

Stahlknecht, Peter, Hasenkamp, Ulrich (2005), Einführung in die Wirtschaftsinformatik, 11. Aufl., Berlin u. a. 2005

Stelzer, Dirk (1998), Möglichkeiten und Grenzen des prozeßorientierten Software-Qualitätsmanagements, Habilitationsschrift vorgelegt an der Wirtschafts- und Sozialwissenschaftlichen Fakultät der Universität zu Köln, Köln 1998

Stelzer, Dirk, Mellis, Werner, Herzwurm, Georg (1996), Software process improvement via ISO 9000? Results of two surveys among European software houses, in: Software Process: Improvement and Practice, 2, 1996, 2, S. 192-210

Stevens, J. (1986), Applied Multivariate Analysis for the Social Sciences, Hillsdale (New Jersey, USA) 1986

Stewart, Thomas R. (2001), Improving reliability of judgmental forecasts, in: Armstrong, Scott J. (2001, Hrsg.), S. 81-106

Stier, Winfried (1999), Empirische Forschungsmethoden, 2. Aufl., Berlin u. a. 1999

Stricker, Claude (1995), Evaluating effort prediction systems, in: Fenton, Norman, Whitty, Robin, Iizuka, Yoshinori (1995, Hrsg.), S. 281-293

Szyperski, Norbert, Seibt, Dietrich (1976), Projekterfahrungen bei der Entwicklung eines integrierten Informationssystems, in: Angewandte Informatik, 18, 1976, S. 373-382

Tausworthe, Robert C. (1981), Deep Space Network Software Cost Estimation Model, Forschungsbericht JPL 81-7, Jet Propulsion Laboratory, Pasadena 1981

Thaller, Georg E. (2000), Software-Test. Verifikation und Validation, Hannover 2000

The Object Factory (1999), Estimating Software Projects Using ObjectMetrix, 1999

Thom, Norbert (1992), Organisationsentwicklung, in: Frese, Erich (1992, Hrsg.), Sp. 1477-1491

Trauboth, Heinz (1996), Software-Qualitätssicherung: konstruktive und analytische Maßnahmen, 2. Aufl., München und Wien 1996

Veenendaal, Erik van (2007), Guidelines for testing maturity - „The Test Maturity Model", URL: http://www.tmmifoundation.org/downloads/resources/TestMaturityModel.TMMi.pdf, Aufruf am 01.12.2007

Vollmann, Siegfried (1990), Aufwandsschätzung im Software Engineering, Vaterstetten 1990

Von-Kyoung, Kim, Chen, Tom, Tegethoff, Mick (1997), ASIC Manufacturing Test Cost Prediction at Early Design Stage, in: IEEE Computer Society (1997, Hrsg.), S. 356-361

Wächter, H. (1995, Hrsg.), Selbstverständnis betriebswirtschaftlicher Forschung und Lehre. Tagung der Kommission Wissenschaftstheorie, Wiesbaden 1995

Weiss, S., Kulikowski, C. (1991), Computer Systems that learn, San Francisco 1991

Wirtz, Klaus Werner (2001), Software engineering, in: Mertens, P. (2001, Haupthrsg.), S. 417-418

Wittmann, W., Kern, W., Köhler, R., Küpper, H.-U., Wysocki, K. v. (1993, Hrsg.), Handwörterbuch der Betriebswirtschaft, 5. Aufl., Stuttgart 1993

Wöhe, Günter (1996), Einführung in die allgemeine Betriebswirtschaftslehre, 19. Aufl., München 1996

Yin, Robert K. (2003a), Applications of case study research, 2. Aufl., Applied Social Research Methods Series, Vol. 34, Thousand Oaks u. a. 2003

Yin, Robert K. (2003b), Case study research: design and methods, 3. Aufl., Applied Social Research Methods Series, Vol. 5, Thousand Oaks u. a. 2003

Yntema, D.B., Torgerson, W.J. (1961), Man-computer cooperation in decisions requiring common sense, in: Institute of Radio Engineers (IRE) Transactions of the Professional Group on Human Factors in Electronics, Vol. HFE-2, 1961, 2, S. 20-26

Zillich, Christian (2004), Schwarze Löcher im Budget, in: Computerwoche, 31, 2004, 35, 02.09.2004

Zuse, Horst (1998), A framework of software measurement, Berlin und New York 1998

Appendix A Interviewfragebogen

Dieser Fragebogen wurde in den Fallstudien verwendet. In der zweiten Spalte („Frage") werden Erläuterungen in eckigen Klammern angegeben. Wurde die Frage nur in einer der beiden Organisationen gestellt, wird die Organisation in runden Klammern genannt. Die Erläuterung der Vorgehensweise zur Ermittlung der jeweiligen Ausprägung erfolgt in der dritten Spalte („Antwortskala bzw. Werte") in runden Klammern. Die Spalte „Rolle" gibt die Rolle des Befragten wieder.

Nr.	Frage (nur in Org. A / B)	Antwortskala bzw. Werte (Erläuterung d. Messung / Zählweise)	Rolle
-[1018]	Projektbezeichnung	(frei)	QSV o. PL
-	Interviewpartner und dessen Rolle	QSV, PL	QSV o. PL
1	Projekttyp	Neuentwicklung, Weiterentwicklung/Verbesserung, technisches Re-Design (bei Mischformen bezogen auf den überwiegenden Teil der Entwicklungsaufgaben)	QSV o. PL
2	Strategische Bedeutung des Projekts	1 bis 3 (ordinal), wobei: 1 = sehr hoch bzw. strategisch sehr wichtig in Org. A, „Muss-Projekt" in Org. B 2 = hoch bzw. strategisch wichtig in Org. A, „Soll-Projekt" in Org. B 3 = durchschnittlich bzw. Standardentwicklungsprojekt in Org. A, „gesetzlich vorgeschrieben" in Org. B	QSV o. PL
3	Kritikalität aus Kundensicht: Wie wichtig ist die Prozessunterstützung durch das Produkt für die Kunden?	1 bis 5, wobei: 5= sehr kritisch, Ausfall mit hohem finanziellen Risiko, Kundenverlust etc. verbunden, 4= kritisch, Ausfall mit großem Risiko verbunden 3= wichtiger Prozess wird unterstützt, ein Ausfall von mehreren Stunden kann überbrückt werden 2= eher unkritisch, ein Ausfall von 1 Tag kann	QSV o. PL

[1018] Die Nummerierung dient der Erläuterung der Projektinformationen in Appendix C. Keine Nummer bedeutet, dass die entsprechende Antwort nicht in Appendix C enthalten ist.

Nr.	Frage (nur in Org. A / B)	Antwortskala bzw. Werte (Erläuterung d. Messung / Zählweise)	Rolle
		überbrückt werden 1= unkritisch, ein Ausfall von mehreren Tagen kann überbrückt werden	
	Projektstart	Datum	QSV o. PL
	Projektende	Datum	QSV o. PL
4	Projektdauer [wird nicht erfragt, sondern ermittelt]	(Differenz zwischen Projektstart und -ende in Monaten)	
	Start und Ende aller Integrationsteststufen	(Datum bis Datum je Teststufe)	QSV o. PL
5	Anzahl Vorreleases	(Zählweise: a) eigenständiges Produkt: alle Releases, unabhängig davon, ob sie selbst erstellt oder von anderem Hersteller entwickelt wurden b) eigenständige Produktkomponente: alle Releases dieser Komponente, nicht des Produkts c) Teil einer Komponente: alle Releases der Komponente, nicht des Produkts d) Teil eines Produkts, keiner Komponente zugeordnet und nicht separat lizenziert: alle Releases des Produkts, unabhängig davon, ob sie selbst erstellt oder von anderem Hersteller entwickelt wurden	QSV o. PL
6	Neuartigkeit des entwickelten Produkts	ganze Zahl (Anzahl Jahre am Markt zu Beginn dieses Projekts)	QSV o. PL
7	Anzahl Kunden des Vorreleases (Org. A)		Auftraggeber, o. PL o. QSV
8a	Anzahl erwarteter Kunden im ersten Jahr nach Auslieferung (Org. A)		Auftraggeber, alternativ PL o. QSV
8b	Erwartete Kunden (Org. B)	1 bis 3 (ordinal), wobei: 1 = uneingeschränkter Kundenkreis 2 = leicht eingeschränkter Kundenkreis 3 = sehr wenige Kunden vorgesehen	Auftraggeber, alternativ PL o. QSV

Nr.	Frage (nur in Org. A / B)	Antwortskala bzw. Werte (Erläuterung d. Messung / Zählweise)	Rolle
9	Geplanter Produktumsatz (Org. A)	(in Mio. Euro per annum im ersten Jahr nach Auslieferung)	Auftraggeber
-	Gibt es Vergleichsprodukte? (kundeneigene, Konkurrenzprodukte, Vorreleases)	Ja, nein	QSV o. PL
10	Hatten die Erwartungen der Kunden Einfluss auf die Tests (Umfang, Inhalt, Strategie)?	Ja, nein	QSV o. PL
11	Anzahl Beschwerden von Kunden des direkten Vorreleases (Org. A)	(Anzahl der von Kunden gemeldeten Fehler, die über den üblichen Fehlermeldeprozess hinaus an Vorgesetzte oder die Unternehmensleitung weitergeleitet wurden)	QSV o. PL
12	Bekanntheit der eingesetzten Technologien	(Anzahl Jahre, welche die neueste in einem Projekt eingesetzte Entwicklungstechnologie bei Projektbeginn bereits in der Organisation im Einsatz ist)	Entwickler, alternativ PL
13	Anzahl externer Schnittstellen	(Anzahl bereitzustellender Standardschnittstellen und Schnittstellen zu Produkten anderer Hersteller oder zu Produkten bzw. Komponenten, die in der Organisation, jedoch nicht im selben Projekt entwickelt bzw. verbessert werden)	Architekt, alternativ PL
14	Anzahl interner Schnittstellen	(Anzahl bereitzustellender Schnittstellen zwischen Komponenten, die im Projekt entwickelt bzw. verbessert werden)	Architekt, alternativ PL
15	Abhängigkeit von Zulieferungen [z. B. von den Zulieferungen anderer Projekte, von Dienstleistungen anderer Abteilungen, von Unterauftragnehmern]	1 bis 5, wobei: 5 = sehr hohe Abhängigkeit (Zulieferungen mehrerer anderer Projekte oder Unterauftragnehmer sind erforderlich und sehr zeitkritisch, d. h. verzögerte Lieferung wirkt sich direkt in Projektverzögerung aus; Integration mit Ergebnissen anderer Projekte ist technisch sehr anspruchsvoll), 4 = hohe Abhängigkeit (Zulieferungen sind teilweise zeitkritisch, für verzögerte Zulieferungen besteht ein geringer Puffer, nach dem sie das Projekt verzögern; Integration mit Ergebnissen anderer Projekte ist teilweise sehr anspruchsvoll) 3 = mittelmäßig (Zulieferungen anderer Projekte	QSV o. PL

Nr.	Frage (nur in Org. A / B)	Antwortskala bzw. Werte (Erläuterung d. Messung / Zählweise)	Rolle
		sind geplant, Verspätung wirkt sich auf Teile des Projekts aus, sodass Zeitplan umgestellt werden muss und manche Tests verzögert werden; Integration mit den Ergebnissen anderer Projekte ist anspruchsvoll) 2 = geringe Abhängigkeit (Zulieferungen sind erforderlich, verzögerte Lieferung wirkt sich auf Tests aus und führt zu zusätzlichem Zeitaufwand, beeinflusst jedoch nur im Extremfall den Zeitplan des Projekts) 1 = sehr gering (Zulieferung eines anderen Projekts ist erforderlich bzw. Projektergebnisse werden mit anderen Projekten integriert, allerdings nicht zeitkritisch und technisch unkompliziert; Zulieferung kann bei Bedarf auch im Projekt selbst erstellt werden)	
16	Qualität der Spezifikation	1 bis 5 (ordinal), wobei: 5= sehr gut (alle Anforderungen abgedeckt, unmissverständlich, lesbar, gut strukturiert, ausreichend detailliert, nach Änderungen aktualisiert, Testfälle lassen sich direkt ableiten, fehlerfreie Use Cases sind enthalten) 4= gut (alle Anforderungen abgedeckt, Anforderungen geringer Wichtigkeit sind missverständlich, einige Teile sind schlecht strukturiert, Use Cases vorhanden, aber teilweise zu verbessern, teilweise mehr Details wünschenswert, Testfälle mit wenig Aufwand ableitbar) 3= in Ordnung (einige Anforderungen geringer Wichtigkeit fehlen, Anforderungen mittlerer Wichtigkeit sind missverständlich, Detaillierung ausreichend, Testfälle können mit Aufwand abgeleitet werden, Use Cases sind teilweise vorhanden) 2= schlecht (einige wesentliche Anforderungen fehlen, einige missverständliche Passagen, mehr Details dringend erforderlich, keine Use Cases vorhanden, Kontext des Produkteinsatzes fehlt, Testfälle nicht direkt ableitbar) 1= sehr schlecht (wichtige Anforderungen fehlen,	QSV und Auftraggeber und Entwickler

Nr.	Frage (nur in Org. A / B)	Antwortskala bzw. Werte (Erläuterung d. Messung / Zählweise)	Rolle
		unverständlich, Wichtiges falsch, schlecht strukturiert, zu wenige Details, nicht aktualisiert, nicht testbar)	
17	Qualität der Entwurfsdokumentation	1 bis 5 (ordinal), wobei: 5 = sehr gut (vollständig, unmissverständlich, genug Details als Arbeitsgrundlage, fehlerfrei) 4 = gut (vollständig, ausführlich, wenige Details fehlen bzw. wenige Teile sind missverständlich) 3 = in Ordnung (als Arbeitsgrundlage ausreichend, einige Details müssen nachträglich geklärt werden, einige Fehler enthalten) 2 = schlecht (große Lücken, viele missverständliche Teile, stellenweise zu wenige Details) 1 = sehr schlecht (wichtige Teile fehlen oder sind falsch, missverständlich, keine Details)	QSV und Auftraggeber und Entwickler
18	Umfang der Testfälle [bezogen auf mögliche Eingaben und funktionale Abdeckung]	1 bis 5, wobei: 5 = sehr umfangreich (alle Funktionen mit jeweils mehreren Eingaben enthalten, auch verschiedene Fehler bei Eingabe und Bedienung berücksichtigt) 4 = umfangreich (alle Funktionen, teilweise mit mehreren Eingaben enthalten) 3 = nicht alle möglichen Eingaben und nicht alle Funktionen abgedeckt 2 = nur die wichtigsten Funktionen mit jeweils Positiv- und Negativ-Test abgedeckt 1 = sehr geringer Umfang (nur eine Eingabe zu wenigen Funktionen enthalten)	QSV
19	Detaillierung der Testfälle	1 bis 5, wobei: 5 = sehr detailliert (ein Außenstehender ohne Produktkenntnisse kann alle Testfälle durchführen) 4 = detailliert (ein Außenstehender bräuchte geringfügig Hilfe zum Test) 3 = mittelmäßig detailliert (ein Außenstehender könnte ohne Hilfe nicht testen, Schritte sind nur rudimentär beschrieben)	QSV

Nr.	Frage (nur in Org. A / B)	Antwortskala bzw. Werte (Erläuterung d. Messung / Zählweise)	Rolle
		2 = wenige Details (einige Bedienungsschritte nicht genannt, nicht alle nötigen Eingaben enthalten) 1 = sehr wenig Details (nur Start und Ende eines Tests werden angegeben)	
19b	Wurde strukturell getestet? (Org. B)	Ja, nein	QSV o. PL
20	Anteil automatischer Tests am Testaufwand	0 bis 100% (prozentualer Anteil am Testaufwand, der automatisch durchgeführt wurde; durch den QSV zu schätzen)	QSV
21	Verfügbarkeit und Stabilität des Testsystems	1 bis 5, wobei: 5 = sehr gut (rechtzeitig bereit, stabil, ohne Leistungseinbußen abhängig von der Nutzeranzahl) 4 = gut (wenige Ausfälle, geringfügige Verzögerung der Tests) 3 = mittelmäßig (mehrere Ausfälle, die Wiederholung einiger Tests erfordern) 2 = schlecht (häufige Ausfälle und Wartezeiten, viele Testfälle müssen wiederholt werden) 1=sehr schlecht (Testsystem über längere Zeit nicht verfügbar, massive Verschiebung des Tests)	QSV
22	Anzahl Standorte der Entwicklung und Tester		QSV o. PL
23	Anzahl verschiedener Muttersprachen im Team (Org. A)		QSV o. PL
-[1019]	Wurden besondere QS-Maßnahmen durchgeführt? Wenn ja, welche?	(z. B. risikobasierte Auswahl der Testfälle, Testfallerstellung anhand von Äquivalenzklassen oder basierend auf Kundenmeldungen bzw. Fehlern des Vorreleases)	
24	Welche Rolle erstellte die Testfälle?	Entwickler, Kunden, Tester, QSV, Auftraggeber, PL (mehrere Antworten möglich)	QSV

[1019] Die teilweise sehr ausführlichen Antworten sind nicht in Appendix C enthalten, weil sie die Dokumentation erheblich umfangreicher machen würden, können jedoch jederzeit auf Anfrage zur Verfügung gestellt werden.

Nr.	Frage (nur in Org. A / B)	Antwortskala bzw. Werte (Erläuterung d. Messung / Zählweise)	Rolle
25	Anzahl Projektteammitarbeiter		QSV o. PL
26	Wie viele Kunden nahmen an den Tests teil?	(Anzahl Personen, die an den Tests des Softwareherstellers teilnahmen)	QSV o. PL
27	Wie viel Erfahrung hatten die Entwickler mit dem Fachgebiet?	(Jahre Erfahrung der beteiligten Entwickler im Durchschnitt)	QSV o. PL o. Entwickler
28	Wie viel Erfahrung hatten die Entwickler mit ihren Aufgaben?	(Jahre Erfahrung der beteiligten Entwickler im Durchschnitt)	QSV o. PL o. Entwickler
29	Wie viel Erfahrung hatten die Tester mit dem Produkt?	(Jahre Erfahrung der beteiligten Tester im Durchschnitt)	QSV o. PL o. Tester
30	Wie viel Erfahrung hatten die Tester mit ihren Aufgaben?	(Jahre Erfahrung der beteiligten Tester im Durchschnitt)	QSV oder PL oder Tester
31	Wie hoch war das Engagement der Tester?	1 – 5 (ordinal), wobei: 5 = sehr hohes Engagement (Tester testeten viel über die Testfälle hinaus, unterstützten Entwickler bei der Fehlersuche, prüften auch die Dokumentation, etc) 4 = hohes Engagement (Tester testeten in geringem Umfang über die Testfälle hinaus) 3 = mittelmäßiges Engagement (Testfälle wurden wortgetreu abgearbeitet) 2 = niedriges Engagement (Tester beanspruchten Hilfe der Entwickler oder des QSV anstatt sich selbst in Testfälle / Produkt einzuarbeiten) 1 = sehr niedriges Engagement (nicht alle Testfälle wurden getestet, obwohl ausreichend Zeit verfügbar war; Tester beanspruchten viel Hilfe)	QSV
32	Kontinuität des Teams: Anzahl Aus- und Eintritte	(Anzahl der Teammitglieder, die nach Projektstart das Team verließen oder während des Projekts neu hinzukamen)	QSV o. PL

Nr.	Frage (nur in Org. A / B)	Antwortskala bzw. Werte (Erläuterung d. Messung / Zählweise)	Rolle
-[1020]	Wie hoch war der Einfluss folgender Faktoren auf den Testaufwand: Anforderungen zu spät, ungenaue Anforderungen, unerfahrene Tester, Verfügbarkeit der Tester, zu spät begonnene Tests, Testsystem (nicht rechtzeitig verfügbar, instabil, etc.), Testplanung, Testbudget, zu wenig Automatisierung, Testtools nicht verfügbar oder schwer zu bedienen, Aufwandsverteilung auf Teststufen, Testorganisation, Testfallerstellung, Testdatenerstellung, Dokumentation, Engagement der Entwickler, Engagement der Tester, Priorisierung der Testfälle, Kommunikation, Abhängigkeit, sonstiges	0 bis 5, wobei: 5 = sehr hoher Einfluss 4 = hoher Einfluss 3 = mittelmäßiger Einfluss 2 = geringer Einfluss 1 = sehr geringer Einfluss 0 = keinerlei Einfluss (Interviewer erläutert den möglichen Einfluss der vorgegebenen Faktoren mündlich, z. B.: Testplanung: war sie zu wenig detailliert, zu spät durchgeführt? Testbudget: zu wenig angesichts der Testplanung oder führte zu aufwändigen Verhandlungen? Aufwandsverteilung: unangemessen? Testorganisation: lückenhaft oder zu lange Reaktionszeiten bei Änderungen während des Projekts? Der Befragte wird gebeten, ggf. weitere, aus seiner Sicht relevante Faktoren zu ergänzen und zu jedem als einflussreich eingestuften Faktor anzugeben, ob er den Testaufwand im Projekt reduziert oder erhöht habe.)	QSV, alternativ PL
33	Projektgesamtaufwand	(in MT, aus der Aufwandsdatenbank auszulesen, ggf. Rückfrage bei dem PL)	Ggf. PL[1021]
34	Entwicklungsaufwand [Indikator des Umfangs der umzusetzenden Anforderungen[1022]]	(in MT, Anforderungsanalyse und -spezifikation, Entwurf und Implementierung umfassend, aus einer Datenbank auszulesen, ggf. Rückfrage bei dem PL)	Ggf. PL

[1020] Vgl. vorhergehende Fußnote

[1021] Wenn die in einer Datenbank erfassten Werte nicht plausibel oder widersprüchlich sind, kann der PL ggf. Auskunft aufgrund von eigenen Aufzeichnungen oder Projektdokumenten geben.

[1022] Hierbei wird implizit unterstellt, dass der Entwicklungsaufwand direkt proportional zum Umfang der Anforderungen ist. Unter dieser Voraussetzung kann der Entwicklungsaufwand als Mess- bzw. Schätzgröße für den Anforderungsumfang dienen. Gegenüber Function Points als Mess- bzw.

Nr.	Frage (nur in Org. A / B)	Antwortskala bzw. Werte (Erläuterung d. Messung / Zählweise)	Rolle
35	Testaufwand	(in MT, aus einer Datenbank auszulesen, ggf. Rückfrage bei dem PL)	Ggf. PL o. QSV
36	Reviewaufwand (Org. A)	(in MT, aus einer Datenbank auszulesen, ggf. Rückfrage bei dem PL)	Ggf. PL
37	Kunden im ersten Jahr (Org. A)	Anzahl Kunden, die das entwickelte Produkt im ersten Jahr nach Auslieferung nutzen (z. B. in einer Fehlerdatenbank abzufragen)	
38	Gemeldete Fehler (in Org. A: pro Kunde)	Von Kunden in den ersten 12 (in Org. B: in den ersten drei) Monaten nach Auslieferung gemeldete Fehler (in der Fehlerdatenbank abzufragen, in Org. A im Verhältnis zur Anzahl Kunden im ersten Jahr)	
39	Anzahl korrigierter Fehler pro Kunde (Org. A)	Im ersten Jahr nach Auslieferung korrigierte Fehler (in einer Datenbank abzufragen) im Verhältnis zur Anzahl Kunden im ersten Jahr	
40	Relativer Testaufwand [wird errechnet]	0 bis 100%(Testaufwand absolut dividiert durch Entwicklungsaufwand)	
41	Relativer Reviewaufwand [wird errechnet] (Org. A)	0 bis 100%(Reviewaufwand dividiert durch Entwicklungsaufwand)	
42	Relativer Aufwand der ersten Teststufe [wird errechnet] (Org. A)	0 bis 100%(Aufwand der ersten Teststufe dividiert durch Entwicklungsaufwand)	
43	Relativer Aufwand der zweiten Teststufe [wird errechnet] (Org. A)	0 bis 100%(Aufwand der zweiten Teststufe dividiert durch Entwicklungsaufwand)	
44	Relativer Aufwand der dritten Teststufe [wird errechnet] (Org. A)	0 bis 100%(Aufwand der dritten Teststufe dividiert durch Entwicklungsaufwand)	
45	Welche Qualitätsziele wurden verfolgt? (Org. A)	(z. B. Performance, Security, Usability, Interoperabilität, mit Angabe der Zielformulierung)	QSV

Schätzgröße ergibt sich dann ein Vorteil, wenn keine neuen Funktionen entwickelt, sondern bestehende Funktionen mit neuer Technologie oder unter einer neuen Benutzeroberfläche bereit gestellt werden sollen.

Nr.	Frage (nur in Org. A / B)	Antwortskala bzw. Werte (Erläuterung d. Messung / Zählweise)	Rolle
46	War das Projekt erfolgreich?	(Beurteilung vor allem hinsichtlich der Erreichung der angestrebten Produktqualität)	QSV und PL
47	Was war der Maßstab für die Erfolgsbeurteilung?	(insbesondere welches Ziel wurde hinsichtlich der Produktqualität angestrebt?)	QSV und PL
48	Erfolgsfaktoren des Testaufwands (Org. B)	(freie Antwort, ohne vorgegebene Werte)	QSV

Tab. A-1: Fragen zur Sammlung der Projektinformationen

Appendix B
Statistische Grundlagen

In diesem Appendix werden zu den in dieser Arbeit gebrauchten statistischen Termini weitergehende Informationen gegeben.

- **Korrelation**: Die Korrelation gibt den statistisch ermittelten Zusammenhang zwischen zwei Variablen an. Als Maße werden in der vorliegenden Arbeit der Pearson'sche Korrelationskoeffizient (auch parametrischer Korrelationskoeffizient genannt) und Spearman's Rho verwendet (Rangkorrelationskoeffizient nach Spearman).[1023]

Die Korrelationsmaße unterscheiden sich in den Anforderungen an die Daten, die zur Korrelationsbestimmung vorliegen. Der Pearson'sche Korrelationskoeffizient misst (nur) den linearen Zusammenhang zwischen normalverteilten Größen, die intervallskaliert gemessen wurden. Er setzt also ein metrisches Skalenniveau voraus. Im Gegensatz dazu erfordert der Rangkorrelationskoeffizient nur ordinalskalierte Daten und gibt das Ausmaß sowohl eines linearen als auch eines nichtlinearen Zusammenhangs wieder.

Ob ein statistisch gemessener Zusammenhang kausaler Natur[1024] ist und was die Ursache des Zusammenhangs ist, kann nur vermutet und muss daher nachvollziehbar begründet werden.

- Perfekte **Multikollinearität** liegt vor, wenn zwischen den unabhängigen Variablen eine lineare Beziehung existiert, die für alle Beobachtungen, d. h. alle der Modellierung zugrunde liegenden Datensätze gleichermaßen gilt.[1025] Wenn der lineare Zusammenhang nicht für alle Datensätze gleichermaßen gilt, spricht man von imperfekter Multikollinearität. Während perfekte Multikollinearität in der Realität sehr selten anzutreffen ist, tritt imperfekte Multikollinearität sehr häufig auf. Letztere führt dazu, dass die Schätzgenauigkeit beeinträchtigt ist, weil die Varianz der Schätzer (d. h. der geschätzten Koeffizienten) vergrößert wird.[1026] Außerdem

---

[1023] Für eine Übersicht über weitere Korrelationsmaße sowie die jeweiligen Erfordernisse hinsichtlich der vorliegenden Daten siehe Stier (1999), S. 347

[1024] Vgl. hierzu Fußnote 626

[1025] Vgl. von Auer (1999), S. 134

[1026] Vgl. hierzu und im Folgenden von Auer (1999), S. 338

reduziert Multikollinearität die Stabilität der Regressionsergebnisse: Die Ergebnisse variieren bei Hinzunehmen oder Weglassen einzelner Datensätze oder Weglassen als irrelevant vermuteter Variablen stark.[1027]

- Der Begriff **Störterm** bzw. **Störvariable** bezeichnet alle Einflussgrößen auf die abhängige Variable, die in einer Untersuchung nicht erfasst werden.[1028] Dies können z. B. vergessene Variablen sein, die als unabhängige Variable in die Hypothese aufzunehmen wären.

- Die **Irrtumswahrscheinlichkeit** ist die bedingte Wahrscheinlichkeit, dass das empirisch gefundene Ergebnis zustande kommt, wenn in der Realität die Nullhypothese gilt.[1029] Das bedeutet, dass die zu prüfende Behauptung zwar wahr ist, aber anhand der vorliegenden Daten unwahr erscheint.

- **Signifikanzniveau**: Das Signifikanzniveau, in mathematischen Formeln üblicherweise mit „a“ bezeichnet, wird beim Testen einer Hypothese als Schwellwert festgelegt, ob die zu testende Hypothese anhand der vorliegenden Daten angenommen oder abgelehnt werden soll.[1030] In wirtschaftsempirischen Untersuchungen sind 1 % bzw. 5 % als Signifikanzniveaus Konvention.[1031]

Für standard-normalverteilte Zufallsvariablen kann anhand des gewählten Signifikanzniveaus das Konfidenzintervall bestimmt werden, in dem der zu beobachtende Wert mit einer Wahrscheinlichkeit von (1-a) liegt.

Das Signifikanzniveau gibt das Risiko an, die Nullhypothese, d. h. die statistisch zu testende Behauptung irrtümlich abzulehnen. Die beobachteten Daten widerlegen also die Nullhypothese, obwohl sie tatsächlich zutrifft.[1032]

- **Multiple Regressionsanalyse**: Mittels der multiplen[1033] Regressionsanalyse lassen sich die Zusammenhänge zwischen einer abhängigen (im vorliegenden Kon-

---

[1027] Zu Folgen, Diagnose und Umgang mit Multikollinearität vgl. ausführlich von Auer (1999), S. 335-347

[1028] Bortz und Döring (2006), S. 13

[1029] Vgl. Bortz und Döring (2006), S. 25

[1030] Dabei wird die zu prüfende Hypothese stets so formuliert, dass ihre Ablehnung den vermuteten Sachverhalt bestätigt.

[1031] Vgl. von Auer (1999), S. 113; Zur Problematik der Aussagekraft des Signifikanzniveaus vgl. Kubicek (1976), S. 8

[1032] In der Statistik als Typ I-Fehler bezeichnet, vgl. von Auer (1999), S. 116

[1033] Wird nur eine unabhängige Variable betrachtet, spricht man nicht von einer multiplen, sondern von einer einfachen Regressionsanalyse (vgl. Backhaus u. a. (2006), S. 47).

text der Testaufwand) und mehreren unabhängigen Variablen (den Einflussfaktoren) quantifizieren und dadurch detailliert beschreiben.[1034] Wenn eine Regressionsgleichung die empirischen Daten treffend beschreibt, d. h. ein gutes Modell des realen Wirkungsgefüges ist, kann die modellierte abhängige Variable anhand der Gleichung prognostiziert werden.

- **Annahmen der multiplen Regression**:[1035]

- Keine relevanten unabhängigen Variablen fehlen, und die in der Regressionsgleichung enthaltenen unabhängigen Variablen sind nicht irrelevant.
- Der tatsächliche Zusammenhang zwischen der abhängigen und den unabhängigen Variablen ist linear.
- Die Konstante und die Koeffizienten der unabhängigen Variablen sind für alle Datensätze konstant.
- Der Erwartungswert der Störgröße für jeden Datensatz null.
- Die Varianz der Störgröße ist für alle Datensätze konstant.
- Die Störgröße ist nicht autokorreliert, d. h. die Ausprägung der Störgröße in einem Datensatz (einer Beobachtung) übt keinen Einfluss auf deren Ausprägung in einem anderen Datensatz aus.
- Die Störgrößen sind normalverteilt.
- Die unabhängigen Variablen stellen keine Zufallsvariablen dar, sondern können kontrolliert werden.
- Die Beziehung zwischen den unabhängigen Variablen ist nicht in allen Datensätzen linear.

Die Folge der Verletzung dieser Annahmen ist, dass die geschätzten Parameter, d. h. Konstante und Koeffizienten verzerrt und/oder ineffizient sind.[1036]

- **Bestimmtheitsmaß $\mathbf{R^2}$** (korrigiert): Das Bestimmtheitsmaß ist ein globales Gütemaß im Kontext statistischer Regressionsanalysen. Es gibt an, welcher Anteil der Streuung (Varianz) der abhängigen Variablen durch die unabhängige(n) Variab-

---

[1034] Vgl. Backhaus u. a. (2006), S. 9

[1035] Vgl. von Auer (1999), S. 137; Für eine Erläuterung dieser Annahmen vgl. ebenda, S. 128-136;

[1036] Welche Annahmenverletzung welche Folge mit sich bringt und wie damit im einzelnen umgegangen werden kann, erläutert von Auer (1999), S. 195-348.

le(n) erklärt wird.[1037] Es ist eine normierte Größe, die Werte zwischen 0 und 1 annehmen kann. Je höher der Anteil der Streuung, die durch die Regressionsgleichung erklärt wird, desto höher ist der Wert von R^2. Wenn die gesamte Streuung der abhängigen Variablen, d. h. der untersuchten Größe durch die Regressionsgleichung erklärt wird, beträgt R^2 1. In diesem Fall gäbe es keine zufälligen oder unbekannten Einflüsse auf die abhängige Variable, sondern sie wäre vollständig durch die berücksichtigten unabhängigen Variablen erklärt.

In der Realität gibt es jedoch stets zufällige, d. h. unsystematische Einflüsse, Messfehler und (häufig) unbekannte Einflussgrößen. Je näher R^2 bei 0 liegt, desto größer sind diese Einflüsse und desto schlechter wird die abhängige Variable durch die Regressionsgleichung, d. h. durch die berücksichtigten Variablen erklärt.

Jede unabhängige Variable in der Gleichung, als Regressor bezeichnet, trägt zur Erklärung der Streuung der unabhängigen Variablen bei. Zusätzliche Regressoren können den Wert von R^2 erhöhen, wenn sie zur Erklärung beitragen, verringern R^2 aber nicht. Irrelevante Regressoren machen sich also nicht anhand des Bestimmtheitsmaßes bemerkbar, verschlechtern allerdings die Schätzeigenschaften des Modells, das die Gleichung darstellt (vor allem bei kleinem Stichprobenumfang).

Um die zugrunde liegende Stichprobengröße zu berücksichtigen und hinzugenommene irrelevante Variablen als solche zu erkennen, wird das korrigierte Bestimmtheitsmaß R^2 verwendet.[1038] Bei seiner Berechnung werden unter anderem die Zahl der Beobachtungswerte und der Regressoren berücksichtigt.

$$R^2_{korr} = R^2 - [J*(1-R^2)] / K-J-1, \text{ wobei}$$

K = Zahl der Beobachtungswerte (Umfang der Stichprobe)

J = Zahl der Regressoren

- **Stichprobenumfang**: Ein „optimaler" oder „geeigneter" Sichtprobenumfang kann nur in Verbindung mit der Zielsetzung der Untersuchung bestimmt werden.[1039] Dabei stellt eine „repräsentative" Stichprobe keine sinnvolle Zielformulie-

---

[1037] Vgl. hierzu und im Folgenden Backhaus u. a. (2006), S. 64ff

[1038] Vgl. Backhaus u. a. (2006) S. 68

[1039] Vgl. hierzu und im Folgenden Stier (1999), S. 154

rung dar, weil Abweichungen der Verteilungen in der Stichprobe von den Verteilungen in der Grundgesamtheit die Regel, nicht die Ausnahme sind.[1040]

Stattdessen ist die Stabilität der Untersuchungsergebnisse wünschenswert, d. h. dass die Ergebnisse der Auswertung anderer Beobachtungen aus der gleichen Grundgesamtheit nur geringfügig von den erzielten Ergebnissen abweichen.[1041] Ob die Ergebnisse, im Fall der Regressionsanalyse z. B. die geschätzten Koeffizienten, stabil sind, hängt wesentlich vom Stichprobenumfang und der Anzahl zu schätzender Koeffizienten ab. Bei Stevens[1042] findet sich als Faustregel, dass je unabhängiger Variable in der Regressionsgleichung etwa 15 Beobachtungen vorliegen sollen, wenn als Wert des Bestimmtheitsmaßes 0,50 zugrunde gelegt werden. Bei höheren Werten des Bestimmtheitsmaßes reichen jedoch auch kleinere Stichproben aus[1043]. Myrtveit u. a. gehen von 10 Projekten je erklärende Variable aus, nennen dazu allerdings keinen unterstellten Wert des Bestimmtheitsmaßes.[1044]

Die dargestellten Überlegungen, um den geeigneten und erforderlichen Stichprobenumfang zu bestimmen, treffen prinzipiell auch für Fallstudien zu, deren Ziel die Replikation ist.[1045] Allerdings stellt sich der Wert von Fallstudien, nämlich das Zusammenspiel aller situativen Faktoren in einzelnen Fällen zu betrachten und Erkenntnisse betreffend den einzelnen Fall zu erhalten, unabhängig von der Anzahl untersuchter Fälle ein.

- **Standardfehler der Schätzung**: Der Standardfehler der Schätzung ist neben dem Bestimmtheitsmaß ein weiteres Gütemaß der Regressionsgleichung.[1046] Er gibt an, welchen Fehler man im Mittel macht, wenn man die abhängige Variable anhand der Regressionsgleichung schätzt.

[1040] Vgl. Stier (1999), S. 159; Nur bei Zufallsstichproben kann von einer repräsentativen Stichprobe in dem Sinn gesprochen werden, dass die Analyse der Stichprobe einen Repräsentationsschluss erlaubt, d. h. „[…] es kann innerhalb berechenbarer Fehlergrenzen (auf einem vorgegebenen Konfidenzniveau) mit Hilfe der Inferenzstatistik auf Parameter, Verteilungen usw. in der Grundgesamtheit geschlossen werden […]" (vgl. ebenda).

[1041] Vgl. hierzu und im Folgenden Stier (1999), S. 251

[1042] Vgl. Stevens (1986), S. 81, zitiert nach Stier (1999), S. 251

[1043] Vgl. Stevens (1986), S. 82f, zitiert nach Stier (1999), S. 251

[1044] Vgl. Myrtveit u. a. (2001), S. 1006

[1045] Vgl. Stier (1999), S. 251

[1046] Vgl. hierzu und im Folgenden Backhaus u. a. (2006), S. 73; Backhaus u. a. geben hier auch die Formel zur Berechnung an.

Appendix C
Projektinformationen

Dieser Appendix enthält die zu den Fallstudien gesammelten Projektangaben. In Spalte 1 der Abbildungen C-1 bis C-4 ist die jeweilige Projektnummer angegeben. Die Spaltenüberschriften dieser Abbildungen beziehen sich auf die Nummerierung der Interviewfragen (siehe Appendix A).

Anschließend (in Abb. C-5 bis C-8) sind die Bewertungen der Vergleichskriterien wiedergegeben, die laut den befragten Qualitätssicherungsexperten und Projektleitern wichtig sind, um zwei Projekte hinsichtlich des Testaufwands vergleichen zu können.

Nr.	1	2	3	4	5	6	7	8a	9	10	11	12	13	14	15	16	17	18	19	20	21	22	23	24	25	26	27	28	29	30	31
1	Verb.	3	k.A.	8	5	7	2.500	k.A.	286	nein	100	k.A.	5	0	3	3	3	3	3	20	4	3	2	Entwickler	44	0	4	4	4	3	k.A.
2	Neuentw.	3	k.A.	15	0	3	0	20	5	ja	k.A.	0	2	1	2	5	4	4	5	10	4	3	2	Tester	46	0	0	3	0	3	5
3	Neuentw.	2	k.A.	17	1	4	20	25	8	nein	0	1	2	1	2	5	5	4	5	10	4	3	2	Tester	45	7	1	4	1	4	5
4	Verb.	3	k.A.	12	1	2	k.A.	100	k.A.	nein	1	1	1	5	k.A.	4	4	2	4	k.A.	k.A.	3	3	Entwickler	37	0	1	3	0	1	k.A.
5	Neuentw.	3	k.A.	14	4	5	k.A.	500	k.A.	ja	10	3	1	4	0	4	4	3	4	5	k.A.	2	2	Entwickler	30	0	5	8	4	4	5
7	Neuentw.	3	k.A.	9	10	10	k.A.	1.000	k.A.	nein	2	2	2	2	3	4	4	5	2	0	k.A.	1	1	Entwickler	12	0	3	5	8	4	k.A.
8	Neuentw.	1	k.A.	12	0	0	0	10	0	k.A.	k.A.	0	1	5	3	2	2	4	3	0	k.A.	3	2	Entwickler	32	1	1	5	0	4	k.A.
9	Verb.	3	k.A.	8	1	0	40	100	2	ja	5	2	2	6	3	4	4	4	3	10	k.A.	2	1	Entwickler	25	0	2	6	1	5	3
10	Verb.	3	k.A.	8	2	1	40	200	8	ja	5	3	4	6	3	4	4	4	3	30	k.A.	1	1	Entwickler	27	0	3	7	2	6	3
11	Verb.	3	k.A.	17	3	2	100	300	k.A.	ja	0	4	5	6	3	k.A.	k.A.	4	3	50	k.A.	2	2	Entwickler	29	0	4	8	3	5	4
12	Neuentw.	3	k.A.	12	8	5	k.A.	1.000	k.A.	k.A.	5	10	8	0	1	2	1	4	5	30	1	5	3	Tester	86	20	2	5	1	2	4
14	Neuentw.	1	k.A.	12	1	0	1	3	k.A.	ja	0	3	15	15	3	4	4	5	4	0	5	1	1	Tester	83	90	k.A.	k.A.	0	2	3
21	Verb.	3	k.A.	15	1	0	k.A.	500	k.A.	nein	k.A.	1	3	10	5	4	4	k.A.	k.A.	0	3	4	3	Entwickler	154	0	1	5	1	2	4
22	Verb.	3	k.A.	12	2	1	50	k.A.	k.A.	ja	0	3	4	1	3	4	4	5	4	0	k.A.	1	1	Entwickler	31	0	2	5	1	1	4
23	Re-Design	3	k.A.	17	3	2	90	100	10	ja	0	0	4	2	4	4	4	5	5	0	2	1	2	Entwickler	51	0	1	4	3	2	5
26	Verb.	2	k.A.	24	1	1	1	2	50	ja	0	k.A.	14	7	4	5	4	5	5	0	5	7	2	Tester	125	45	5	3	0	3	5
28	Re-Design	3	k.A.	9	3	3	500	100	30	ja	1	k.A.	6	0	5	3	3	4	1	25	k.A.	1	1	Entwickler	28	20	5	10	2	5	k.A.
29	Re-Design	3	k.A.	17	4	4	10	200	40	k.A.	k.A.	k.A.	8	0	5	3	3	4	2	25	4	3	1	Entwickler	51	20	6	11	3	6	k.A.
30	Neuentw.	3	k.A.	8	3	2	k.A.	k.A.	k.A.	ja	k.A.	k.A.	4	3	2	3	3	3	3	0	2	3	4	Entwickler	80	2	1	7	2	4	4
31	Neuentw.	3	k.A.	17	4	2	k.A.	k.A.	k.A.	ja	k.A.	k.A.	4	3	4	4	4	3	3	0	3	3	4	Entwickler	79	2	2	8	3	5	4
32	Verb.	3	5	12	3	3	5	10	1	nein	0	k.A.	7	9	5	4	4	4	3	20	1	1	3	Auftraggeber	75	0	4	6	1	3	4
35	Re-Design	3	k.A.	17	5	5	450	k.A.	k.A.	ja	k.A.	k.A.	16	0	2	4	4	5	5	k.A.	k.A.	1	1	Entwickler	19	8	2	5	3	1	3
37	Verb.	3	k.A.	19	1	0	1	15	10	ja	5	k.A.	3	1	5	5	4	4	5	5	4	1	2	Entwickler	46	40	1	5	0	2	5
38	Neuentw.	3	k.A.	17	0	0	0	k.A.	k.A.	nein	k.A.	5	4	0	4	3	3	4	4	0	k.A.	2	2	Entwickler	32	0	0	7	0	3	4
40	Neuentw.	3	k.A.	7	2	3	0	5	11	nein	0	k.A.	5	5	5	5	5	5	5	0	k.A.	2	2	Tester	27	0	4	6	2	2	k.A.
41	Re-Design	3	k.A.	14	1	0	k.A.	k.A.	k.A.	nein	0	2	0	1	1	4	3	4	4	15	k.A.	k.A.	k.A.	k.A.	k.A.	k.A.	k.A.	k.A.	k.A.	k.A.	k.A.
42	Verb.	3	k.A.	11	8	8	2.000	200	k.A.	ja	0	k.A.	100	100	5	1	4	5	3	10	1	7	4	k.A.	73	0	2	10	3	4	3
43	Neuentw.	3	k.A.	5	1	2	5	13	k.A.	ja	2	k.A.	2	0	5	3	3	3	3	0	2	3	3	Tester	35	1	2	4	1	0	3
44	Verb.	3	k.A.	11	6	4	46	61	40	ja	1	3	5	8	4	4	4	4	2	5	2	3	3	Auftraggeber	53	1	2	4	3	4	5
46	Neuentw.	3	4	17	9	6	820	k.A.	k.A.	k.A.	k.A.	7	10	20	3	5	5	4	3	5	3	3	5	Entwickler	175	2	4	8	3	9	4
47	Verb.	3	k.A.	17	6	9	1.200	100	k.A.	ja	3	k.A.	3	4	1	4	4	3	3	0	1	1	2	Entwickler	43	13	4	5	3	4	4
49	Re-Design	3	5	17	5	7	k.A.	34	k.A.	ja	k.A.	k.A.	20	20	1	4	4	4	4	10	3	3	2	Entwickler	72	35	5	7	4	1	5
51	Neuentw.	3	k.A.	6	3	2	k.A.	k.A.	k.A.	ja	k.A.	1	3	10	5	4	4	3	3	0	3	1	5	Entwickler	41	9	3	6	2	4	4
54	Verb.	3	5	9	3	6	70	20	30	ja	3	k.A.	3	k.A.	1	3	3	3	4	10	4	2	5	Entwickler	31	3	3	4	5	7	4
55	Verb.	3	3	k.A.	2	2	30	50	30	k.A.	4	5	8	k.A.	5	2	3	4	2	20	2	2	4	Entwickler	34	0	5	7	1	3	2
57	Verb.	3	1	11	3	2	8	k.A.	k.A.	ja	k.A.	k.A.	4	6	1	3	4	4	3	0	4	2	3	Auftraggeber	13	6	1	2	2	3	4
60	Verb.	3	5	17	4	4	400	40	k.A.	nein	0	5	8	7	0	4	4	4	4	8	4	2	1	Entwickler	18	0	4	4	3	3	3
61	Verb.	3	3	20	2	1	106	20	k.A.	ja	1	k.A.	3	0	1	5	4	4	4	5	4	3	1	Entwickler	22	0	2	3	1	3	4
62	Neuentw.	3	5	20	0	0	k.A.	k.A.	k.A.	nein	k.A.	k.A.	10	10	3	5	5	3	3	0	3	1	3	Entwickler	28	0	3	3	3	3	5
63	Verb.	3	3	20	1	0	0	5	k.A.	nein	0	5	4	0	1	5	5	4	4	0	4	3	3	Entwickler	12	0	3	6	3	3	3
64	Verb.	3	4	20	3	5	60	8	k.A.	nein	0	6	3	10	4	3	3	4	3	10	k.A.	2	3	Entwickler	18	0	4	6	3	5	4

Abb. C-1: Projektinformationen in Organisation A (Teil 1)

Nr.	33	34	35	36	37	38	39	40	41	42	43	44	45	46	47
1	554	329	83	3	29	3	25	25	1	17	8	0	Accessibility, Security	ja	Spezifikation im Zeitplan umgesetzt, ausreichend getestet, wichtige Fehlermeldungen vor Auslieferung behoben
2	8.654	6.403	1.486	k.A.	27	12	14	23	k.A.	3	20	0	Performance, Usability (eigene Tests)	ja	Kunden waren zufrieden
3	4.715	2.816	772	5	3	8	149	27	0	15	11	2	k.A.	ja	innovative Teststrategie erfolgreich verfolgt, Engagement des Teams, Kundenbeteiligung
4	803	587	212	k.A.	51	5	0	36	k.A.	10	26	k.A.	Performance, Dokumentation, Usability	ja	Zeitplan und Budget eingehalten, Spezifikation umgesetzt, Qualität sehr zufriedenstellend
5	4.800	2.890	1.028	k.A.	113	14	18	36	k.A.	10	25	0	Usability, Funkionalität	ja	Spezifikation umgesetzt, allerdings verspätet ausgeliefert
7	339	296	35	16	4	1	2	12	5	2	10	0	k.A.	k.A.	k.A.
8	891	759	132	0	47	5	1	17	0	0	17	0	k.A.	ja	andere Projekte waren im ersten Release viel schlechterer Qualität
9	1.092	917	231	k.A.	44	9	1	25	k.A.	5	14	0	k.A.	k.A.	k.A.
10	2.457	1.218	171	k.A.	8	3	11	14	k.A.	9	3	2	Usability	k.A.	k.A.
11	1.715	886	231	39	12	4	19	26	4	6	12	4	Accessibility (eigene Tests)	ja	Spezifikation im Zeitplan umgesetzt (aber: nicht alle Fehler waren bei Auslieferung korrigiert)
12	6.496	4.735	1.371	0	447	27	1	29	0	27	2	0	k.A.	ja	Spezifikation im Zeitplan umgesetzt (aber: ein schwerer Fehler war bei Auslieferung noch nicht korrigiert)
14	9.938	5.944	1.579	15	k.A.	k.A.	k.A.	27	0	19	6	1	k.A.	ja	Abnahme durch den Auftraggeber
21	6.632	5.991	1.133	70	5	4	165	19	1	5	12	3	Performance, Security, Compatibility (für Upgrades)	ja	org.spezifische Qualitätskennzahlen (insbes. Systemtestergebnisse)
22	1.220	595	187	16	155	5	3	30	3	6	21	5	Performance, Security, Accessibility	ja	Abschlussbericht des Auftraggebers
23	4.191	2.655	880	79	2	10	405	33	3	5	27	1	k.A.	ja	Auslieferungszeitpunkt wurde eingehalten, Abnahme durch den Auftraggeber
26	20.000	10.694	5.000	220	2	3	473	40	2	12	28	0	Funktionalität, Interoperabilität, Performance, Accessibility, Usability, Dokumentation	ja	Spezifikationsumsetzung, Abnahme durch Auftraggeber, Zeitplan eingehalten, Vergleich m. Projekten gleicher strateg. Bedeutung
28	1.201	560	349	3	19	23	34	62	1	18	44	0	Accessibility, Security, Performance, Usability, Anpassbarkeit	ja	niedrige Anzahl Kundenmeldungen wä. erster Monate nach Auslieferung
29	1.655	937	328	8	48	14	26	35	1	8	27	0	k.A.	ja	Spezifikation wurde umgesetzt
30	4.000	1.950	1.030	k.A.	110	16	9	53	k.A.	15	36	2	k.A.	ja	viele Kunden wechselten zu diesem Release, niedrige Fehlerrate (im Vergl. zum Vorrelease), positives Feedback von Kunden
31	2.972	2.218	582	25	10	7	94	26	1	13	14	0	Accessibility, Performance (verantwortl.: Entwickler)	ja	Ziele des Teams u. des übergeordneten Projekts erreicht (insbes. qualitätsbezogen, z. B. Abarbeitung der Testfälle)
32	7.548	4.411	1.682	0	5	22	115	38	0	16	23	k.A.	Performance, Accessibility, Dokumentation	ja	Erfüllung der gesetzten Qualitätsziele (z. B. Abarbeitung der Testfälle)
35	863	393	144	25	59	4	6	37	6	8	28	0	Funktionalität	ja	qualitativ hochwertige Software wurde produziert (nach dem Nachtest)
37	5.588	4.037	1.420	15	10	59	46	35	0	12	21	3	Accessibility	ja	Abnahme durch den Auftraggeber, Verbesserung gegenüber Vorrelease
38	3.355	2.119	258	52	15	1	11	13	3	7	5	1	Funktionalität, Performance, Usability	ja	vereinbarter Projektscope (funktionales Ziel) wurde erreicht
40	k.A.	700	k.A.	k.A.	k.A.	k.A.	k.A.	k.A.	k.A.	k.A.	k.A.	k.A.	k.A.		
41	k.A.	k.A.	k.A.	k.A.	k.A.	k.A.	k.A.	k.A.	k.A.	k.A.	k.A.	k.A.	k.A.		
42	6.340	2.828	1.481	18	53	3	5	52	1	14	34	5	k.A.	ja	Fehlermeldungsrate nahm ab (im 1. Jahr nach Auslieferung), Status der 2. Teststufe (alle Testfälle abgearbeitet)
43	2.118	1.704	242	24	3	91	304	14	1	2	11	1	k.A.	ja	Spezifikation umgesetzt
44	3.899	1.758	687	220	k.A.	k.A.	k.A.	39	13	28	11	0	k.A.	ja	Zeitplan und Budget eingehalten, Spezifikation umgesetzt, Qualität zufriedenstellend
46	11.100	7.300	3.420	100	277	11	5	41	1	20	20	1	Accessibility	ja	Anzahl der Fehlermeldungen: Qualitätsverbesserung zum Vorrelease
47	772	420	123	9	13	4	49	29	2	7	23	0	k.A.	ja	Ablauf der QS-Aktivitäten (inkl. Planung, Testdurchführung und Monitoring) sehr zufriedenstellend
49	4.691	2.687	907	15	26	6	44	34	1	8	26	0	k.A.	ja	Funktionalität und Performance nach techn. Überarbeitung unverändert, Fehler aus Tests korrigiert, wenige Fehler nach Auslieferung
51	3.386	2.316	557	28	10	14	94	24	1	11	13	0	k.A.	ja	Fehler aus Tests korrigiert, alle Testfälle abgearbeitet
54	1.956	1.400	302	k.A.	9	36	218	22	0	8	13	0	Performance, Stabilität	ja	im Zeitplan ausgeliefert, schwere Fehler behoben, Korrektur übriger Fehler steht an
55	3.685	3.025	100	53	3	8	53	k.A.	k.A.	k.A.	k.A.	k.A.	k.A.	ja	Qualitätsziele erreicht (insbes. Testfälle abgearbeitet, Fehler behoben)
57	576	347	90	31	5	22	43	26	9	12	14	0	k.A.	ja	Qualitätsziele erreicht (insbes. Testfälle abgearbeitet, Fehler behoben; aber: nicht gesamte Spezifikation wurde ausgeliefert)
60	423	292	122	13	33	3	9	42	6	11	31	0	k.A.	ja	Feedback der Tester, Zeitplan und Budget eingehalten, Anzahl und Schwere der Fehler im Test
61	427	284	123	k.A.	119	4	7	43	0	15	29	0	k.A.	ja	k.A.
62	627	421	89	k.A.	14	9	24	21	5	5	16	0	k.A.	ja	viele Fehler im Test gefunden und behoben, Zeitplan eingehalten, Spezifikation umgesetzt (aber: mit Einschränkung ausgeliefert)
63	230	142	43	2	19	3	7	30	1	4	27	0	k.A.	ja	Qualitätsziele erreicht (insbes. Testfälle abgearbeitet, Fehelr korrigiert)
64	458	335	68	16	4	2	14	20	5	5	15	0	k.A.	ja	keine Eskalationen seit Auslieferung

Abb. C-2: Projektinformationen in Organisation A (Teil 2)

Nr.	1	2	3	4	5	6	8b	10	12	13	14	15	16	17	18	19	19b	20	21	22	24	25	26	27	28	29	30	31	32	33	34	35	38
1	Verb.	1	4	10	20	20	2	nein	3	5	1	5	4	4	3	2	nein	70	2	2	Entwickler	8	0	10	10	10	10	5	0	481	250	51	0
2	Neuent.	1	5	6	0	0	1	ja	3	2	4	5	2	4	5	1	nein	30	5	4	Entwickler	17	0	3	3	4	3	5	2	526	346	140	1
3	Verb.	1	4	11	7	3	1	nein	3	31	22	5	3	4	4	3	nein	0	3	1	Tester	15	0	3	5	3	2	3	6	k.A.	k.A.	k.A.	32
5	Verb.	1	4	9	8	3	1	nein	3	3	1	5	2	5	3	5	ja	0	5	1	QSV	7	0	4	8	1	10	5	0	503	332	60	24
6	Neuent.	2	1	16	0	0	3	nein	0	19	0	5	1	1	2	1	nein	30	2	2	Entwickler	7	0	0	6	0	2	3	5	800	570	130	6
7	Neuent.	3	1	18	0	0	1	nein	3	3	3	1	2	5	4	5	nein	0	3	1	Tester	13	0	0	4	0	5	5	1	1.360	1.030	120	20
8	Verb.	1	5	12	3	3	1	nein	3	11	0	5	4	5	5	4	nein	0	5	1	Entwickler	7	0	3	7	3	3	4	2	1.247	697	278	8
9	Verb.	1	1	6	3	3	1	nein	3	7	0	0	3	4	3	2	nein	0	4	1	Entwickler	6	0	3	5	3	5	4	0	200	120	30	3
10	Neuent.	2	1	9	0	0	3	nein	3	3	0	5	1	0	4	4	nein	0	1	1	QSV	5	0	1	5	1	3	5	0	131	106	k.A.	1
11	Verb.	1	3	11	4	4	1	nein	3	7	0	5	2	5	3	1	nein	20	5	1	QSV	6	0	4	7	4	1	2	0	724	319	145	4
12	Verb.	1	5	11	8	3	1	nein	3	8	2	5	2	k.A.	5	5	nein	10	4	1	Entwickler	7	0	2	5	2	2	5	4	1.234	610	272	11
13	Verb.	1	3	11	4	2	3	ja	2	16	9	5	4	5	5	5	ja	0	4	1	Tester	19	0	1	5	2	3	4	0	869	328	261	2
14	Verb.	1	4	10	6	3	2	nein	3	6	0	4	3	4	5	3	nein	0	4	1	Entwickler	6	0	3	5	3	5	5	2	904	439	287	13
15	Neuent.	3	3	23	0	0	2	nein	2	11	0	5	3	k.A.	4	5	nein	0	4	1	Tester	17	0	2	5	3	3	5	5	k.A.	k.A.	k.A.	24
16	Verb.	1	1	9	3	2	2	nein	2	6	2	5	1	4	3	5	nein	0	2	1	Tester	14	0	2	5	2	5	5	0	1.134	639	112	19
17	Verb.	2	2	11	2	2	2	nein	3	3	2	5	5	4	1	2	nein	0	2	1	Tester	10	0	1	5	1	5	5	0	235	154	23	6
18	Verb.	1	5	9	5	3	1	k.A.	3	10	0	5	3	4	4	4	nein	k.A.	4	1	Tester	20	0	2	3	2	5	5	0	2.094	678	630	75
20	Verb.	1	5	7	5	6	1	nein	5	20	5	5	1	5	4	4	nein	10	2	1	Tester	11	0	2	10	5	5	5	2	490	147	216	7
21	Verb.	3	5	14	7	15	1	nein	2	14	6	2	2	5	3	4	nein	20	2	1	Entwickler	21	0	5	7	3	3	4	12	1.785	1.331	154	21

Abb. C-3: Projektinformationen in Organisation B (Teil 1)

Nr.	40	46	47	48
1	20	ja	Abnahme durch Auftraggeber, Zufriedenheit der Kunden	Fähigkeiten und fachl. Know-How der Tester, Zusammenarbeit mit d. Entwicklern, anforderungsbasierte u. detaillierte Testfälle, hoher Abdeckungsgrad
2	40	ja	funktionales Ziel im Zeitplan erreicht, Produkt ist eingesetzt, bisher keine Reklamationen	Fachl. Know-How der Tester, Produktkenntnisse, Vorbereitung des Tests, durchdachte Testfälle
3	k.A.	ja	wä. Pilotphase sehr wenige Fehler, Zeitplan eingehalten	keine schwerwiegenden Fehler
5	18	ja	Zielerreichung (Budget, inhaltlich, zeitlich), gemeldete Fehler wä. Pilotphase	Qualität (v.a. Details) und Abdeckungsgrad der Testfälle, Testfälle parallel mit Fachkonzept entwickeln
6	23	ja	nach Auslieferung gefundene Fehler (darin reflektierte Kundenzufriedenheit)	hoher Abdeckungsgrad, Automation, wo möglich, stabiles Umfeld
7	12	ja	vereinbarte Funktionalität rechtzeitig ausgeliefert; Weggang mehrerer Teammitglieder gut verkraftet; wenige Fehler in den letzten Teststufen	Erfahrung der Tester m. Produkt, Fähigkeiten (z.B. Kenntnisse, um Testergebnisse prüfen zu können), abgenommenes Fachkonzept (Design)
8	40	ja	gemeldete Fehler in Pilotphase und nach Auslieferung, Anforderungen abgedeckt, nachrangig: abgearbeitete Testfälle	hoher Abdeckungsgrad, Test aller Qualitätsmerkmale (Funktionalität, Zuverlässigkeit, Performance, etc.), Testlaufbeschreibung, persönliche Einstellung zu Qualität der Beteiligten
9	25	ja	Anzahl gemeldeter Fehler wä. Pilotphase und nach Auslieferung	Zusammenarbeit zwischen Entwicklern und Testern, Testumgebung, Kenntnisse des Produkts
10	k.A.	ja	ausgelieferter Funktionsumfang größer als geplant, Anzahl Fehler wä. Tests und nach Auslieferung	Qualität des Codes
11	45	ja	geringe Anzahl Fehler wä. Pilotphase und nach Auslieferung	Tester ungleich Entwickler, Erfahrung m. Produkt, kurze Wege (ein Raum) zw. Testern und Entwicklern
12	45	ja	gemeldete Fehler wä. Pilotphase und n. Auslieferung, Fehler, deren Korrektur neue Fehler enthält	Testdatenvorbereitung, projekteigene Testumgebung, Testdaten wiederverwendbar
13	80	ja	Fehlermeldungen mit unterschiedlichen Inhalten wä. Pilotphase	Fachl. Know-How der Tester, zweiter Test beim Kunden, Fachkonzept-Reviews durch jeweiligen Analysten, Implementierer und Tester
14	65	ja	k.A.	Erfahrung der Tester, Dokumentation der Tests (Fehlerdatenbank als Steuerungsmedium)
15	23	ja	Kundenzufriedenheit, Anzahl Fehler nach Auslieferung, Termin wurde gehalten, nur 2 Funktionen in Foglerelease verschoben, Budget nicht eingehalten	Planung und Koordination der Tests, detaillierte Testfälle, Ressourcen (verfügbare Zeit und Personen)
16	18	ja	Fehlermeldungen wä. Pilotphase und Reklamationen und Anforderungen der Kunden n. Auslieferung	gute Testvorbereitung, Produkterfahrung aus Kunden- und Entwicklersicht, gute Testfälle
17	15	ja	Spezifikation umgesetzt, Zeitplan und Budget eingehalten	Testdatenqualität
18	93	ja	Freigabe zur Auslieferung	Zusammenarbeit zw. Testern u. Entwicklern / im Testteam, gutes Testkonzept, Kommunikation (kurzfr. Änderung bekannt machen), stabile Testumgebung
20	147	ja	Freigabe zur Auslieferung erreicht (Qualität geht vor Termin), maximal 3 Fehler wä. Pilotphase	kein Zeitdruck, Expertenwissen d. Tester
21	12	ja	Anforderungen im Zeitplan umgesetzt, Pilotphase und Einführung verliefen problemlos, Anzahl gemeldeter Fehler	Ausbildung der Tester, Zusammenarbeit mit Entwicklern (auch im Fehlerfall), bekannter Testprozess

Abb. C-4: Projektinformationen in Organisation B (Teil 2)

Kriterien zum Vergleich	Reifegrad		funktionaler Umfang / Komplexität					strategische Bedeutung	Projektgröße		
Merkmal	Neuartigkeit des Produkts		neue Funktionen	neue Technologie(n)	Verschiedene Technologien	Abhängigkeit zu anderen Projekten	Abhängigkeit zu externen Produkten	Standardpr. / wichtig / sehr wichtig	Gesamtbudget	Mitarbeiteranzahl	Gesamtaufwand
Messbare Größen	Produkt ist x Jahre am Markt	Anzahl Vorreleases	z.B. Function Points	x Jahre Einsatz je verwendeter Technologie i. Unternehmen	Anzahl unterschiedlicher Technologien	Anzahl Schnittstellen zwischen Komponenten im Projekt	Anzahl Produkte anderer Hersteller, zu denen Schnittst. bestehen		Euro	Anzahl Mitarbeiter	MT
Experte 1	x		x			x		x			
Experte 2	x					x		x			x
Experte 3	x			x	x	x				x	x
Experte 4	x			x		x		x			x
Experte 5	x			x	x						x
Experte 6	x		x	x	x	x	x	x		x	x
Experte 7											
Summe der Nennungen	6	0	2	4	3	5	1	4	0	2	5

Kriterien zum Vergleich	Verteilte Entwicklung			Architekturschicht	Marktbedeutung	Zielgruppe des entwickelten Produkts		
Merkmal	Sprachenvielfalt	räumliche Entfernung		Zugehörigkeit zu einer Schicht	erwarteter Umsatz, Kundenanzahl	Marktsegment	Region	interne / externe Kunden
Messbare Größen	Anzahl verschiedener Muttersprachen im Team	Anzahl beteiligter Standorte	max. Zeitversatz zw. beteiligten Standorten		Anzahl (potenzieller) Kunden; geplanter Produktumsatz, Anzahl Eskalationen	Unternehmensgröße	Länder, in denen Produkt lizenziert werden soll	interne / externe Kunden
Experte 1				x	x			
Experte 2				x	x			
Experte 3								
Experte 4					x			
Experte 5					x			
Experte 6	x	x	x		x			
Experte 7								
Summe der Nennungen	1	1	1	3	5	0	0	0

Abb. C-5: Bewertung der Vergleichskriterien in Organisation A (Teil 1)

Kriterien zum Vergleich	Reifegrad		funktionaler Umfang / fachl. und techn. Komplexität					Abhängigkeit	Projektgröße		
Merkmal	Neuartigkeit (Anwendersicht)	Neuartigkeit (Hersteller-sicht)	neue Funktionen	neue Tech-nologie(n)	Verschiedene Technologien	projektinterne Schnittstellen	projektexterne Schnittstellen	Abhängigkeit v. Projektexternen	Gesamt-budget	MA Anzahl	Gesamt-aufwand
Messbare Größe	Produkt ist x Jahre am Markt	Anzahl Vorreleases	z.B. Func-tion Points	x Jahre Einsatz je Technologie im Unternehmen	Anzahl unterschiedl. Technologien	Anzahl Schnittst. zw. Komponen-ten im Projekt	Standardschnittst. u. Produkte, zu denen Schnittst. bestehen	Mittelwert subjektiver Bewertung	Euro	Anzahl MA	MT
Experte B1	x	x	x	x	x	x				x	x
Experte B2	x		x			x	x			x	x
Experte B3											x
Experte B4		x	x	x		x		x			x
Experte B5			x		x	x	x	x		x	
PL Projekt 20											
PL Projekt 18			x		x	x	x	x			x
PL Projekt 17			x	x	x						x
PL Projekt 16			x		x	x	x				
PL Projekt 15			x	x	x	x	x				
PL Projekt 14	x	x							x	x	x
PL Projekt 13				x	x		x				
PL Projekt 12											
PL Projekt 11			x	x		x	x				x
PL Projekt 10				x							
PL Projekt 9			x	x	x	x	x				x
PL Projekt 8				x	x						
PL Projekt 7			x			x	x				
PL Projekt 6				x	x		x	x			
PL Projekt 3			x	x	x	x	x				
PL Projekt 2			x	x							
PL Projekt 1			x			x					x
SUMME QS-Experten	2	2	4	2	2	4	2	2	0	3	4
SUMME PL	1	1	10	10	9	8	9	2	1	1	6
SUMME	3	3	14	12	11	12	11	4	1	4	10

Abb. C-6: Bewertung der Vergleichskriterien in Organisation B (Teil 1)

Kriterien zum Vergleich	Verteilte Entwicklung	Architekturebene		Marktbedeutung		Ziel-erreichung	Weitere Vergleichskriterien: (eigene Spalte bei mehrfacher Nennung)
Merkmal	räumliche Entfernung	Zugehörig-keit zu einer Ebene	Anzahl Ebenen i. Projekt	strat. Be-deutung	erwarteter Um-satz, Kundenanzahl	gef. Fehler nach Aus-lieferung	
Messbare Größe	Anzahl beteiligter Standorte	z.B. Client, Datenbank	z.B. nur FE, nur BE, BE u. FE	Priorität	Geplante Kundenanz., geplanter Umsatz; Anz. Eskalationen	Anz. Fehler 3 Monate n. Auslieferung	
Experte B1		x	x	x		x	Kritikalität Servicelevel
Experte B2	x			x		x	
Experte B3		x	x			x	Programmiersprachen, Erfahrung d. Teammitglieder (mit Fachgebiet, m. i. Tätigkeit)
Experte B4		x	x	x	x		
Experte B5	x		x			x	Verwendete Testtools und -Methoden; funktionaler Umfang
PL Projekt 20					x		gleicher Vetriebsweg, fachl. Ähnlichkeit, Erfahrung der Entwickler
PL Projekt 18		x	x				Fachlichkeit, Abhängigkeiten, techn. Strukturen, Komplexität
PL Projekt 17							welche Technik, Umfang der Entwicklung, Testdatenerfordernis
PL Projekt 16			x				fachl. Projektumfang, Komplexität des Produkts, nicht Projektumfang
PL Projekt 15							Umfang und Komplexität der Anwendung, fachl. Umfeld, Anzahl Testfälle
PL Projekt 14							Erfahrung des Teams, Projektgröße, Produktreife, Projekttyp, Engagement
PL Projekt 13			x	x	x		Kundenprojekt, techn. Komplexität
PL Projekt 12							TA nicht vergleichbar, weil Testfälle nicht vergleichbar (Detail, Abdeckung)
PL Projekt 11		x					Architekturebene, Bekanntheit d. Techn., Projekttyp, Komplexität u. Umf. d. Anforderungen
PL Projekt 10		x					Bekanntheit d. Technologie, Projekttyp
PL Projekt 9			x				Aufwand, Komplexität
PL Projekt 8							Technologien, Schnittstellen, Komplexität d. Verarbeitung, d. abzubildenden Prozesses
PL Projekt 7		x	x				Architekturschicht, Anzahl Schnittstellen; Funktionsumfang
PL Projekt 6							Technologie, Erfahrung mit d. Technologie; wer testet (Entw., Tester), ext. Schnittstellen, Projekterfahrung d. Teams
PL Projekt 3			x				Anzahl Tester, Komplexität
PL Projekt 2		x					Anzahl (neuer) Programme, Anzahl Änderungen, gleiche Technologie
PL Projekt 1							Projektumfang (in MT), Anzahl Geschäftsvorfälle, Komplexität der Anforderungen
SUMME QS-Experten	2	3	4	3	1	4	
SUMME PL	0	5	6	1	2	0	
SUMME	2	8	10	4	3	4	

Abb. C-7: Bewertung der Vergleichskriterien in Organisation B (Teil 2)

Kriterien zum Vergleich	Testautomation	Erfahrung			fachl. Ähnlichkeit	Testdaten	Komplexität		Projekttyp
Merkmal	Regressionstests möglich ?	Entwickler m. Produkt	Mitarbeiter mit Fachgebiet	Mitarbeiter mit Tätigkeit		Umfang d. Testdaten	d. Produkts	d. Anforderungen	Neu- vs. Weiterentwicklung
Messbare Größe									
Experte B1	x								
Experte B2									
Experte B3		x	x	x					
Experte B4									
Experte B5	x								
PL Projekt 20		x			x				
PL Projekt 18					x				
PL Projekt 17						x			
PL Projekt 16							x		
PL Projekt 15					x	x	x		
PL Projekt 14			x	x					x
PL Projekt 13								x	
PL Projekt 12									
PL Projekt 11								x	x
PL Projekt 10									x
PL Projekt 9							x		
PL Projekt 8							x		
PL Projekt 7									
PL Projekt 6				x					
PL Projekt 3							x		
PL Projekt 2									
PL Projekt 1								x	
SUMME QS-Experten	**2**	**1**	**1**	**1**	**0**	**0**	**0**	**0**	**0**
SUMME PL	**0**	**1**	**1**	**2**	**3**	**2**	**5**	**3**	**3**
SUMME	**2**	**2**	**2**	**3**	**3**	**2**	**5**	**3**	**3**

Abb. C-8: Bewertung der Vergleichskriterien in Organisation B (Teil 3)

Appendix D
Ergebnisse der empirischen Beobachtungen

These	Abweichendes Ergebnis[1047]	Keine Aussage[1048]	Übereinstimmung
T1: Strateg. Bedeutung d. Softwareprodukts		A	
T2: Anzahl Kunden des Vorreleases		B	
T3: Anzahl erwarteter Kunden		A	
T4: Geplanter Produktpreis		A u. B	
T5: Projekttyp		B	
T6: Anzahl Vorreleases	X		
T7: Bekanntheit der eingesetzten Entwicklungstechnologie	X		
T8: Anzahl und Zeitpunkt der Anforderungsänderungen			bestätigt
T10: Wichtigkeit d. Produkts aus Kundensicht (Kritikalität)		A	
T11: Existenz von Vergleichsprodukten aus Kundensicht		A	
T12: Anz. Beschwerden v. Kunden d. Vorreleases			nicht bestätigt
T13: Umfang der Anforderungen			bestätigt
T14: Eingesetzte Entwicklungstechnologien		B	
T15: Anzahl externer Schnittstellen			bestätigt
T16: Anzahl interner Schnittstellen			bestätigt
T17 bis T20: Angestrebte Funktionalität, Zuverlässigkeit, Benutzbarkeit und Effizienz		jew. A u. B	
T21: Qualität der Spezifikation und der Entwurfsdokumentation	X (Qualität d. Spezifikation)		nicht bestätigt (Qualität d. Entwurfsdokument.)

[1047] Unter der Voraussetzung, dass die Daten beider Organisationen eine Aussage zulassen

[1048] Hier wird die jeweilige Organisation genannt, in der die Daten keine Aussage erlaubten.

These	Abweichendes Ergebnis[1047]	Keine Aussage[1048]	Überein-stimmung
T22: Erfahrung der Entwickler mit dem Fachgebiet			nicht bestätigt
T23: Erfahrung der Entwickler mit ihren Aufgaben		B	
T24: Erfahrung der Tester mit dem Produkt	X		
T25: Erfahrung der Tester mit ihren Aufgaben			bestätigt
T26: Engagement der Tester	X		
T27: Engagement der Entwickler			nicht bestätigt
T28: Einstellung d. Projektleiters z. Qualität			bestätigt
T29: Anzahl Projektteammitarbeiter			nicht bestätigt
T30: Kontinuität des Teams			nicht bestätigt
T31: Verfolgung eines gemeinsamen Ziels			nicht bestätigt
T32: Anz. versch. Muttersprachen i. Team		B	
T33: Anz. d. Standorte d. Projektmitarbeiter		B	
T34: Testfallerstellung u. -durchführung durch Entwickler	X		
T35: Verfügbarkeit der Teammitglieder			bestätigt
T36: Abhängigkeit von Zulieferungen	X		
T37: Anz. Kunden, d. am Testen teilnehmen		B	
T38: Qualität existierender Testfälle	X		
T39: Wiederverwendbare Testdaten			bestätigt
T40: Verfügbarkeit u. Stabilität d. Testsystems	X		
T41: Grad der Testautomatisierung	X		
T42: Zu Projektbeginn verfügbare Zeit			bestätigt
T43: Testfallauswahl			nicht bestätigt
T44: Zeitliche Verteilung des Testaufwands		B	

Tab. D-1: Übersicht der empirischen Beobachtungen zu den Thesen

Appendix E
Checkliste zum Einsatz der Methode TestASS

Diese Checkliste enthält Fragen zur Prüfung der Voraussetzungen, die zur Ableitung eines organisationsspezifischen Modells zur Testaufwandsschätzung erforderlich sind. Die vorangestellte Ziffer gibt die zugehörige Voraussetzung an. Die Spalte „Antwort" zeigt die bei Erfüllung der Voraussetzung erwartete Antwort.

Darüber hinaus müssen in jedem zu schätzenden Projekt die umzusetzenden Anforderungen festgelegt und dokumentiert sein.

Nr.	Voraussetzung und zugeordnete Detailfragen	Antwort
V1	Gemeinsames Verständnis relevanter Begriffe und Größen	
1.1	Gibt es ein organisationsweit gültiges Dokument, das den Entwicklungsprozess, die auszuführenden Tätigkeiten und beteiligten Rollen beschreibt?	ja
1.2	Sind die erfassten Arbeitsaufwände eindeutig Tätigkeiten zuordenbar?	ja
1.3	Sind verschiedene Schweregrade eines Fehlers organisationsweit definiert?	ja
V2	Die abgeschlossenen, analysierten Projekte und die zu schätzenden Projekte folgen demselben Entwicklungsprozess.	
2.1	Existiert ein organisationsweit bekannter Entwicklungsprozess?	ja
2.2	Haben sich Änderungen am Entwicklungsprozess zwischen den zu analysierenden und dem zu schätzenden Projekt ergeben?	nein
2.3	Gab es in den abgeschlossenen, zu analysierenden Projekten merkliche Abweichungen vom vorgegebenen Entwicklungsprozess?	nein
V3	Angewendete Testmethoden	
3.1	Unterscheiden sich die Testmethoden zwischen den abgeschlossenen Projekten und jenen, für die Testaufwand geschätzt werden soll?	nein
V4	Verfügbarkeit von Projektinformationen	
4.1	Sind verschiedene Ansprechpartner je Projekt für Interviews zu mehreren abgeschlossenen Projekten verfügbar?	ja
4.2	Sind verlässliche Aufwandsdaten, Testergebnisse und die Anzahl der im Produktivbetrieb gefundenen Fehler zu mehreren abgeschlossenen Projekten dokumentiert und zugänglich?	ja

Tab. E-1: Checkliste zur Prüfung der Anwendbarkeit der Methode TestASS

Appendix F
Ergänzende Dokumentation

Experteninterview mit Herrn M. S. am 08.01.2007 (Organisation B)

Rolle/Aufgaben: Qualitätssicherung, Testkoordination, Testdurchführung

Erfahrung mit Aufgaben bzw. in der Organisation B: circa 5 bzw. 3 Jahre

1. Einflussfaktoren des Testaufwands nach eigener Erfahrung:

- eingespieltes Team

- kurze Wege

- nicht zu kurzfristige Beauftragung (sonst: Zeit für Einarbeitung in die fachliche Thematik fehlt)

- Verfügbarkeit der Testsysteme

2. Erfolgsfaktoren für Test (Was ist unter *erfolgreichem* Test zu verstehen?)

- Testfallbeschreibung

- ausreichend Zeit, um Testfälle zu erstellen und „alles zu bedenken" (Zeitdruck: nicht alles wird bedacht -> mangelhafte Testfälle -> „Lücken" im Test

- Vorgaben: ausführlich und abgeschlossen/vollständig! Spezifikation ist Basis des Tests zur Erstellung der Testfälle (in Integrationstests); sie muss aktuell gehalten werden, damit Tests keine „Lücken" aufweisen -> wichtig für durchdachte Testfälle und hohen Abdeckungsgrad

- Einhaltung der Prozessvorgabe (VGM, siehe unten) Schritt für Schritt

3. Erfolgsfaktoren für Projekte

- Zeitdruck

- parallele Aufgaben (Wartung, Anwenderbetreuung), denn sie reduzieren Zeit und Konzentration der Entwickler

- Bereinigung der Fehlermeldungen (tickets genannt)

4. Welche Teile des Vorgehensmodells (VGM, das Handbuch der Organisation, das den Entwicklungsprozess beschreibt) verursachen gelegentlich Schwierigkeiten, werden gelegentlich kritisiert?

- VGM ist auf Client-Server- und objektorientierte Entwicklung ausgerichtet, weshalb für die Host-Entwicklung eine spezielle Variante sinnvoll wäre.

E-Mail von Erik van Veenendaal vom 07.12.2007

From: Erik van Veenendaal [eve@improveqs.nl]

Sent: Friday, December 07, 2007 14:57

To: Ulrike Dowie

Subject: RE: Experience using TPA

Dear Ulrike,

Unfortunaly I do not have such a reference available,

I know of someone in SA who was doing a case study on this, I unfortunately do not have his name of a reference to the formal publication,

Regards, Erik

-----Oorspronkelijk bericht-----

Van: Ulrike Dowie [mailto:ulrike.dowie@gmx.de]

Verzonden: vrijdag 7 december 2007 12:19

Aan: veenendaal@istqb.org

Onderwerp: Experience using TPA

Dear Mr. van Veenendaal,

I'm researching about test effort estimation towards my PhD degree and have read several of your publications on TPA and Tmap. Are there any published experience reports or case studies concerning the application of the TPA method? Could you send me the publication information or the document(s)?

I'd greatly appreciate your help!

Best regards, Ulrike Dowie